浙江省哲学社会科学规划课题"近代浙江出版家群体研究"（11JCXW03YB）研究成果

近代浙江出版家群体研究

夏慧夷 著

ZHEJIANG UNIVERSITY PRESS
浙江大学出版社

目　录

引　言

　　出版是人类精神和文明得以传承和发扬的重要物质载体,1898 年的维新变法运动标志中国历史进入了近代化的新时期,由此,承担着传播先进思想文化重担的近代出版业也终于拉开了近代化的帷幕。在近代出版的历史舞台上涌现出了一个特殊的群体,那就是近代浙江出版家群体,他们在近代各大出版机构中均有分布并担任重要职位,用毕生的心血造就了近代中国出版业的繁荣,为整个中国近代出版事业的发展做出了杰出的贡献。

　　综观近代浙江出版家群体,可以发现如下规律性的东西:从总体上说,这是一个呼唤个性又注重群体的年代。大约同时,在北京大学也出现过和商务印书馆出版人才群体大体相当的学术和出版合一的思想群体,如以陈独秀为首的《新青年》实际上形成了一个自由结合的小团体,由陈独秀首倡的个性自由、民主平等、科学与世界化的基本精神,成了他们共同的信条。蔡元培曾经说,胡适到校后"声应气求,又引进了多数的同志"[1]。以傅斯年、罗家伦为主的《新潮》杂志群体的出现,壮大了《新青年》和新文化群体的力量。20 世纪 30 年代出现的学术上的清华学派,也是近代的某一知识群体的概称。对于出版界来说,群体的涌现意味着生存与

----

〔1〕　蔡建国:《蔡元培先生纪念集》,中华书局 1984 年版,第 236 页。

发展,体现着理想和抱负。近代浙江出版家群体有以下几点共同的特征:

1. 同仁出书、办刊、办出版社。商务印书馆是几个志同道合者合伙创建的,民国初年创建的中华书局也是由与陆费逵志同道合的出版人共同发展起来的,20 年代开办的开明书店,其人才群体则被通称为"开明人","开明精神"深深地影响这一代人的思想。近代浙江出版群体不仅有内部的一致性,而且,也有着同类报刊的沟通,早自孙中山领导下的中华革命党办的《建设》杂志第 2 卷第 5 号的内封,就印有一则"交换广告"的启事,这则启事有这样的一条规定:"非有关'新文化运动'者,主张军国主义者,辩护资本主义者,概不交换。"据说是出自朱执信的手笔。

2. 人才群体有着自己的精神领袖。人以类聚,物以群分,这句话在近代出版业中得到很突出的体现。出版的人才群体集中了一些志同道合者,自然会形成一定的核心,以商务印书馆而言,则是先张(元济)蔡(元培)后王(云五)胡(适)。如果说张元济是商务印书馆的船长,蔡元培则是商务印书馆的导师,两人配合默契,成为民族资本主义出版业的楷模;而开明书店则以章锡琛为经营的核心,以夏丏尊为编辑工作的灵魂,形成了"既不是保守的,也不是非常激进的"开明风格;如果说邹韬奋是生活书店的机长,胡愈之则是生活书店的精神支柱,开创了左翼出版的新方向。

3. 人才的延续性。除了江南制造局没有延续下来外,近代出版机构的人才都有很强的延续性。在商务印书馆、中华书局百年发展进程中,它的人才群体的血脉从来没有中断过,开明书店、生活·读书·新知三联书店等也不例外,最后汇流成为新中国出版的重要组成部分。这应该说是中国近代以来的一个文化奇迹。

4. 出版群体和思想文化的群体有着十分密切的关联。《新青年》这个文化群体中涵熔了新出版人不说,商务印书馆的《小说月报》,就和文学研究会这个文学群体有天然的思想联系,也曾有学者指出,五四学术著作翻译多是以群体媒介出现的,最典型的是以有组织有宣言的翻译社团,或以共同趣味和倾向而且自然形成的翻译杂志,或以出版机构为中心组成的传播媒介。

　　本书选取清末至民国的历史背景,以知名的浙江籍出版家为中心,对近代浙江出版家的成长环境和成长经历进行归纳,从而深入研究近代浙江出版家的文化贡献和经营管理思想,并对浙江出版家群体与社会发展的相互关系进行深入研究。通过研究近代浙江出版家群体在思想和行为上的共通之处与各自特色,辩证地看待近代浙江出版家的历史贡献和内在缺陷,为当代出版业提供参考与借鉴。

第一章 近代浙江出版家群体 形成的背景分析

　　近代出版家群体几乎全部集中在南方出现,这和南方出版活动的兴起并渐领风骚有着很深的关联,和南方地处近代以来西学东渐的前方以及中西文化交汇点有关,也和近代商业经济以及文化的发展密不可分。

　　中国知识分子的传统观念,就是以本身构建的思想意识和文化知识来影响社会和政治,用自己的言行为"太上立德,然后立功,然后立言"。也就是知识分子有以下三条主要的路径:一是教学生,二是著书立说,三是从事出版活动。知识分子在这里成为从事出版的文化人,也就是中国文化的传承人或者说媒人,他们将直接地创造着文化的物质的血缘关系。他们的人格理想也就是以自己的思想道德来丰富和深化已有的中国出版文化内容。近代浙江出版文化人,是当时出版文化生产的主体。这些出版文化人,有着一些共通的人格精神和群体特征。

　　人才群体的凝聚,正是以人为本的现代企业文化的核心,近代以来的出版史证明了这一点,群体对于出版发展的影响力,这是我们考察近代浙江出版家群体要注意的一点,也是探讨群体的意义所在。探讨出版家的群体性,是探讨近代出版本身存在的特点、规律的体现,也是为了对当今出版业有所借鉴。

第一节　中国传统出版业的近代转型

出版是人类精神和文明得以传承和发扬的重要物质载体,1898 年的维新变法运动标志着中国历史进入了近代化的新时期,由此,承担着传播先进思想文化重担的近代出版也终于拉开了近代化的帷幕。

中国传统出版,印刷手段沿袭古老的雕版印制方式,刻书内容也多局限于几千年流衍而来的史书传承,圣贤经典与社会关系并不密切。官刻是为了保存国故,供一定范围内的官员、读书人阅览;私刻用于手抄传阅、馈赠亲友子弟,为先贤或先人著书立传;坊间所刻则多为村塾所用四书五经、戏曲唱本、占卜星象之类,谋利是其主要目的。19 世纪中叶以后,随着西学东渐的进一步深入,机器文明开始进入出版视野,同时,西方先进思想与国内变革思想的影响也使出版物从形式到内容都发生了变化,传统出版开始了其近代变迁。

近代化是中国近代社会发展的基调和主线之一。中国出版的近代化,是中国社会和文化近代化的一个反映。所谓出版近代化,就是指近代中国出版具有了不同于传统出版的新质,从而形成近代形态的新出版。新出版作为近代最主要的大众传播形态,在中国近代社会的发展中充当了加速器的作用,它把社会发展所需要的信息、知识和智慧,传播得更快更远更好,对社会和时代的进步产生了前所未有的推动力。那么,出版近代化的具体原因有哪些呢?出版近代化的过程体现在哪些方面呢?

一、出版近代化的物质基础

中国四大发明中,造纸术与印刷术的发明为中国传统出版业奠定了物质基础,中国出版的近代化自然也建立在新的物质基础上,这个物质基础就是西方机器文明,它为中国出版的近代化创造了必要的条件。主要表现在两个方面:

一是中文活字的研制和铅印技术的普及。出于传教的目的,西方传教士和教会都不约而同地开展了中文活字的研制并取得了丰硕的成果，为近代中国出版业的发展带来了先进的生产技术，为中国出版业的近代转型奠定了技术基础。随着时间的推移，活字印刷的优势逐步显现。因此，19世纪末期之后，在外国人的示范下，铅印逐渐取代了传统的雕版印刷，并开始在中国得到普遍使用。但要指出的是，这种取代过程不是一夜之间就能完成的。除上海等几个出版业发达的通商口岸外，在清朝灭亡前后，各地多半还是传统的雕版技术。鸦片战争前的1828年，传教士就在巴达维亚印刷所用石印技术印刷中文书籍。[1] 到光绪十五年(1889)，"上海石印中国书籍正在很快地发展成为一种重要的企业"[2]。石印中已开始使用蒸汽机作为动力，已能使四五部印刷机同时开印。当时已有四五家石印书局，其所印的书籍销行于全国。由于石印书籍较之雕版书籍字体小而清晰，开本易于携带，售价便宜，因此很受赶考的举子欢迎，书局也是大发其财，并吸引了当时许多民族资本家投资于这种企业。上海也成了当之无愧的石印业中心。例如，点石斋石印书局印制的《康熙字典》"第一批印四万部，不数月而售罄，第二批印六万部，适某科举子北上会试，道出上海，每名率购备五六部，以作自用及赠友之需，故又不数月而罄。书业见获利之巨且易，于是宁人则有拜石山房之开设，粤人则有同文书局之开设，三家鼎立，垄断一时，诚开风气之先者也"。一些传统的出版机构也纷纷购置石印设备，由传统企业开始蜕变为近代出版企业。例如明代即已出现的扫叶山房，从19世纪80年代起，也开始用石印技术印刷古籍，获得较大发展。

二是为中国培养了掌握先进技术的出版人才。王韬，这位被称为"新出版和新出版业第一人"[3]的早期维新人士，1849年就应英国传教士麦都思的邀请，到上海墨海书馆担任译述和校对，历时13年。与艾约瑟、伟烈亚力等人合译了不少西学书籍。他对墨海书馆机器设备和场景的描

---

[1] 熊月之:《西学东渐与晚清社会》,上海人民出版社1994年版,第121页。
[2] 张静庐:《中国近现代出版史料补编》,中华书局1957年版,第88页。
[3] 程焕文:《中国图书论集》,商务印书馆1994年版,第333页。

绘,也是既形象又逼真。可以说,这段经历对其以后成为近代中国的著名报人和出版家,助益良多。凭借这些经验,1871年,王韬与人一起在香港集资创办了中华印务总局,出版他编译的《普法战纪》等书。1885年他又在上海"以毗陵活字板法创设书局,排印生平著述,兼及他书"。该书局名为搜园印书局。王韬自恃是这方面的内行,因此他才敢讥笑"沪上之开书局者,既非文士,又非书贾,皆门外汉"[1]。商务创办人鲍咸昌、夏瑞芳、高凤池等都曾在美华书馆作过西文排字工人。外国教会出版机构不仅对中国近代出版业产生了很大的影响,而且它本身也成了中国近代出版业的重要组成部分。

在西洋技术的刺激下,中国民族新式印刷业也相继发展起来。到1876年,上海已有四家中国出版机构采用了活字印刷。1881年来自广州的徐氏兄弟在上海创办了同文书局,他采用了石印技术。这是早于商务印书馆创办差不多20年前的事。中国出版业的老大商务印书馆,最早是由一家印刷厂发展起来的,并成为中国印刷技术革新的先驱之一。1903年用日籍技师指导制造照相铜锌版,1904年用日籍技师指导雕刻黄杨木版,1905年进用日籍彩印技师7人、雕刻铜版技师1人,1907年始用珂罗版印刷术,1909年用美籍技师改良铜锌版并试制三色铜版,同年创制二号楷体字模等等,几乎年有更新。由于书局纷起,竞争激烈,各出版家也争相引进新的印刷设备与技术。例如单滚筒印刷机、平台双轮转机、双滚筒印刷机等新式大型印刷机的采用,与之配套的楷体、仿宋、仿古等各种美术字体铅字的相继创制成功,珂罗版、胶版、影写版等新的印刷方法的广泛使用,都有力地推动了出版业的技术近代化。

技术是最活跃的因素。西方新机器新技术的传入与使用,较之于传统机器对于出版业的推动是更具革命性的,比传统出版手段要先进得多,具有工效高、质量好、产量大、成本低的优点,逐渐取代了传统印刷技术,因此它对中国传统出版走向近代产生了决定性的影响,这种新技术与中

---

[1]　李康化:《漫话老上海知识阶层》,上海人民出版社2003年版,第93页。

国人办报办出版的需求相结合,使我国的出版业空前地迅速发展。套用前贤的话说,这是出版业在器物层次上的近代化。

二、近代知识分子的职业选择

近代化的内容之一,就是这些习称之为士的知识分子从传统社会的边缘逐渐走向成为近代社会的中心,知识分子所拥有的知识不再是晋身之阶,而成了谋生的手段,知识分子服务社会的方式发生大的改变,从追求"修齐治平"走向民间,选择实业,包括从事出版。知识分子本身的近代化是与社会近代化相适应的过程。回溯中国历史,知识分子的出路似乎并不十分宽广。周作人曾有一段话说到了历来知识分子的出路:"除了科举是正路之外,还有几条叉路可以走得。其一是做塾师;其二是做医师,可以号称儒医,比普通的医生要阔气些;其三是学幕,即做幕友,给地方官'佐治',称作'师爷'……其四是学生意,但也就是钱业与典当两种职业,此外便不是穿长衫的人所当做的了。另外是进学堂,实在此乃是歪路,只有必不得已,才往这条路走。"[1]历史发展到近代,出现了一线新的曙光,知识分子又多了一条新路,这就是投身于出版。

应该说是中国近代的社会与思想文化厚土,孕育了新一代职业化的中国知识分子。当新世纪初张元济投身出版,并与夏瑞芳相约"以扶助教育为己任"时,这应该是知识分子投身出版的一种自觉意识的初萌,甚而还是一种新觉醒。知识分子以出版来振民气、开民智、求富强的社会责任感大大加强。此前一年,梁启超还在感慨新闻出版"不为世所重,高才之辈,莫肯俯就"。真是时势变易!此后,知识分子看到了出版的广阔前景,出版逐渐成为知识分子谋生与安心的一种出路,为了理想可以放弃为官为宦,放弃钟鸣鼎食。

这条新路必然带来知识分子服务社会的职业化趋向。作为近代传媒主要方式的出版尤其是民营出版业,日益成为一种专业化程度很高的社

---

〔1〕 周作人:《周作人回忆录》,湖南人民出版社1982年版,第49页。

会职业存在,至少出版家的职业化过程在近代已然开始。这是一种行业成熟的标志。在出版行业,知识分子职业化大致有这样几个先决条件。第一,出版要能够为知识分子提供生存的机会,譬如经济保障。第二,知识分子作为编辑、出版家能够得到社会的承认,拥有一定的社会地位。第三,产业一定程度的成熟和编辑出版专业化的定型。第四,从业人员也就是出版人职业意识、群体意识的形成,从这几个方面看,知识分子的职业化地位在近代中国是确定了。到维新变法时期,中国知识分子在出版业中开始占据重要位置,此后到新世纪初,在夏瑞芳将张元济引入商务之后,高梦旦、高凤岐、夏曾佑、蒋维乔、庄俞、杜亚泉、邝富灼等学有专长的知识人相继进入商务任编辑,商务最初的一批知识分子群体悄然形成。正如蒋维乔、庄俞在他们的回忆里所描述的,当这样一群知识分子,采用圆桌会议的形式在一起和谐而又坦率地讨论教科书,互相切磋与辩驳的时候,我们有理由认为他们已经跨进了职业化的门槛。当更多的知识分子认定这条新路时,职业化的道路更加宽广。像沈雁冰,母亲与儿子都不想从商也不愿从政,最好的选择就是到商务编译所来做事,这样的情形不在少数。稍后,从新青年同人到"开明人"、文化生活社群体,表明二三十年代中国出版业的知识分子职业化已近成熟。这样一个知识分子职业化的过程,实际上也就是中国出版业人从诞生到成熟的过程。

由于职业化,知识分子日益占据出版的主流,或者说近代出版逐渐成为以知识分子为中心的行业,例如陆费逵就曾说,他一面编辑杂志一面发表自己的主张。这些职业化的知识分子,通过自己的笔(或他人的笔)表达自己的思想意愿,并以之作为影响社会、世道与人心的途径,他们开始掌握着自己以及当时那个时代的话语权。同时,出版职业化也使知识分子有了更大、更为自主的职业平台,知识分子凭借职业化,成了出版业的近代知识群落,成为近代出版的主角。他们有自己的使命与责任,他们与同样职业化的商人的根本区别,不在于是否从事营利的出版业,而在于能不能够依循文化理想和学术传统对社会人生尽道义。[1]唯有近代知识分子的人文理想贯注于职业之中,出版业才能够得到较大和较快的发展。一批新型文化人群的形成,一个文化商业化时代的到来,这就是近代浙江出版家们展开出版活动的特定时空。

三、西方先进出版思想的引入

整个近代时期,西学的传入是基本的国情之一。出版业能否引入西学,传播西学,成为是否进入近代化的一个显著标志,这是出版内容的近代化。译西书、办报、办刊、办出版,已成为那个"救亡图存"时代的当务之急,而这些出版内容对于中国近代思想文化的启蒙不仅是不可忽视的,而且是非常重要的,对于近代中国思想变革起到了前所未有的巨大作用,而这些近代思想的巨子,都曾购读过大量的翻译来的西方图书,这对他们维新思想的形成无疑具有思想激荡的重要作用。传教士们传入了西方新型的出版,出版对于那一时代中国人近代化意识的萌生诚然是不可替代的催化剂,而觉醒的中国人也从西方引入了新的出版观念。

例如,出版自由观念。出版自由是资产阶级革命的一个口号,也是资产阶级一个重要的思想范畴。1644年,英国政论家约翰·弥尔顿在向国会演说的《论出版自由》中,首先表达了出版自由的观念,认为"这是一切自由中最重要的自由"。当欧洲新兴资产阶级登上历史舞台时,曾以"出版自由"这个口号作为反对封建专制、争取民主与科学权利的武器。列宁对此也作过高度的评价,说"出版自由这个口号从中世纪末直到19世纪,成了全世界一个伟大的口号"[2]。在中国也是如此,从19世纪中叶起,"出版自由"不仅成为一部分志士仁人反封建的批判武器,而且成为中国资产阶级改良主义者的理想与追求。梁启超曾说:"西人有恒言曰:言论自由,出版自由,为一切自由之保障,诚以此两自由苟失坠,则行政之权限

---

〔1〕 陈思和:《现代出版与知识分子的人文精神》,《复旦学报》1993年第3期。
〔2〕 中共中央马克思恩格斯列宁斯大林著作编译局:《列宁全集》第2版,第42卷,人民出版社1990年版,第85页。

万不能立,国民之权利万不能完也。"〔1〕李大钊在 1919 年指出:"思想自由与言论自由,都是为保障人生达到光明与真实的境界而设的。"〔2〕"宁鸣而死,不默而生",中国近代知识分子从这句传统的名言中,得到了争取言论出版自由的新启示。〔3〕

　　再如版权保护意识。中国版权思想的萌芽在宋代便已出现。叶德辉《书林清话》记载,南宋年间刻本有"眉午山和舍人宅刊行,已申上司,不许覆板"的字样。这大概只能算是一种原始的版权思想,与资本主义商品市场经济相联系的近代意义的版权思想却是从西方传入的,近代启蒙思想家严复在世纪之交翻译《原富》的几年间,从西方引入了版权保护的思想。他在有关这本书出版问题的多次通信中,屡屡论及版税及版权保护的期限问题。严复还在出版过程当中与时任南洋公学校长的张元济商讨版税问题。1903 年由张元济任编译所长的商务印书馆出版了严复的《社会通诠》,首次使用版权所有的"稿主印花",作为著作权的一种凭证。是年严复上书当时的学部大臣张百熙,指出"国无版权之法者,其出书必希,往往而绝",要求实行"版权立法",保护"著、述、译、纂"者的权利。〔4〕

　　1910 年清政府颁布《大清著作权律》,这是我国历史上第一部著作权法。这部法既是当时西方资产阶级思想逐步传入我国后,在一些留学生的呼吁下产生的,也是朝野共同催生的结果。这部法对于近代中国产生了一定的影响。1911 年民国建立后因"无与民国抵触之条",内政部于民国元年 9 月发表公报"通告本律应暂行援用"。1915 年北洋军阀政府制定了《著作权法》,也基本上照抄《大清著作权律》。〔5〕

―――――――――

〔1〕 梁启超:《敬告我同业诸君》,见张静庐辑注:《中国近代出版史料补编》,中华书局 1957 年版,第 165 页。

〔2〕 李大钊:《危险思想与言论自由》,见李大钊研究会:《李大钊全集》第 3 卷,河北教育出版社 1999 年版。

〔3〕 胡颂平:《胡适之先生年谱长编初稿》,台湾联经出版事业公司 1984 年版,第 2437—2441 页。

〔4〕 吉少甫:《中国最早的版权保护制度》,见吉少甫:《书林初探》,上海三联书店 1995 年版,第 80—82 页。

〔5〕 沈仁干、钟颖科:《著作权法概论》,辽宁教育出版社 1995 年版,第 213 页。

中国的出版者们也学会了利用版权保护来发展自身,当西方列强要求中国加入国际版权公约时,上海书业商会在1913、1920年多次呈请教育、外交、农商三部拒绝参加,以保护我国正在发展中的民族出版业。因为中国的出版业尚在发展当中,用与发达国家同一的版权保护来制约,显然不利也不平等。毫无疑问,观念层次的近代化是更为重要的。西方出版观念,对于国人思想的转换和意识的觉醒,起着极为重要的作用,对于近代出版的走向更是一种引领。

四、传统出版业的近代转型

从鸦片战争后,中国近代出版开始了它的转型期。所谓转型是指易代鼎革与社会形态转换所发生的各种变化乃至巨变。中国出版在整个近代时期完成了它的转型和古今之变,下面主要从两个方面对传统出版业的近代转型做一些探讨。

一是由传统出版向新出版的转型。所谓传统出版,是指以传统出版方式即手工作坊方式出版传统内容的出版,如官刻、坊刻以及家刻等私家刻书。而所谓新出版,是指由新的出版方式即机器方式出版新的内容的出版机构与出版活动。前者与前资本主义形态相结合,后者是资本主义经济形态的产物,并且是代表近代方向的出版。尽管传统出版在近代一段时期内还有相当的市场,尤其是太平天国之后江南的"文化重建",图书市场潜力很大,传统出版一度兴盛,但那已是绝响,传统出版毕竟在逐渐走向衰落。出版业是在传统出版走向式微的过程中进行近代化过程的。这种转型的含义,既是指传统出版本身的变迁,即其本身在向近代作某些变化,如京师官书局也开始译印新学书籍,"译刻各国书籍,举凡律例、公法、商务、农务、制造、测算之学,及武备、工程诸书,凡有益国计民生与交涉事件者,皆译成中国文字,广为流传"[1],更是指传统出版走向衰落而为近代出版所替代,资本主义经营方式的出版机构相继出现,中国出版完

---

[1] 《官书局奏开办章程》,见张静庐辑注:《中国近代出版史料初编》,中华书局1957年版,第48页。

成了从传教士出版到官书局出版到民营新出版的历史演进。新出版日益占据主流地位。以出版内容为例，1850 到 1899 年，出版译书 537 种，而 1902 到 1904 年的两三年即出版译书 533 种，新世纪开端的两三年的译书种数竟等于前一世纪的 50 年所译书种数。民间商办的新出版机构更如雨后春笋，梁启超 1902 年就将"学生日多，书局日多，报馆日多"，概括为晚清三大文化现象。[1]

二是由精英文化向大众文化的转型。有学者指出，一直以来，藏书与出版事业，均以名门望族作为主要的经济支柱。书籍主要是上层社会与文人士绅的宠儿，书籍的生产、收藏是文化资本的累积，是社会上层精英文化阶层的重要资产和内容。名门望族藏书、刻书，文化资本转化为经济资本与政治权力，藏书、说书和讨论版本，成为社会阶层的主要身份表征之一。[2]确实如此，在以往出版是上行的，而现在出版业下行于民众当中，成为真正的大众传媒，更放大了出版的社会功能。换句话说，像家刻之类的传统出版讲究建立私人印刷所印制珍本，但近代出版却旨在为广大读者提供阅读资料。敏锐的外国人就及时地注意到了当时中国新闻出版的这种趋向，他们看到经营者正努力使报纸印得更小些，力图把价格再降低一些，以使下层的人民也能够读到。一个清朝的劳工曾说，念过两年书的人就能读一些浅显易懂的消息。报纸应以极低廉的价格给普通大众提供既有价值又值得信赖的消息。[3]书籍与此相同。出版之所以下行，一方面是寻求出版市场的缘故，大众化才有市场，有市场才有生存与发展的根基，市场和利润始终是近代出版的一个出发点。因此文化的转型实际上也是市场转型的一个反映，是近代资本主义市场发展的必然结果；另一方面也是出版者的思路所致，因为"开启民智"已经成为近代出版的一

〔1〕　章开沅、罗福惠：《比较中的审视：中国早期现代化研究》，浙江人民出版社 1993 年版，第 564 页。

〔2〕　李家驹：《上海商务印书馆与近代文化知识的传播与塑造》，香港中文大学 2001 年博士论文，未刊本，第 93 页。

〔3〕　《纽约时报》1876 年 6 月 12 日消息，郑曦原编：《帝国的回忆》，生活·读书·新知三联书店 2001 年版，第 103 页。

个公认宗旨。张元济就曾认为："出版之事可以提携多数国民,似比教育少数英才为尤要。"这两方面的结合使得近代中国的出版,成为一种真正大众传媒的时代合奏。

中国出版的近代化历程与中国社会的近代化相适应,两者的过程是结合在一起的,是大过程中的小过程,指向是一致的。中国出版近代化的直接结果之一,便是出版业的极大发展。直接的体现就是营业额的扩大,如清末每年不过四五百万元,而民国初年即达到 1000 多万元,增长一倍以上。[1]

第二节 浙江本地"藏书"文化的历史渊源与近代发展

浙江自古以来"物华天宝"、"人杰地灵",人才辈出,有文物之邦的美誉。浙江人民为中华民族的兴盛和灿烂文化的建设曾经做出过巨大的贡献。我们从史前时期的萧山跨湖桥、余姚河姆渡文化和良渚文化中就可以看出,远在七八千年以前,浙江文化就已达到相当高的水平。自秦汉以迄明清,浙江的哲学、文学、史学、教育、艺术等方面成果突出,使人目不暇接。浙江文化是中国文化的重要组成部分。

考察浙江的文化史,就会发现浙江自古至今出版事业特别发达:早在中唐时期,浙江的越州(今绍兴)就有刊印元白诗集的记载;宋时,浙江杭州版印书籍为全国之冠;元、明、清各代,浙江都是全国出版事业的重点地区之一。与之相应,浙江的藏书事业在全国也十分突出,著名藏书家辈出,著名藏书楼遍及都市和山乡水村,形成了浙江典籍文化的一大特色。

一、近代以前浙江藏书文化的渊源

浙江古代的官方藏书、书院藏书、寺院藏书都很丰富。仅以官方藏书而言,五代吴越国建都杭州,其馆阁藏书已初具规模。南宋高宗时有秘阁

---

〔1〕 陆费逵:《六十年来中国之出版与印刷业》,见张静庐辑注:《中国近代出版史料补编》,中华书局 1957 年版,第 279 页。

藏书44486卷,宁宗时又增加了14943卷,藏书超过了北宋皇家藏书的规模。清朝建文澜阁于杭州,专藏《四库全书》,所藏虽历经磨难,但经丁丙、丁申兄弟及学者钱恂、张宗祥收拾残余,补抄遗缺,已使其恢复全佚。江南三阁,文澜独存。

浙江的藏书之风,史籍可考的是从三国、晋时期的范平、范蔚祖孙开始的。据吴晗、杨立诚、金步瀛等学者查考,自晋至清末,浙籍的藏书家约有440余人,浙江的藏书楼约有200余处。综观历史,浙江这个人文荟萃的土地上,藏书名楼林立,名家辈出,为保存和传播中国古代藏书文化起了重大的作用。

浙江山青水秀,土地肥沃,物产丰富,水运畅通。这种优越的地域条件,对于古代藏书活动的发展是极为有利的因素。特别是唐末以来的战乱破坏了长安与洛阳的藏书中心地位,五代时期十国割据,江南一带因重大战争少于北方,社会相对稳定,藏书数量迅速增长,这也是改变关中数百年藏书中心的重要原因。南宋以来,我国藏书以江、浙两省为最盛。而作为中华古代文明的重要载体的藏书楼,已成为一个地区重要的文化标记,留存至今的藏书楼更是一方文物瑰宝,在传承民族文化方面功不可没。浙江的藏书楼以名家多、规模大著称。南朝的沈约(德清人),五代的钱惟演,南宋的陆宰、陆游父子和叶梦得(湖州人)、陈振孙等,明代的范氏天一阁(为我国现存最早的藏书楼)、祁氏澹生堂等,尽管藏书有聚有散,但有些藏书楼都能完好地保存至今,这在全国各省中是首屈一指的。

晚清浙江的私人藏书非常发达,最著名的有湖州陆心源皕宋楼和杭州丁氏八千卷楼,他们都是晚清四大藏书楼。陆心源死后,其子陆树藩,以十二万元之价将全部珍藏售与日本岩崎氏的静嘉堂文库,可说是中国近代文化史上的一大浩劫,也是浙江藏书的重大损失。杭州丁氏八千卷楼藏书,后售与南京江南图书馆。八千卷楼藏书的价值和丁丙的业绩,有人评之为"清光绪中,海内数收藏之富,称瞿、杨、丁、陆四大家"[1]。清末

---

〔1〕《南京图书馆建立藏书组织的经过》,见李希泌:《中国古代藏书与近代图书馆史料(春秋至五四前后)》,中华书局1982年版,第306页。

浙江私人藏书楼著名者还有瑞安孙衣言所创的玉海楼和绍兴徐树兰私人捐办的公共图书馆古越藏书楼,等等。

这些私人藏书楼的大量出现,极大地影响着当地的民风习俗。首先,人们开始认识到书籍的价值,形成一种保存书籍的意识和行为,如杭州文澜阁的《四库全书》之所以能在咸丰、同治年间的战火中得以幸存,就有赖于一些普通百姓的挺身相助。其次,私家藏书楼也促进了浙江学术的繁荣,如明清浙江私家藏书楼哺育、支撑了以经世致用为宗旨的浙东学派,明末清初余姚续钞堂黄宗羲及其学生万斯同、清代宁波双韭山房全祖望以及章学诚等人,不仅是私家藏书楼的重要代表人物,而且是浙东学派的重要代表人物。再者,私家藏书楼对于后世子孙的影响更为深远。近代从事教科书出版的浙江教育家中很多具有先祖藏书的传统,从而使他们对于书籍产生一种特殊的情愫。如由张元济的先祖张惟赤创办的张氏涉园,其藏书、刻书在清代声名远播。先祖藏书使后世子孙对于书籍及其流通具有一种特殊的敏感性,而这种特殊的敏感性在资本主义商品经济的背景下,很容易转向教科书出版市场。

综观整个浙江古代藏书史,导致其兴衰的因素有以下三个方面:一是政治与战乱的摧残。封建王朝的更迭使藏书屡遭浩劫。南宋楼钥(鄞县人)的东楼,历几十年之聚集,藏书逾万卷。到了南宋末年,元兵南下,东楼藏书终随改朝换代而渐渐散失,至明末更全数败落。二是后人疏于管理,不肖子孙售书挥霍。由于近代社会经济关系的改变,以前藏书丰富的官僚地主,有的家道中落,有的宦途失意,于是就有了出售藏书而转向工商投资等等。如清代道光咸丰年间南浔蒋维培、蒋维基兄弟创立的俪籝馆、茹古精舍藏书,由蒋书箴继承,是为"传书堂",书箴长子汝藻再承祖业,继续扩增,即"密韵楼"。到20世纪初,蒋汝藻事业受挫,藏书先后散出,这座延绵百年的藏书楼也未能善其终。三是西风东渐,近代图书馆事业的兴起,改变了旧的藏书体制和观念。鸦片战争以后,由于受西方国家的政治、经济、文化的影响,日益发达的西方公共图书馆事业,吸引了我国开明的官员和士绅的注意力,他们以驻外使节或游历的方式亲临西土,对西方国家先进的文化设施有了较为真切的了解,于是要求公开公私藏书,现代意义的图书馆相继建立,取代并极大扩展了藏书楼的社会功能,只有少数藏书楼延续至今。

二、近代浙江藏书文化的发展

近代以降,浙江的图书事业建设继先人之宏业,承古代之余绪,依然轰轰烈烈。浙江近代图书事业建设具有以下两大特色:

一是承古代之余烈,追先人之遗风,私家藏书楼相继崛起,所藏之图书资料的数量、质量均属上乘。就以玉海楼、伏跗室、嘉业楼为例。玉海楼是孙依言、孙诒让父子所建,初建时藏书即接近 10 万卷,其中不少稀世珍本。伏跗室是冯贞群的藏书楼,藏书逾 10 万卷,其中包括善本书 400 余种。刘承干的嘉业宝藏书楼建成时就有藏书 60 万卷,后陆续购进,号称百万卷,藏有地方志 1200 余种 33000 余卷;藏书中有宋元刊本 150 多种,明刊本 2000 种,清刊本 5000 种,抄校本 2000 种,其他精本 1000 多种,其版本之精,质量之高,数量之多,古往今来都无法与之比拟。

二是在传统藏书楼向近现代图书馆逐渐演化的历史进程中,浙江的图书馆事业建设依然走在前列,发挥引导潮流、树立丰碑的作用。肇始于 1900 年杭州藏书楼的浙江图书馆是我国最早的公共图书馆;徐树兰于 1902 年建成的古越藏书楼则是我国最早的私人图书馆。1915 年创刊《浙江公共图书馆年报》则是我国最早的图书馆学专业期刊。它的出现,使图书馆界研究学术、促进工作实战的理论研究逐渐形成风气。民国时期历次全国图书馆调查统计,浙江的图书馆数均居前列。据 1935 年 10 月出版的许晓成的《全国图书馆调查录》统计,当时全国有图书馆 2520 个,浙江有 213 个,与江苏并列第二。

三是传统的官府藏书为公共图书馆所替代。中国文化是中华民族以个体的农业经济为基础、以宗法家庭为背景、以儒家伦理道德为核心构建起来的价值体系。如果把藏书楼作为一种中国特有的文化现象来研究,可以发现它与中国传统文化的价值体系相适应。中国藏书事业滥觞于商周,经过两千余年漫长的发展,演变成官府藏书、私家藏书、寺观藏书、书院藏书四个系统。在这一演变过程中,它扮演着积累中国文化的重要角色,对典籍的保存和流播做出了贡献。然而1901年清朝政府实行"新政",次年停止乡试、会试和省岁考,一切士子皆由学堂出身,延续了1300多年的科举制度正式谢幕。全国各地兴办新式学堂,由书院传授"四书五经"等儒家经典变为学堂传播西方科学技术,社会的主流文化发生根本性的变化。藏书楼在藏书建设、管理制度、服务理念等方面都不能适应当时的社会需要。此时中国藏书楼文化的这种自我相关的不合理性和矛盾性暴露无遗,步入了文化的悖论。于是,藏书楼走向式微,公共图书馆诞生。

如果说这是一种文化的选择、是历史的必然,那么废除科举制度,导致社会主流文化改变,则是催生中国公共图书馆诞生的直接动因。浙江图书馆、湖南图书馆、湖北省图书馆正是在这一时期成立,顺应了社会发展的潮流,担负起中国传统藏书楼向现代公共图书馆转变的历史使命,在中国近现代图书馆史上刻下了自己前行的脚印。转型需要选择,早期创建中国公共图书馆的先贤们接受过西方科学的教育,他们深切感到开办公共图书馆对提高国民素质、改良社会乃至民族复兴有着重要的作用。"教育不一途,莫广于社会教育;改良社会不一术,莫捷于图书馆。"让国民走近公共图书馆,广泛阅读,接受现代科学文化知识的熏陶,是启迪民智,改变思想观念,"睁开眼睛看世界"的最佳途径。先贤兴办公共图书馆既是文化的自觉,也体现了中国知识分子的社会责任感。

民国时期浙江的公共图书馆事业发展,以民国元年(1912)至26年(1937)为发展期。民国建立后,全省各地先后兴办公共图书馆或通俗图书馆。据统计至民国16年(1927),浙江全省77个县市,有61个县市办有县、区级的图书馆29个、通俗图书馆64个。民国17年(1928)后,浙江各市县普遍兴办民众教育馆,许多公共图书馆并入其内。至抗战前的民国25年(1936)统计,全省有公共图书馆38个,私立图书馆14个,民众教育馆(室、部)有139个。应该特别指出的是,在这一时期随着中国共产党浙江地方党组织的建立和农民运动的兴起,在20世纪20至30年代,浙江出现了一些中国共产党领导的图书馆(室社),其中如民国10年(1921)萧山县(今杭州萧山区)衙前乡农民协会所创办的龙泉图书阅报社,社内有进步革命书刊,供众阅览,后因农民运动遭镇压,图书管理员被逮捕而停办。至民国12年(1923)6月永嘉县岩头镇创办溪山第一图书馆,馆内有马列著作、文学名著等四百多种图书,存世四年,至民国16年(1927)停办。民国22年(1933)诸暨西斗门民众集资建造馆舍三间,创办民众图书馆,该馆藏有马列著作和各类图书数千册,成为中国共产党宣传革命、组织群众的重要阵地。

总之,历代藏书家,为了收藏古籍,有的节衣缩食,倾囊以购;有的穷年累月,历尽艰险,四处搜求;有的每得罕见珍本,白发孤灯,握管抄誊。他们这种爱书如命,为保存古籍,爱护中华文献艰苦卓绝的精神,是十分值得后人钦佩的。我们现在有相当一部分古籍得以保存下来,是历代藏书家的功绩,这一点是应该充分肯定的。尽管近人陈登原,在其所著《古今典籍聚散考》中专列一章"藏书家之功罪",开宗明义就说:"居尝谓保存古籍,端赖藏家。然摧残古籍,藏家亦有罪焉。"张元济为上海商务印书馆涵芬楼收藏古籍灌注了毕生的精力,藏书50万册。但在"一·二八"事变中,侵华日军轰炸上海,却尽数化为灰烬。张元济对其夫人说:"这也可算是我的罪过。如果我不将这五十多万册搜购起来,集中保存在图书馆中,让它们散失在全国各地,岂不可避免这场浩劫!"[1]这当然是他的一时愤激之言,但历代藏书家遭遇这样的情况还少吗?费毕生之精力藏书,却毁于一旦,这岂是藏书家之初衷?藏书之被毁往往由于藏书家所意料不及之外因,这些都很难责怪藏书家本人,藏书家是有功于国的。一方面,他们在保存和传播中国古代文献方面做出了不可磨灭的贡献;另一方面,他们对于中国出版业的近代化发展,起到了铺垫和推动的作用。

---

〔1〕 王绍曾:《近代出版家张元济》,商务印书馆1984年版。

第三节　重大社会事件对出版业发展的影响

近代出版史年代跨度虽然不长,但在出版史上却是一个重要历史时期。它承接晚清时期萌蘖而生的近代意义上的新式出版,一路发展下来,并在资本主义经济背景下,民营出版业的主体地位更加巩固,市场化运作的商业手段更加成熟,规模化经营的产业特征更加明显。这既与古代传统刻印时期手工作坊式的经营特点有较大差异,也与紧接其后的中华人民共和国时期的出版经济形态存在很多差异,表现出自身阶段的历史特殊性。

中国近代,政治波谲云诡,文化思潮变动不居,经历了辛亥革命、南京临时政府、北洋政府和南京国民政府三个阶段统治政权的嬗变,其间发生了诸如戊戌变法、辛亥革命、洪宪帝制、张勋复辟、五四新文化运动、北伐战争、第二次国内革命战争、抗日战争、第三次国内革命战争等一系列重要的政治、思想文化事件。民国出版活动以其特有的方式与时代潮流共起伏,反映其变化,接受其影响,参与其进程,并在时代潮流的变革中,显示其本身的阶段性特点。大致说来,民国时期有四次大的历史事件对出版业影响最为显著。一是辛亥革命给出版业带来的变革;二是五四新文化运动给出版业带来的突变;三是国民革命军北伐胜利后建立的南京国民政府,从形式上实现全国统一,给随后十年出版业的兴盛提供了良好的外部环境;四是抗日战争的全面爆发,彻底遏制了中国出版业蓬勃发展的大好势头,战争直接导致了民国时期出版业由盛转衰。

一、辛亥革命对近代出版的影响

辛亥革命不仅是一场发生于近代中国的深刻的社会革命,而且也是一次影响广泛的思想启蒙运动。辛亥革命在思想领域产生的一个重要影响,就是推动了近代科学及科学思想在中国的进一步传播,从而构成近代中国科学思想发展历程中的一个重要阶段。

1. 报刊

辛亥革命时期，国人创办的大量报刊成为传播科学知识、宣传科学思想的重要途径。刊登科学知识的报刊主要有两类：一类是综合刊登自然科学、社会科学和各种社会新闻的报刊，如《译书汇编》《普通学报》《江苏》《湖北学生界》等。另一类是专门性的科技类报刊，这是传播科学知识的主要渠道。仅就后者而言，据笔者所见多达48家。主要有：《亚泉杂志》《农学报》《中外学报》《科学世界》《启蒙格致报》《科学画报》《理科杂志》《科学一斑》《普通科学画报》《科学杂志》《数理化月志》《地学杂志》等。其数量之多超过辛亥革命以前任何一个时期刊行的科技报刊数量。这些报刊多数由民间创办。其中既有综合性的，又有专门性的。它们的具体分类情况为：综合类21种；医学类17种；农学类7种；地理地质学类2种；数学类1种。专门性科技报刊共有4类27种，其数量超过综合性科技报刊。这反映了中国近代科技向专业化方向发展的趋势。

2. 学堂

辛亥革命时期，在社会变革潮流的冲击下，封建传统教育制度迅速衰落，社会上出现了兴办新式学堂的热潮。在这些新式学堂中，无论是中小学还是大学，都开设了自然科学类课程。尤其在大学堂设置了一系列理工科专业。清政府颁布的《奏定大学堂章程》规定，大学设置的此类专业为21个，其中医科2个、格致科6个、农科4个、工科9个，讲授的内容具有一定的深度和系统性。如大学物理专业开设的主课有：物理学、力学、天文学、数理结晶学、物理化学、应用力学、电磁光学论、应用电气学、物理星学、微积分、几何学、函数论等近20门，还设置与此有关的各种实验课程。像京师大学堂、北洋大学堂、山西大学堂、南洋公学、震旦学院、南洋大学堂等高等学校都开设了理工科专业。与同文馆时期的教育比起来，此时大学堂的科学教育水平有了大幅度的提高。

3. 翻译出版机构和译书

早在洋务运动时期，清政府就成立了专门的译书机构，翻译出版了一批科学书籍。19世纪末,在戊戌维新运动的影响下,出现了一批民办翻译出版机构。1900年以后此类机构的创办犹如雨后春笋,如译书汇编社(日本东京,上海设有总发行社)、江楚编译局(南京)、上海文明编译印书局、京师大学堂译书局、中国医学会(上海)等。此期创办的翻译出版机构不仅为数众多,而且都把出版发行科技类书籍当作一项重要的工作内容。

可以说,辛亥革命直接推动了中国出版业的近代化发展。反过来,出版业的近代化对辛亥革命也起到了促进作用。辛亥革命时期出版了大量的革命报刊,这些革命报刊揭露了腐朽落后的封建王朝的统治,痛斥了帝国主义的种种侵华罪行,所宣传的资产阶级革命的思想,极大地促进了中国近代资产阶级革命的发展。据统计,从1900年创办《中国日报》起,到1911年为止,以孙中山为首的资产阶级革命派先后在港澳、美洲、南洋、日本及国内创办了约120种报刊,其中日报60多种,期刊50多种。在革命中起到了很好的宣传、鼓动作用。

二、"五四"对近代出版的变革

1912年1月1日,南京临时政府宣告成立。民国代替了王朝,历史随之翻开了新的一页。鉴于辛亥革命的失败,一部分思想先进的知识分子认识到,要解决中国问题,须以改造国民思想作为突破口,高举科学和民主旗帜的新文化运动由此而兴起。现代出版业站在商业和文化立场上,支持新文化运动,尝试新出版领域,并在市场的热烈响应下,很快发展成为出版主潮流。新文化催生了新出版,新出版又推动了新文化,两者相互促进,共建出版和文化的又一新时代。

时代潮流滚滚向前,即便作风稳健持重的大出版社如商务印书馆、中华书局等,也不可避免地被裹挟进去。为了适应出版新书刊的需要,老牌出版社在用人方面进行了调整。商务印书馆的两大元老张元济和高梦旦曾数次北上求贤,有意邀请新文化运动领袖胡适来商务职掌编译所。1921年夏秋间,胡适南下商务作了一个半月的考察,对商务的工作提出了许多改进意见,浓厚了商务改革的风气。[1] 胡适虽然最终未能留在商务任职,但他引荐的王云五却给后来的商务带来了新的气象。1922 年,加盟商务并任所长的王云五大胆地改组编译所,新创百科全书委员会等部门,新聘专家主持编译所各部。当时罗致的大学者有:朱经农、竺藕舫、段抚群、胡明复、胡刚复、杨杏佛、秉农山、任叔永、周鲠生、陶孟和等人。到 1924 年,章锡琛依据该年《编译所员录》统计,这时,"除兼职人员外,达 240 人之多,勤务员还不在内。其中 1921 年 9 月(王云五进所)后新进的共 196 人,许多资格最老的编辑被淘汰",新旧知识分子完成了交替。[2] 商务编译所经过上述改组,可谓是人才济济,奠定了此后学术出版的坚实基础。另一大书局中华书局也大力引进新人,在 1920 年以后的三年间,中华书局编辑所新添的人员名单中有陆衣言、黎锦晖、李达、黎明、王人路、吴翰云、金兆梓、朱文叔、田汉等人。[3] 这些人后来都成为中华书局的主要编辑骨干,在新式教科书、儿童读物以及学术著作的出版中发挥了重要作用。

五四新文化运动对近代出版业的影响具体来说,主要表现在以下几个方面:一是出版物数量的激增。在"五四"时期的出版活动中,杂志的风头最健。根据叶再生《中国近代现代出版通史》一书中的统计,清末最后五年共创办报刊 231 种,平均每年为 46.2 种。民国最初五年共创办报刊 457 种,平均每年 91.4 种。[4] 1917 年至 1922 年六年中出版期刊 1626 种,平均每年出版期刊 271 种。[5] 二是出版物结构发生了重大调整。出版社从原来注重教育图书和工具书转向注重一般知识性图书,并着力于学术著作的出版。亚东图书馆出版的多本新诗集,商务印书馆出版的《文学研究会丛书》,泰东图书局出版的《创造社丛书》,新潮社出版的《新潮丛

〔1〕 王建辉:《"五四"和新出版》,见王建辉:《王建辉自选集》,华中理工大学出版社 1999 年版,第 326 页。

〔2〕 李辉:《激动文化潮流——新文化运动中商务印书馆的改革》,《中国出版》1998 年第 4 期。

〔3〕 钱炳寰:《中华书局大事纪要(1912—1954)》,中华书局 2002 年版,第 48—62 页。

〔4〕 叶再生:《中国近代现代出版通史》(第 2 卷),华文出版社 2002 年版,第 7 页。

〔5〕 叶再生:《中国近代现代出版通史》(第 2 卷),华文出版社 2002 年版,第 1032 页。

书》，以及北新书局出版的《文艺丛书》等，都展示了特有的新文学风格追求。虽然出版这些丛书的出版商，可能价值观不尽一致，有的呈现积极主动的参与精神，有的则迫于外在的压力，基于内源性自觉而在一种落伍的焦虑中迎受和跟从。[1] 三是出版物语言形式发生变革。改"国文"为"国语"，是文学革命和国语运动相结合的最大成果，同时也是确立白话文地位最关键的一环。出版界对此反应特别积极，早在教育部改国文为国语的通告发布之前，商务印书馆编写的国民学校用《新体国语教科书》八册，就提前出版了。该年的 12 月间，中华书局的《新教育国语读本》也出版了，第一册上半本也是遵照教育部"先教注音字母"的。[2] 四是出版与文化社团紧密结合。民国创立后，"集会、结社之自由"，成了国民依法享有的正当权利，建立社团一度成为社会时尚。文化社团与书局书店的联手，是"五四"时期一种重要的文化现象。社团拥有智力和知识资源，引领着时代学术文化潮流的方向，这正是出版部门图书选题和作者资源的含金富矿；而书局拥有资金和经营优势，在书刊出版发行与传播上独擅胜场，这恰恰是社团远难企及的，同时又是可资利用的。两者的互补与共济，一同铸就了文化学术创作与出版的繁荣。

三、民国出版业的黄金十年

1927 年，国民政府在组织形式上复归统一。1928 年 12 月东北军首领张学良通电全国，服从国民政府。至此，国民政府从形式上实现了全国统一。在以后的近 10 年时间里，虽然国民党军队一直进行着对红色苏区的军事围剿和追击，1931 年后又发生了日本帝国主义对我国东北领土的侵略和占领，但就整体而言，国家政治还是比较稳定的。在经济上，虽然全球性的资本主义经济危机同样波及我国，30 年代初的各种自然灾害也对国内经济造成不小的打击，但总的说来，国家 10 年中的工业、农业和交

---

〔1〕 路英勇：《认同与互动——五四新文学出版研究》，安徽文艺出版社 2004 年版，第 5 页。
〔2〕 黎锦熙：《改学校国文科为国语科》，见黎泽渝：《黎锦熙语文教育论著选》，人民教育出版社 1996 年版，第 26—32 页。

通运输等方面,都得到了不同程度的发展。在教育上,虽然整体上发展不尽如人意,但全国的学生人数规模和教育经费投入,基本上还是呈现出逐年上升的趋势。而作为出版业书刊购买大户的图书馆,自1928年大学院颁布全国各学校必须广泛设置的通令以后,其数量从1928年的557所增加到1936年的5196所,[1]发展的速度是相当快的。经济的发展、交通的进步、教育的提高和图书馆事业的增长,都为这一时期出版业的兴盛提供了良好的外部环境。应时应势下的出版业,在这一历史机遇下,迎来了民国成立以来继五四新文化运动之后的第二次出版高峰,同时也是民国出版史上最为辉煌的黄金年代,具体表现在以下几个方面。

(一)大书局规模的扩充

作为出版业三大巨头的商务印书馆、中华书局和世界书局,在这一时期承接过去的发展势头,继续壮大出版实力。1933至1937年间,是商务印书馆出书最多的五年,共出版图书3808种。[2]中华书局在这十年期间,也走上了加速发展的快车道。1925年中华书局的资本总额为200万元,到1937年已增至400万元,翻了整整一倍。1928年7月至1936年12月的八年半间,中华书局的总营业额为4008万元,较前一个10年(1918年7月至1928年6月的1816万元),[3]整整增加了2.2倍。作为20年代初发展起来的、在全国出版业座次排行中位列第三的世界书局,在这10年中的发展,虽不比中华书局的一路高歌,尤其是在1934年沈知芳辞去总经理职务后,由于经济周转不灵,一度缩小了出版规模,但总的来说还是有相当大的发展的。1926年至1933年,是世界书局史上的兴盛时期,8年时间总共出版新书2043种。[4]1933年新出版物册数更是

---

〔1〕　吴永贵、陈幼华:《新图书馆运动对近代出版业的影响》,《出版发行研究》2000年第7期。

〔2〕　这个数字乃根据李家驹《商务印书馆与近代知识文化的传播》第157页表格统计得出。

〔3〕　俞筱尧:《陆费伯鸿与中华书局》,见俞筱尧、刘彦捷编:《陆费逵与中华书局》,中华书局2002年版,第229页。

〔4〕　朱联保:《关于世界书局的回忆》,见宋原放主编、陈江辑注:《中国出版史料·现代部分》(第一卷,上册),山东教育出版社、湖北教育出版社2001年版,第261页。

达到571种，[1]平均日出新书超过1.5种。

（二）中小书局力量的壮大

体现这一时期出版业整体实力大增的另一支重要力量，则是中小书局的崛起和壮大。他们或者问鼎教科书领域的出版，或者引领时代发展的潮流，或者凝练自己的出版特色。大东、开明、北新是这一时期教科书出版领域中的新秀；开明、北新、光华、良友等是当时上海新书业中的佼佼者，而成立于1901年的神州国光社，在1930年陈铭枢、王礼锡、黄居素等人接办以后，出版了大量"左倾"社科书籍，发行《读书杂志》，推动"中国社会史论战"，使神州从一个暮气沉沉的古老书店，摇身一变成为一个声势浩大的新书店，在当时上海出版界中，也算得上是个创举。[2]

在这10年中，一方面，原有的中小书局继续获得发展，另一方面，又有更多的中小书局在不断地创办，从1927年到1930年这4年间，先后成立的书局书店，资料可查者有：上海长江书店（1927年4月）、新月书店（1927年5月）、自由书店（1927年5月）等30余家。[3] 他们当中，有的是纯粹商业性质，有的寓含政治背景，有的则带有鲜明的学术团体特征。他们在各自的出版活动中，根据主持人的政治倾向、文化修养和经营目标，形成了各自的出书方向，有的甚至还形成了自己的特色。如现代书局和新月书店的文艺读物、大江书铺和新生命书局的社科书籍、儿童书局和中学生书店的少儿读物等，都曾在出版文化史上留下过强劲的足音。

（三）书刊出版量的增加

随着大书局规模的扩充和中小书局力量的壮大，这一时期出版物的数量增长迅猛，而且越是往后，增长的幅度越大。有人将《民国时期总书目》中的语言文字类书籍作过抽样调查统计，得出各时期该类书籍的出版

---

〔1〕 王云五：《十年来的中国出版事业》，见宋原放主编、陈江辑注：《中国出版史料·现代部分》（第一卷，下册），山东教育出版社、湖北教育出版社2001年版，第426页。

〔2〕 陈铭枢：《"神州国光社"后半部史略》，见王昭建、郭天佑：《中华文史资料文库》（第十六卷），中国文史出版社1996年版，第530页。

〔3〕 以上资料辑录于：(1)朱联保：《近现代上海出版业印象记》，学林出版社1993年版；(2)宋原放：《出版纵横》，上海人民出版社1998年版。

数据如表 1-1 所示。[1]

表 1-1 民国时期语言文字类书籍的出书种类

时间	种数
1911—1918 年	平均每年 22 种
1919—1927 年	平均每年 48 种
1928—1936 年	平均每年 179 种
1937—1945 年	平均每年 126 种
1946—1949 年	平均每年 137 种

语言文字类属于一个比较中性的类别，以之来抽样颇具代表性，从中可管窥民国各时期的出版概况。表格中两头低中间高的统计结果，体现出 1928 年至 1936 年这段时间正是民国出版业的黄金时期。具体到 1928—1936 年各年度全国出版物的情况，王云五曾有过一个粗略统计。见表 1-2。

表 1-2 1928—1936 年各年度全国出版物种数统计表[2]

年代	1927	1928	1929	1930	1931	1932	1933	1934	1935	1936
册数	1323	1569	2064	1823	1581	986	2263	3786	5752	6717

除了 1930 至 1932 年全国出版物数量一度下滑外，其余各年度的出版物数字，都是节节向上攀升，特别是 1933 年以后，出书增长速度更是以千位数计算，情形确实令人振奋。不过需要说明的是，这些增长出来的图书数量，多集中于古籍、大型综合性丛书和教科书等出版物类型上，而一般性图书的出版却是不增反减。

在 1927 至 1937 年间，期刊出版增长的情形与图书类似，叶再生作过

---

〔1〕 邱崇丙：《民国时期图书出版调查》，《出版史研究》第 2 辑，中国书籍出版社 1994 年版，第 173 页。

〔2〕 王云五：《十年来的中国出版事业》，见中国文化建设协会：《抗战前十年之中国》，龙田出版社 1980 年版，第 463 页。

统计。见表1-3。

表1-3　1927—1936年各年度全国出版期刊数量统计表[1]

年代	1927	1928	1929	1930	1931	1932	1933	1934	1935	1936
册数	656	1076	1458	1274	1436	1742	1690	1628	1620	1914

又据叶再生统计,1917—1922年的五四时期,六年年均出版期刊271种,而1927—1937年这十年间,年均出版期刊则达1483.3种,为五四时期每年平均数的547.2%,[2]增加幅度之大由此可见。尤其是1932年起的几年间全国涌现出一个办期刊的热潮。1934年更有"杂志年"之称。

(四)一批高质量出版物的出现

说这个时期出版业的兴盛,并不仅仅表现在量的增长上,也同样表现在质的丰收上。优质出版物是在作者和出版者双方共同努力下创造完成的。这个时期好书迭出的原因,也可从作者和出版者两个方面来考察。就作者方面而言,经过五四新文化运动洗礼的一批学人和知识分子,到了20世纪30年代开始走向成熟。而此时以左翼文化为主体、多元文化并存共处的活跃文化思潮,同样是促进知识界著书立说繁荣和写作者著作质量提高的积极因素之一。就出版者方面而论,由于20年代中后期蜂起的书局书店,加剧了书业间的竞争,一些有长远眼光的出版者都试图把出版物的质量作为提高书业竞争力的一个重要手段。另外,在新成立的书局中,有不少本来就是有理想的文化人创办的,抱着文化理想从事出版,自然着意于出版物的质量,不同于牟利书商的一味胡编乱造。如章锡琛之于开明书店,李小峰之于北新书局,徐志摩之于新月书店,邹韬奋之于生活书店,吴朗西之于文化生活出版社等,均是文化人办出版的典型。对于商务印书馆、中华书局这样历史悠久的老牌出版社来说,稳健是其一贯的出版风格。稳健,不仅仅意味着避免与现实政治相抵触,同时也意味着

---

〔1〕　叶再生:《中国近代现代出版通史》(第2卷),华文出版社2002年版,第1032页。
〔2〕　叶再生:《中国近代现代出版通史》(第2卷),华文出版社2002年版,第1033页。

注意编辑质量的精审,意味着他们在重视商业利益的同时,关注文化的发展,而他们资金实力之雄厚,较一般小出版社更有能力打造出成规模、成系列的文化精品来。

四、抗战时期出版业的衰落与出版人的文化努力

1937 年 7 月 7 日,日本侵略军突然进犯卢沟桥,打响了企图灭亡全中国的第一枪,中国驻军奋起抵抗,长达八年之久的"抗日战争",由此揭开了序幕。8 月 13 日,日本海陆空三军大举攻击我上海守军,淞沪战役爆发。到 1937 年年底,抗战不到半年,华北危急,平津早已沦陷,沪战不利,上海、南京相继失守。在这种大动荡的情况下,以上海为中心,以北平、南京、天津为次中心的我国现代出版业,遭遇了前所未有的沉重打击。抗战前中国出版业蓬勃发展的大好势头,被彻底地遏制下来。抗日战争直接导致了民国时期出版业由盛转衰。

战争给予出版业的重创,首当其冲的是资财上的损失。这种损失,有被日军故意损毁的,有被敌人强行劫掠的,有在转移和疏散中丢失损耗的。"八·一三"事变中,"各家厂屋之在租界外者,多有损毁"〔1〕。那些原本本钱小、基础弱的小出版社和小印刷厂,不少从此陷入绝境,再无复出。对于那些大的出版和印刷机构来说,虽不至于到倒闭的地步,但房屋建筑、机器设备、书刊文具等有形资产的毁坏,从记录的材料来看,也是异常触目惊心的。

八年抗战,战火随时局的变化而蔓延,出版业也一次次经历着浩劫。1938 年 8 月,长沙"文夕"大火,这一把火,使来不及撤走的长沙大小书局,绝大部分化为灰烬。〔2〕 1944 年春,湘桂战事爆发,衡阳动摇,桂林市当局下令撤退,被称为战时"出版城"的桂林出版业,苦于书籍笨重价廉,无法出高价租到车皮,把书运走。许多出版业者只带走了纸型,城中至少有 1/3 的存书,与桂林城一起同归于尽。而有能力抢走的出版业者,在撤

---

〔1〕 中华书局股东常会:《十年来之报告》,第 2 页,1948 年 3 月 28 日。
〔2〕 张定华等编著:《中国抗日战争时期大后方出版史》,重庆出版社 1999 年版,第 50 页。

退途中又遭遇了两次大劫。第一次是 1944 年 7 月间，柳州车站附近专门托运书籍的仓库发生火灾，第二次是金城江火药库爆炸，祸及堆书的临时仓库。从桂林城中抢运出来的书刊，经过这两次火，几乎全部化为灰烬，安全到达重庆的，估计不到百分之一二。[1] 战争造成出版业的巨大创痛，绝不仅限于资财等有形资产的损失，更为严重的创伤还在于营业的缩减。战争年代，物力维艰，许多读书人颠沛流离，购买力不济，单种图书的平均印数和销量远不及战前。随着大片国土的沦陷，东北、华北、华中、华南等地的图书市场也先后被敌人侵蚀。敌占区的图书营业情形可谓萧条至极。有一组商务印书馆的统计数据可有力地说明这一点，沦陷后的商务印书馆北平分馆，1938 年一、二月份的营业额计 7950 元，仅及战前同期的 16％，减少了 41855 元；天津分馆，1938 年一、二月份的营业额计 694 元，仅及战前同期的 1.47％，减少了 42056 元；而保定分馆，则是几无营业可言。[2] 中华书局在沦陷区的原有分支馆同样命运悲惨，停歇的停歇，没有停歇的北平、青岛、张家口、邢台、保定、太原等分馆，也只能以文具、仪器、古书、工具书等应市而已，[3] 抗日的书刊断不给卖，一般的图书也往往会触犯敌人的禁忌，原来作为出版业大宗的中小学教科书，因敌人实行奴化政策而被禁售或没收。另外，战时交通困难，运输力量不足，邮路常有不通，均给出版部门的营业造成许多不便和无形的损失。

20 世纪最初的 30 年中，中国社会经历了废除科举制、民国改元、新文化运动等一系列重大社会变迁，而每一次重大社会变迁，对于知识分子而言，意味着机遇与挑战并存。而 20 世纪 20 到 30 年代的上海，已发展成为全国最大的城市、亚洲的商贸中心，随着近代城市生活的兴起，一个新的文化消费阶层已经形成，关心时事、学习新知、阅读书报成为市民生活的重要内容。并且，十里洋场、诸多租界，使上海的政府控制更为宽松，

---

〔1〕 赵家璧：《忆桂林——战时的"出版城"》，《大公报》，1947 年 5 月 18 日。

〔2〕 汪家熔：《抗日战争时期的商务印书馆》，见汪家熔《商务印书馆史及其他——汪家熔出版史研究文集》，中国书籍出版社 1998 年版，第 153 页。

〔3〕 中华书局股东常会：《十年来之报告》，第 2 页，1948 年 3 月 28 日。

这就造成了上海巨大的经济空间、生活空间和文化空间，"造成新的力量和新的观念，造成新的交往方式，新的需要和新的语言"[1]。于是上海为中国近代化提供了无与伦比的温床，也成为中国近代出版产业的基地，并占据大半壁江山。这一切都为浙江近代出版家们登上舞台、演出近代出版的好戏提供了条件和契机。

第四节　知名浙江出版家的成长历程

中国现代意义上的出版业有着先天与后天的双重贫血，它作为一种文化事业和公共领域既得不到政府的支持与出版环境的保障，也得不到大资本的投入和支持。中国的大资本家对于中国出版是不太热心的。如出版人张静庐在 30 年代所说："在上海市场上，有钱的资本家宁愿做交易而挺不高兴办文化事业，想招投非常困难。"[2]因此中国的出版事业及其现代化的完成，是由中小资产阶级及其知识分子来实现的，从来就没有独立地位的中国知识分子，不仅成为现代知识的主要传薪接火者，而且出乎意料地成了中国出版现代化的推动者。

曾有学者指出，自晚清上海崛起了一个新型文化人群体，与传统士大夫比起来，他们的共同特点是：有较新的知识结构，特别是有较好的西学素养，不像传统士大夫那样，除了诗云子曰、孔孟程朱之外，对天体地球、五洲万国、声光化电一无所知；有比较相近的价值观念，不再把传统的重义轻利视为不可动摇的准则，有比较相近的准则；有比较相近的人生观，不再把做官视为实现人生价值的唯一取向，而往往凭借新的知识，服务于新式的报馆、书局、学校图书馆、博物馆等文化机构，从而实现自己的人生价值。[3]

---

[1]　中共中央马克思恩格斯列宁斯大林著作编译局：《马克思恩格斯全集》第 46 卷，人民出版社 1975 年版，第 494 页。

[2]　张静庐：《在出版界二十年》，上海杂志公司 1938 年版，上海书店 1984 年影印本，第 147 页。

[3]　熊月之：《略论晚清上海新型文化人的产生与汇聚》，《近代史研究》1997 年第 4 期。

在这样一种转变过程中,在近代中国数十年的新旧中西文化激荡中成长的知识分子,历史地形成了从事洋务——维新——革命——新文化运动的知识分子群体的演变。近代新闻出版业在某种意义上说是一种公共领域(public sphere)[1]。按照提出"公共领域"这一概念的哈贝马斯的说法:公共领域的大门在原则上向所有公民敞开。[2]经过几代人的实践,知识分子各个群体都在这个领域中留下了自己的足迹,他们都在观念更新、文化转型中愈来愈认识到,中国之弱在于民愚,民愚在于没有新书可读,故从事译书从事出版是中国变革的当务之急,几代知识分子都意识到传播媒体的重要性,认识到出版对于改造社会的重要性。"教育救国"、"出版救国",成为新知识分子的一种历史追求。

浙江因其独特的地理优势和文化环境,造就了一批民国出版家,例如张元济、陆费逵、沈知方、章锡琛、胡愈之、张静庐,等等,他们犹如夜空中闪亮的星星,在中国出版史的长河中发出璀璨的光芒。笔者总结了浙江籍近代出版家的基本情况并形成表1-4:

表 1-4 浙江近代出版家的情况

姓名	生卒年月	籍贯	主要服务的出版企业
张元济	1867—1959	海盐	商务印书馆
陆费逵	1886—1941	桐乡	中华书局
沈知方	1883—1939	绍兴	世界书局
章锡琛	1889—1969	绍兴	开明书店
张静庐	1898—1969	镇海	光华书局、现代书局等
胡愈之	1896—1986	绍兴	商务印书馆、生活书店等
鲍咸昌	1864—1929	鄞县	商务印书馆
徐调孚	1900—1981	平湖	开明书店
张一渠	1895—1958	余姚	儿童书局
陆高谊	1899—1984	绍兴	世界书局

---

[1] 吴燕:《晚清上海印刷出版文化与公共领域的体制建构》,《江海学刊》2004年第1期。
[2] [德]尤根·哈贝马斯:《公共领域》(1964),见汪晖、陈燕谷主编:《文化与公共性》,生活·读书·新知三联书店1998年版,第125页。

一、张元济的成长经历

张元济(1867—1959),字筱斋,号菊生,浙江海盐人。中国近代最为著名的出版家、中国现代出版业的先驱。著名作家茅盾晚年在其回忆录《我走过的道路》中写道:"在中国的新式出版事业中,张菊生确实是开辟草莱的人。他不但是个有远见、有魄力的企业家,同时又是一个学贯中西、博古通今的人。他没有留下专门著作,但有《百衲本二十四史》,每史有他写的跋,以及所辑《涉园丛刊》各书的跋,可以概见他于史学、文学都有高深的修养。"一位经历过政治风云的前清翰林,一位学兼中西的文化达人,一位务实、埋头苦干的行动家,对一个出版机构来说,有这样一位领袖便是事业成功的一半。

(一)早年京官生涯

张元济因其父张森玉长期在广东任职,并一度出任广东会同、陵水等县知县,所以他在广东度过了童年时代,并接受了良好的家庭教育。早年生活在中国较早接受西方文化影响的广东地区,很可能是促使他后来的思想变得颇具近代意识的原因之一。[1] 14 岁时,随母亲回浙江海盐老家。1884 年他以童试第一名入县学,很快在嘉兴府应试中秀才。1889 年赴杭州特别恩科乡试,中试第 10 名举人,同科有汪康年、蔡元培、吴士鉴、徐珂、汪大燮等人。

张元济

1892 年(清光绪十八年)参加壬辰会试,一举获得二甲第二十四名的好成绩,授翰林院庶吉士。两年后散馆被分发刑部,任贵州司主事,后出任总理各国事务衙门(即总理衙门)章京,主要负责文书事务,他是当时章京中唯一通晓"洋文"的人。正当张元济顺利走上仕途、准备施展自己才

---

〔1〕 参见叶宋曼瑛:《从翰林到出版家》,商务印书馆 1992 年版,第 13 页。

华之时,中日甲午战争爆发,中国面临着生死存亡的危机。

甲午战争的溃败,深深刺激了满怀壮志的张元济。正如 60 年后,他在自己的回忆录中所说:"甲午中日战争,结果我们被日本打败,大家从睡梦中醒过来,觉得不能不改革了。"1895 年冬,张元济和陈昭常、张荫棠、周汝经、夏偕复等人组织了一个学习会,取名"健社",学习"有用之学",即西学。除了学习西学知识外,还相互勉励,力戒颓废和消沉。接着,张元济又与友人创立西学堂,合聘教习,设馆教授英文。先后来馆学习的有20 多人,张元济本人也参加了学习。1897 年,张元济与夏偕复、陈懋鼎、王仪通联名呈文总理各国事务衙门,呈请设立通艺学堂,并很快得到光绪帝的批准。

9 月 21 日,慈禧太后宣布垂帘听政,光绪帝被软禁瀛台,这样,持续103 天轰轰烈烈的戊戌维新变法以失败告终。紧接着,以慈禧太后为首的封建顽固派开始血腥镇压维新派。作为维新运动的积极参加者,张元济等人受到"革职永不叙用"的处分。当时张元济的母亲安慰他说:"儿啊,有子万事足,无官一身轻。"事实上也正是这一挫折成就了他,使他成长为近代转型期的出版业巨人。革职后,经李鸿章的推荐,张元济南下上海,来到盛宣怀创办的南洋公学,出任南洋公学下属译书院院长一职。从此,张元济结束了六年的京城仕途生涯,开始了人生的重大转折。

(二)投身商务印书馆

1899 年,张元济出任南洋公学译书院院长,主持翻译出版工作,扩大译书院的译书范围。半年之后,公学总理何梅生病逝,他还一度接任总理职务,促成南洋公学附属小学的如期开学,积极筹办特班教育,聘请蔡元培为特班总教习。但因为与南洋公学监院(西文总教习)美国人福开森意见不合,旋即辞去总理兼职,专任译书院院长。此间,他还与蔡元培等人创办了《外交报》。

1901 年,张元济应商务印书馆创办人夏瑞芳之邀,投资商务印书馆。第二年,辞去南洋公学职务,正式加入商务,主持商务的编译出版工作。1903 年又亲任商务编译所所长。从此,张元济把自己的一生献给了中国第一家现代意义上的新式出版社——商务印书馆,献给了中国近代出版事业,为我国近代文化出版业的发展做出了杰出的贡献。

(三)执掌商务编译所

张元济答应加盟商务印书馆时,曾与夏瑞芳商定,夏管印刷、发行,张元济负责编书。加入商务之后,张元济先生全身心地投入到了普及知识、传播文化、启迪民智的图书出版事业之中,并且奠定了商务印书馆在中国现代文化出版史上的至高地位。他首先倡议设立编译所,并聘请他的老朋友、著名学者蔡元培先生担任编译所所长。1903 年,蔡元培因与爱国学社内部分歧,离开上海,前往青岛,准备赴德国留学,张元济自己亲任所长,直至 1918 年 9 月辞去所长一职,交由高梦旦接任。在编译所所长任内,他广招贤才,充实编译所力量,大胆起用新人,使商务印书馆由一家小型印刷所一跃成为国内规模最大、出版图书最多、实力最强和最有影响的出版机构。

(四)最后十年

1949 年 5 月 27 日,上海解放。不久,张元济被推为全国政治协商会议委员,以 83 岁高龄,欣然赴京参加会议,参加《共同纲领》的制定,出席新中国的开国大典,并受毛泽东主席邀请同游天坛。返沪后,他参加了一系列政治活动,并被任命为华东军政委员会委员。过度的操劳,影响了张元济先生的精力。1949 年 12 月 25 日召开的商务印书馆工会成立大会上,他应邀出席并讲话,讲话途中,不幸突患中风。这样,张元济先生生命的最后十年,主要是在病榻上度过的。

1950 年秋,在病情有所好转后,张元济开始整理《涵芬楼烬余书录》一书。1951 年 5 月,在顾廷龙的帮助下,《涵芬楼烬余书录》终于由商务出版。1953 年,张元济被任命为上海市文史研究馆首任馆长。1954 年,商务印书馆实行公私合营,他被推为董事长。1959 年 8 月 14 日,张元济先生不幸去世,中国失去了一位现代出版业的先驱者。

二、陆费逵的成长经历

陆费逵（1886—1941），复姓陆费，字伯鸿，祖籍浙江桐乡。是一位自学成才的出版家。

（一）母亲的影响

陆费逵1886年9月17日生于陕西汉中。父亲陆费芷沧曾在直隶、山东、河南、汉中等地做幕僚。陆费逵母亲名吴幼堂，知书达礼，思想开明通达。[1] 陆费逵说自己"母教五年，父教一年，师教一年半，一生只付过十二元的学费"。陆费逵5岁即跟从母亲学习。母亲通文史，善教子女，循循善诱，使年幼的陆费逵渐渐领悟要旨。陆费逵回忆幼时，"每晨五时起身，冬季则拥被坐床上，母亲为讲历史上、小说上之有益故事"。

10岁那年，家中要送陆费逵入私塾，接受正规的经史子集教育，以应付科举考试。陆费逵执意不从，母亲顺从了他，陆费逵仍在家里跟从母亲读书。到13岁时，陆费逵已读过《四书》、《诗经》、《五经》、《易经》、《左传》、《唐诗三百首》。但是没有造过句，也没有作过文章。这是因为母亲吴氏对孩子的教育有自己的见解。她主张多读多看，反对挖空心思作八股，反对作疏空的论说。陆费逵日后忆及此，说母亲的教育观念暗合了"现代教育原理"。

陆费逵

（二）自学成才

17岁那年秋季，陆费逵进江西南昌熊氏英文学塾附设的日文专修科学习日文。因成绩优异，深得老师吕烈煌（星如）先生器重。学习日文，使陆费逵多了一双看世界的眼睛，在陆费逵的

---

〔1〕 熊尚厚在《我国著名出版家陆费逵先生》一文，说"其母是李鸿章的侄女"。本文作者遍查陆费逵文集，及《陆费伯鸿先生年谱》（油印本），不见有此记录。

知识结构中日文是很重要的一部分。

　　独立学习四年,自修成了陆费逵毕生受用不尽的良好习惯。17 岁后,陆费逵开始进入社会做事,教书、当报馆主笔、任书局编辑,生活尽管动荡波折,但这一习惯始终不离其身。中华书局成立以前,陆费逵每天早晨 5 点起床,做早操、洗冷水澡后,约 6 点开始读书,每天如此,八九年未曾中断。民国以后,陆费逵主持中华书局,职务繁忙,但仍能每天抽出一两小时读书。1940 年,陆费逵在香港应《时代精神》主编周宪文之约,写《我青年时代的自修》时,已年逾半百,并且"患肠病及心脏病",但仍坚持读书,自修"从未间断"。

(三)初闯书界

　　陆费逵的创业生涯是从 1902 年在南昌与人合办正蒙学堂开始的。当时,他只有 17 岁。那一年春,他与几个朋友集资 23 元开办了这所小学校。不多时,其他几人热情渐渐消退,只有陆费逵一人坚持了八个月。1902 年底,吕烈煌赴武昌任中学教员。吕有心将陆费逵带出偏僻的江西,遂邀他同往,教其弟三人国文、算术,吕则继续教他日文,并供膳宿。

　　1904 年,有几个同学日文的友人要在武昌合开一个小书店,这即是昌明书店。陆费逵因为在同学中很有威望,有人便说:"伯鸿干,我入股;伯鸿不干,我不来。"[1]陆费逵即被推为副经理。然而,昌明书店因众人意见不合,只坚持了半年余,股东就分家散伙了,但陆费逵并不气馁,他又集资 1500 元,另起炉灶,在武昌热闹的商业区横街重又开办了一个新书店——武昌新学界书店,陆费逵自任经理。这是陆费逵独立涉足书业的开端。转年的秋天,汉口的《楚报》请他和张汉杰、冯特民去任主笔。

　　人一生的实践活动、思想建树往往和早年经历有十分密切的关系。童年、少年、青年所受的教育和经历,铸造了人一生的思想、品格、情感和意志。陆费逵早年的学习和经历为他后来从事出版事业并取得辉煌的成

---

　　〔1〕陆费逵:《我的青年时代》,见俞筱尧、刘彦捷编:《陆费逵与中华书局》,中华书局 2002 年版,第 483 页。

功打下了基础,准备了条件。

(四)走上文化救国之路

1905 年到上海以后,陆费逵本想去日本留学,但因经费问题未能成行。这时,他应昌明公司之请,任该公司上海支店经理兼编辑员。除在昌明公司任职外,他还兼为《申报》、《南方报》作论说,并主编《图书月报》。是年 12 月,上海新书业同业发起组织上海书业商会,时年 20 岁的陆费逵成为上海新书业商会的发起人之一,并任评议员兼书记,起草了书业商会的章程。

他的卓越才干引起了文明书局主持人俞复的注意,俞复长陆费逵 30 岁,两人志趣相投,遂结成忘年交。1906 年冬,陆费逵应俞复之邀加入了文明书局,襄助经理办事并兼编辑员,同时任文明小学校长。此外还主编上海书业商会所办《图书月报》,并任该会主办的"学徒补习所"教务长。

由于当时商务印书馆的高梦旦与文明书局的陆费逵经常出席书业商会活动,相谈之下,高梦旦认为陆费逵是个出版业的奇才,遂推荐给张元济。1908 年秋,陆费逵应商务印书馆之聘,任国文部编辑员。次年春,任出版部长、交通部长兼师范讲义社主任。1909 年 2 月,商务印书馆创办《教育杂志》,他担任主编。在这一过程中他通过《教育杂志》与教育界建立了广泛的联系,也进一步加深了对中国教育问题的认识,这对其以出版促进教育发展和社会文化进步的经营理念的形成起到了积极的作用。[1]

(五)创立中华书局

1912 年元月,陆费逵与陈协恭、戴克敦等创办中华书局,任局长,后改为总经理。从此,终生以发展文化事业为己任,以 56 岁之中寿,服务于出版界达三十七八年,而任中华书局总经理也有 30 年,数十年如一日,在近代出版家中实为少见。在这 30 年当中,书局业务一直由陆费逵总揽,未曾易主。这期间国内局势动荡不安,中华书局也是几度风雨,几经磨难,但最终都化险为夷,并发展成为国内最大的两家民营出版企业之一。

---

[1] 周其厚:《中华书局与近代文化》,中华书局 2007 年版,第 25 页。

这不能不说与主持者陆费逵的性行才学、胆识气魄有极大关系。

1941年7月9日上午陆费逵由浴室出，心脏忽然停止，病逝港寓，终年56岁。他的一生对我国文化教育事业有着巨大的贡献，对我国文化科学知识的传播也有一定的积极作用。

三、沈知方的成长经历

沈知方，原名芝芳，浙江绍兴人。祖上是藏书世家，他曾自述"家本世儒，有声士林；先世鸣野山房所藏，在嘉道间已流誉东南；而霞西公三昆季，藏书之富，尤冠吾越"[1]。不过这个殷实的藏书之家到沈知方的父亲那一代早已衰落，仅有薄田数亩，沈父以摆书摊为生。出于家世渊源，注定沈氏一生也将与书结缘。

（一）涉足出版初露锋芒

1897年，沈知方16岁时，就被父亲送到绍兴奎照楼书坊当学徒，这应该就是他所说的"余早岁治商，不暇问学"，从此就开始了书业生涯，而他也确实显露出了从事这一行的才能。[2]

1899年，沈知方来到上海，进入广益书局。因才识颖悟，长于交际，颇为商务印书馆经理夏瑞芳赏识，翌年即被聘入商务印书馆做跑街。据说沈知方豪放不羁，常常不能按时上班，同事们有闲言闲语，股东也多对他不满，而夏瑞芳却

沈知方

依然对他多加祖护，并认为他才气宏阔，是个书业奇才，假使一旦让他离去，将来必定成为商务劲敌。

1901年，已有直接从事出版工作的念头的沈知方改入乐群书局，聘请杨千里等人为编辑，开始编纂、出版教科书。然而，不到一年时间，因乐

〔1〕 邓咏秋：《"才气宏阔"的出版家沈知方》，《编辑学刊》2003年第6期，第48页。
〔2〕 宋原放主编、陈江辑：《中国出版史料·现代部分（第一卷）》，山东教育出版社、湖北教育出版社2001版，第264页。

群书局侵犯了商务印书馆的版权,双方发生诉讼,结果乐群书局败诉,沈知方只得罢手不干,重回商务印书馆任干事。

凭借他的聪明才智和交际才能,不久便升任顾问,月薪达200元,这在当时是很高的数目,许多年后沈雁冰主编《小说月报》时,月薪才不过100元。由于工作清闲,加之自己想出书,于是,沈知方一面在商务印书馆任职,一面又另外创办了国学扶轮社。不久,沈知方又与陈立炎合办古书流通处。这时,沈知方刚好获得浙江人卢抱经毕生收藏的书籍,便将其中的珍本秘籍加以整理,编印出来,他的这一举动受到学术界的重视和欢迎。随后,沈知方又在文明书局旧址上创办了进步书局,并任命其侄儿沈骏声为出版主任。在他的主持下,刊版印行了一百多种明清笔记小说,多是稀有版本,非常畅销。此外,看到当时中小学校普遍开设地理课程,沈知方还和地理学家屠思聪合办过中华舆地学社,专门出版《世界地图》、《中国分省地图》,很受各校师生的欢迎。

1913年初,沈知方进中华书局任副局长,并于同年4月被选为中华书局董事。其间,他主要负责营业和进货,后来因为投机失败致使中华书局蒙受数万元的损失,当时中华书局又因扩充过快导致资金周转不灵,几乎停业,沈知方难逃责难。与此同时,沈知方无力为自己在洋行定的货付款,被洋行索款而被起诉。为了逃避诉讼,沈知方于1917年脱离中华书局,逃往苏州。

(二)创办世界书局抢占教科书市场

在苏州藏匿一段时期后,沈知方又回到了上海,重谋事业。1917年,沈知方和奎照楼书坊的同事,在上海合办广文书局。同时,为了投时所好,他亲自去苏州请人编辑黄色书籍及通俗小说,并以"世界书局"、"国民第一书局"等名义出版,委托大东书局代理发行。

1921年7月,沈知方得到钱庄经理陈芝生、书商魏炳荣等入股,创立了世界书局股份有限公司,自任总经理。当时的资本额为两万五千银圆,总局设立于上海,并于北京、广州等地广设分局。世界书局创办后,沈知方以买空卖空的方式连续向几家银行做抵押贷款,先后设立了第一、第二两印刷所。

1923 年,沈盘入广智书局、俄商西比利亚印书馆。1924 年,沈又盘入东亚书局,资本逐步得到扩大。于是,他便为书局添置机器,增设编辑所和信托部,还派人出国考察技术。1925 年,沈知方拉拢了上海公共租借会审公堂法官孙羹梅、大丝业资本家沈连芳等入股,资本额扩大到 50 万元,并盘入了古书流通处和进化书局。

通过上述经营活动,沈使世界书局营业盛极一时,出版物达 980 余种,资本额近 65 万元。从此,世界书局进入了所谓正规出版企业的行列。并且世界书局的地位日益得到提高,成为当时全国三大民营书局之一。

(三)潜心整理古籍壮心不已

九一八事变后,由于日本帝国主义加深对我国的侵略,国内经济状况日趋恶化。世界书局的营业也大受其影响,销路日窄,存货积压,财务状况陷入困境。金城银行上海分行经理吴蕴斋为了收回世界书局的房产押款,通过张公权将官僚资本家李石曾引入世界书局。1934 年 7 月,世界书局改组,任命李石曾为董事长,陆高谊为总经理,沈知方仅任董事兼监理,留出版部工作。最终,世界书局为李石曾所夺。

1936 年,他创办四美堂、古今图书社出版古籍和字帖,交其子沈志明打理的启明书局发售。由于出品介乎珂罗版真迹和石印习字帖本中间,在质量上不能与商务、中华抗衡,定价上又不能与尚古山房、求古斋等竞争,未获畅销。[1] 不久,沈便日益消沉,再加之抱病在床,壮志不得再酬。享年只有 58 岁,在出版业那些巨子中算是年寿不高的一个。沈氏晚年还是有民族骨气的,抗战时世界书局印刷厂被日军占用,日军企图威胁利诱沈氏与之合作,但遭沈知方坚决拒绝,死后遗嘱继续抗日。

四、章锡琛的成长经历

章锡琛是我国现代著名的出版家。他所创办和主持擘画、经营的开

---

[1]　党德信:《文史资料存稿选编 23 文化》,中国文史出版社 2002 年版,第 326 页。

明书店,是我国新中国成立前六大书店之一。虽然它从 20 世纪 20 年代中期成立直到 50 年代初同青年出版社合并成立中国青年出版社,只不过 27 年历史,出版 1500 多种图书百余种教科书和十多种期刊,但是它在新中国成立前艰难的时日里,给青少年以正确和丰富的知识、坚定的信心和奋发向上的鼓励。它以微薄的资金,精干的队伍,孜孜不倦的工作所形成的"开明风",也一直为出版界和文化界所称道。

(一)跨进出版界的大门

章锡琛,字雪村,浙江绍兴人。1889 年生于一个勉为温饱的家庭里。他五岁上私塾读书,科举制度废止后进过学校,19 岁时和友人一起在家乡办了一所新式小学,起名育德学堂,一年后考入了城里刚办起的山会师范学堂,毕业后留校任教,不久又在明道女子师范兼课。辛亥革命绍兴"光复"时,他被军政府邀请主持明道女师的校务,后于 1912 年 1 月到上海。

章锡琛在山会师范上学时的"监督"(等于

章锡琛

现在的校长)杜海生介绍他去见在商务印书馆任《东方杂志》主编的堂侄杜亚泉。杜亚泉知道章学过一点日文,就拿起一本日文杂志,指定一篇居里夫人传记要他翻译。章锡琛曾在绍兴东文传习所学过几个月日文,他花了两天时间翻着字典硬是把它译了出来,后来发表在《东方杂志》上。章锡琛从小就有那么一股韧劲,他认定的事一定要做好,决不惜力。小时候上学,他能在油盏灯下夜以继日地苦读,为此留下一双高度近视眼,一对镜片像两只小酒盅。经历了这次译文的考验,他发愤要学好翻译,此后不断从图书馆找日文杂志来翻。他在《东方杂志》任编辑的九年时间里,单是《东方杂志》上发表的译文就达 300 来篇。这样勤奋地工作,不但使他掌握了日文,同时也在翻译的过程中吸取了许多新知识。

(二)投身新文化运动

1919 年兴起的五四新文化运动,猛烈地冲击封建道德和旧文化。商务印书馆由于出版的几种杂志受到批评,要更换主编进行革新,1921年1月,《小说月报》改由沈雁冰任主编,章锡琛同时被推荐主编《妇女杂志》。他还应上海《民国日报》和《时事新报》之约,分别编辑《妇女周刊》和《现代妇女》两种副刊。

1925年五卅运动中,章锡琛以"妇女问题研究会"名义参加支援群众反帝斗争的"上海学术团体对外联合会",同年商务印书馆成立工会,两次举行罢工,他和编译所许多同事也积极支援。这一年《妇女杂志》上发表了章锡琛写的《新性道德是什么》和周建人写的《性道德的科学标准》两篇文章,受到《现代评论》陈大齐的歪曲、诬蔑和攻击。商务当局以此为由,违反约定,无理要求审查杂志清样,干涉编辑工作,章锡琛遂提出辞职以表抗议,8月份脱离《妇女杂志》,同年底被商务借故辞退。

(三)从《新女性》到开明书店

商务当局这种蛮横的做法,没有使章锡琛气馁,商务编译所的许多同事和他的朋友们也都为他鸣不平,大家集资鼓励章锡琛自己来办杂志。1926年1月,他独自编印的《新女性》月刊创刊,受到欢迎,一再重版。但杂志销路再好,在当时也是个不赚钱的营生,不能靠它养家湖口,胡愈之、郑振铎、吴觉农等许多朋友帮他出主意,建议他索性开个书店,大家商量用集资的方法筹集两千元资金,还分别认定了股金,采用孙伏园的意见,定名为"开明书店",就在1926年8月开张。开明书店最初就设在章锡琛的家里——上海市宝山路宝山里60号。

书店虽然开了张,可是朋友们都是些穷知识分子,认了股却筹不出钱来。章锡琛全家的生活费和印书刊的费用只好都用他离开商务时所得不多的退律金支付,这点钱很快就花完了,就向他二弟锡珊借,章锡珊当时在沈阳商务印书馆分馆工作,平时省吃俭用,略有积蓄,但也不经一用。不久章锡珊也辞职,到上海来帮其兄一起干。两兄弟和少数工作人员艰苦经营,到1927年底,开明书店居然已出版图书100余种。

1928年开明书店第一次招股5万元,改组为股份有限公司,股东绝大部分是文化人,他们把自己从开明得到的稿费积攒起来支持这一新生事业。以后随着业务的发展,又陆续于 1930、1932、1933、1956 年四次增资,总额达到 30 万元。但也只及商务资金 500 万元的 1/16,中华资金 300 万元的 1/10。然而它在不到十年的时间里迅速发展壮大,从一个弄堂书店逐步跻身于全国六大书店之列,在教育界和知识界开始享有盛誉。

(四)在艰难的岁月里

1927—1937 年的十年"文化围剿"时期,章锡琛和他的开明书店在白色恐怖的环境里不断进行合法和秘密斗争中闯过来的。十年中,国民党查禁书刊,从秘密逐步向公开发展,变本加厉。在这严峻的时刻,章锡琛挺身而出,由开明领衔,联合 25 家同业两次向国民党上海市党部"请愿",要求立即解除"禁令",经过努力,终于迫使国民党解禁一部分图书。

1937 年抗日战争爆发,8 月 13 日日寇在上海发动进攻,次日,开明书店和美成印刷厂在梧州路的房屋为炮火所毁。他一方面采取紧缩开支的办法,一方面鼓励大家共度时艰。抗战胜利,开明在重庆的管理机构迁回上海,重庆在当时已成立了开明总管理处,由范洗人任总经理,章锡琛为了使两地总处合并顺利,决定退让,以求团结。经他向董事会竭力推荐,开明聘范洗人为总经理,董事会接受他的建议同时又推章先生为常务董事。1946 年国民党发动内战,政治上更加反动,经济上濒于绝境,开明书店营业也受到影响,入不敷出,仅靠托人收售黄金美钞保存币值,这使章先生非常伤心,但他仍尽力维持开明,使之生存下来。1949 年 5 月上海解放,同年 12 月,经胡愈之的推荐,章锡琛任出版总署专员,参加革命工作。

(五)为人民的出版事业鞠躬尽瘁

章锡琛虽然辞去了开明的职务,依然十分关心开明的前途,他和董事长邵力子、总编辑叶圣陶、总经理范洗人等多次谈话,建议开明及早争取公私合营。1950 年 4 月,出版总署批示同意开明书店公私合作。1951 年初,商务、中华、开明、三联和联营书店的发行部门,包括在全国各地的分店,合并组成"中国图书发行公司"。1953 年,开明的编辑出版部门与青年出版社合并,成立"中国青年出版社",成为青年团中央的一个直属单位,开明便有了光荣的归宿。

随着出版机构的调整,自1954年起章锡琛先后调任古籍出版社编辑、副总编辑,中华书局副总编辑等职务,以他对古籍的渊博知识和对古汉语和中国历史的造诣,为整理祖国文化遗产做出了贡献。

1957年,章锡琛不幸被划为右派分子,"文革"开始,又因此受到冲击,老夫妇俩被街道勒令体力劳动。1968年1月8日,其夫人谢世,同年10月其长子士敏亦病死家中,1969年6月6日,章锡琛因偶染小病得不到及时医治,竟与世长辞,时年80岁。

五、胡愈之的成长经历

胡愈之(1896—1986),是我国近现代历史上著名的学者、作家、翻译家、社会活动家和编辑出版家。胡愈之生命的90个春秋,恰值世界局势错综变幻,中国从纷乱走向独立、从贫困走向富裕、从愚昧走向文明的时代。夏衍在其纪念胡愈之的文章中,赞其为"中华民族的脊梁"。

(一)在出版界崭露头角

胡愈之,原名学愚,字子如,曾用笔名胡芋之、化鲁、沙平、伏生、景观、罗罗、说难、陈仲逸等,1896年9月9日出生于浙江省上虞县丰惠镇。和同时代的许多人一样,胡愈之幼年时代接受的是传统的儒家教育。1911年初,胡愈之考入了绍兴府中学堂。鲁迅先生当时在这所学校任学监并兼授生理卫生课,在这里胡愈之和鲁迅先生结下了师生之谊。1912年胡愈之因

胡愈之

病离开绍兴府中学堂,病愈后又进了杭州英文专科学校,从而初步掌握了英语。1913年胡愈之又拜师于浙东名宿薛朗轩门下,专修国文。

1914年,18岁的胡愈之由于家境不佳,被迫辍学参加工作。同年夏天,他在父亲的陪同下来到上海报考商务印书馆。当时商务的负责人张元济在读过他的几篇作文后,觉得他颇具才气,欣然同意录用。就这样,

胡愈之当上了商务编译所的练习生。商务练习生的工作繁杂辛苦,待遇又很低。胡愈之任劳任怨,一丝不苟。一年之后,胡愈之正式成为《东方杂志》的编辑。从胡愈之的早年求学经历来看,胡愈之的学历并不高,他的知识主要是通过自学所得。进入商务之后,他充分利用商务涵芬楼得天独厚的图书馆藏条件,如饥似渴地学习,大大拓宽了自己的视野。

(二)支持"开明"事业

商务印书馆出版的杂志之一《妇女杂志》从1921年开始正式由胡愈之的浙江同乡章锡琛主编,但后来由于章锡琛大力宣传妇女解放运动而被商务印书馆调离。章锡琛被调离后,胡愈之和郑振铎等好友建议他另外创办一份宣传妇女解放的杂志,向保守势力反击。1926年1月,由章锡琛独自编印的《新女性》月刊创刊。在胡愈之的鼓励和帮助下,章锡琛办起了开明书店,地点设在上海宝山路60号。

抗战开始后,开明书店损失很大,《中学生》杂志被迫停刊,部分成员撤到内地。胡愈之把大后方的开明同人汇集起来,以"战时刊"的名义恢复了《中学生》,延续了开明书店的事业。新中国成立初期,时任出版署署长的胡愈之,帮助开明书把经理部门和编辑部门迁到了北京。为了适应当时公有化形势的要求,1952年底,胡愈之帮助开明书店与青年出版社公私合营的中国青年出版社,使其成为共青团中央的一个直属单位。

开明书店由一家小书店最终发展为能够与商务印书馆、中华书局鼎足而立的大书店,在知识界和广大青年中产生很大的影响,胡愈之的作用是不可忽视的。

(三)在动荡中的坚守

1927年春,国民党当局发动了"四一二"政变。胡愈之目睹了大屠杀的惨状。4月14日,胡愈之奋笔谴责国民党的暴行,并会同郑振铎、章锡琛、周予同、吴觉农、李石岑、冯次行等七人署名,将"抗议书"寄出后,胡愈之当夜将原稿送至《商报》,于是这个"抗议书"就在4月15日的《商报》上发表了。

抗议书的发表遭到了国民党当局的忌恨,胡愈之不得不暂时放弃手头的编辑出版工作。1928年1月,胡愈之被迫以《东方杂志》驻欧洲特派员身份流亡法国。由于经济原因,胡愈之不得不于1931年初回国。1931年2月,胡愈之回到了阔别三年的上海。一回到上海,他即被商务印书馆聘请担任《东方杂志》编辑,实际上主持杂志社的主要事务。后来王云五迫于当局压力,解除了胡愈之的主编职务。

(四)主持生活书店

胡愈之离开商务印书馆后,很快就参加了法国在上海新开办的哈瓦斯通讯社的工作,担任中文编辑。同时他还协助邹韬奋经营《生活》周刊和生活书店,因贡献突出而被生活书店同人称为"生活书店的总设计师"。

1933年7月,邹韬奋因宣传抗日被迫流亡国外后,胡愈之接替了《生活》周刊的编务和生活书店的工作,并以极大的热情开展生活书店的业务。抗日战争爆发后,生活书店被迫内迁。由于处于战乱时期,各项工作进展非常困难。1939年1月胡愈之来到重庆,应邀与邹韬奋等详细商讨生活书店的工作方针。到1939年底,生活书店在国内建立起了50多个分支店。1948年,生活书店和读书、新知三大书店合并,成立新的三联书店。生活·读书·新知三联书店在新中国成立后的长时期内,无论是公私合营还是常规发展,无不得到胡愈之的关心、帮助和指导。生活·读书·新知三联书店最终成为20世纪中国最著名的出版品牌之一。

(五)在"孤岛"上的坚持

七七事变后,全民族抗战开始,1937年11月12日后,上海大部分沦于敌手,只有公共租界的英美控制区和法租界两片土地,还保持它的特殊地位,维持"中立"状态,但已和内地完全隔绝了,成为日军包围之下的一座"孤岛"。胡愈之没有立即撤离,而是继续在上海积极开展救国会的活动,并且倡议成立了国际宣传委员会。这一时期胡愈之还广泛联系团结了大批进步文化人士,在英法租界出版了《团结》、《上海人报》、《集纳》、《译报》等报刊。其中《集纳》内容大多摘自外文报刊中有利于中国抗战的文章,这在当时是很不容易的。最为难能可贵的是,在极端困难的条件下,在很短的时间里,他还组织翻译出版了美国人埃德加·斯诺的《西行漫记》,并首次组织编辑出版了《鲁迅全集》。

(六)主持抗日文化工作

1938年夏,胡愈之由上海转赴武汉,出任国民政府军委会政治部第三厅第五处处长,主管抗日宣作。武汉沦陷后,周恩来安排他赴桂林做李宗仁、白崇禧等人的统战工作,同时负责桂林一带的群众抗日文化工作。在桂林的两年时间内,他负责编辑《国民公论》杂志,组织创办桂林文化供应社,参加国际新闻社的工作,并且协助生活书店桂林分店和开明书店开展工作,此外他和《救亡日报》的关系也很密切。

1939年2月胡愈之离开重庆赴香港,专门负责处理香港国际新闻社的有关事务。香港国际新闻社,是在由胡愈之倡议成立的上海国际宣传委员会基础上成立的一个新闻机构。在胡愈之的带动下,国新社的稿源充裕,其稿件更是被几百家报纸采用。胡愈之还利用统战关系,于1939年10月创办了一个出版机构——文化供应社,专门出版宣传抗战的书刊,并且供应文化用品。1940年6月,胡愈之接受中共中央的命令,离开桂林到新加坡开展新的工作。

(七)投身抗日救亡运动

胡愈之到新加坡的主要任务是协助爱国华侨陈嘉庚先生办理《南洋商报》,并担任该报的编辑主任。太平洋战争爆发后,胡愈之等人联合文化界人士进行了踊跃的抗日救亡运动。1942年2月4日,他随最后一批抗敌文化人,搭乘了一艘只有几米长的破旧小电船,渡过马六甲海峡,开始了他长达三年半的抗日流亡历程。后来他还专门写了《流亡在赤道线上》一书。

抗战胜利后,胡愈之重新回到新加坡,利用不多的资金创办了新南洋出版社,经过一段时间的筹备,推出了一个名叫《风下》的周刊,主要以华侨青年为对象。此外他还积极开展各项社会政治活动。1946年,在他的积极奔走下,中国民主同盟支部在南洋建立,使得南洋地区的民主运动得以蓬勃开展。但胡愈之等人的活动也引起了英国殖民当局的嫉恨。1948年6月,他和许多进步文化工作者被殖民当局赶出新加坡,由他创办的各种刊物也被迫停办。至此,胡愈之结束了长达七年半的海外生活。1948年8月,胡愈之经香港到达华北解放区。1949年1月,北平解放后,他担任了北平文化接管委员会委员,主持接管了国民党的《世界日报》。

(八)引领新中国出版事业

1949年9月胡愈之被聘为新华书店总编辑,全面负责编辑出版工作。同年10月中华人民共和国中央人民政府委员会第三次会议任命他为文教委员会委员、出版总署署长。1954年9月出版总署撤销并入文化部。不久,胡愈之被任命为文化部副部长,仍然负责出版工作,并担任中国文字改革委员会副主任。

"文革"结束后,胡愈之尽管已是八旬老人,但精神矍铄。他担任了全国人大常委会副委员长、全国政协副主席、民盟中央委员会副主席、代主席、中国出版工作者协会的名誉主席等重要职务。1986年1月16日,胡愈之因气管炎恶性发作,经医院抢救无效去世,享年90岁。

六、张静庐的成长经历

张静庐是我国近代著名的出版家、出版史家。观其一生,张静庐独特的出版经营理念的形成与他的成长经历是分不开的。从"棋盘街巡检史"到最初的出版尝试最后到上海杂志公司的成功创办,都是他一步一步辛勤努力的成果。

(一)家庭背景

张静庐原名张继良(张静庐是他早期的笔名),1898年出生于浙江镇海的龙山。张静庐出身于一个屠户家庭,父母都没有读过书。他家世代务农,到他父亲30岁时,因和家族亲戚不相投,带着张静庐的母亲和刚生下不久的大姐搬到后绪乡龙山土城西门外,弃农从商,开了一家鲜肉铺。张静庐生于清光绪戊戌年(1898年),有四个姐姐两个哥哥,他是老七。

张静庐

张静庐的哥哥们没念几年书,他是小儿子,又很聪明,有幸读到小学毕业。因为在私塾里读过《大学》、《中庸》,虽然不懂文义,字却是认识的,所以国文课本上的"天地日月山水土木"读起来不费力,当时的老师就让他跳级升到三年级。但是除了国文稳拿第一,地理、历史、算学、体操、唱歌等课使他茫无头绪,尤其英文,学了三个月,连26个字母都认不清。勉强读完五年级,又复读一年。可是那年秋天,三北农民抗捐暴动,砸了演进学校,书是读不成了,剩下的只有"学生意"一条路。

(二)学徒经历

张静庐曾经有过两次学徒生涯,学徒要三年才能满师。张静庐回忆说,第一次"学生意"是在上海天渔路的同庆烧酒行。一年零三个月后,国民革命发动二次战争,母亲在乡下极度不安,便派了一个亲戚到上海接他回乡。回乡不到半年,张静庐又到了开设在上海新开河一个里弄的新康洋纸号,继续一年零七个月的学徒生活。

每天在烧酒行收市之后的间隙,张静庐最喜欢做的事就是从天渡路走到棋盘街(今福州路、河南中路、山东路一带,十字交叉,所以称为棋盘街,其实不是一条街名),那儿书铺林立,就在每家书店的玻璃窗外站立片刻,对五光十色的小说封面发愣,因此被同事嘲笑为"棋盘街巡阅使"。

(三)开始写作

洋纸号的生活条件比烧酒行大有改善,虽然也还是学徒,除了业余时间多一些,经济也较宽余了,月规钱三百文,如有买书等正当用途,还可以向会计部支借两三元,买些心爱的小说或杂志阅读。

书看得多了,张静庐就想自己动手写作,处女作命名为《冷与热》,十分慎重地邮寄到《礼拜六周刊》编辑部。寄出后,紧张得三整夜没有睡好觉。过了一星期,被主编王钝根"原璧奉还",这次碰壁没有使张静庐灰心,不久,他又写了篇无论形式和内容都不同一般的小说《游丝》,寄到《妇女周刊》,居然被主编沈卓吾采用了。沈卓吾是张静庐在上海认识的第一个文化人。

(四)办报刊

小说写得多了,接触的人也多了,有进取心的张静庐就想自己办张小报。这时他还在洋纸号当学徒,办的第一张小报叫《小上海》,后因为刊登了一篇从医学杂志摘来的关于性问题的文章,被公共租界工部局以"妨害风化"罪,勒令停闭。小报虽然停业,但他并不灰心,又从洋纸号支借了几百元,出版了两种杂志,一种叫《小说林》,一种叫《滑稽林》。但是因为没有发行经验而破产了。

一年后,张静庐的哥哥和朋友在上海浙江路开办了一家名叫"小醉天"的酒馆,母亲让他去充当账房,月薪 4 元,只是工作繁杂,时间又长,足足要做 16 个小时。然而,在这样的环境中,他居然还能够写小说,并且写得很快,平均两天能完成一篇,刊登最多的是《中外时报》的副刊。但是业务不熟练加上分心写小说,他自知账房这份工作是不能长久维持的,正巧找到了"国文函授学社"秘书的职务,就此辞职不干了。

(五)开始从事出版工作

由于经常在《公民日报》上发表小说,竟然被《公民日报》聘请为副刊编辑,月薪 40 元,他欣然前往,可是好景不长,张勋复辟,报馆停业,他就不得不再次回龙山老家了。

张静庐回到家乡龙山,就由母亲做主结了婚。秋季到镇海觉民小学当教员。生性活动的他,不耐坐冷板凳,也不爱当孩子王,所以,没等学期结束,就跟一个亲戚去山东贩枣了。住了两个月,经亲戚介绍到津浦运输公司任文牍。这家公司新创办,筹备处设在一家旅馆里,有一天张静庐忽然被未来的客户邀请去当牌局陪客,他竟然输掉 380 多元,于是情急之下撒谎上厕所,然后直奔济南站,买了去南京的车票,投奔一位亲戚去了。第二年,父亲去世,他回到龙山,对着父亲的遗像,觉得自己一事无成,不禁羞愧交加。

(六)入泰东书局

五四运动给张静庐带来了机会,张静庐抱着"创造新生命"的决心再次跑到上海,参加了以商店店员为基干的"救国十人团"。后张静庐被宁波各界联合会推选为总会代表。在联合会里,他认识了赵南公先生,赵是泰东书局的股东兼经理。就这样,张静庐跨进了赵南公的泰东书局。

张静庐以其才干得到赵南公的信任,他不仅担任属于出版部的工作,还兼管营业方面的事。在泰东出版部时,每一本书从付排到装订出版,他都要亲自过问。不管下雨还是落雪,都要往印刷公司跑一趟,日夜工作,乐此不倦。后来因为经济上的困境张静庐离开了泰东书局。

(七)开办光华书局和现代书局

光华书局是张静庐、沈松泉、卢芳三人合资办的专营新书的书店。说其"合资",他们三人当时只能拿出 25 元钱,作为光华书局的开办费。由于张静庐等人与泰东书局和创造社等人关系密切,得到了他们的支持,所以光华书局一成立,郭沫若就把《三个叛逆的女性》和《文艺论集》交给他们印行。1926 年张静庐以周全平为主干,组建了在新文化运动史上有名的创造社出版部。

现代书局是洪雪帆、张静庐、沈松泉三人合办的一家书店,其创办的《现代》创当时文艺刊物发行量的新纪录。第一年度的营业总额从 6.5 万元上升到 13 万元。现代书局因此名声大振。后来可能是张静庐权力太集中,一切自己说了算,引起股东们的不满。股东们乘张静庐出差之际,开了一次秘密的会议,等出差回来后,缴清了一切账目和办完出差手续之后,才宣布把他"踢出现代书局"。

(八)创办上海杂志公司

1934 年的 5 月 1 日,张静庐创办了"上海杂志公司"。确实像张静庐所说的:"过去和现在,中国还没有专营杂志事业的书店。"这个公司只有 20 元的开办费,就这 20 元还是张静庐千方百计筹措来的,其职工包括张静庐在内共 3 人。

张静庐创办上海杂志公司,这是我国杂志专营的开始。创办上海杂志公司为张静庐的出版实践提供了更大的平台。在杂志经营方面,上海杂志公司开创了"退订改订绝对自由"的方式受到了广大读者的欢迎;不仅如此,张静庐还在杂志发行、广告方面也都不断进行着新的尝试。

(九)抗战后期的主要出版活动

1943 年,黄洛峰以生活书店、读书生活出版社以及新知书店为核心,团结了一大批进步的出版机构成立了新出版业联合总处,张静庐被推为联营书店的总经理。1949 年 5 月,上海、汉口相继解放。8 月,张静庐回到上海担任联营总店的经理。1950 年 3 月,张静庐调任中央人民政府出版总署计划处副处长、私营企业处处长和出版总署专员。1954 年古籍出版社成立后任编审,并校点《光绪东华录》。1955 年任北京古籍出版社编审,1957 年任合并后的中华书局编审和近现代史编辑组组长。在 20 世纪 50 年代张静庐就开始对史料进行整理和编辑,并陆续出版了《中国近现代出版史料》初编、二编,《中国现代出版史料》甲编、乙编、丙编、丁编(上、下),《中国近代出版史料》补编。1965 年张静庐退休,寓居上海。在 20 世纪 50 年代开始的历次政治运动中,张静庐未能幸免,屡遭冲击,身心受到极大打击,1969 年不幸去世。

以当时最大的出版机构商务印书馆为例,王建辉在《商务印书馆编辑人员的知识结构》一文中将商务印书馆的知识分子分为三种:一是有维新思想的知识分子,以翰林出身的张元济为代表;另一种是,海外留学回国的知识分子,如朱经农曾留学美国攻读教育,竺可桢、段予华都是留学博士;第三种是自学成才的商务练习生。对于张静庐来说,他走的则是另外的一条道路。首先他的文化水平不高,只受过小学教育。其次,在正统教育之外,也没有像王云五、陆费逵那样有过刻苦自学的经历。对于一个要从事文化事业的人来说,这是很大的不利因素,也在一定程度上限制了张静庐在出版业的发展。不过,张静庐也没有走上诸如王云五、陆费逵那样的道路,而是独辟蹊径开始了专营化的路线。他从事与当时文坛紧密相关的文艺书、文艺杂志的出版工作,这与他早期爱看小说、文艺类杂志是分不开的,同时与他执着追求出版事业的精神也是分不开的。这是他能够经营出版企业成功的重要因素。

七、其他浙江近代出版家的成长经历

(一)鲍咸昌

鲍咸昌(1864—1929),字仲言,是浙江鄞县人。他的父亲鲍哲才(字华甫)早年在宁波崇信书院攻读,毕业后到上海担任沪南清心堂牧师,并参与开办清心小学,尔后再扩充设清心中学。沪南清心堂属于基督教机构,与清心中学都由美国北美长老会所办,由传教士范约翰负责。哲才先生有三子三女,鲍咸昌排行老二。

鲍咸昌11岁时进入清心学堂就读,夏瑞芳、高凤池都是该校的学生(当时教会学校的入学者都是贫寒子弟,因所教科目不能应科举,这一点与后来的教会学校不同)。1885年,鲍咸昌在清心中学毕业,因其父病故,家庭贫困,他就先去学习镌刻。后去美华书馆学习英文排字,与高凤池在一起工作。而夏瑞芳和鲍咸恩当时在英商捷报馆为排字房工人,他们4人既是同学,又是同业和基督教友,少年知己无话不谈。于是在1896年4月15日在三洋径桥一家小茶馆楼上,正式订立了创办商务印书馆的议约,定名为"商务印书馆",原来的目标是为商店印些招牌纸、发票之类,但后来竟发展成为我国最大的出版企业,这是创办者所始料不及的。

创办印书馆的目标确立后,当务之急是筹集开办资金。他们4人经过十几年的辛勤工作,已有一些积蓄,夏瑞芳、鲍咸恩、鲍咸昌各出一股,每股500元,高凤池出半股,4人合计出资1750元,又经过多方努力,邀请亲朋好友,共吸收他人资金2000元,共计集得股金3750元。开办资金到手后,他们在上海江西路德昌里末弄3号,租用三幢两厢后连披屋的民房,并招收了近10名职工。1897年2月11日,商务印书馆在上海正式宣告成立。

鲍咸昌在商务印书馆最初主持排字房的工作。1910年,鲍咸恩去世后,即由鲍咸昌主持印刷所工作,他在印刷所推行了一整套有效的管理制度。1913年,鲍咸昌曾去英国、法国、德国、奥地利、美国、日本考察印刷技术和业务,定购了不少新机械,学到了不少先进的印刷技术和方法。

1920 年 4 月,鲍咸昌先生任商务印书馆总经理兼印刷所所长。他深知责任重大,为此竭尽全力,天天早出晚归,为该馆的发展付出了许多心血。鲍咸昌先生十分热心公益事业,曾与鲍咸恩先生等捐出巨额资金,创立上海江湾孤儿院,上海窦乐安路的鸿德堂及故乡鄞县的义务学校。对商务印书馆所设的养真幼稚园和尚公学校及闸北救火会等,资助颇多。1929 年 11 月 9 日,鲍咸昌先生因病在上海与世长辞,终年 65 岁。

(二)徐调孚

徐调孚(1900—1981),学名骥,字调孚,曾用笔名蒲梢等,生于浙江省平湖县乍浦镇。其父徐敹定爱好旧学,曾为平湖藏书家兼教育家葛嗣彬的藏书楼编过书目。徐调孚早年就读于葛嗣澎创办的稚川小学和稚川初中,后又求学于嘉兴第二中学。学生时代的徐调孚刻苦好学,求知欲非常旺盛,除了学校的功课之外,他还喜欢阅读《新青年》、《新潮》等传播新思想的杂志,直至中学毕业。

1921 年 4 月,徐调孚经葛嗣涩推荐考入了中国当时最大的出版机构——商务印书馆。起初徐调孚被分在商务印书馆编译所英文部,主要工作是给附设的"英文函授学校"的学员批改作业。业余时间他经常翻译些作品,并向各报刊投稿。在投稿的过程中,他结识了郑振铎先生,从此两人成为要好的朋友。1923 年,郑振铎继茅盾之后主编《小说月报》。因编辑人手不足,在郑振铎的要求下,徐调孚被调至《小说月报》,分担部分编辑工作。就这样,徐调孚正式开始了他长达半个多世纪的编辑出版生涯。

1932 年 1 月 28 日,日本发动侵略上海的"一·二八"事变。商务印书馆在事变中遭战火破坏非常严重,一度休业,《小说月报》也被迫停刊。不久徐调孚离开了工作多年的商务印书馆,章锡琛邀请他到开明书店工作。徐调孚正式进入开明书店是在 1932 年 5 月。一进开明,他即被任命为出版部主任,不久又担任编审部主任,后来还一度兼任推广部主任和《中学生》杂志的编辑。开明书店出书少,因此分工并不是很严密。作为出版部的负责人,他既要同制版厂、排字房、印刷所、装订打交道,考虑版式和装帧的设计,此外还要负责发稿计划、出书计划等一系列事务。总之,对于新中国成立前开明书店出版事业的发展,徐调孚尽心尽力,勤勤恳恳。作为后起之秀的开明书店能够短时间跻身国内六大出版机构之列,出版家徐调孚是功不可没的。

1949年5月上海解放后,徐调孚非常兴奋,工作热情也很高,此外他还积极参加了文艺界的各项活动,先后当选为上海市文协和文联委员、上海市第一次文代会代表、全国第一次文代会代表、上海市第二届人大代表等。他还是新中国最早的全国文协委员及改组后的中国作家协会会员之一。1981年,徐调孚因极度衰弱于5月9日病逝,享年81岁。

(三)张一渠

张一渠,浙江余姚人。毕业于浙江第五中学,进浙江法政学堂攻读,未毕业回余姚任小学教员。五年后任县政府第一科科长、县参议员。1928年到上海,在上海总商会主编《商情月报》。1929年,受泰东图书局赵南公之聘,任经理,自此在上海出版界工作20年。1930年2月张一渠、石芝坤合资创办儿童书局,设址浙江路同春坊,资本为3000元。1931年,辞去泰东图书局经理职务,专营儿童书局,任经理,一再招股增资,潘公展出任董事长。同时,应正中书局经理蒋志澄之聘,兼任该局协理,并应申报社之聘,主编教育栏。同年当选市参议员。1933年增资为6万元。后又迁至福州路424号。1936年增资为15万元,职工40余人。又设分店于北四川路,并先后在广州、汕头、汉口、长沙、重庆、成都、昆明等地设立分局。八一三事变后,外地分局陆续结束,上海总店紧缩机构,出版销售被迫停止。1939年其门市部一半租给中华图书文具公司,1944年又与该公司合作,改组为儿童书局图书文具股份有限公司,黄仲明任董事长,张一渠任总经理,庞来青任经理,资金为中储券1000万元。1945年改名为儿童书局股份有限公司,潘公展复任董事长,资本为法币2000万元。又设分局于广州、北京、台北等处,业务逐渐恢复。1948年资本增为法币50亿元。1949年携眷去广州,不久,移居香港。印行《儿童字帖》,

主编《儿童乐园》、《好孩子》、《儿童之友》等杂志。1958 年 9 月在香港逝世。

儿童书局是出版儿童读物的专业出版机构。共出版儿童读物和教育书籍达 1000 种左右，其中丛书 20 余种，期刊 6 种。出版丛书有"晓庄丛书"、"儿童科学丛书"、"儿童学术丛书"、"动物奇观丛书"、"儿童故事丛书"、"好朋友丛书"等。出版刊物有《生活教育》（陶行知主编）、《教师之友》（俞子夷主编）、《儿童故事月刊》、《儿童知识画报》等。还出版了陈鹤琴、俞子夷的著作，陶行知著的《普及教育》、《普及教育续集》、《教学做合一讨论集》、《知行诗歌集》（4 集）、《古庙敲钟录》、《斋夫自由谈》，陈伯吹编的《伟人孙中山》，周作人著的《儿童文学小论》，丰子恺绘的《幼幼画集》，楼适夷译的《穷儿苦狗记》，章衣萍译的《苦儿努力记》（2 册），董纯才译的《法布尔科学故事》等。出版陈鹤琴、梁士杰主编的一套小学教科书《分部互用儿童国语教科书》、《儿童活叶文选》、《儿童书信范本》、《儿童画册》、《毛笔字练习帖》等辅助教学用书。1950 年被军管，官僚资本被没收，职工参加少年儿童出版社、新华书店工作。

（四）魏炳荣

魏炳荣，浙江余姚人。年轻时在上海鸿宝斋书局学徒。未满师就派赴科举考场销售书籍，走遍江、浙、赣、皖、湘、鄂等地。后任该店汉口分店经理。1904 年，协助其兄魏天生与人合开的广益书室整顿店务，不到两年，扭亏为盈。1906 年正式改组为广益书局。他入股，被推为经理，聘周菊亭为副经理，胡寄尘、陆保璿为编辑主任。出版古籍、法学、尺牍、字典、通俗小说等。1910 年、1912 年，先后创办文华书局、世新印刷所及大生书局三爿石印印刷厂，三个厂石印机总台数超过上海的大型印刷厂。1932 年，"一·二八"事变中世新印刷所的厂房、设备、存纸、仓库全部焚毁。战后重建中新印刷厂。1937 年淞沪战争中再次焚毁。抗战胜利后重建了一部分。又在新昌路设立大上海铅印印刷厂，还保留少量石印设备。热心帮助屠思聪创办世界地舆社，任社长。他是上海书业公所常务董事，还担任中一信托公司、景福衬袜厂、振源地产公司、伊文思书局董事长、董事、监察等职。1944年,广益书局改组为股份有限公司,聘刘季康为总经理、曹冰严为常务董事,自任董事长,资本总额600万(中储币)元。新中国成立后将广益书局的出版部分与北新书局联合组成四联出版社,自任董事长和代社长,发行部分仍由广益书局经营。1947年参加"小五联"(广益书局、北新书店、大中国图书局、新亚书店、中联书局),担任一部分"国定本教科书"的印刷发行工作。该书局拥有石印印刷厂和铅印印刷厂,在北京、成都、广州、汉口、开封、长沙、沈阳、南京、南昌、重庆等地设有分店。新中国成立后并入四联出版社等单位。1956年,四联出版社并入上海文化出版社,广益书局并入上海图书发行公司。1950年,他以特邀代表身份参加第一届全国出版会议。

广益书局早期出版物中较有影响的有《天则百话》(日本加藤弘之著,吴建常译)、《神州光复志演义》(雪庵著)、《俗语典》(胡朴安、胡怀琛合编)等。其时,总店设于河南中路137号,支店设于福州路338号世界里。继亚东图书馆出版标点本旧小说后,1934年广益书局以大达图书供应社名义,大量排印出版加标点的通俗小说,与新文化书社竞争。虽然书籍装帧简陋,以牛皮纸为封面,字体密密麻麻,无插图,错字又多,但因书价低廉,从三折到二折、一折半,销路极好。

(五)吕子泉

大东书局是20世纪上半叶总部设于中国上海的一个重要民营出版发行机构。1916年在上海创办。早期由吕子泉、王幼堂、沈骏声和王均卿4人合资经营。经理沈骏声,总店店长王幼堂。1924年改为股份公司,成立董事会,设监察人,沈骏声仍任经理。发行所初设上海公共租界中区福州路昼锦里,1921年迁到福州路110号,1931年又迁到福州路山东路转角310号有正书局原址。印刷所则曾数度迁徙。1937年淞沪会战爆发,大东书局内迁重庆。1945年抗日战争胜利以后,官僚资本侵入该局,由杜月笙任董事长,国民党人陶百川掌握局务。1949年,大东书局被军管,官股部分被没收;1956年,大东书局职工并入上海科学技术出版社、新华书店、大东印刷厂。1956年底大东印刷一、二、三厂奉命内迁广西南宁市,组建"广西民族印刷厂",1957 年 3 月 10 日广西民族印刷厂开工。

大东书局为扩大本版书刊的发行,在全国大中城市设分局 16 处。自办印刷厂,除印刷本版书刊外,还承印国民党政府的钞票、印花税票;另附设东方舆地学社,专门编绘出版中国和世界的各种地图,每年重印 10 余次,行销 10 万册以上。1931 年,该局曾创办法律函授学社,聘请法学名家 20 余人为教授,报名入学者月数百人。

大东书局主要出版中小学教科书、法律、国学、中医、文艺、社会科学丛书和儿童读物等。还出版了一批具有学术、史料和文献价值的图书,如郭沫若的《甲骨文字研究》、《殷周青铜器铭文研究》,江恒源的《中国文字学大意》,于右任的《右任诗存》等。此外也出版《四库全书总目》、《中国医学大成总目提要》等国学书籍和《世界名家短篇小说全集》等文艺书籍,并出版《紫罗兰》(周瘦鹃主编)、《游戏世界》(周瘦鹃、赵苕狂编)、《星期》(包天笑主编)等期刊。20 世纪 50 年代初期,主要出版工程技术图书。在中华民国时期的民营书店中,出版发行教科书最多的有 5 大家,大东书局为第 4 家,其余依次为商务印书馆、中华书局、世界书局、开明书店。

(六)陆高谊

陆高谊,浙江绍兴人。1924 年毕业于杭州之江大学。后任河南第一女子师范校长、河南中山大学教务长、杭州之江大学附中校长等。1933 年到上海,进世界书局,任总管理处秘书、经理。1934 年任总经理,致力于经营管理,颇多建树。出书以切合实用为社会称道。在他主持下,世界书局成为 30 年代四大出版企业之一。抗战爆发后,先后出版郑振铎等主编的《大时代文艺丛书》,孔另境主编的《剧本丛刊》、陈鹤琴、林迭肯(林汉达)主编的《拉丁化新文字图画课本》、《拉丁化新文字丛书》等。1948 年加入中国民主促进会。1952 年进中华书局,任出版部主任、海外部主任。后参与《四库全书总目提要》、《册府元龟》、《永乐大典》、《文苑英华》等大型古籍的影印工作。1984 年在上海逝世。

第二章　近代浙江出版家群体的
　　　　文化贡献

　　出版物给我们以审美的刺激，我们的精神在出版物的面前得以升华与充分的表露；出版物给我们以充分想象的天地，我们的意念在出版物的指引下出现思接千载、视通万里的效果。出版物沟通了人与人之间的感情，也沟通了人与人之间的思想，人本身所具有的美的内在精神，通过出版物变成了可见、可闻、可感的现实。这就是出版文化最具魅力的地方。

　　历史无法割断，文化永远传承，像中国这样有着悠久历史的文明古国，尤其如此。20世纪中国的出版文化，既有来自古代、近代的长远传统，又有本世纪出版文化本身所产生出来的新鲜的传统，这些优良传统互相融合、互相渗透，形成了一种特有的精神准则。由于书籍的传播和媒介作用，这些本来属于出版文化的"专利"的东西，竟渐渐地弥散到了总的中国文化传统之中，成为中华民族共享的精神经典。中国出版文化的这些优良传统，已经积淀于中华民族的心理特点、行为方式和日常生活之中。

　　传统，历史的传统，出版历史的传统，就像生物生生不息、代代相传的生命中的血液，总是流注在后代的身上，血缘不断。在后代的身上，我们总是可以看到先辈的某些征候、某些性情。传统，也就是这样一代一代地流传下去，"子子孙孙，无穷匮也"。那么近代浙江出版家为传承文化做出了哪些贡献呢？本章主要从近代教育的发展、主流文化的传播、古典文化的传承、传统文化的普及、西方文化的传入五个方面来探讨这个问题。

第一节　近代浙江出版家与近代教育的发展

传统教育向现代教育的转型,既体现教育制度、教育内容、教育方法等方面的变革,也包括教育理论、教育思想、教育观念等方面的更新。因而,在新教育的发展过程中,除了各类学校教育之外,近代教育出版事业也是至关重要的组成部分,它对于新的教育观念、教育内容、教育方法等的传播与生成起着有效的促进作用。以张元济、陆费逵等为代表的浙江教育出版家,积极投身于近代教科书出版事业,编写出版了大量符合现代教育要求的各类新式教科书,以满足各级学校的教学需求,贡献卓著,成绩斐然。

一、近代浙江出版家在近代教科书出版中的重要作用

我国近代著名的教科书出版机构,其主持者或创办人几乎都是浙江人,如商务印书馆的主持者张元济、中华书局的创办人陆费逵、世界书局的开创者沈知方、开明书店的创办者章锡琛、大东书局的创办者吕子泉等。这五大教科书出版机构中,商务印书馆和中华书局创办时间最早,综合实力最强,并能及时捕捉课程改革的契机,因此在教科书编辑出版的完备性和更新上处于领先优势。

浙江教育家大多集中在近代中国的出版重地商务印书馆,先后供职其间的有蔡元培、张元济、杜亚泉、周建人、何炳松、蒋梦麟、竺可桢、范寿康等,是某种亲缘、乡缘、学缘或者业缘的关系,把他们紧紧地联结在一起。中华书局的创办人陆费逵也曾经在商务印书馆任国文部编辑员、出版部部长、师范讲义部主任等职。他们均以其执着的信念和满腔的热情,为我国近代教科书的编辑出版做出了重要贡献,突出表现在以下两个方面:

(一)适时推出新式教科书

近代学制和课程频繁的改革为中国传统教科书向现代教科书的转型

提供了机遇。浙江教育家凭借其睿智的见识、独特的眼光及突出的地位，及时推出各种新式教科书，以配合历次学制和课程改革，促进了中国教育的近代化及整个社会文化教育事业的发展。

张元济主持的商务印书馆在 1912 年中华书局成立以前独领着教科书的出版市场，为配合癸卯学制颁行新课程所需，于 1904 年开始出版《最新教科书》系列。该系列教科书是其编印的第一套教科书，也是我国第一套近代意义的教科书，有最新初高等小学教科书 16 种，教授法 10 种，包括初等小学用国文、修身、格致、笔算、珠算、地理等教科书共 39 册，高等小学用国文、修身、中外地理、中外历史、理科、算术、珠算、农业、商业教科书共 39 册；中学校用书 13 种，还有师范学堂、高等学堂、实业学堂用书数十种，外国文及杂书数十种。

1912 年，中华民国南京临时政府成立。在陆费逵领导下，中华书局即于是年春季及时推出适应新政治需要的《中华教科书》，包括初等小学用书 5 种 40 册，教授书 3 种 24 册；高等小学用书 8 种 33 册，教授书 6 种 28 册；中学、师范用书共 27 种 50 册。中华书局出版的《中华教科书》载有"我国旗分五色，红黄蓝白黑，我等爱中华"的内容，迎合时代所需，一度取代其他各家，几乎独占了民初的教科书市场。之后，中华书局与商务印书馆在教科书上展开了激烈的竞争，客观上促进了近代教科书的不断发展与进步。

1921 年创办了世界书局的沈知方，是在先期出版通俗文学畅销书积攒了一定资本后，才开始进军教科书市场的。世界书局没有像商务印书馆与中华书局那样，小学中学教科书同时编印，而是先编小学教科书，而后才发展到中学教科书的。经过两年多的准备，1922 年，世界书局编成了它的第一套小学教科书"新学制小学教科书"。为了易于通过审定，提高发行推销上的号召力，这套教科书请出了曾任北京大学校长的胡仁源为教科书审订人，并获得当时北京教育界知名人士马邻翼、黎锦熙等人的支持，所以向北洋政府教育部送审时，得到许多方便。世界书局出版教科书以后，打破了商务印书馆与中华书局的垄断局面，形成了三足鼎立之势。

20世纪30年代初,大东书局的创办者吕子泉开始涉及教科书出版领域,先行编写的是一套初中教材,1931年开始出版高中教材,1932年又出版一套《新生活小学教科书》,到1933年8月学生暑期开学前,大东已在报上公开宣称"小学中学大学各科用书全部出齐"。

儿童书局是张一渠于1930年初创办的。这是一家专门出版儿童读物的出版社,出版了许多儿童读物、中小学教科书、教学参考书等。据《民国时期总目》统计,儿童书局自1932年1月—1946年10月间,共出版小学教材12种,中学教材1种。其中比较重要的小学教科书是1935—1936年间出版的《分部互用儿童国语教科书》(陈鹤琴、梁士杰主编)。这套教科书根据我国北部、中部、南部地理位置及风土人情之不同,分别将地方教材融合于统一的语文教学中,这种编写方式曾受到著名教育家陶行知先生的高度评价。

(二)重视出版国文和修身教材

中国的传统教育以道德教育为主,儿童识字的内容离不开封建的伦理纲常,因此教材当中国文和修身是融在一起的,直至近代西方分科教育的传入,中国本土才出现专门的国文、修身课程以及相应的教科书,浙江近代出版家在国文、修身教科书的编校和出版中发挥了重要作用。

在张元济主持下,商务印书馆1904年出版第一本《最新小学国文教科书》,在当时教育界产生了很大影响。"此书即出,其他书局之儿童读本,即渐渐不复流行。""在白话文教科书未提倡之前,凡各书局所编之教科书及学部国定之教科书,皆模仿此书之体裁。"[1]张元济还亲自编写商务版的初等小学和中学校用《最新修身教科书》,初等小学用书10册由张元济编写出版,中学用书5册则由蔡元培编写出版。《最新修身教科书》内容新颖,完全摒弃三纲五常等封建毒素,吸取西方文化教育中的合理成分,向学生讲授反封建的进步思想,具有明显的时代先进性。

---

〔1〕 蒋维乔:《编辑小学教科书之回忆》,见商务印书馆编辑部:《商务印书馆九十年》,商务印书馆1987年版,第59—61页。

中华书局的创办人陆费逵也十分重视国文、修身教科书的编写出版。他在 1906 年供职文明书局时曾与人合编《文明国语教科书》《文明修身教科书》等,影响很大;1912 年创办中华书局后更是亲自参与编写《新制中华初等小学国文教科书》《新制中华高等小学国文教科书》《新制中华初等小学修身教科书》《新制中华高等小学修身教科书》等。如《中华修身教科书》注意学生的年龄特点和心理发展,选取教材内容,采取儿童容易接受的方式传授。如初小第一二册,因学生识字无多,全册图画,有图无文,目录亦不录入正文中,以免儿童难解;第三四册,多假设故事,用简单文字;后四册兼用故事训词,既资模范,又便明理;全书图画丰富,文字力求浅显,并采用趣味深厚、颇易感化的童话寓言。中学起开始采取一些抽象教材。[1]

世界书局的创办人沈知方于 1925 年开始策划《新主义小学教科书》的编写,突出三民主义的中心内容,以迎合革命。1927 年北伐军抵达上海后,世界书局马上公开发行《新主义小学教科书》,所以 1931 年世界书局出版十周年《纪念特刊》时,对该书局敢于最先出版三民主义的教科书表示出自豪之情:“本局的《新主义小学教科书》实于十四年(1925 年)开始编辑,迨国民革命军抵沪,本局最先公开发行,不像旁的书坊,不敢用自己店名出版党义书籍,恐怕有什么危险似的。”世界书局《新主义小学教科书》请到了当时任监察院长的于右任担任审订。20 世纪 30 年代,世界书局又编辑出版《新课程标准教科书》。这套教科书的特点是,分别编写出乡村用、中小城市用、大都市商用和春季始业用、秋季始业用等多套不同版本,以适应不同地区、不同时令的需要,灵活多变。仅国语一科就有四种版本同时发行:朱翊新编的,称世界第一种国语,多销行于小城市和农村;魏冰心编的,称世界第二种国语,多销行于中小城市;吴研因编的称世界第三种国语,多销于大中城市和海外;另有朱翊新、杨镇华编的春季始业国语,多销行于农村。这种多版本的教科书考虑更周全,针对性也更强。

---

〔1〕 吕达:《陆费逵教育论著选》,人民教育出版社 2000 年版,第 93—99 页。

开明书店的创办者章锡琛主持出版中小学教科书，是从 1927 年编辑《开明活页文选》开始的。《开明活页文选》以活页的形式、低廉的价格、精选的篇目和优良的服务，赢得了中学生语文教师的欢迎。继活页文选出版成功之后，开明书店接着请立达学园的数学教师刘薰宇、周为群、章克标、仲光然编写了一套数学教科书，包括算术、代数、几何、三角四种，出版后也很成功。林语堂为开明书店编纂的《开明英文读本》，多取材文学故事，语文与文法结合密切，并配以丰子恺的插图，版式清新活泼，让人感觉面目一新，创下了惊人的发行业绩，成为开明最畅销的书，甚至使商务印书馆出版的周越然编《模范英文读本》大受冲击。

开明书店出版教科书一开始并不追求各科具备，而是采取先编重点课程，然后渐次拓展的出版计划。《开明活页文选》、《开明英文读本》与《开明算学读本》出版成功之后，开明书店继续组织力量编写其他课程的教科书，约请周建人、戴运轨、赵廷炳、顾寿白等编写了物理、化学、动物、植物、生理卫生等教科书。开明书店最初出版的教科书是供初中用的，然后逐渐扩大到高中、师范和小学的范围。1932 年，开明书店开始出版小学教科书。小学国语课本低年级 8 册，高年级 4 册，由叶圣陶编写，内容紧贴儿童生活，文体多样，词句切近儿童口语。初年级课本中文字的手写体与插图，均由丰子恺书写绘画。另外，还有傅彬然编小学低年级用《常识课本》8 册和高年级用《社会课本》4 册，顾均正、贾祖璋合编小学高年级用《自然课本》4 册，刘薰宇编小学《算术课本》，初年级 8 册，高年级 4 册。

从事教科书出版是浙江近代出版家教育活动的延续。他们通过编写出版符合时代要求、教育学规律、儿童心理发展特点的教科书来为学生提供精神食粮，将印张当成黑板，将知识化为铅字广泛传播。浙江近代出版家怀抱忧国忧民的胸怀，秉承经世致用的学风，继承优良传统，吸取西方精华，通过近代教育出版来实现其救国图存之志。

第二节　近代浙江出版家与主流文化的传播

中国近现代几次大的思想文化运动，都是从杂志上率先发难，而后波及全国的。《时务报》《新青年》的诞生就代表了两个不同的历史时代。可以说,杂志引领着近代中国主流文化的传播。杂志以其出版周期短,售价低廉,便于携带等特点见长,同时它又能像图书那样展开深入学理讨论,从而影响文化学术、世道人心。可以说杂志兼有报纸图书两者的功能,因而备受文化传播者和读者双方的欢迎。要研究近代浙江出版家的文化贡献,自然不能不谈到杂志。事实上,近代浙江出版史上,很多有影响力的浙江出版家都非常重视杂志的出版发行,如章锡琛之于《新女性》杂志,胡愈之之于《生活》周刊,张静庐之于《现代》,而张元济与陆费逵则先后出版了一大批有影响的杂志,这些杂志往往成为他们出版物中一道亮丽的风景。浙江近代出版家是如何通过出版杂志来传播主流文化的呢?下面笔者主要从三个方面进行论述。

一、近代浙江出版家创办的杂志成为传播新思潮的阵地

五四运动、新文化运动兴起后,为适应时代潮流发展,近代浙江出版家纷纷通过创办杂志来传播新思潮。例如,1919 年的五四运动,《新青年》异军突起,各种新创期刊如雨后春笋般大量涌现,这对中国原有的出版业者造成了巨大的冲击,首当其冲的便是商务旗下的期刊。早在 1918 年底,商务高层便已察觉到《东方杂志》受《新青年》影响而销售下滑,数字显示,商务各杂志销售量,从 1917 年的 146000 元减少为 1918 年的 111000 元。[1] 到了 1920 年 2 月,张元济在董事会上报告营业情形,承认受到新思潮的影响导致营业受阻:"现在各省自编教科书,又新思潮激增,已有《新妇女》《新学生》《新教育》出版。本馆不能一切迎合,故今年书籍不免减退。"[2]既然原因出在商务"不能一切迎合",那么为了营利的考虑,商务就必须朝向新文化新思潮进行改变以迎合流行,期刊的改版就是他们最具体的表现。

1920 年商务旗下的期刊做了许多迎合潮流的改变,内容上积极地介

---

〔1〕 张元济:《张元济日记》上册,商务印书馆 1981 年版,第 550 页。
〔2〕 张元济:《张元济日记》上册,商务印书馆 1981 年版,第 709 页。

绍新思潮,形式上增加一些流行的新东西,最大的改变是开始使用白话文、新式标点,但他们却无意放弃旧有的东西,不论哪个期刊在这一年中皆新旧纷呈,有的还想在新旧间寻求可能的平衡。虽然这样的改版在1920年并没有取得很好的市场反响,[1]但是由于在1919年到1920年间如"菌的生长"般大量出现的小型期刊,大部分也都在一两年间中止发行,因此改版后的商务期刊便成为介绍"新文化"、"新思潮"的主力军。此后,虽然期刊内的文章有时立场相互矛盾,但商务期刊供给知识的基本立场却是一致的,并且仍然强调一种应有尽有、包罗万象的性格。

除了张元济之外,陆费逵也十分重视通过杂志来达到传播新思潮的目的。在陆费逵主持下,《大中华》于1915年1月创刊。创刊号上载有陆费逵的宣言书,文中云:

> 《大中华》杂志之目的有三:一曰养成世界知识,二曰增进国民人格,三曰研究事理真相,以为朝野上下之南针。欲达第一项目的,故多论述各国大势,绍介最新之学说;欲达第二项目的,故多叙述个人修养之方法及关于道德之学说;欲达第三项目的,故研究国家政策及社会事业之方针,不拘成见,不限于一家之言,一以研究为宗,即有抵触冲突之言论,亦并存之。

从《大中华》各期的内容来看,这一办刊宗旨得到了切实贯彻。该刊设政论、专论、文苑、法令、时事日记等栏目,但以政论为主。拟稿人除梁启超外,主要有蓝公武、范源廉、陈霆锐、王宠惠、张君劢、张东荪、王闿运、马君武、张謇、林纾、张相、谢无量等。该刊以其独立办刊的作风深得知识界、舆论界好评。1915年1月,日本帝国主义和袁世凯政府秘密签订"二十一条",企图变中国为其殖民地,由于全国人民的坚决反对,日本的罪恶企图才未能得逞。该刊第1卷第2期和第10期发表梁启超等撰《中日最近交涉评议》、《美国日报之中日交涉评》等政论,对日本的侵略行径进行

---

〔1〕例如《小说月报》的半革新,结果既得罪了鸳鸯蝴蝶派的小说家与爱好者,又不能吸引青年学生,销售更为下降,仅剩两千本。参见茅盾:《我走过的道路》上册,人民文学出版社1981年版,第139页。

了揭露和谴责。1915 年 8 月该刊第 1 卷第 8 期和次年 1 月第 2 卷第 1 期发表梁启超《异哉所谓国体问题者》,反对和痛斥袁世凯盗窃民意,帝制自为的倒行逆施,立论鲜明,在舆论界产生巨大影响。据说当时袁世凯曾托人向梁启超游说,愿送巨款收买这篇文稿,被梁启超拒绝。[1]

再如张静庐也十分重视创办杂志来传播时代新思潮。张静庐创办的现代书局在新的环境下诞生后,在编辑手中开始发展,它的发展大致分为两个时期,这两个时期以 1932 年创办《现代》杂志为界,之前为第一时期,之后为第二时期。从 1928 年开始了革命文学的论战后,上海的多种杂志将革命文学论战的声音不断放大和复制,从而形成了不可抗拒的时代潮流。不仅新出的刊物打出革命文学的旗帜,而且老刊物也纷纷转向发表革命文学的作品。邱韵铎在刚刚宣布"蜕变"的《现代小说》上讥讽道:"革命文学已经轰动了国内的文坛了,而且也可以进一步说,全文坛都在努力'转向'了。"[2]在这种时代主潮下,现代书局紧跟政治潮流发行了一些左翼刊物,如《大众文艺》月刊、《南国月刊》、《拓荒者》月刊、《现代小说》月刊等。《现代小说》月刊,叶灵凤、潘汉年主编,所载作品多写青年的生活、爱情和苦闷以及左翼文学的动态,可以说是创造社发表作品的一个园地,是早期创造社和后期创造社风格的主要体现。它的转向最能够说明当时的时代主潮对杂志风格的影响。

张静庐因为第一时期出版的政治色彩过于浓厚,使自己的名誉和利益受到损害,所以决定改变出版策略,不再出版和政治意识形态紧密联系的出版物,而是由注重政治性走向重视出版的文艺性。从此,现代书局因为创办《现代》杂志进入了它发展的第二时期。《现代》月刊由施蛰存主编,它最能体现现代书局的特色并给现代书局带来巨大声誉。它是"一·二八"事变后在上海最先问世的大型文学刊物,16 开本,每期一百四五十页。在出版机构林立的上海,要想比同行做得有特色,绝非易事,对一个

---

〔1〕 吴铁声:《解放前中华书局琐记》,见中华书局编辑部:《回忆中华书局》,中华书局1987 年版,第 71 页。

〔2〕 邱韵铎:《"一万二千万"个错误》,《现代小说》第 3 卷第 2 号,1929 年 11 月。

出版社来说,在读者中的知名度,则是关系其命脉的大事,现代书局就是靠《现代》杂志取胜的。现代书局的出版理念和风格在后一时期发生了重大的变化,文学出版不再紧跟政治意识形态,而是强调书的"质",而且最重要的是强调书的文艺性以及宣传新的文学流派和文学观点。

二、近代浙江出版家创办的杂志成为传播教育理念和知识的阵地

近代浙江出版家们还通过创办杂志来传播教育理念和教育知识。例如陆费逵创办的《中华教育界》就是近代中国最早出版的教育期刊之一。《中华教育界》(月刊)由倪文宙主编,该刊问世之时,适逢"国基方才奠定,政体突然变更",本着"为民国服务"的宗旨,广泛探讨新兴教育思想、教育内容、教育政策、教育设施和教学方法,设置了教育评论、教育论著、中小学教育研究、国外教育译述、国内外教育新闻等比较固定的栏目,每期还附有校舍或是学生活动的彩色插页。主要撰稿人有范源廉、黄炎培、黎锦熙、周建人等,陆费逵也不时在刊物上发表文章,配合五四新文化运动提倡白话文。在陆费逵等人的悉心策划之下,《中华教育界》成为我国教育界著名的专业刊物。《中华教育界》始终站在中国教育改革的最前沿,对我国现代教育事业的发展有着重大而深远的影响。它既是教育工作者的主要发言园地,又是中华书局联络教育界的一座桥梁,对中华书局本版教科书的宣传与促销起到了积极的作用。

《小朋友》也是陆费逵创办的,《小朋友》是我国现代历史上出版时间最长、很有影响的著名儿童刊物。1922 年 4 月,《小朋友》诞生。它以"陶冶儿童性情,增进儿童智慧"为宗旨。陆费逵、黎锦晖五人约定,《小朋友》创刊后每人都要供给稿件,并且各有专责,大致的分工是:陆费逵总揽全局,指挥印刷和发行;黎锦晖主持编辑;陆衣言管理排校;王人路负责绘图;黎明承担国外优秀儿童文学作品的翻译。[1]《小朋友》不仅内容生动有趣,形式上也讲究方法以吸引小读者,如刊物名称"小朋友"三字,由各

---

〔1〕　黎锦晖:《〈小朋友〉创始时的经过》,见少年儿童出版社编辑部:《长长的列车——〈小朋友〉七十年》,少年儿童出版社 1992 年版,第 45 页。

地小读者书写,一期一人,期期更迭;每期封底刊登"爱读《小朋友》的相片"〔1〕。这些都使小读者倍感兴趣,使小朋友觉得这是他们自己的刊物,极受他们欢迎。

再如章锡琛也是一位十分重视通过杂志传播先进教育理念的出版家。开明书店创办成立初期的杂志,取向不一,包罗了国学刊物、文学读物、社会读物、综合性读物,当开明书店走向成熟阶段有了自己的读者定位时,开明书店出版的刊物大都以教育为旨趣。开明书店的大部分杂志定位的读者对象都是青年学生,其自身编辑的杂志中绝大部分都是针对学生课外阅读而设计的读物,杂志考虑到学生可能需要的各种知识与指导,请有关专家学者如胡愈之、贾祖璋、周予同、刘薰宇等,把当时国外物理、化学、生物、政治时事等领域最新的发展动态,图文并茂、简洁易懂地传递给学生,对学生所学各科知识加以适当地补充,其趣味性的介绍既增加了对读者的吸引力,也提高了学生学习的积极性。另外,杂志还有意识地对学生进行思想上、生活上、学习上的教育,致力于学生品性的改善。

还有张静庐创办的杂志中也不乏传播教育理念和教育知识的,例如《现代儿童》,半月刊,宋易主编。是一本供给小学教师的杂志,是现代最新式的儿童读物,并将自己定位于现代的、科学的、文学的、艺术的,有强烈的启蒙现代性特征。《现代儿童》奉劝家庭父兄想让学生子女"成为现时代儿童者,请速为预定本刊,且本刊所收各材料,均有时令性,小学校教师采为教材尤为合宜"〔2〕。这种自我鲜明的精英立场的定位,批判儿童读物的纯粹趣味性的立场,使它从时令性、现代儿童的角度来强调儿童读物和教材的内容,符合了30年代强烈要求新知的潮流。针对在儿童出版物这一领域,商务印书馆和中华书局已经占据了教科书市场的大部分空间的压力下,现代书局希望通过儿童杂志的创办来开辟一番新的儿童出版领域,并且强调主要补充教材之不足,强调读物的时代性和科学性,这

---

〔1〕 方轶群:《回忆〈小朋友〉的幼年》,见少年儿童出版社编辑部:《长长的列车——〈小朋友〉七十年》,少年儿童出版社1992年版,第87页。

〔2〕 《现代》杂志,1932年10月,第1卷第6期,第10页。

种强烈的时代启蒙意识使其在当时儿童出版领域有别于其他的儿童出版物,发挥了独特的作用,体现了现代书局取名"现代",紧跟时代,引进新知的宗旨。

三、近代浙江出版家创办的杂志成为传播爱国思想的阵地

除了传播新思潮、教育理念和教育知识,近代浙江出版家还通过创办杂志来传播爱国思想。陆费逵创办的《新中华》就是非常典型的代表。1932年"一·二八"之役,商务印书馆被毁,当时中国首屈一指的综合性杂志《东方杂志》亦随之停刊。《新中华》(半月刊)就是在这一背景下诞生的,该刊创办于1933年1月,最初由周宪文、钱歌川、倪文宙主持。据周宪文回忆,陆费逵在刊物创办之时,已经认识到中日两国之间的全面战争迫在眉睫,但有人"得过且过,假忍辱负重美名,过醉生梦死的生活"。他办这个杂志的用意很明确:"第一,要人人有国家的观念;第二,要人人明白自己是中国人。"这个道理似乎很浅显,但在他看来,"目前许许多多问题的发生,都因为有些人忘记了中国,忘记了自己是中国人"。他和周宪文商量办这个刊物的时候,曾提出用"中国和中国人"作为刊物的名称。周宪文理解他的"用心良苦",但认为中华书局过去出过《大中华》,现在这个刊物不妨叫《新中华》,也同样可以包含这层意思。于是《新中华》就正式作为刊名。[1]

在创刊号上,陆费逵发表《备战》一文,分析了国际形势,认为太平洋地区风云变幻,一天紧似一天,第二次世界大战势所难免,中日两国全面战争一触即发。一旦全面战起,中国以弱国对强敌,要准备长期作战,才能取胜。他大声疾呼必须停办一切不急之务,集中全国财力人力,"快快备战",对建立空军、武器弹药和汽油等军需品的准备、粮食的储存,交通设施的修筑和运用以及后方工作等等,都提出了自己的意见和建议。他还提出"多难兴邦",对战争的胜利充满信心,并赞同中共提出的"一致对

---

〔1〕 周宪文:《忆伯鸿先生》(1941年8月),见俞筱尧、刘彦捷:《陆费逵与中华书局》,中华书局2005年版,第354页。

外"的主张。创刊号数万份,行销全国,一举成名,确立了《新中华》在出版界的地位。

又如胡愈之,在整个 30 和 40 年代,无论是在国内或国外,胡愈之主要的新闻实践为创办刊物,鼓吹民族民主革命,从而积累了宣扬真理、传播知识的丰富经验,使他以后成为新中国功勋卓著的出版家和文化巨人之一。1931 年胡愈之和《生活》周刊主编邹韬奋相识,开始辅助邹韬奋将刊物从辅导青年的职业教育刊物改变成呼吁抗日救亡的号角,在当年爱国群众的救亡运动中起到了巨大的宣传和组织作用。1932 年 8 月,胡愈之应商务印书馆的邀请,主编复刊后的《东方杂志》,他在复刊词《本刊的新生》中明白宣告:刊物将"以文字作民族斗争和社会斗争的利器"。他不仅在刊物上呼吁抗日救亡,而且发表了不少宣扬社会发展的科学理论。1945 年 12 月,胡愈之从苏门答腊重返新加坡不久,利用不多的资金,办起了《风下》杂志。这时新加坡的形势非常复杂,他鼓励当地华侨支援祖国人民革命的斗争,还鼓舞华侨同当地其他民族共同进行反对殖民者卷土重来的斗争,既要揭露美帝扶蒋反共,还要揭露其他西方殖民主义者镇压南洋各地革命群众的罪行。胡愈之为每期刊物撰写评论,并组织国内知名人士供稿,使刊物成为当地最有政治影响的传播媒介之一。

第三节　近代浙江出版家与古典文化的传承

20 世纪影响最为深远的文化事件应该算五四新文化运动了。直接孕育于新文化运动中的"整理国故"思潮,在胡适等新文化人物的倡导下曾经风行一时。"整理国故"汲取了五四科学与民主的精神,体现着五四成果的一个主要方面,也是 20 世纪学术思想史的一个重要组成部分。得风气之先的出版界及时地抓住这一时代机遇,出版了一大批规模宏大的古籍,以低廉的价格、优良的版本、精心的组织形式供应给学术文化界。大型古籍的出版,其行为本身,便极好地体现着过去那些有魄力的出版家们,以其特有的方式参与到了学术文化建设的队伍之中。文化与出版就是这样交织在一起,一方面文化潮流的递演给出版带来发展的机运,另一方面出版的呼应进一步加大文化发展的势头,并促使文化原有基础上质的更新。

中国的古籍在一定程度上代表着一个时代曾经达到的智慧高度,它延绵了数千年生生不息的华夏文化,保持着我们的民族自豪感和归属感,是中华民族共同文化心理的见证。古籍整理是连接历史与现实的桥梁,是"存亡继绝"的工作,它不仅向人们展示历史,更重要的是保留历史,让人们在纷繁芜杂的现实中仍能把握住民族发展的脉络,传承和挖掘中华民族传统文化的精华。这是浙江近代出版家在古籍出版中的共同贡献,那么他们各自在传承古典文化过程中又有什么不同的特点呢?下面以张元济、陆费逵、沈知方、张静庐四位典型出版家为例加以分析。

一、张元济与古典文化传承

张元济是我国近代维新运动和文化史上有影响的人物。他既是有远见、有魄力的出版家,又是著名的目录版本学家和校勘学家。从 19 世纪90 年代末到 1959 年逝世为止,在半个多世纪的漫长岁月中,他为我国文化出版事业的发展、优秀民族文化遗产的整理、出版做出了卓越的贡献。

(一)不遗余力地抢救和搜集古籍珍本

从晚清到民国初年,帝国主义在对我国进行政治、经济和军事侵略的同时,争先恐后地掠夺我国的珍贵文物。江南著名藏书家陆心源珍藏的宋版书被日本财阀岩崎买走,令张元济痛心疾首。对于此事,张元济"每一思之,为之心痛"[1]。随后,他以极大的热情和毅力投入到抢救古籍的活动之中。他在致傅增湘的一封信中,表达了他保护和传承传统文化的高度责任感,他说:"吾辈生当斯世,他事无可为,惟保存吾国数千年之文明不至因时势而失坠,此为应尽之责。能使古籍多流传一部,即于保存上

---

[1]　张元济:《张元济书札》,商务印书馆 1982 年版,第 1 页。

多一份效力。吾辈炳烛余光,能有几时,不能不努力为之也。"〔1〕

张元济用"求之坊肆,丐之藏家,近走两京,远驰域外"十六字来概括他抢救善本古籍的漫漫历程。"丐之藏家"就是直接从藏书家手里收购。这样既能得到善本图书,又可以免受中间商的盘剥。如在20世纪初,张元济经蔡元培的介绍,收购了绍兴徐氏熔经铸史斋的全部藏书。接着购买了常州蒋氏秦汉十印斋的藏书、广东丰顺丁氏持静斋的藏书。"求之坊肆"就是搜集、购买流失在民间的古籍珍本。张元济养成了一种习惯,每到一地,必先走访书肆,只要见到商务所缺的古籍善本,常常倾囊购买。此外,他在自家住宅大门上端贴一张大红招贴,写着"收买旧书"四字。所谓"近走两京,远驰域外",主要说明他抢救古籍的范围,不仅限于国内诸如南京、北京这样的大城市,而且常远赴海外。

1928年他东渡日本访书,带回46种罕见古籍的胶片。为了便于存放和阅读搜集到的古籍,1909年商务的图书室发展、扩充为图书馆,正式命名为涵芬楼。后来随着图书的增加,张元济耐心说服商务出巨资建藏书大楼,并于1926年商务建馆30周年之际更名为东方图书馆,正式向社会开放。

从1915年开始,张元济锐意收集地方志。在此之前,涵芬楼只藏有地方志50余种。张元济在编辑出版各种字典,如《中国古今地名大辞典》、《中国人名大辞典》,很多地名、人名需要从地方志中查找。因此,引起他对地方志的重视。他一面在上海就地收购,一面要求各地分支馆协助收购和借抄。当时,涵芬楼常有两人专门抄录借来的罕传地方志。〔2〕到1926年东方图书馆对外开放时,地方志已有2100余种。到1931年,东方图书馆的地方志共计2641种,25682册,其中有元明刊本141种。地方志遍及22省。其种类之多,搜集之完备,在当时的国内图书馆中首屈一指。

张元济为商务搜罗古籍善本和珍本,目的在于流通古籍,以保护和传承本民族的优秀遗产。他曾经说过,他着力网罗古籍的目的有三个:"一

---

〔1〕 汪家熔:《涵芬楼和东方图书馆》,《图书馆学通讯》1981年第1期,第171页。
〔2〕 汪家熔:《涵芬楼和东方图书馆》,《图书馆学通讯》1981年第1期。

是为抢救文化遗产,使其免于沦亡;二是为解决学者求书之难,满足阅读的需要;三是为汇集善本,补清代朴学家所未能做到的缺陷。"[1]

(二)大量辑印古籍以传承传统文化

张元济为古籍的整理出版献出了他毕生的精力,这是他一生事业中最重要的贡献。为了抢救文化遗产、解决读者求书之难,张元济顶着巨大压力,为商务开拓新营业,大规模地整理、校勘和影印古籍,保存国粹。1916年他着手辑印《涵芬楼秘笈》,1919年以后又印《四部丛刊》。他曾经谈到影印古籍珍本的意义,"能于文化销沉之际,得网罗仅存之本,为古人续命,这是多么幸运啊!"[2]张元济曾在一首诗中表达了自己的这一心情:"中原文物凋残甚,欲馈贫粮倍苦辛;愿视化身千百亿,有书分饷读书人。"[3]

张元济影印古籍,在20年代和30年代中期达到鼎盛。他先后为商务主持编校、辑印的古籍主要有:《涵芬楼秘笈》线装80册;《四部丛刊》初编、续编及三编,计线装3112册,另附书目1册;《续古逸丛书》47种等等。其中影响最大的是《四部丛刊》和《百衲本二十四史》。

胡适在1921年夏天受邀考察商务印书馆时,曾对商务花重金购买古籍很是不解,当他在涵芬楼看到一部商务花了2000元购到的黄荛圃藏的宋本《前汉书》时,认为"二千元买一部无用的古董书,真是奢侈"[4]。这是胡适对当时的商务事业还不甚了解时说的话,其实商务花费重金购买在胡适看来是无用的古籍,却是一种精明的商业投资。一方面珍贵古籍在藏书市场买进卖出之间本身就是一种商业行为,商务拥有张元济、孙毓修等一批功底深厚的版本目录学家,常常能够保证商务在藏书市场上稳赚不赔;另一方面,也是最重要的,商务印书馆可以通过影印或排印的方式将古籍重新加工包装成各式各样的现代图书,用以迎合社会对旧学不

〔1〕 王绍曾:《近代出版家张元济》,商务印书馆1995年版,第57页。
〔2〕 顾廷龙:《回忆张菊生先生二三事》,见中国出版工作者协会:《出版年鉴》,中国出版公司1980年版。
〔3〕 周武:《张元济:书卷人生》,上海教育出版社1999年版,第172页。
〔4〕 《胡适日记全编》第3册,安徽教育出版社2001年版,第350页。

同需求,而这正是商务印书馆的一大利源所在。

和商务的其他出版品一样,商务古籍的出版发行也一直面临着激烈的市场竞争,最大的竞争仍是来自于中华书局。尽管张元济对中华书局的《四部备要》不以为然,但是为了争夺市场,商务还是决定重印《四部丛刊》,结果销路大不如前。[1] 所以商务出版的古籍可以被视为一种商品化了的旧学,它在贩卖的过程中,既要接受市场的选择,又要面对同业的竞争。不过,商务从一开始就将这种旧学的生意上升为一种文化事业的高度。早在清末,张元济就曾向友人表明自己注意古书的心迹是为了"于开辟新营业之中兼保存国粹之意"[2]。

张元济整理出版古籍有三个明显的特点:一是恢复古籍的原貌,纠正长期流传过程中造成的讹、衍、缺、脱和有意无意的篡改。二是继承和发扬了我国校对学的传统,利用近代印刷技术,校勘影印群书,做了乾嘉以来校勘学家想做而做不到的事。三是在整理出版古籍时,根据具体情况采用影印和排印两项方法。影印本讲究版本,便于保存原本的面貌;排印本重在普及和实用,着重采用清代和近人的精校精注本,汇集近代学者的研究成果。如《四部丛刊》讲究古本的选择,采取影印;《国学基本丛书》讲究实用,采取排印。正如顾廷龙先生所说的,张元济先生"影印古籍规模之大,影响之大,在中国现代出版史上是放一异彩的大事,他的功绩是永远不会磨灭的,后人也会永远怀念他"[3]。

二、陆费逵与古典文化传承

陆费逵在主持中华书局工作的 30 年间,先后组织整理、出版了一大批古籍类图书。其中,最为著名的当首推出版聚珍仿宋版《四部备要》和影印《古今图书集成》两大工程,为 20 世纪上半叶中国出版文化事业树立

---

〔1〕 张元济:《张元济全集·书信》第 3 卷,商务印书馆 2007 年版,第 333 页。
〔2〕 张元济:《张元济全集·书信》第 3 卷,商务印书馆 2007 年版,第 200 页。
〔3〕 顾廷龙:《回忆张菊生先生二三事》,见中国出版工作者协会:《出版年鉴》,中国出版公司 1980 年版。

了丰碑,也为古典文化传承做出了重要贡献。

先说编纂《四部备要》。清乾隆年间开馆纂修《四库全书》,陆费逵的先人陆费墀曾以翰林院编修任总校官,后又任副总裁,前后达 20 年。陆费逵对其先人的学术和事业是十分向往的。在他所写的《校印〈四部备要〉缘起》等文章中曾多次表露他的这一心情。1915 年,有北京的友人与陆费逵商印《四库全书》,但因卷帙浩繁、工程巨大等原因没有进行。后来,杭州八千卷楼主人丁丙的后人丁辅之、丁善之兄弟取宋刻本之长,创制了一套欧体聚珍仿宋字,并在上海开设聚珍仿宋印书局。1921 年印书局并入中华书局。陆费逵认为丁氏兄弟创制的聚珍仿宋字“方形欧体,古雅动人,以之刊行古书,当可与宋椠元刊媲美”[1],还考虑到善本古籍一般人很少有机会见到,如能选其重要者校印出版,既可满足社会上的需求,也便于研究者参阅,于是决定抓住这一时机编纂《四部备要》,用聚珍仿宋字排印,故又称“聚珍仿宋版《四部备要》”。《四部备要》从 1922 年至 1934 年间分 5 集陆续出版,前后历时 14 年,是一部内容比较完备、方便适用的大型古籍丛书。其选书以实用为主,选择善本,不仅在于追求宋元版本,而是从是否便于读者使用的角度考虑,选收了大量清代学者如戴震、惠栋、段玉裁、王念孙、王引之等人的研究成果,这些经过校勘、考证的印本,大大方便了学人们的研究需要。

再说影印《古今图书集成》。中华书局有功于古籍保存的另一个巨大工程是影印《古今图书集成》。陆费逵在《〈古今图书集成〉影印缘起》中谈到,早在 1926 年,中华书局刊印《四部备要》之时,高野侯先生即主张以扁字本影印或以聚珍仿宋版排印《古今图书集成》,但鉴于扁字本脱卷、脱页、脱行、讹字情况严重,而铜活字底本又一时难以物色,所以计划一度搁浅。直到 1933 年,广东中山旅沪富商陈炳谦以中华书局为传播文化所需,将所藏康有为旧藏殿版铜活字本赠与作制作底本之用(后由中华致送 1 万元并影印本两部作为酬谢)。康有为所藏的铜活字本《古今图书集

---

〔1〕 俞筱尧、刘彦捷:《陆费逵与中华书局》,中华书局 2002 年版,第 469 页。

成》中,有63本100多卷是抄配的,中华书局并没有因陋就简,用抄本敷衍了事,而是想方设法,利用各种关系商借于公私藏家,使其成为完璧。因为商借影印的是古籍珍本,所以落实下来并不是一件轻而易举的事,往返联系,很费周折。另外,光绪石印本后附考证24卷,为殿本所无,中华书局亦商借于浙江图书馆,附印于书后。从中华书局的这些做法可以看出,《古今图书集成》的影印,并不完全是从商业利益考虑的,在原书几近绝迹的情况下,确具有文化抢救的意义,这其中也蕴含着一种为古籍文献续传,为传统文化托命的理想关怀。从这一事例可以看出,陆费逵对古籍的整理与流传是出于一种社会责任的。

《古今图书集成》影印本是分类预订和分批出版的,从1934年10月开始第一批出书,到1940年2月全部出齐,共影印1500部。这样的工程并不是少数几个人所能办到的,中华书局有关主管部门相互合作而又各有专责、分工明确、全力以赴,显然是极为重要的条件,而这个条件的具备,又与决策人陆费逵有远见有魄力,熟谙出版业务,经营管理有方和善于用人等是分不开的。由于影印字迹清晰,墨色匀净,印刷质量上乘,检索方便,加之价格合理,所以很受读者青睐,使这一"洋洋大观之中国百科全书"[1]得以广为流传。除了《四部备要》和《古今图书集成》这两部大书外,中华书局还整理出版了一批重要的古籍和古籍选本。这是陆费逵对民族文化出版事业所做的功德无量的贡献,对古籍文献的保存和传统文化的传播有着十分重要的意义。

三、沈知方与古典文化传承

1921年成立的世界书局,是旧中国经营规模仅次于商务印书馆、中华书局的很有影响和实力的民营出版机构。世界书局和商务、中华一样,也很重视中国传统文化典籍的刊物。抗战以前,在沈知方主持下,世界书局出版了大量经史子集类古书,影印的《十三经注疏》、《经籍纂诂》、《说文

---

〔1〕 俞筱尧、刘彦捷:《陆费逵与中华书局》,中华书局2002年版,第458页。

解字段注》《说文通训定声》《四史》《资治通鉴》《昭明文选》《诸子集成》《元曲选》等。这些古书的编辑出版均选用善本加圈点,或加校勘记,或加评述,变线装为平装普及本,低价发售,很受市场欢迎。这些书都属于"国学名著丛刊",但它与商务出版的"四部丛刊"和中华刊行的"四部备要"都有所区别。"四部丛刊"和"四部备要"都是大块头的,成套推出和订购;而"国学名著丛刊"则化整为零,读者可以任意选购。该书局中期总经理陆高谊形象地说:"人家出版几千册几百册的大部头书,是供购买者作厅堂装饰用,装在精美的书橱书箱里的,非有财力者不办。我们出版的古书,是选择重要的缩印成精装几册,可以随身携带,大小房间都可置放,是方便学习参考用的。有一个比喻,他们好比如全桌筵席,我们好比是点吃名菜。"郑振铎先生称赞世界书局这些中国古典图书"价廉方便有用处"[1]。

四、张静庐与古典文化传承

张静庐对于传承古典文化的贡献主要体现在他出版了自传性著作《在出版界二十年》和编纂了《中国近代出版史料》等文献上,并由此成为中国近现代出版史研究的开创者。张静庐的出版史研究,奠定了中国出版史研究的基础,两部著作成为此后研究近现代出版史和文学史的重要资料,价值巨大,意义深远,为传承古典文化做出了重要贡献。

(一)张静庐与《在出版界二十年》

早在 1935 年,阿英以及几位朋友在张静庐家中谈及新文化运动时,对张静庐在新文化运动中的贡献给予了充分肯定,并希望张静庐能够写一本自传,来记述 20 年来上海新书事业的沿革和变迁。但是因为种种原因,最终也没有着手进行。直到 1938 年,上海杂志公司准备出版《读书》月刊,编译所的同仁再次重提旧事,要求张静庐以故事体裁写出新书业出版的史实。于是,在这一年,张静庐的自传性著作《在出版界二十年》在上

海杂志公司正式出版。

按照张静庐所说,假使要写一部有关于中国出版事业的沿革和变迁的书,最好应该让张菊生、陆费伯鸿、王云五几位先生来写,才有相当的理由。[1]然而,最终张静庐却成为第一位记述民国上海出版界的人物,这其中既有姻缘际会的巧合,也有着历史的必然。在《出版界二十年·写自传的动机》一章中,张静庐是这样记述的:

"我既然在这号称文化街的四马路上住上了二十年,这悠长的岁月中,所见到的,所听到的,和我自己亲身所接触到的,总该有不少的故事可以搬出来,给在文化街上跑跑而留心出版事业的读者们,作为茶余酒后的谈助吧。"[2]当然,张静庐这样说,完全无愧于他的出版经历。从1912年迈入上海开始,张静庐在这片灯红酒绿的十里洋场中辗转起伏,三年"棋盘街巡阅使"生涯让张静庐见识到了上海出版界早期的形形色色,此后辗转五书局,担任商报编辑,做过记者和文案等等,给了张静庐以充足的机会全面认识了解旧上海的出版状况。当然,张静庐说"作为茶余酒后的谈助",则是自谦的说法,我们从这本自传中,不仅直观地了解了张静庐的前半生经历,而且还可以直观地感受到那个时代的出版氛围。可以说,《在出版界二十年》是对民国上海时期文化和出版的全景再现,能从中窥测到民国时代社会的风貌以及上海作为文化中心在当时的地位,是研究那个时代上海风貌最重要的参考资料。

在薄薄的《在出版界二十年》一书中,共提到了76位与报纸、杂志、书籍等出版有关的人物,其中既有像鲁迅、茅盾、邹韬奋、张元济、陆费逵、王云五这样当时上海的知名人士,也包括张静庐身边和公司中职员这样的小人物;共提到了72种杂志和报纸,既有《创造周报》《拓荒者》《奔流》《小说月报》这样在中国近现代文学史和出版史上占据举足轻重地位的报刊,同时也有反映时代特点、跟随时代不断变化的报刊;张静庐的这本自传性著作还提到了商务印书馆、中华书局、世界书局、良友图书公司等近

---

[1] 张静庐:《在出版界二十年》,江苏教育出版社2005年版,第2页。
[2] 张静庐:《在出版界二十年》,江苏教育出版社2005年版,第2页。

现代出版史上声名显赫的出版社。《在出版界二十年》中,张静庐"以自己的事业变迁为经,多量地采入当时作家们与书店之聚散离合为纬"[1],在讲述个人经历的同时,也讲述了当时的出版热潮和出版界的相关掌故。

(二)张静庐与《中国近代出版史料》等文献

在 20 世纪 50 年代初,新中国刚刚成立,百废待兴,然而当时对于出版史的研究尚未展开。新中国成立后进入中央人民政府出版总署工作,此后又调入古籍出版社和中华书局的张静庐,依靠自身生活经历和所见所闻,开始着手《中国近代出版史料》等资料的搜集整理工作。从 1954 年始,陆续出版了 7 编 8 册、近 250 万字的皇皇巨著,收录了从 1862 年京师同文馆设立到 1949 年新中国成立之间 87 年的重要出版史料,开创了中国近现代出版史研究。用王益、王仿子和方厚枢三位出版研究大家的话说:"张先生是有远见卓识的,他是建国后我国出版史研究的开创者,他带了个好头,我们现在还应该感谢他。"[2]

随着出版业的蓬勃发展,对出版史的研究日益重视,中国近现代出版史研究成为众多出版研究者研究的重点,《中国近代出版史料》等文献也日益受到了研究者的重视。张静庐先生历经 20 余年苦心搜集、整理的《中国近代出版史料》等文献保留了中国近现代出版史上绝大部分第一手的资料,众多史料都是历经千辛万苦调查、寻访,极为难得,为后世出版者找寻最原始的资料提供了极大的方便,具有极高的价值。《中国近代出版史料》、《中国现代出版史料》、《中国出版史料补编》足以让张静庐成为中国近现代出版史研究的开创者。

张静庐编纂的以上史料有以下三个特点:一是没有割裂文学、教育与出版的关系,将众多的文学、教育史料同时收入这套丛书中。在《中国近代出版史料·初编》中收录了阿英所写的《晚清小说的繁荣》,在《中国现代出版史料·丁编》中收录了茅盾所写的《近年来介绍的外国文学》,同时

---

〔1〕 张静庐:《在出版界二十年》,江苏教育出版社 2005 年版,第 2 页。
〔2〕 王益、王仿子、方厚枢:《推动出版史的研究和学习——谈我国出版史料著作和史料出版》,《出版文化》2000 年第 3 期,第 49—50 页。

还收录了众多关于教科书的编辑、出版的有关史料。二是详细展现了中国近现代出版法令的沿革和变迁,特别是系统收录了国民党政府时期的出版法规,为研究中国出版法规史提供了极为翔实的资料。张静庐的这套丛书很重要的一个组成部分就是出版法令,既包括清政府、北洋政府、国民党政府等不同时期制定的著作权法和出版法,还同时收录了邹韬奋、茅盾以及上海书业商会针对出版法规发表的时论,既有原始材料的展现,也有不同时期对出版法规执行中出版人不同的反应和当时历史环境下的看法。三是广泛收录了关于考古以及考古出版物、连环画、基督教文学、马列主义著作在中国的传播等情况,多元、多方面、多层次展现了中国近现代出版史的概貌。

第四节　近代浙江出版家与传统文化的普及

20世纪上半叶,正是中国向近代化转变的关键时期,在文化上体现这种变化的,可以通过当时编纂的工具书展示出来。一个时代编就的工具书积淀着一个时代的知识文化成果,映射出一个国家的文明程度。今人翻读昔日出版的工具书,不难品尝出其中所蕴含的历史文化意义;而在当时,这些工具书却承担着向读书人推广科学知识、查考疑难问题、传播思想文化的功用。在近代中国,浙江出版家们是如何通过工具书出版来实现普及传统文化的目标的呢?下面笔者针对两位典型的浙江出版家进行阐述。

一、张元济与工具书出版

在商务印书馆的经营业务中,编印工具书和丛书亦占有重要地位。商务出版的工具书一般是指字典和辞书。从使用范围上讲,大体可分四类:一类是供一般人读书治事用的,比如字典和辞源;一类是专供学生用的,比如学生字典;另一类是专业辞书,比如不同名称的各种大词典;还有一类是外国语文字典和词典,比如英汉词典等。工具书无论是对初学的人来说,还是对专业工作者来说,都是需要的。所以,商务印书馆编印这些书籍,既满足了社会不同阶层人的需要,同时也为自己赢得了可观的利润。[1]

早在编译所成立前,商务印书馆就已经尝到了出版工具书的甜头。1899 年 11 月,商务印书馆出版了它的第一部英汉词典《商务印书馆华英字典》。它是邝其照《华英字典》的修订和增补本,收词扩充一倍,有 4 万条。由于当时"各省华英学塾风气渐开,但学者虽有诸书参考,类多词不达义,头绪纷纭。惟字典一书实群书之总汇,在初学、已学者均不可少"[2],因此,商务的这本《华英字典》很有市场,销量很大。一直到 1915 年,还有人在使用《华英字典》[3]。正是靠着《华英字典》和几本时务书,商务的营业开始"有驾同业而过之势"[4]。

编译所自己编的辞书最早的要算是两本汉语辞书《新字典》、《辞源》。20 世纪初,《康熙字典》已不适应新时代的要求,当时上海的翻译书籍刚刚问世,报纸也在鼓吹维新,新名词大量出现,人不知为何语;在外留学的少年,回国以后要考征文献,又感到古籍浩如烟海,无从着手;编一部新型的辞书以解决这两方面的问题,就成为当务之急。正是看准了这个市场,1906 年商务编译所在国文部、理化部、英文部之外,又专门成立了一个辞典部,聘请常州人陆尔奎(1862—1935)、方毅(1876—1940)担任正副部长,准备编纂一部大型工具书——《辞源》。由于工作量太大,"罗书十万余卷,历时八年而始竣事。当始事之际,固未知其劳费至于此也"[5],因而只好将草稿中的单字提出,编成《新字典》于 1912 年秋先行出版。[6]

---

〔1〕 久宣:《商务印书馆——求新应变的轨迹》,西南财经大学出版社 2002 年版,第 91 页。

〔2〕 汪家熔:《清末至建国初的英汉词典》,见汪家熔:《商务印书馆史及其他——汪家熔出版史研究文集》,中国书籍出版社 1998 年版,第 316 页。

〔3〕 谢菊曾:《商务编译所与我的习作生活》,见谢菊曾:《十里洋场的侧影》,花城出版社 1983 年版,第 138 页。

〔4〕 高翰卿:《冰严笔记》,《本馆创业史——在发行所学生训练班的演讲》,见商务印书馆编辑部:《商务印书馆九十五年》,商务印书馆 1992 年版,第 5 页。

〔5〕 陆尔奎:《〈辞源〉说略》,见商务印书馆编辑部:《商务印书馆九十五年》,商务印书馆 1992 年版,第 161 页。

〔6〕 汪家熔:《旧时出版社成功诸因素——史料实录》,见汪家熔:《商务印书馆史及其他——汪家熔出版史研究文集》,中国书籍出版社 1998 年版,第 360 页。

由于当时市场上没有一本新式字典,所以《新字典》一经推出,便大受欢迎。1912年9月18日,张元济在其日记中记载了当时《新字典》的销售量:"杂记:梦翁交来,昨晚在发行所查得总分馆共销(华、洋)装新字典一六六六九、一二二五四部,两共二八九二三部。"[1]此后,《新字典》的销路一直很好。这一炮打响,为以后商务印书馆1915年出版的《辞源》早早地赢得了市场的口碑。

前后历经八年时间才编纂完成的《辞源》后来也果然没有令大家失望。有人评价,这部书在旧字书、类书、韵书的基础上,兼取国外辞书的长处,突破旧的《尔雅》派词典按内容分类的藩篱,脱离经传注疏的范围,以单字为词头,下列词语,为体例上的首创;适应由清末到五四以前"钻研旧学,博采新知"的要求,既有古语,也录新词,在一定范围内反映世界思潮、学术动态,为内容上的革新。[2]所以《辞源》出版之后,就一直深受知识界的欢迎,成为商务一个品牌工具书。

二、陆费逵与工具书出版

文化的聚合演变往往从语汇的变化上最能反映出来。清末西学东渐之风盛行,报刊和口语中表达新事物、新知识、新思想的新词新语亦随之激增。同时,一些旧词经过时代的变迁,或失去了存在的根据;或词义发生增减;或重新赋予新的内涵。这些变化如果不能被人们广泛而确切地了解,不仅会给日常的社会交往带来种种不便,也必然会阻碍学术文化活动的正常进行。更有甚者,对词语的望文生义与穿凿附会容易在学术文化界滋生出一种似是而非的不良学风。新形势下,编写综合新旧、包容各科、释义明晰、排列科学的新词典已刻不容缓。因此,中华书局一成立,就担负起了这一文化重任。在陆费逵的主持下,先后出版了《中华大字典》(1915年)、《中华中字典》(1916年)、《实用大字典》(1918年)、《地学辞

---

〔1〕 张元济:《张元济日记》上册,河北教育出版社2001年版,第7页。
〔2〕 吴泽炎、刘叶秋:《〈辞源〉修订本与其前后》,见商务印书馆编辑部:《商务印书馆九十五年》,商务印书馆1992年版,第420页。

典》(1930年)、《中华百科辞典》(1930年)、《辞海》(1936年)、《经济学大辞典》(1937年)、《外交大辞典》(1937年)、《中外地名辞典》(1940年)等一系列重要的工具书以及上百种中小型语文词典和各种专科词典,在当时的出版界、知识界产生了重大反响,其中一些工具书多次再版,对我国的文化事业贡献卓著。

在陆费逵主持出版的众多工具书中,以《中华大字典》和《辞海》的编辑出版影响最大,也最具代表性。这两部大书耗费了中华书局大量的人力物力,但同时也为中华书局带来了很好的经济效益和社会声誉。中华书局这种百年磨一剑的精品意识,这种以传播文化香火为使命的文化自觉,对今天的辞书编纂界不失为可资规箴的参照。

(一)编写《中华大字典》,以助学子之求学、成人之治事

《中华大字典》初版于1915年,是中华书局出版的第一部字典。陆费逵在《〈中华大字典〉叙》一文中记述了编印初衷:

> 余母幼时,就学不及三年,学力皆得诸自修。余之儿时,余父常游他方,余兄弟恒受母训。余母不敢自信,稍有疑义,即检查《字典》及类书,余遂习焉。成童之际,辄恃《字典》以阅读书报。

据有关记载,《中华大字典》是由陈寅在1911年与几位志同道合者开始合作编撰的,当时《中华大字典》还没有编成,遂折价2000元作为股本。后中华书局又以几十人之力,费5年之功,始告完成。《中华大字典》以《康熙字典》为蓝本编纂而成。收单字4.8万余字,约400万言,并校正《康熙字典》4000多处错误。增收了近代方言和翻译中的新字,反映了强烈的时代特征。对所引诸例,除了注明书名外,还注出篇名,便于读者参照原书进25行比照。在对同形异源的多音多义字处理上,《中华大字典》别创一格,将之分列成若干条,分别加以解说。这一科学做法,在半个世纪后新中国第一部具有规范化性质的《现代汉语词典》中仍然采用。该字典问世后,即被全国《图书馆协会月报》评为当时唯一的好字典,颇受学术界青睐,多次重印,新中国成立后还多次再版。即使是在今天,《中华大字典》仍不失为一部可用的较好的字典,在研究中国历史、语言、文字等方面依然具有重要的参考价值,也是我们学习研究古代汉语不可多得的案头书之一。

(二)编纂《辞海》,贡献于民族文化事业

《辞海》是中华书局编纂出版的影响最大的辞书。是经百余人先后20年之努力而完成的。从陆费逵的《〈辞海〉编印缘起》中可以看出,其编印过程颇多周折,编印规模也非一般辞典所能达到。这样艰巨的工程在近代出版界是少有的。作为决策者的陆费逵,如果对文化出版事业没有强烈的社会责任感,是不可能坚持完成的。

《辞海》从1915年秋筹划并开始编纂,到1935年定稿、1936年出版,耗时20年之久,凝聚了陆费逵的汗水、心血和智慧,是他主持中华书局期间奉献给民族文化事业的珍贵厚礼,也是我国20世纪上半叶出版界、文化界最为重大的盛事之一,为千千万万的学人提供了极大便利,为文化出版事业的发展增添了绚丽篇章,为后人编写大型工具书积累了丰富经验。这部大型的综合性工具书,共收单字一万三千余,复词十余万条,是我国继《辞源》出版之后的又一大型百科辞典。为了适应不同读者的需求,《辞海》最初曾以不同纸张、不同开本和不同定价,分上、下两册分期出版,各种版本的印刷总数在100万部以上,其广泛的社会影响不言自明。

第五节　近代浙江出版家与西方先进思想的引入

近代浙江出版家为引进西方先进思想做出了显著的贡献,下面分别加以例举。

一、张元济与西方先进思想的引入

在亲身参与中国政治变革,获得第一手感性体验之后,张元济认识到,必须引入现代西方思想,改变中国人的传统观念。有了思想观念上的革新,才可能导致社会的变革。从支持维新,到主张全面引进西方文化观念,这中

间走过了一条漫长的路，二者的共同目标都是为了推进中国社会的进步。

1901 年前后，张元济投资商务，并逐渐介入商务的编译业务。1901年 8 月，还在南洋公学任职的张元济就致信严复，请他为商务即将印行的《商务印书馆华英音韵字典集成》作序。1902 年，商务很快推出《政学丛书》与《帝国丛书》，立足点高而眼界开阔。近百年来，中国之有宪政，完全是模仿西方的理念，借鉴西方的政制，而这个模仿便仰赖于近代汉译西方法政典籍。这是张元济引进西方先进思想的开始。其后的 1905—1921年，商务陆续出版严复译著，这是使商务引进西学迈向一个新高度的重要契机。在出版严复译作之前，商务出版的译作主要是具体的法制制度介绍、外国历史概况介绍，商务早期引进西学的眼光还仅停留于此，尚未触及社会思想层面。严译《天演论》出，振聋发聩，影响遍及全国；《原富》出，《群己权界论》《法意》出，将西方近代最重要的几部著作相继引入，使得商务选题决策者对西学的认识也提高一层。这一进步使商务在引进西学的初期着眼于致用的角度，在某种意义上看来显得肤浅和缺乏系统的缺点有了完全的改观。此后，商务引进西学的工作得以在政治法律制度、社会思想、文化背景等各个方面、各个层次全面展开。

1918 年前后，商务印书馆有好几种丛书问世。"北京大学丛书"是张元济北上京华，在北京大学亲自与蔡元培相商，又会晤陈独秀、胡适、辜鸿铭、马幼渔、朱逖先、李石曾等北京大学名教授。张元济在会晤中和教授们讨论了世界图书馆之事、编辑教育书之事、改订商务版教科书之事，并积极在教授中组稿。1918 年，商务印书馆即有"北京大学丛书"的出版。丛书多为北大教授的讲义，基本上都是抛开了实用目的的纯学术研究成果。不少书是具有开创意义的力作，在近代学术史上占有重要地位。

商务印书馆引进西方学术文化的工作，经过初期的摸索积累之后，至1928 年、1929 年达到了成熟的时期。1929 年推出的《汉译世界名著丛书》，总结了近代以来中国人在介绍西方学术文化方面的经验和成果，为中国人睁眼看世界、把自己融入世界大家庭提供了一个学习、交流的可能的途径。同时，它也为商务出版物的风格奠定了基调，树立了标准。这个风格,简单地说就是要用一流的翻译水平引进外国一流的学术文化著作。从古典到现代,从西洋到东方,人类文明史上一切优秀的成果都可作为他山之石,为我所用。这一胸襟和气魄首先是应了时代的迫切需要。时代需要强有力的丰富的知识资源来解释现实问题。商务出版西方学术文化著作正是实践着商务明确的出版宗旨,即为中华文化注入新鲜的养分,使之在与外来文化的对话中更新、丰富和壮大。"汉译世界名著丛书"为现代出版树立了一个样板,国内学人和广大读者受惠无穷,出版者起而效仿。直到 80 年代,商务印书馆出版"汉译世界学术名著丛书",生活·读书·新知三联书店出版"现代西方学术文库",都是它的继承和延伸。回顾近百年中国现代出版业引进西方学术文化的历史,就可以清楚"汉译世界名著丛书"的深远影响和示范作用,对于造就中国的现代学术人才,促进中国学术文化乃至中国社会历史的进步,都起了难以估量的作用。

二、陆费逵与西方先进思想的引入

旧时中华书局是一个综合性大出版社,除出版教科书、工具书、古籍以及其他一些学术性书籍而外,还出版了大量诸如文艺书籍、科普读物、少儿读物、外语读物和实用类图书,满足着不同层次读者的不同需求,影响着社会文化的方方面面。综合出书有助于增强出版社的实力,在普及大众文化的同时,更有能力推广学术性成果。在这种出版思路下,大众文化与学术文化得以共生与互补。中华书局在出书的形式上,更注意采用丛书的方式推出,以强化其规模效应。其实丛书的大量出版也是民国时期出版业总的特点之一,它在体现出版者商业用心的同时,也无形中体现着出版者对知识的一种理解和组织。

以出版国学书籍、承继传统文明为己任的中华书局,并没有因此而漠视西学新学的传播。在陆费逵的领导下,中华书局与民国时期文化思想的发展同步,大力编译西学名著和丛书,将五彩缤纷的世界文明呈现在人们面前,实践着输入欧美文化的使命。五四运动前,中华书局关于西学书籍的出版,虽然数量不是很多,但就选材的质量而言,这些译著不但弥补了过去某些译本的不足,而且适应了当时的社会需求。五四运动后,西学传播掀起新的浪潮,中华书局自觉融入社会改造的文化运动中,以出版丛书为重点,内含大量颇具影响的西学名著和新学书籍。

首先是世界文学作品和新文艺作品的出版。中华书局翻译出版世界文学作品最早是以《小说汇刊》的形式在 1914 年至 1918 年间出版的,多用浅近的文言文体译述。较著名和具代表性的有:俄罗斯列夫·托尔斯泰著《心狱》(即《复活》),马君武译,1914 年出版。托翁的著作还有《婀娜小史》(即《安娜·卡列尼娜》)和《克利米亚战血录》翻译出版,译者分别为陈家麟和朱世溱。丹麦安德森(安徒生)著《十之九》,陈家麟译;英国柯南道尔著《福尔摩斯侦探案全集》(全 12 册),周瘦鹃等译;还有《拿破仑之情网》、《郁金香》、《木乃伊》、《波兰遗恨录》、《欧陆纵横秘史》等也分别由林纾、包天笑、天虚吾生、徐卓呆、朱世溱、刘半农等译述出版,共百余种。

20 年代末至 30 年代中,先后出版有《现代戏剧选刊》(1929)、"学生文学丛书"(1929)、"新文艺丛书"(1930)、"现代文学丛书"(1933)、"世界文学全集"(1935)、"中国文艺丛书"(1936)和"世界少年文学丛书"(1939),这是中华书局较为系统地以白话文出版文学著作的开始。这些小说、戏剧、诗歌等高雅的文学作品,改变了一般国民的阅读嗜好与低俗趣味,也向国人打开了了解世界的一扇扇窗户,"使中国知识分子得以在这文化大变动的时期接触到西方多元性、复杂性的文化意识形态。这种多元取向带来了多元的坐标和参照系,使中国人有可能寻找到一种自我认识与自我意识,在这兼容、丰厚的思想摄取中,中国文化才有可能不落入特定思想的固有框架之中,而获得真正的创造性转机"[1]。

其次是外国学术名著的出版。中华书局对世界学术名著的介绍,较早的有马君武译法国卢梭著《民约论》和英国达尔文著《物种起源》,分别出版于 1918 年和 1920 年。其后,又有郭大力和王亚南合译英国亚当·斯密著《国富论》、英国李嘉图著《经济学及赋税之原理》等书出版。

---

〔1〕　叶再生:《出版史研究(第 1 辑)》,中国书籍出版社 1993 年版,第 134 页。

1920 年由左舜生主编的《新文化丛书》和 1933 年由舒新城主编的《大学用书》，其中也有世界学术名著的介绍。编译多元性学术文化著作，把各种外来的新理论、新学说、新主义介绍给读者，让我们感受到了中华书局本现代思潮之精神，谋社会之改造的出版思想。从自然到社会、从古代到现代、从政治到经济，门类广泛的学术名著满足了当时中国知识学术界对外来理论和思想的渴求，为繁荣学术文化做出了很大的贡献。

三、胡愈之与西方先进思想的引入

出版《西行漫记》和《鲁迅全集》，是胡愈之一生出版的两部最重要的著作。胡愈之的出版之功足以为后人铭记，在中国现代文化史上留下重重的一笔。1937 年 10 月，美国记者爱德加·斯诺在英国格兰茨公司出版了《红星照耀中国》一书。1937 年胡愈之主持救国会的对外宣传工作，同外国记者有来往，斯诺送给胡愈之一本《红星照耀中国》的样书，凭着对中国革命的关心，凭着对中国共产党的了解，凭着新闻出版工作者的职业敏感，胡愈之马上意识到了此书内容对于中国读者的重大价值。

胡愈之为出版此书，联合一批爱国的亲朋好友，成立了出版公司"复社"。为了正式出版发行此书，胡愈之煞费苦心，先是改头换面给此书一个隐性的中性的游记式的新名《西行漫记》。考虑到当时的实际需要，为了不给国民党以口实，也对此书的一些章节做了必要的删节，又采取预约的办法筹到了一些资本，付清了第一版 1000 册的纸钱。《西行漫记》问世半年多时间就印行了 5 版，还有海外的重印版，总共销了八九万册。

从此以后，一大批倾向革命与进步的青年冲破层层阻拦，奔向延安，奔向解放区，成为中国共产党领导下的革命队伍的生力军。有了出版《西行漫记》的试验，胡愈之信心大增。他决定尽快出版《鲁迅全集》，以保存鲁迅的文章。为了多销广销发挥鲁迅作品的作用，胡愈之决定平装每套 8 元，精装的则以木箱精美地包装，外刻"鲁迅全集蔡元培题"字样，定价百元。这样以盈补亏，既可保证一定的数量，又不至于赔钱。于是胡愈之为此忙于推销，平装本在当地搞预约，预收书款。精装本因在上海销数有限,1938年3月胡愈之带着书箱样品去香港,找到了蔡元培、宋庆龄,他们积极支持,印好预约券在香港出售。

胡愈之第一个找到了孙中山之子孙科,孙科当场认购了10部,在香港销售很有成效。胡愈之接着去了广州,5月到了武汉。周恩来正在武汉,他对《鲁迅全集》的出版极为关心,武汉八路军办事处预订了许多部,后送延安。沈钧儒先生专门为出售《鲁迅全集》举行茶话会,邀请国民党开明人士参加。时任国民党中央宣传部部长的邵力子第一个认购,当场拿出1000元钱订购了10部。在邵力子的带动下,到会人士纷纷认购,在武汉筹得资金数万元,解决了很大的问题。1938年6月15日,《鲁迅全集》普及本已出版,精装本8月1日出版,内容包括鲁迅的全部著述和译作,共600万字。在当时险恶的环境中,从编辑到校对出书,只用了短短4个月时间,在我国出版史上是值得大书特书的丰功伟绩。

四、沈知方与西方先进思想的引入

20世纪20年代末,经新文化运动洗礼的国人,已深感科学知识于现实人生的重要性。正当商务印书馆瞅准时机,忙着编印各种学科普及小丛书时,沈知方也看到了这种现实阅读需要,特约徐渭南主编了一套"ABC丛书",前后共150余种,于1928年6月陆续出版。这套丛书早于商务印书馆的"万有文库"一年时间出版,以其学科范围综合、内容通俗浅显、作者阵容强大、适合读者需要,获得巨大商业成功。"ABC丛书"由玄珠(沈雁冰)、李浩吾(杨贤江)、张东荪、陈望道、傅东华、丰子恺、谢六逸、洪深等人撰稿,各科丛书有"哲学丛书"、"心理学丛书"、"经济学丛书"、"社会学丛书"、"农村生活丛书"等。

五、张静庐与西方先进思想的引入

卢沟桥事件发生后,张静庐预料到上海是连带要发动的,于是请上海杂志公司编译部主任金则人先生、刘群先生将与抗战没有关联的稿件,审阅后暂行搁置,并计划编印一种"大时代丛书"的战时通俗书籍。战争期间,因邮寄的停滞,上海的报纸不能到达内地去,报纸上刊登的珍贵的各战线的通讯和报告,没有办法使大上海之外的大众读到,他开始做搜集的工作,将每一战线的记事,编成一集,印成单行本,这样既可以保留得长久些,又可以推广到远方和内地去。这样,张静庐编撰了《西线血战》《东战场》、《平汉前线》《闸北血史》等几本集子。这是抗战的史料,也是当时最有实效的宣传文字。

张静庐认为,在抗战时代,需要有建设性的学术图书、国防性的专门典籍也能够同平时一样源源地印出来。同时更从第一期抗战经验与教育中,建起新的理论来;从参加前线抗战工作,现实生活的体验中,产生伟大的文学作品来;为要唤起全国民众的抗战情绪,发动民众自卫武力,编制通俗的大众读物来。这些都是有智慧的作家们的责任,也是贤明的出版家的责任。"对于编辑无论是负责何种文化载体的编辑工作,首先应该对自己的国家和民族的政治和文化负责。"是的,正如鲁迅对于《现代》的编辑方针做出的深刻的批评:在有阶级的社会里需要做超阶级的作家,生在战斗的时代而要离开战斗而独立,生在现代而要做给与将来的作品,这样的人,实在是一个心造的幻影,在现实世界上是没有的。作为一个时代的编辑,首先要做到的就是维护自己国家和民族的政治和文化。

《译文》是当时世界文学作品的介绍者,从与某一书店分手后,要找一家出版处所继续出版。经过一次谈话会之后,鲁迅先生决定交给由张静庐经营的上海杂志公司出版。理由是"没有政治背景的纯粹新书店。只要谁不想占谁的便宜,精明是无妨的"。接着《译文》而来的是她的姊妹刊《作家》。在张静庐看来,《作家》是以妩媚的身姿,像一位道地的北东娘儿似的出现于南方的杂志界,也着实轰动过上海文坛,而获得广大的读者群。

《译文》、《作家》都是文艺出版物。这两大文艺出版读物的出版,根本就不曾打算过想靠着它赚钱。谁都晓得这不是会赚钱的生意经。那么为什么要出它呢?张静庐认为,是为自己,也为别人。其实,这一行动更含有一种重大的意义,即想在畸形发展中的出版界,凭我们的小小的努力,将出版物的水准提高起来。他以为出版家的精神堕落，这趋势比纯以赚钱为目的更可怕，更可忧虑。要说其效果吧，不久之后，无聊的画报、有毒的消遣读物从此渐形衰落，也许不无微劳吧，尤其是他的编辑功劳。

六、章锡琛与西方先进思想的引入

1927年春，国民党反动派发动"四一二"反革命政变。当夜胡愈之、郑振铎等商议，起草给国民党中央委员会中的文化界人士蔡元培、吴稚晖、李石曾的信，向国民党反动派提出抗议。这信由胡愈之、郑振铎、周予同、吴觉农、李石岑、冯次行和章锡琛七人署名，于4月14日发出，第二天在上海《商报》公开发表，首先向社会揭露事实真相，揭穿国民党宣传的无耻谎言。对此，周恩来曾誉之为中国正直知识分子的"大无畏壮举"。

此后白色恐怖笼罩全国，但并不能使真正的革命者退却，在一大批革命烈士被残害的同时，无数勇敢的爱国者又投入革命队伍，转入地下继续战斗。在这种形势下，章锡琛更加坚定了办好书店的决心。他请夏丏尊来主持开明的编辑工作，确定出版方向。在最困难的时日里，他们以开明书店为掩护，保护了一些革命青年。

夏衍同志回忆："1927年，吴觉农先生介绍我和锡琛先生见面的时候，我还是个不满30岁的青年，可能是觉农对于我当时处境的关怀，也可能他们是无话不谈的患难之交，所以觉农在介绍我的经历时，毫不介意地说出了我和蔡叔厚、张秋人的关系，那是在'四一二'事件之后不久，杨虎、陈群在上海杀人如麻的时候，暴露一个初次见面的青年人的政治面貌，对我说来显然是会感到惶惑的。可是完全出于我的意外，锡琛、丏尊先生丝毫没有芥蒂，爽快地决定要我给开明书店译书。丏尊先生要我译本间久雄的《欧洲文艺思潮论》，锡琛先生当时正热心于妇女解放运动，又把翻译倍倍尔的《妇人与社会》的任务交给了我。特别使我难忘的是几天之后，锡琛先生又对我说，现在的稿费微薄，单靠译书是不能养家糊口的，我介绍你到立达学园去教书，我已经和匡互生先生说好了。"类似这样的事情有很多。

夏丏尊是著名的教育家、文学家，他翻译的《爱的教育》曾连续在《东方杂志》发表,后来也为《妇女杂志》写过稿,因此早和章锡琛结识。开明成立时,他受立达学会委托,主编《一般》杂志(1926 年 9 月创刊),由开明印行,1927 年他接受章锡琛的邀请,欣然辞去了上海暨南大学中文系主任的职务来开明就任。

这里还有一段故事:《爱的教育》在《东方杂志》发表后,曾由商务印书馆作为"文学研究会丛书"出版单行本,但出版了三年,连 2000 本书还未售完。夏丏尊到商务发行所去买这本书,却被告知没有,营业员还傲慢地对他说:"我们这里书可多哩,谁能知道!"气得他一定要向商务收回版权。不意这书一经开明出版,竟大为走俏,各地小学纷纷采作语文辅助读物,十多年畅销不衰,总共印了数十万册。上海宝山县立中学的教师徐学文,在辅导学生阅读《爱的教育》的实践中,写出了《给小朋友们的信》,商务印书馆子弟学校尚公小学王志成在他担任级任老师的班里实验爱的教育,并写成《爱的教育实施记》。

小   结

近代社会的变革,本质上体现为光明战胜黑暗的斗争。考诸中国近代化的历程,我们可以发现,近代出版的历史进程和整个社会以及思想文化的近代化进程是高度一致的。近代出版是近代社会变革的产物和推进器,这里有两层意思:其一,在近代社会转型和文化质变中,出版业自身只有适应近代变革才能生存发展,并且也确实实现了自身的近代化。其二,近代出版在每一个重要的历史关头都成为近代社会变革和文化转型的促媒和助动器,在总体上成为光明的使者。孙中山曾经论述出版对于近代中国思想的推动:"此种新文化运动,在我国今日诚思想界空前之大变动。推其原始,不过由于出版界之一二觉悟者从事提倡……"[1]揭示了近代出版与思想学术文化的关系。

近代民营出版企业 50 年的兴起与成长历程,可以说是近代整个出版

---

〔1〕 孙中山:《民国周年致海外国民党同志书》,1920 年 2 月 9 日。

行业的发展缩影。更重要的是,这个庞大的文化机构,与下列三个近代重要的文化课题紧密相关:社会文化组成结构与形态的重建、知识分子群体的孕育与发展、图书市场与阅读风尚的转变。

首先,近代浙江出版家创立出版民营企业的过程,表征着近代文化组成结构与形态的一次重塑。太平天国事件以后,江南历代累积的文化遗产被彻底破坏。江浙文人、士族因逃避战难而移居上海。上海获得丰厚的文化和人才资源,加上本身独特的政治与地理优势,令它在晚清末期迅速取代江南地区,成为全国的文化和经济中心。由于社会、文化、经济和政治环境等客观因素的转逆,传统的书业在太平天国以后已不断作自我转型,迈向更现代化、更市场化,以及更以经营为中心的方向发展。商务原是上海极为平凡的一间印刷作坊,但它的创办者,特别以夏瑞芳为主,能够运用西方印刷技术,敏锐地捕捉市场,并且拉拢到当时著名的学者加入,成功地把握多次机遇,结果令商务得以逐步发展。商务由一家传统的印刷所,扩展为全国首屈一指的大型文化出版企业的整个过程,若从商业史的角度观察,只是近代某一商业机构的发迹个案。但换了从文化史角度看,意义就截然不同。一如艾尔曼所描绘,自清中叶以后,江南文化日渐凋零,以大家族、士绅、藏书楼、传统书业主导而传播和流布知识的局面已不复存在,昔日社会上的文化构成状况和规律亦几乎全面瓦解。到了19世纪末,以商务为首的民间文化出版企业,将文化边缘力量,与原有的文化中心力量成功地结合,重组了新式的传播知识与文化的机制。由此可见,商务的兴起和成功,正显示出近代社会文化重新构成的动态历程,是明清江南文化的另一种延续、继承和发扬。

其次,近代浙江出版家创办民营出版企业,大大促进了近代知识分子群体的孕育与发展。过去很多史学家,特别在上海文化史的研究领域内,已充分注视到近代新式知识群体的诞生和活动情况。近代而有的新式知识群体的鲜明特质,在于他们具有强烈的"职业化"取向。出版行业往往是这批新式知识分子的活动和表现场,是推动文人、学者踏上职业舞台的催化剂;商务作为当时出版业的龙头,自然值得重视。其中时间的配合是极为巧妙的。19世纪60年代以后,传统书业虽已有自我转型的趋向,官方印书局以及由传教士兴办的译书局亦已大量存在,但由民间自办的出版机构则要迟30年才萌生。民间新式的出版企业虽然姗姗来迟,但总算赶得上配合19世纪末文化发展与转变的大潮流。

中国近代新式知识群体的产生,非纯起因于出版业,但民间出版事业的确制造了有利的文化环境和条件,养活了一批纯以学术谋生的知识分子。要充分理解这个群体的真实面貌,需从群体中的个人以及个体间的关系入手。胡适、包天笑等人曾把商务形容为一股文化的大势力。50年间所见,商务印书馆、中华书局、开明书局、世界书局等通过熟人的推介与推荐,以及主动招聘等方式,先后吸纳了来自天南地北,拥有不同背景、出身和专长的知识分子加入。细致地梳理馆内进用人员的人脉关系,探讨个人间的交流,以及找出圈内人所认同的价值观和理想,将有助于更深入、立体地了解这个近代知识群体的演进历程。很多研究商务的学者虽已提及商务人员的乡缘与籍贯关系,却未曾充分留意到乡缘以外还有学缘的联系,亦未有全面地描绘出商务人员,特别是以编译所为主的三个关系网络,以及其间的互动状况。类似的乡缘与学缘背景,其实是商务骨干班子的组成根源,又是凝聚新式知识分子网络的重要始点。个体间的紧密交流,彼此的志同道合,则是团结及维系群体的主要动力。从很多商务人的回忆文章所见,进入商务工作,往往跟个人的理想和职业志向有关:期望投身出版、文化和教育事业,一展抱负。正是由于这批知识分子拥有相近的文化和教育理想,他们不论在公在私,均保持着密切的变往,并乐于将本身的文化关系向外扩展,有助于互相启发和孕育新的文化思维。考察商务馆内三个人员关系网,发觉不同圈子对于商务有不同程度的归属感、感情和期望。当现代知识分子具有选择职业与工作场的充分自由时,一旦面对着群体与个人、机构与个人、职业与理想的对立、矛盾与不协调,或会决定离开另作发展,这一定程度上解释了50年间商务人为何流失严重。商务人的进退与去留,同时突显了这批新式知识分子职业化取向的特征。

商务印书馆、中华书局在近代出版界、文化圈的影响和渗透力,亦具

体而实在。商务可以说是近代出版业的发展根源,曾为业界培训过不少
出色甚至是独当一面的出版人才。1949 年以前,中国多个重要出版机构
的创办人,大多出身于商务,或者与商务有一定的渊源。创办者由商务旧
人担任的出版社,先后就有:中华书局(1912 年)的陆费逵(商务编译所主
任);世界书局(1917 年)的沈知方(商务发行部经理、初期股东之一);良
友(1925 年)的伍联德(商务编译所设计);大东(1916 年)的吕子泉、王幼
堂、王均卿、沈骏声(任职商务发行部);开明(1926 年)的章锡琛、叶圣陶
(商务编辑);新生命书局(1928 年)的陶希圣(商务编辑);上海出版公司
(1945 年)的郑振铎(商务编辑);生活书店(1932 年)、复社(1938 年)的胡
愈之(商务编辑)等。若追溯从以上各出版机构再衍生和发展的,或者计
算曾在商务出书或担任译者而后来创办出版社者,数目将更多。[1] 商务
可是近代出版业的"发祥地",由它培育的新式出版人才所产生的文化作
用和影响力,可以想见。

再次,是努力透过出版,针对与配合读者的需要,形塑近代的阅读和
文化风尚。从早期编译《华英初阶》、《华英进阶》开始,商务预设以都市读
者群为对象,其后逐步扩展到学生、儿童和知识分子。商务针对读者的眼
光极为敏锐,故此日后它的对手中华书局和世界书局,几乎无时无刻不紧
盯着商务的一举一动,模仿它出版的书种。书局间的激烈竞争,一般只被
视为出版行业的旧事与轶谈。但从另一角度观察,这现象将有更深层的
认知价值:各家对某些书种趋之若鹜,背后正显示出一个时代的图书市
场、阅读风尚的演化动态。虽然我们现时仍无法得悉 19 世纪末 20 世纪
初中国读者人数的准确数字,但从白话文的普及应用、在校人数递增、启
蒙运动兴起、图书馆广泛设立等,可以推断近代中国图书市场正不断扩
大,读者面亦愈来愈广泛。更重要的是,阅读的需求日趋多元化:不再集
中于昔日单一的"经史子集"类,不再只为科举仕途。以下几个重要的旁
证,包括:出版选题的品种与方向的高度集中、出版物面世后的销量反应、

───────────

〔1〕《上海出版志》编辑委员会:《上海出版志》,第一篇"出版机构",第一章"解放前主要
出版机构",上海社会科学院出版社 2000 年版,第 225—264 页。

营业额的不断攀升,以及众多读者的回馈反应,均有力地印证了教育类出版、古籍出版,以及新知识的引进,似乎深受社会和读者的欢迎。英语读本、社会科学类图书、自然科学类图书、具有启蒙作用的书籍、实用性图书,是清末民初以来社会上的殷切需求,亦是历来最缺的书种。在商务的努力带动下,逐步得以填补供应。近代以前书种、读者群截然二分的图书市场,在民初以后产生了根本的转变。

最后,回到本书的中心题旨:像商务、中华、开明这样的近代民间出版社,究竟扮演着怎样的文化和社会职能?在文化传播和塑造中是何角色,产生过什么影响?我们看见,近代浙江出版家是知识的制造者,亦充当了文化塑造与引进者的角色,有意借出版引领社会和民众步入新的时代。近代以后,纯粹照顾文人和学者的旧式书业已逐渐过时和式微。新式出版社的勃兴,令文字符号和书籍发挥了过去从未有过的威力,适时地、紧密地配合着接踵而来的种种革新,诸如科举废除、新式教育改革、下层启蒙思潮、新文学运动、白话文运动以及图书馆运动等。1905年科举制度的废止、1919年前后五四运动和新文学运动,对于近代民营出版企业的整体发展是重要的。环境的逆变,固然对近代出版业产生前所未有的冲击,同时亦为它带来空前的发展机遇。近代浙江出版家们重视文人、学者以外的读者要求,学生及儿童市场尤其是它的关注所在。出版教科书、西方知识读物、自然科学、社会科学,无一不是针对特定的读者群而有的。观察不同年代各出版品种的出版量分布,发现这种针对性明显是商务长期的出版和市场策略所在:教科书由1903年到1939年从无间断,自不待言;上述其他出版类型,亦有相近的趋势,且随年代而增长。

张元济、陆费逵始终认为,要改造中国,就要提升民智。旧的知识结构已不合时宜,塑造全新的知识领域,可带领读者步向新时代,成为新人类。在未有电信和网络等新式媒介,报纸亦未完全普及之前,图书版曾经是社会上传播知识与信息的主要途径和手段。可以预见的是,当书籍经营愈走向市场化和商品化,书种与读者对象愈迈向专业分类,出版行业就愈接近"边缘领域",甚至再退为"都市文化领域"。但无论出版行业和书籍是属于"核心领域"、"边缘域",抑或"都市文化领域",它们的生命力以及对时代的影响,主要仍取决于是否能保持本身的文化抱负,以及如何避免走向过度的商品化。[1] 理想出版家的文化和社会职能仍旧不变,诚如戴仁所说:"出版社有两副根本面目,理想的一面和商业的一面,一家出版社的名声在很大程度上取决于二者的调和程度。"[2] 近代民营出版企业的历史发展,给予后世的启示是:只要具有文化和教育的指导和承担,仍会对时代、对文化、对人产生深远而持久的影响。

〔1〕 参见卫浩世(Peter Weidhaas):《出版趋势》,收于 *Net and Books* 试刊号(2001 年 2 月),第 12—15 页。

〔2〕 转引自[法]戴仁著、李桐实译:《上海商务印书馆 1897—1949 年》,商务印书馆 2000 年版,第 3 页。

第三章　近代浙江出版家的经营
管理思想

民国时期是中国社会急剧变化的年代，它既是世纪之交，改朝换代、革故鼎新、思潮消涨、社会重构、文化转型的重要时期，也是救亡图存的时代主题从维新变法到民主革命发生主题变奏的时期。就出版而言，不仅其形式是时代文化风貌的反映，而且其本身也出现了从旧出版到新出版的更替，出版的性质和方向、内容和结构都发生了重大的转变。其中有两个很重要的历史现象，应该引起我们的注意。其一就是一大批知识分子的觉醒，他们纷纷投身出版事业，并将之作为实现自己理想事业和人生价值的重要途径；其二则是继旧的官刻、坊刻、私刻的旧体系崩溃之后，官书局独领天下的旧出版格局也被打破，带有资本主义经营性质的民营出版社，逐渐成为中国出版业的主体，并代表近代出版的一种追求和一种方向。到 20 世纪初，光在上海一地已有 40 年家新式出版企业。[1] 到 1906 年，私营出版企业加入上海书业商会的就有 22 家。[2] 对于后来发生重大影响的浙江近代出版家的经营观，也就孕育形成于这个时期。

民国时期长期实行的出版登记制度，决定了进入出版业的低门槛，形成了出版主体的多元化和出版机构的复杂化，在 1912—1949 年民国 38

---

〔1〕 刘国钧：《中国书史简编》，书目文献出版社 1982 年版，第 104 页。
〔2〕 程焕文：《中国图书文化导论》，中山大学出版社 1995 年版，第 370 页。

年时间里,总共出现过的图书出版机构和个人出版实体,其数量多达 1 万家。[1] 这些形形色色的出版机构,我们可以从多种不同的角度进行划分:或按机构规模,划分成大、中、小各级书店;或按资本构成,划分为独资、合伙和股份制;或按出版品种结构,划分为综合性和专业性;或按书店性质,划分为政治性、宗教性和商业性,这些出版机构存书海沉浮中,绝大多数旋起旋灭,市场成活率低,到中华人民共和国成立之初,出版登记者仅百余家而已,从历史上看,民国时期能维持十年以上的出版机构,基本上是那些走市场化路线的民营书店。本章主要研究的是近代浙江出版家这一群体的经营管理思想,一方面,这些出版家创办的出版机构历史较为悠久,出书较多,影响较大;另一方面,这些出版机构能在激烈的市场竞争中生存和发展下来,经营上亦有供后人借鉴的地方。

第一节　出版经营理念

出版经营理念是在出版经营过程中,围绕出版经营管理形成的一种指导出版企业整体行为的特殊精神,它指导出版事业的经营和发展,是出版企业文化的一个重要部分。出版人的经营理念则是其对出版企业目标的价值判断和精神追求,反映出版者对其所从事的出版活动与社会发展客观需求之间关系的认识。[2] 这种认识是出版者在时代文化背景的基础上,审视读者市场,结合自身思想倾向、个性等多种因素形成的。

一、出版与教育相结合

张元济在维新变法的亲历中,认识到没有近代化的教育和文化背景,中国是不可能前进的。故而他南下从事教育事业,任南洋公学代校长兼译书院长,他的思想由注重英才培养转变到倡导"国民教育"。不久他就

---

〔1〕 汪家熔:《商务印书馆史及其他——汪家熔出版史研究文集》,中国书籍出版社 1998年版,第 334 页。

〔2〕 于海岩:《建设出版企业文化的几个问题》,北京印刷学院 2003 年版,第 16 页。

投身出版界。值此之际,他与夏瑞芳相约,"吾辈当以扶助教育为己任"。他在晚年总结自己一生的出版生涯时还说:"昌明教育平生愿,故向书林努力来。"这是他的教育出版观的一种简明而精确的总结。

张元济是1902年入商务印书馆的,张元济的加入不仅标志着商务从此开始从较为单纯的小印刷业,转向以编、印、发三位一体的出版为主的大型近代出版企业,也标志着一种新的出版观的催生。张一入馆即着手建立编译所,聘请蔡元培为第一任所长。1903年商务开始并全面展开编写教科书及其教授法参考书籍,这些教科书是符合国情民情的普及教育课本,是以新的内容和形式出现的新式教科书。这年冬,任浙江大学堂总教习的高梦旦率留学生赴日,并在日考察年余后回国,与张元济晤面,谈及小学教科书之重要,两人观点一致,张于是邀高入馆。刚好也就是1903年这一年,清政府推行学校教育。1904年中国第一部小学教科书《最新国文教科书》问世。蔡元培为之欢呼:"书肆之风气,为之一变而教育界受其影响者,大矣。"商务教科书风行全国,不仅代替了旧式蒙学教材,也击败了清政府颁印的教科书,此后更由小学教科书发展到中学、大学、师范等各类学校的教科书。

张元济和蔡元培的结合,以及一大批教育界人士(如高梦旦、蒋维乔、杜亚泉等)投身出版,在某种意义上说标志着在中国教育和出版的一种自觉的结合,为中国的出版注入了新的生机。无论是张元济还是蔡元培,他们都认为必须开展广义的教育和文化活动,才能从根本上提高民族的素质与觉悟,"出版之事可以提携多数国民,似比教育少数英才尤为重要"(张元济致蔡元培书)。

张元济从1902年以后,实质上是按与蔡元培达成的教育与出版相结合的共识,去经营和发展商务印书馆的。注重考察教育始终是商务同仁的共同认识。杜亚泉入馆后,1906年还东渡日本,"考察教育,购籍数十种以归"。1910年前后,张元济也赴欧洲各国考察,其中一项重要内容就是教育。1911年他还担任中央教育会副会长,并和张謇等发起成立中国教育会,这是他把出版和教育结合起来的一种社会实践。

中华书局的创始人陆费逵也是一个富有教育思想和理想的人,他在商务印书馆曾主编过《教育杂志》,他认为:"教育得逞,则民智开,民德进,民体强,而国势盛矣。"在 20 世纪的头十年,他就写作了数十篇关于教育的论文,倡导以教育为根本的主张。1911 年成立"中国教育会",建议人才教育、职业教育、国民教育并重,就是他的意见,会章也是由他起草的。辛亥革命起义成功,他看到共和政体即将诞生,教育制度也将随之发生变革,教育书必将重新编写,而商务还没有改编教科书的举措,于是他将孕育已久的"用教科书革命"的理想付诸实践,用出版来从事教育的改造。他在《中华书局宣言》中更阐明宗旨:"国之根本,在于教育,教育根本实在教科书,教育不革命,国基终无由巩固,教科书不革命,教育目的终不能达到也。"1916 年,中华书局董事会制定书局第三期发展计划,在编辑方面,"一、改良普通教科书及学校用品以助教育普及;二、注重高等科学书及字典辞典等以养成专门人才;三、多编通俗讲演书及有益小说以辅助社会之教育;四、其他如精印古书,广译西书,自制仪器标本,皆吾局对于教育之天职,其于二三年后达于完备之点,庶吾国文化亦得蒸蒸日上"。这可以视作一份教育与出版相结合的完备的实施纲领。陆在 20 年代又进一步总结说:"我们希望国家进步,不能不希望教育进步。我们希望教育进步,不能不希望书业进步。"[1]

胡适曾说过这样的话:"得着一个商务印书馆比得什么学校更重要。"这在一个方面说明以商务为代表的近代出版机构在教育方面的巨大作用。出版和教育是中国近代化运动中的两个轮子,近代中国出版和教育这两个轮子的自觉结合和有效运作,不仅体现了近代早期出版人的理想事业,也依此赢得了市场,理想事业和商品经济相结合,使近代出版找到了最有力的支点,指明了一种发展方向。20 年代投身出版的叶圣陶,被认为是继张元济之后把教育和出版结合得最好的人,他一生奉行"编辑工作也是教育工作"的编辑出版思想,正是近代早期出版先哲"出版和教育

---

〔1〕　中华书局:《书业商会 20 周年纪念册》,中华书局 1924 年版。

相结合"的编辑出版观的一种继承和发展。

二、文化与商业相结合

知识分子投身出版原本就是为理想而来,既为理想,则不同于牟利书商一味地唯利是图,而表现出有所为有所不为的理性选择。"为"要有益于社会,"不为"也要有益于社会。

在过去,封建士大夫羞言钱耻言利,近现代的知识分子大多摒弃了这种迂腐思想,对"利"的追求有了清醒而理性的认识。鲁迅从不忽视图书出版的成本核算。他在《〈译文〉复刊词》中这样写道:"出版家虽然大抵是'传播文化'的,而'折本'却是'传播文化'的致命伤。"鲁迅十分清楚,没有一定的物质基础,传播文化,服务人民都是一句空话;但在"义"与"利"孰轻孰重,谁服务于谁这个问题上,他从来都不含糊。且不说他对图书质量如版式、装帧等审美效果近乎执着的追求,每当"义"与"利"发生冲突时,鲁迅总是选择前者。那种像估衣铺一样,什么衣服时兴就挂什么的投机行为,鲁迅不会做也做不出。相反,这位寂寞孤独的荷戟者常常遭到文化专制主义的镇压。面对这种镇压,鲁迅不光是坐而言——以笔代枪与敌人斗争,还起而行——把出版作阵地向反动势力挑战。他翻译的《毁灭》一书交给大江书铺用"隋落文"的笔名出版,仍躲不过上海市党部"严行查禁,并勒令缴毁原版"的命运,大江书铺退缩了,要求删去序跋。不屈的鲁迅绝不愿退缩。一个本不善经营的文人却拿出一千元资本,把书稿从大江书铺抽回来,用"三闲书屋"的名义自费印行,有"序跋",有"鲁迅",向"围剿"挑战,结果自然是折戟而还,他却在所不惜。这就是鲁迅的性格,这就是鲁迅的"为"与"不为"。

商务印书馆从一个小小的印刷作坊发展成为资金雄厚的几千人大企业,依靠的便是年复一年积累起来的出书获得的经济效益。"在商言商",张元济从不讳言赢利;王云五更是津津乐道于他在商业上的成功,在他的《商务印书馆与新教育年谱》一书中精确而详细地公布商务历年的营业数字,便是这一心态的明证。可以这么说,正是张元济、王云五这前后两位主持人的"生意眼",才使民国时期商务在出版实力上始终保持全国第一的优势地位。这些"生意眼"包括:注重图书选题的商业价值;注重图书发行网的建设;注重图书广告宣传等营销实务;注重开展出版之外的多种经营等。这些活动的开展卓有成效,体现了张元济商业上的精明和生意人的一面。

然而,张元济作为出版大家,其可贵之处在于,他们不只是一个持筹握算的生意人,同时更是一个具有文化理想的文化人;不光具有"生意眼"同时还具有"文化眼"。商务出版物外引西学内阐国粹,对中国现代文化学术的建立与发展产生了极为深远的影响。这一结果便得力于主持人"文化眼"的筛选和过滤。在商务的书业经营活动中,不难找到商业价值和文化价值两者俱佳的选题。如张元济主持出版的《四部丛刊》等大型古籍丛书、王云五策划的"万有文库"等,都堪作后世典范。

商务也出了不少营业上明知亏本的好书。曾任中央图书馆馆长的蒋复璁先生曾著文提到这样一件事,说到1933年中央图书馆成立之初为了解决经费短缺的问题,由中央图书馆出面呈请当时教育部获准选印《四库全书》,作为和西方图书馆交换书籍之用,由蒋复璁赴上海与出版界商洽。当时正值"一·二八"之后,经济凋敝,上海各大出版社如世界书局、中华书局皆不敢接受,而遭"一·二八"重创不久疮痍未复的商务印书馆却慨然应允,全力促成了这一文化大事。[1] 这件事在张元济1933年致傅增湘的信中也曾提到过:"初由蒋某来商,即百里之侄,持其叔之信来见。弟甚无意于此,令其见王君岫庐(即王云五——作者注)。岫庐乃谓为营业计可以不做,为名誉计、为本馆同人宗旨计却不能不做。"[2]可见,在王云五的出版原则中,盈利固然重要,但有比盈利更为重要的东西,那就是"为文化而奋斗"的同人宗旨。正是对这种文化理想的强调,商务出版物中找

〔1〕 王知伊:《我是做编辑工作的——敬怀编辑、出版家叶圣陶先生》,见丁景唐:《中国现代著名编辑家编辑生涯》,中国展望出版社1990年版,第58—59页。
〔2〕 蒋复璁:《我所认识的王云五先生》,见王寿南:《我所认识的王云五先生》,台湾商务印书馆1976年版,第11—12页。

不到一本丝毫黄色的或散发铜臭的或低级趣味的书籍。这就是商务的出版作风,这就是张元济等出版大家的"为"与"不为"。

出版家张静庐1938年写的自传《在出版界二十年》一书的末尾,有这样一段话可圈可点:"钱是一切行为的总目标,然而,出版商人似乎还有比钱更重要的意义在上面。以出版为手段而达到赚钱的目的和以出版为手段而图实现其信念与目标而获得报酬者,其演出的方式相同,而其出版的动机完全两样。我们——一切的出版人——都应该从这上面去体会,去领悟。"我想,张元济之于商务印书馆,是体会和领悟了这一精神的。其实不难举证,陆费逵之于中华书局,章锡琛之于开明书店,张静庐之于现代书局,沈知方之于世界书局,胡愈之之于革命出版作品都是体会和领悟了这一精神的。

例如,在出版经营活动中,陆费逵明确地"以出版促进教育文化和社会进步"作为其出版经营理念,在经营之中发展社会的文化教育,在发展社会文化教育之中维持经营。这种经营理念一旦形成就具有相对的稳定性,具有规范和制约的作用,自觉或者不自觉地指导着出版实践。而出版者经营实践也反映着他的经营理念。

陆费逵有一句名言最能体现其出版经营理念:我们希望国家社会进步,不能不希望教育进步;我们希望教育进步,不能不希望书业进步;我们书业虽然是较小的行业,但是与国家社会的关系却比任何行业为大。[1]这句话明确地反映了他对出版企业目标的价值判断和精神追求,反映对其所从事的出版活动与国家社会进步之间关系的认识。这是1924年他在《〈书业商会二十周年纪念册〉序》中表达的观点。事实上,在中华书局创立伊始,陆费逵就将这一观点宣告:"立国根本,在乎教育。教育根本,实在教科书。教育不革命,国基终无由巩固。教科书不革命,教育目的终不能达也。"[2]我们可以从中明显地看出,其对于教科书、教育、立国三者关系的体会。

---

〔1〕 俞筱尧、刘彦捷:《陆费逵与中华书局》,中华书局2002年版,第440页。
〔2〕 俞筱尧、刘彦捷:《陆费逵与中华书局》,中华书局2002年版,第440页。

综观沈知方的一生，他还是刊行了大量具有良好社会效益的图书。如果说沈知方早期的出版活动在迎合市民的需要中所获取的是一种单纯的经济效益，那么，他的及时转向，则表现了他的出版远见特别是对社会效益的重视。

当时彩票风行，许多人都梦想着一夜暴富，迷信运势，沈知方也顺势出了不少算命发财书，其中《未来预知术》和《财运预知术》两书销量最好。[1] 当然，这样一种因为重视利益而迎合市民需要的出版行为是不可能得到持续发展的。沈知方也明白这一点。他尽管重利，但是不短视，没有过分贪图通俗出版物的快回报、高回报，意识到要将企业做强做大，必须转向出版教科书和社科类图书这样的长线出版物。因而，在他带领世界书局以通俗出版物起家后，又毅然转战教科书出版领域，致力于经典学术类书籍和辞书的编写，追求企业的实力与形象的提升。沈知方这种社会效益与经济效益并重的做法，在社会和读者群中获得良好的声誉，从而为他带来了巨大的社会效益。

张静庐自我期许甚高，他在自传中坦言，他虽无缚鸡的腕力却有举鼎的雄心，甚至公开说，在当时上海的同业中，值得他钦仰，让他感到可爱的出版家，寥寥无几。在他这种貌似桀骜的语句背后，其实自有一杆大秤横在心中，秤砣下面，分别站着两排出版人——有一排，张静庐敬称为出版商，可爱，却少；另一排，则只能呼名为书商，市侩，却多。虽然，从表面上看来，两排人都同样地做着关于书的生意，都同样地关心着出版后的利润，"钱，是一切商业行为的总目标。然而，出版商人似乎还有比钱更重要的意义在这上面。以出版为手段而达到赚钱的目的；和以出版为手段，而图实现其信念与目标而获得相当报酬者，其演出的方式相同，而其出发的动机完全两样。我们——一切的出版商人——都应该从这上面去体会，去领悟"[2]。张静庐之骄傲，是因为二十年里在出版界摸爬滚打的他，信心十足，不惧怕任何有关他出版动机的追问。他敢于高声宣布："我是个

---

〔1〕　吕蓓蕾：《洋场书业经营怪才沈知方》，《上海档案》2001年第5期，第69页。
〔2〕　张静庐：《在出版界二十年》，江苏教育出版社2005年版，第4页。

'出版商',二十年来生活在这圈子里,姑不论对于文化工作做到如何成绩,对于社会影响达到怎样程度,但是,我是个'出版商'而不是'书商',希望认识我和不认识我的朋友们对于我有这最低限度的了解!这是'差之毫厘谬以千里'的分界线。"[1]张静庐的文化自觉,兼之他的出版才干,使他在文化史和出版史上赢得了一席之地。阿英早年曾说,要编纂一部比较详尽的新文化运动史,不应该忘掉张静庐。这样的评价,对于终日为他人作嫁衣的出版人来说,也就是一座无形的丰碑了。

章锡琛曾在开明书店创建 60 周年纪念会上说过:"开明是一个私营书店,当然要赚钱的……但是开明不光为赚钱。我们有所为有所不为:有所为,就是出书出刊物,一定要考虑如何有益于读者;有所不为,明知对读者没有好处甚至有害的东西,我们一定不出。这样做,现在叫做考虑到社会效益。我们决不为了追求经济效益而不顾社会效益,我们决不肯辜负读者。开明书店的读者主要是青年和少年,因而我们认为,我们的工作是教育工作的一个组成部分,一个不可缺少的重要的组成部分。我们做的工作就是老师们的工作。我们跟老师一样,待人接物都得以身作则,我们要诚恳地以平等的态度对待我们的读者,给他们必要的条件,让他们成长为有益于社会的人。"

胡愈之说:"最初,开明没有想赚钱,只是想出内容好一点儿的书,校对得好一点儿,来满足读者的需要,使读者得到好处,是做出版事业的主要目的。"开明书店自 1926 年 8 月成立至 1953 年 8 月与青年出版社合并为止,始终没有改变这个初衷,不向钱看,正正经经地出好书,实实在在地给读者送这种精神,在旧中国十分难能可贵,为当时出版界人士叹为观止。新中国成立前,全国有六家大书店,就是商务印书馆、中华书局、大东书局、世界书局、开明书店和国民党官办的正中书局。这六家之中开明的人力、物力和财力都远远不及其他,但它的影响却相当大,被认为与商务、中华书局三足鼎立。这就是"求义"精神的表现和成功。

---

[1] 张静庐:《在出版界二十年》,江苏教育出版社 2005 年版,第 3—4 页。

　　若考虑到旧时雄踞于出版界的恰恰是这些学人创办或主持的出版社，我们也许可以得出这样的结论，张元济、陆费逵、章锡琛、胡愈之、张静庐、沈知方他们追求的"利"，其实是一种"大利"，那种将文化追求与商业利益结合在一起的"大利"。如何在社会效益与经济效益之间找到一个平衡点，结合起来兼顾两个效益，这是从近代到当代每一个出版人都在深深思考的问题，尤其在市场经济条件下，更是要不断去努力，尽量把握好两者之间的关系，做到双赢。盲目追求出版物的经济效益，不顾社会效益的编辑活动不可取。反之，出版家如果不考虑产品的经济效益，一味只注重其社会效益，那么出版物的命运最终只能是被市场淘汰。当社会效益与经济效益不能兼顾时，出版家必须树立起社会效益高于一切的价值观。

三、严肃认真的出版质量观

　　出版的质量意识是出版达到一定阶段之后的产物，更精确点说是对于出版的一种较为成就的见解，是图书生产的一种内在要求的反映。近代出版质量观既体现了旧时书业的一种好传统，更体现了一种新的追求。《张元济日记》载："竹庄昨日来信，言琴南近来小说译稿草率，又多错误，且来稿太多，余复言稿多只可接受。惟草率错误应令改良。侯梦归商办法。"（1917 年 8 月 30 日）又载："林琴南译稿《学生风月谈》不妥拟不印。《风流孽冤》，拟请改名。《玫瑰花》字多不识，由余校注，寄与复看。"（1917 年 8 月 14 日）这里所透露的信息可以归纳为三点，其一，错误应令改正；其二，内容不合不能印；其三，编辑要代作者校正错讹，再寄回作者复看。这充分反映了一个出版家对于出书质量的重视，反映了一个出色的出版家的质量意识和质量要求。

　　质量是出版的立身之本，历来出版家都十分重视出版的质量，虽有戏称 20—30 年代的图书"无错不成书"，但这是那时中小出版社的一般情形。在近代出版业的竞争中，大的出版社还是比较注重出书质量的。时人对商务、中华两家出版物多有评论，孙犁曾说："商务对传播中国文化，甚有功绩。所印书讲究质量，不惜小费。"商务在中华崛起后对质量就一

直特别重视,商务版的每一册教科书后面都附有一页编译所告白,"敬告学界诸君":

> 本馆同人编辑教科书,按照程度悉心斟酌,每成一书,必易数稿,以期适用,惟限于学识,深恐多所未合,务望海内同志将其谬误之处痛加针贬,并希大笔斧削,本馆同人敬当择善而从,随时改良,以期臻于完美,断不敢稍护前短,想热心教育者必不吝于赐教也。惠函请寄上海宝山路商务印书馆编译所,并祈示明里居姓氏,以便往返函商,常承大教尤为厚幸。

民初后由于书业"竞争愈烈",更强化了商务的质量意识,除了出版物的内容外,商务在图书的印刷环节上同样精益求精,令出版界同行佩服不已。汪原放回忆说,胡适的《先秦名学史》由亚东图书馆出版,但"这部英文书是托商务印书馆印刷所排印的,真排校得又快又好。末校送来时,我们也细校一过,可是竟不曾校出几个错字。我觉得商务的组织真很严密而精良,非常佩服"[1]。委托印件尚且如此,本版图书的印刷质量就更可以想见了。

张元济认为,图书质量是衡量编辑人员水平的重要标准。他在编辑活动中,把图书质量放在极其重要的位置。这一点突出表现在他对古籍的编校过程中。由他组织编纂的《四部丛刊》《续古逸丛书》《百衲本二十四史》《丛书集成初稿》四大丛书,在我国文献学史上占有举足轻重的地位,其编校质量的精良,为世人所称道。

正是张元济对图书质量的精益求精,使得商务印书馆在近代出版业的激烈竞争中,始终立于不败之地。孙犁曾评价商务印书馆"对传播中文文化,甚有功绩。所印书讲究质量,不惜小费。此书(指《国学基本丛书》——笔者)系普通版本,然与其他书店所印相较则其字清,其行疏,纸张格式,优点显然。盖当时主持者(指张元济——笔者)有通人,非专求牟利者也。中华书局当时虽极力抗衡,然以其所出版书对比,缺点自露"。

---

〔1〕 汪原放:《回忆亚东图书馆》,学林出版社1983年版,第79页。

在张静庐看来,出版家精神堕落是导致出版物质量低下的重要原因。因此,要想维护自身对出版业的文化责任,就需要在出版实践当中始终坚持严格的出版质量关。

出版物的质量是出版企业竞争的立身之本。出版物是连接出版机构与读者的纽带,出版物的好坏,直接影响着读者对出版企业的认知。在上海杂志公司创立之初,张静庐对当时书业做分析的时候说,书业的出路有三:学校用书、一折八扣标点书、杂志。所谓一折八扣标点书即是定价一元,一折之后成为一角之后再加八扣,用八分钱即可以买到此书,因为其售价低廉,在20世纪30年代风行一时。"一折八扣的标点书,充斥于大小书店及报摊……细考这些书记的性质,十分之八是宣传封建的意德沃逻辑的(即意识形态的译音)旧小说,一部分是错误百出的标点古书,还有一部分是'性史'之类的消闲读物,它们对于读者的益处远不及它们的害处。"[1]对于这种书,尽管有丰厚的利润,但是张静庐却表示"不愿意做"。在他看来,从事出版工作是一份"文化工作",有比赚钱更重要的意义。他曾说:"'钱'是一切商业行为的总目标。然而,出版商人似乎还有比钱更重要的意义在上面。以出版为手段而达到赚钱的目的,和以出版为手段,而图实现其信念与目标而获得相当报酬者,其演出方式相同,而其出发的动机完全两样。"[2]

《开明活叶文选》的印行,是章锡琛为满足教师需求的一大创举。当时的中学教师普遍不满足已出版的国文教科书,许多教师每学期都要给学生补充一些课本以外的范文,刻印讲义。一般来说,油印的质量不高,字迹往往模糊不清,誊抄也常有错误。同时,大家各自抄印,人力浪费也很惊人。从这种习以为常的现象中,他设想了活叶文选的形式。《开明活叶文选》就是把教师们乐于选用的古今范文,加以标点分段,精心校对,用四号字排印出来,不论文章长短,每篇自成一帖,不致散失。读者可以任

〔1〕　张光年:《张光年文集·第三卷》,人民文学出版社2002年版,第4页。
〔2〕　张静庐:《在出版界二十年》,江苏教育出版社2005年版,第137页。

意选购,如果需要,开明也可以代为把选好的多篇文章装订成册,这种文选,既方便,又较自己油印的清楚、整齐、没有差错,价格还比自己印的便宜,所以很受欢迎,采用的越来越多,甚至有订购活叶文选直接作为教科书用的。十年之中,选的文章陆续增加,达到1600多种,还编印了注释,供教课和自学参考。由于这种文选要求高,在选配、代客装订等业务项目中手续烦琐,获利又小,所以其他大书店并不愿意仿效、竞争。《开明活叶文选》在社会上受到好评。教师们和朋友们纷纷建议开明出版教科书。正好立达学园教师刘燕宇、周为群等在教学中积累丰富的实际经验,自己编写了一套初中数学教材,这套教材有明显的特色,容易为学生接受,试用效果很好,开明就以《开明算术教本》、《开明代数教本》、《开明几何教本》的名称出版。章锡深坚持出版教科书要以其高质量来获得师生的欢迎,决不允许营业部门用不正当的方法来参加同业的竞争,这种作风也获得正直的教师赞誉。

不久,又出版了林语堂编的《开明英文读本》,由于其内容比较新颖,又由丰子恺用漫画插图,加上开明的精印和硬纸面布脊精装,在教科书中别开生面,独放异彩,一举打破了被商务版《英文模范读本》一统天下多年的局面。

胡适的《尝试集》印行(1920)全书无一错字,由汪原放标点的古典小说,在标点和版本上都狠下了功夫,标点力求准确,再版时也不断修改,一旦有更好的本子替代,不惜毁版重排,以致胡适对汪原放校读的细心深表佩服,鲁迅也说了这样的话,若要一书质量和畅销,序是必要有胡适来写,标点要由汪原放来做。开明也特讲究出书质量,并在出书各个环节有所革新,不落书商俗套,以此给读者新的气息,作为与同业竞争的立足点,成为在近代出版竞争中后来居上之势的因由。

作为反面典型的则是被时人称为书业界奇才的世界书局创始人沈知方,沈知方具有极为灵敏的图书市场感觉和经营才能,在近代图书界可谓是叱咤风云,十起十落,最后却归于失败,有人即把原因归之于其对质量的马虎。如当他得知商务正在着手编纂《辞源》后,感觉到新式工具书必将是市场主题,遂仓促上马,邀请黄慕西主持编纂《文科大词典》,并抢先于商务在 1911 年冬出版,尽管其书名在当时具有创新意义("词典"一词属于黄慕西首创),而其结局则因质量粗糙归于失败。

四、读者意识

商务印书馆的一则广告词很好地说明了其读者理念:"作者本是读者。编者本也是读者。所以读者第一,而后才有作者和编者的第一,人类最初的读者读大自然:日月盈昃,桑田沧海,皆是文章,而后才出现文明的曙光。倘若失去读者,一切文明将失去生存的依据。世界将归于草莽,归于荒漠,归于混沌。"[1]的确,读者是出版物的消费者,也是"书籍质量的权威评定者"[2],没有了读者,出版社就没有了生存的可能,因而如何更好地服务读者、满足读者需求,就成了出版社生存和发展的关键。近代浙江出版家们深谙读者对出版社的重要性,因而总是把读者利益放在首位,这体现在以下两个方面:

(一)尊重读者,为读者服务

在出版工作的各个环节中,陆费逵始终把读者的利益放在第一位,把使读者受益作为书局经营的出发点和根本点。公开规定凡读者购买中华版图书,如果发现有缺页、白页、倒装等印刷或装订问题,即使书已被用得很破旧了,仍然可以随时调换或退款,确保读者的利益不受损害。他还令发行所的图书开架陈列,任读者随意翻阅。中华书局的编辑所和推广部存有大量读者地址卡,以便经常向读者寄发新出书目,便利读者选购。这酷似当今贝塔斯曼图书俱乐部的模式,陆费逵早在当年就有这种服务理念,实属不易。中华书局的书店部有一套存书卡片,因而对市场销售和读者需求可以说是了如指掌,好销的书,不待售完就可以再版,即使售缺了,也可以立即赶印,所以读者要购的书,不会出现脱销而使读者买不到书。

---

〔1〕 王建辉著:《出版与近代文明》,河南大学出版社 2006 年版,第 291 页。
〔2〕 阙道隆等著:《书籍编辑学概论》,辽海出版社 2000 年版,第 138 页。

陆费逵于 1917 年在发行所增设了"通讯贩卖部",以便利读者购物,不但本局售品可以函购,"凡上海直奉江浙闽粤川汉,以及欧美日本各处货物"都可以代买[1],包括教育用品(含该局及上海各书肆出版的书籍及图画仪器文具、笔墨纸张、欧美日本原文书籍图画),各地物产(除危险品、有伤风化者外)如饮食品、医药品、衣着品、化妆品、游戏品等。顾客只要将约计所购之物需洋若干连同邮费寄去,书局当即代为将物购就寄回;余款寄回或暂存书局,由购物人自定。如不属上海出产,可委托各地分局代办等等。[2] 而且读者购买的本局出版物,如发现印刷、装订质量有问题,可以随时调换或退款,不让读者受损失。这个举措刊登于 1917 年 2 月 25 日的《申报》,标题是"诸君欲买各地货物乎? 可托中华书局通信贩卖部",这一项目大大超出了当时书局的营业范围,而且要做好的确不容易,但为了给广大读者提供方便,陆费逵还是毅然开展了这项业务。陆费逵在《中华书局月报》上发表《店员须知》一文,他把"使顾客满意"作为店员的首要条件,可见读者理念在他心中的地位。他指出:"商店多得很,顾客买东西,何必定要光顾宝号? 宝号是不是要吸引顾客? 我们如不能使顾客满意,顾客一定去而之他。所以,使顾客满意,使顾客觉得买东西必到我店,是我们做生意的第一条件。至如何能使顾客满意,方法很多,只要我们拿定这个主意,便可随境生情地应付了。"[3]不仅如此,他还以身作则,经常上柜台营业,亲自招待顾客,在店员面前做出榜样。有一次,他看见一位顾客在书画柜买一本玻璃版字帖。在营业员找钱包扎的时候,陆费逵告诉那个顾客店里还有许多新出的书画可以看看,并逐一为他作介绍,最后他买了 40 余元的书画、碑帖,很高兴地离开了。在陆费逵的带动下,店员们也都以热情的态度迎接顾客,做好服务读者的工作。正是陆费逵这种服务读者的精神,中华书局才赢得了读者的认可和肯定,并在民国时期得以快速发展壮大。

---

[1] 高信成著:《中国图书发行史》,复旦大学出版社 2005 年版,第 234 页。
[2] 吕达:《陆费逵教育论著选》,人民教育出版社 2000 年版,第 331 页。
[3] 钱炳寰编:《中华书局大事纪要(1912—1954)》,中华书局 2002 年版,第 30 页。

时代在变化,读者的需求也在变化。沈知方也同样认识到这个问题的重要性,所以在图书出版活动中,力求满足读者日新月异的需求。世界书局就是在他预测通俗类图书必将大受欢迎的情况下创立的。从某种程度上说,世界书局的创立就是满足读者需求的产物。世界书局的多种出版物,从通俗类图书到教科书,从传统古籍到西方名著,都是沈知方在时代环境变化中、新的市场需求产生下主持出版的,旨在满足读者的需求。他的这一想法在其不断追求教科书改革上得到了集中体现。早期的小学教科书,每页四周大多有一个方框,课文和图画容都纳在方框之内,形式呆板,不适合儿童的学习心理。在研究了这个情况之后,世界书局革新了原有的版面形式:取消了传统的方框;加宽了版面;放大了字体和图画;仅仅在每页下端用一根细线,线下编排册次、页码、注音生字等。此外,为了适应儿童喜爱彩色、字体大和图画大等特点,世界书局还特别请人为《世界儿童国语》、《世界儿童算术》、《图画课本》等绘制精美插图,用道林纸五彩印刷;另外将初小一年级用的国语、常识、算术三种,也用五彩印刷。这一系列创举,受到大中城市初等教育界的热烈欢迎。能否满足读者的需求,是衡量出版物好坏的杠杆。沈知方一生的出版活动中,都将读者的需求放在第一位。对读者心理的准确把握,对市场需求趋势的正确预测,使得其出版的图书畅销于市,得以与商务印书馆、中华书局所抗衡。

张静庐总是不断地提到他的"读者出身",青少年时代的经历也是他始终能在出版中为读者所想的原因之一。张静庐在他的自传中这样说道:"我是一个读者出身的出版家,我深切地感觉到没有钱买书而要想'揩油'看书的困难。所以当我创设上海杂志公司的时候:第一步办到一切新书杂志都摊放起来,绝对地并且很欢迎没有买书的读者自由自在地翻看他所需要的书籍和杂志。"[1]所以张静庐在创办上海杂志公司之后,首先一改上海书店之风气,将玻璃框换掉,将装书的玻璃柜换成木柜子,就是为了读者翻阅的方便。上海杂志公司贩卖杂志时,创造了"快、齐、廉"三

---

〔1〕 张静庐:《在出版界二十年》,江苏教育出版社 2005 年版,第 27 页。

字经。一方面,这是为了生存发展、销售的需要,但是另一方面也是张静庐潜在读者意识的影响。"廉"即充分考虑到读者购买能力,为要减轻读者的负担。此后,张静庐制订了代理发行杂志的"改订退订绝对自由"原则,"关于代订杂志,第一重点是保全订户的'血本';第二是读者兴趣改变或者杂志内容低落时,再勉强他看下去,实在有点无聊,也未免'残忍'"[1]。在出版《读书生活》半月刊之后,张静庐也说:"为想减轻读者负担,我们商定用半价办法优待订户。"[2]

据不完全统计,截至1936年,共出版《开明活叶文选》一千六百多种,在社会上产生广泛的影响,至今很多老人记忆犹新。对此,语文大师吕叔湘曾评价说:《国文百八课》和《开明英文读本》是30年代颇具特色的课本。为了体现"为读者"的经营思想,开明书店做过一些不属于图书出版工作的业务,例如给购买乐理书的读者供应五线谱,开明人把它叫作"边缘业务"。开明书店向读者发放征求意见表,响应者有奖,不惜花钱买意见以改进工作。

作为一个深谙办刊之道而又富于社会责任感的编辑大家,胡愈之拥有独到的读者意识。这种读者意识包含两个层次。首先,胡愈之在编辑过程中很重视读者,注意吸引读者参加办刊活动。最明显的标志就是读者参与栏目的设置。1932年主编《东方杂志》后,他不顾因新增"教育栏"、"妇女与家庭栏"和"文艺栏"等造成的版面紧张的局面,又增加了"作者、编者、读者"栏目,登载读者的来信和批评意见。更巧妙的是,胡愈之还通过征文、让读者投票评选文章等办法,使读者主动、积极地参与到办刊活动中来。为办好《东方杂志》"新年的梦想"专号,他事先向全国各界名人发出400多封征稿信,很快收到很多回复,共计刊出142人的文稿,其中有13人是并未接到征稿信而主动作复的一般读者。可见,胡愈之的这一举动对读者是多么有吸引力。《月报》则更加重视读者、尊重读者,在相当于编后记的《这一月》栏目中,胡愈之介绍当期的编辑情况,答复读者

---

〔1〕 张静庐:《在出版界二十年》,江苏教育出版社2005年版,第114—115页。
〔2〕 张静庐:《在出版界二十年》,江苏教育出版社2005年版,第118页。

的有关要求,后来还增添了《读者信箱》栏目,专门刊登读者来信。为吸引读者参与办刊,他曾举办读者投票评判最满意与最不满意的文稿,并在杂志上公开发表投票结果,即使是最不满意的文稿及作者也同时公开。

其次,胡愈之很注意接受读者的批评意见,对读者的要求及时地做出回应。他在刊物中开设的读者栏目,绝不是可有可无的摆设,而是充分发挥了其作用。无论他办的哪一份期刊,都能诚恳地接受读者的批评和意见。例如,在1937年4月的《月报·这一月》的结尾,他写道:"我们尤其欢迎的,是阅读本刊和其他刊物杂志所发生的见地、感想和疑问,即使是零星的三言两语都好。"[1]对于读者的意见和要求,胡愈之则尽量予以满足。总共仅出版七期的《月报》,应读者的要求对栏目和内容就作过几次调整。从第四期开始添设了"中外写真"和"科学写真"栏目,铜版插图也有所增加;第六期重新登载了一度停刊的文艺作品;七期对编排形式作了较大的变动。

当然,由于遵循办刊方针或其他原因,对读者的意见也不是一概采纳。对此,胡愈之也从不敷衍,而是坦率地申明缘由。在"一·二八"事变前,《东方杂志》有几个属于软性读物的栏目,如"世界一角"、"新语林"等,占了相当大的篇幅。为把该刊变成抗日救亡的舆论阵地,胡愈之在复刊时把这些栏目都取消了。许多读者因此而向编辑部写信,要求续登并增加软性读物的分量。对此,在29卷第七号的"作者·编者·读者"中,胡愈之解释说:"我们不愿意使《东方杂志》变成坊间流行的庸俗读物,失却学术上的固有地位。我们只能从编辑方面,力求能引起读者兴味。但不能过分偏重软性文字,这一点应该得到读者的谅解。"由此可见,胡愈之很重视和读者之间的交流,在不影响办刊宗旨和整体风格的前提下,对刊物进行必要的调整。既坚持刊物的个性,又反映读者的心声,体现出对读者的充分尊重。这无疑会促进期刊编辑和读者之间的互动关系,扩大期刊在读者中的影响。

---

〔1〕周予同:《回忆〈教育杂志〉》,《东方杂志》第30卷第4号。

(二)教育读者,为读者提供高质量服务

信誉和质量是一个出版企业能否赢得读者的关键。只有以高度的责任感对待读者,才能得到读者的关注和好感,陆费逵就十分强调书局对读者的责任。杂志是定期出版物,能否及时送到读者手中,是出版企业是否对读者负责的表现。陆费逵曾于1936年2月写了一封信给舒新城,该信是有关杂志误期问题的,内容如下:"杂志发稿、校齐、付印、出版,请嘱秘书用卡纸填日期,到期向主管者查询,绝对不许误期。如偶因事迟误,须开快车赶到下期不误。各杂志如3月份不能赶到而误期,只好换人或停刊。""再,《中华少年》有时事关系,发稿印订均不能脱期,请严密组织,规定日期,一天不能误。"[1]从这封信的字里行间,可见陆费逵极其重视书局的信用问题,即使在时局动乱的情况下,仍对读者负责到底。一次《进德季刊》编辑人袁聚英向他要稿子,并问他对"进德"有何意见,他便这样答道:"这季刊是我们同人相互交换知识、意见的。内容的好坏、材料的多少,都没有问题。不过误期是万万不可的。因为误期就是失信,失信是最不德的。我以为以后无论稿子多少,一定要依期出版。假使只有十页八页,也不要紧。万万不可失信,自陷于不德。"[2]重视出版物的质量也是对读者负责的一种表现,出版人应该"用科学的文化知识培养读者,用健康的精神食粮陶冶读者的情操"[3],而不能迎合读者的低级趣味。陆费逵不仅以"诚信"对待读者,还十分注重出版物的质量,希望把高质量的作品呈现给读者,使读者在享受的同时得以提升,而决不单纯为营利而出版一些内容污秽、质量低下的作品以迎合读者的不健康需求,而是真正做到为读者着想、对读者负责。他在《著作家之宗旨》中提到:"社会之盛衰,国家之存亡,国民人格之高下,端于我著作家,我著作家之责任,顾不重欤!"他还指出优秀的出版物"足以涵性情、培人格、增知识、造舆论、泯祸乱、促进化,菽粟布帛舰炮战阵无其效也",相反低劣的出版物则"足以荡心意、

---

[1] 钱炳寰编:《中华书局大事纪要(1912—1954)》,中华书局2002年版,第139页。

[2] 吕达:《陆费逵教育论著选》,人民教育出版社2000年版,第317页。

[3] 邵益文著:《编辑学研究在中国》,湖北教育出版社1992年版,第66页。

涸性灵、淆是非、深迷信、损财产、致死亡,盗贼兵燹疫疠灾祲无其酷也"〔1〕。本着为读者提供健康向上的出版物的宗旨,他反复呼吁作家应有的良知。陆费逵这种诚信经营、顾客至上的服务理念使中华书局在读者中留下了良好的口碑,树立了品牌。

给新知识,传新思想,摒弃政治空谈,千方百计让读者多得实惠。无论书籍或期刊,从选题、约稿、编辑、审稿、排字、组版、校对、装帧设计、纸张选材到装订,每个环节一丝不苟。原稿发排以前,编辑就处处设防,发现模糊的字迹和标点一定重写清楚。只要对读者有益的书,少赚钱、不赚钱也出,出别人不敢出的书、不愿出的书。为了减轻读者负担,千方百计降低出书成本。出版《开明活叶文选》是一个成功的例子。它是中学及中学以上学校语文教学的补充读物,内容有古文、白话文,有议论文、记叙文、小说、诗歌、戏剧等文体,选的都是名作佳品,一份一文,阅读方便,售价便宜,也可装订保存。

胡愈之非常重视期刊的教育功能。他学问渊博,却是自学成才。在商务印书馆这个文化传播机构里,胡愈之主要通过阅读书刊等出版物获取知识和先进思想,因此对于期刊的教育作用他有切身的体验。更重要的是,在国势衰微、民众蒙昧的背景下,他看到大多数报刊仍停留在消遣娱乐的层面上,这就激发了他用报刊教育民众的意识。1926 年,为增强国民的外交意识,他在《东方杂志》上开辟了"现代史料"和"国际问题研究"两个专栏,向读者传播国际政治知识。之后,他主编《东方杂志》,创办《世界知识》、《月报》、《新华月报》等刊物,在很大程度上都是为了教育读者,提高读者对国际国内政治形势发展的认识。1946 年,为了在南洋青年华侨中传播政治和科学文化知识,克服当地教育事业的不足,他利用《风下》周刊编辑青年"自学辅导读本",并依托编辑部,创办青年自学辅导社,请名家对青年进行教学指导,产生了很大影响。

另外,《风下》周刊的自学青年辅导社也是一个创举,胡愈之和其他同

---

〔1〕　吕达:《陆费逵教育论著选》,人民教育出版社 2000 年版,第 11 页。

人看到当地的华侨青年没有条件获得较多的文化科学知识,就以《风下》编辑部为基础创办自学青年辅导社,规定"学员每月作文两次及练习题数次",由胡愈之、杨骚、沈兹九、陈仲达等著名的作家、报刊专家亲自批改。对成绩优秀的学员,不但免收学费,还发放奖学金,赠阅《风下》和图书。所以,"一时间《风下》编辑部门庭若市,变成了自学青年活动中心"。《风下》周刊也因此成为"一份历久不衰,始终受欢迎的读物"〔1〕。

五、富于创新精神

作为近现代中国出版中心的上海,竞争和创新一直是上海出版业发展的两条主线,也是关系着出版社生死存亡的两条生命线。作为中国最早的通商口岸之一,上海就成了中国最具资本主义特征的城市,经济活跃,充满商业气息;文化繁盛,文人名流荟萃云集。经济文化兼具,资本与思想并行,这是上海这座城市的典型环境特征;而中国近现代出版业首先是一种文化事业,传播思想,传播文化,其次出版业也是一种商业,投资出版业的出版商追逐利润。在近现代的上海,城市环境特征和出版业的特征实现了完美结合。出版业作为文化和商业的结合,在传播思想的同时,为了最大化的商业利润,需要接受市场的检验、洗礼和筛选。在这个过程中,竞争不可避免,创新成为继续生存的保证,由此而构成了近现代上海出版业的两条生命之线。"各个出版商之间明争暗斗,试图压倒对手,巩固自己的地位。那些目光敏锐、经营灵活、管理有方、手段高明的书局在竞争中实力逐渐雄厚,终于站稳了脚跟,而另一些则在竞争中败北,昙花一现、旋生旋灭了。"〔2〕特别是因为出版工作是创造性劳动,从选题、组稿到编辑加工都是复杂的创造性思维过程,是在作者创造性劳动基础上进行的再创造,而创新是编辑素养的内在要求。

张元济对编辑的创新意识有这样的认识:首先,编辑的思想必须跟上

---

〔1〕 夏衍:《中华民族的脊梁》,见费孝通、夏衍等:《胡愈之印象记》,中国友谊出版公司1996年版,第8页。

〔2〕 刘建辉:《竞争,创新,旧上海书业的生命线》,《编辑学刊》1995年第2期,第75页。

时代的发展,才能有所创新。1919 年新文化运动兴起之时,张元济提出了"喜新厌旧主义"。他说:"弟生平宗旨,以喜新厌旧为事,故不欲厕身于政界。自与粹翁(指夏粹芳——笔者)相遇,以为得行其志,故甘为公司效劳。弟敢言,公司今日所以能(有)此成绩者,其一部分未始非鄙人喜新厌旧之主义所致。"这番话虽是有感于商务印书馆改革而发,但实际也表达了张元济的编辑思想,即编辑不能因循守旧,而应与新文化合拍,以适应时代的发展。其次,编辑不应仅局限于顺应潮流,更应有超前的意识。敢为时代先,开时代之先河,这才是开拓创新的真正要义。1902 年清廷发布新学堂章程后,各地新式学堂纷纷创办,而他们使用的教材仍是文言古文。张元济以编辑家敏锐的眼光,看到新式教科书将是时代所需,立即与高梦旦、蔡元培一道编写了《最新教科书》,包括国文、修身、珠算、笔算、格致、理科、农业、中外地理等,风行全国。直至 1906 年,清政府学部才公布第一批初等小学教科书暂用书目,在公布的 102 种书目中,商务版占 54种。新式教科书的编制实为张元济的创举,他开启了近代中国出版新式教科书之先河。正是由于张元济的不断开拓创新,编辑出一大批有鲜明时代色彩的图书,商务印书馆才成为晚清以来传播新知新学的重镇,从而在中国现代社会思想和学术变迁过程中产生深远的影响。

　　胡愈之也富于创新和改革的精神,他在编辑工作中,勇于创新,善于开创新局面。用现在流行的话来说,他是个开拓型的人物。在新中国成立前的旧社会,要发展进步的出版事业,真是困难重重。经济拮据,政治上备受控制。而胡愈之则往往能在困境中出主意,想办法,开拓出一条新路子。邹韬奋创办的生活书店在 30 年代之所以能这样蓬勃发展,出版许多好的书刊,在文化出版界发生重大的影响,一方面由于生活书店全体同人的努力,但胡愈之的擘画设计之功是非常关键的。1937 年初,在反动统治严密控制文化界的恶劣环境中,胡愈之创办了一本大型综合杂志《月报》,以翻译和转载国内外进步报刊文章的形式来宣传革命思想,起到很好的作用。上海成为"孤岛"后,胡愈之以惊人之力,筹集资金,成立复社,翻译出版轰动一时的斯诺的《西行漫记》,同时又在四个月的短时期内组织力量,编辑六百万字二十卷本的《鲁迅全集》,创造了出版界的奇迹。1939 年他在桂林白手起家,创办了文化供应社,团结一批进步文化人士,出版许多进步书刊,对于坚持抗战、灌输进步思想起了重大作用。1945 年日本投降后,胡愈之从迁徙流亡生活中回到新加坡,生活十分困难,但经短期的努力,《风下》周刊就在 12 月创刊,受到了广大读者的欢迎。当时国民党在新加坡办了许多报纸,欺骗群众。为了宣传民主与和平,胡愈之即推动爱国侨领筹集资金,于 1946 年 11 月出版《南侨日报》,担任社长,总管编辑业务。由于立论正确,内容生动活泼,《南侨日报》很快成为新加坡爱国华侨的重要喉舌。这些证明胡愈之是一个勇于创新的开拓者。

从张静庐的人生经历可知,他不是一个安于现状、遵循守旧的人,追求创新成为他骨子里的一种特质。在民国时期上海激烈的出版竞争中,创新是出版社的生命线,张静庐深得其髓。而早年学徒时期,三年"棋盘街巡阅使"生涯,让他见多识广,这是他能在此后不断创新的源泉。张静庐的创新意识最早表现在他担任《上报·本埠新闻》编辑期间。他"打破过去畏首畏尾的因袭排法,将全都有连带关系的新闻,都集中在第一版里,标着极显明有煽动性的大小标题,字里行间,宣传市民们一致起来反抗'文明绅士'的野蛮行为"〔1〕。张静庐所编辑的本埠版也赢得了读者和同业间的赞许。张静庐对待书店的经营,就是要永远创新、与时俱进。"书店的营业,同别的'行业'有些异样,书店没有'老牌'和'新牌'之分,老实说,不进就是退。任你有几十年的历史,任你历史里有过光辉灿烂的史迹,不继续跟着时代的轮子前进,就会被时代所淘汰,被读者所遗忘。"〔2〕张静庐在谈到办杂志时,也说到"要避免跟在别人的背后,踏着别人已经走过的脚痕……再别创一格地创办你理想的读物"〔3〕。可以说,从跟随时代潮流,创办出版文艺图书的光华书局,到大革命时期,创办社会科学

---

〔1〕 张静庐:《在出版界二十年》,江苏教育出版社 2005 年版,第 74 页。

〔2〕 张静庐:《在出版界二十年》,江苏教育出版社 2005 年版,第 98 页。

〔3〕 张静庐:《在出版界二十年》,江苏教育出版社 2005 年版,第 114—115 页。

书店上海联合书店,再到"杂志年"创办上海杂志公司,张静庐一直都在跟随时代潮流,在创新产品,这可谓是他成功的重要原因之一。

辛亥革命之后,社会政治经济环境不断变化,出版业也跟随时代发展形成了一个个不同一的出版热潮。从最早的鸳鸯蝴蝶派为代表的通俗文学小说的出版,到五四运动之后文艺书籍的出版,到北伐大革命时期社科类书籍的畅销,到30年代古籍出版热,张静庐都准确把握了时代脉搏,亲身参与其中,并且在很多时候开风气之先。做时代的弄潮儿,成为出版热潮的积极推动者,而他的创新精神也在其中得到了具体地展现。五四运动如一声惊雷,震醒了国人,也推动了新文化运动向纵深发展。在出版业来说,"礼拜六"派小说和书刊仍然顽固地占据了出版的主流。直到"民国十二三年(1923—1924年间),新书的销行,才逐渐抬起头来"[1]。在这样一个新旧交替的时代,新书渐渐成为主流,而"礼拜六"派处于"回光返照"时期,当时的出版社和读者也因此分为两个阵营。当时的新出版社,主要是出版沈雁冰主编《小说月报》并改编为新文艺期刊的商务印书馆、大量印行社会科学丛书的中华书局和谨慎独步、埋头于中古通俗旧小说的考证和整理的亚东图书馆。"除这三家书店以外,再也找不出一家新的书店了,也没有一个新的出版社。"[2]张静庐也正是敏感地觉察到了出版的趋势,和沈松泉、卢芳一起成立了光华书局,出版郭沫若和创造社的新文艺书籍,并邀请郭沫若主编半政论半文艺的杂志《洪水》月刊。张静庐为此还颇为自豪地说:"在光华以前,上海还没有纯粹的新书店,它是第一家。"[3]

开明人思想进步,出书目的性十分明确,为了对读者负责,他们千方百计从内容到形式不断进行革新,以满足读者的要求,这与章锡琛的创新意识是分不开的。那时,许多中学语文老师对于当时出版的语文课本不能满足,往往要自选范文以补不足,但自选范文费时费事。在章锡琛主持

---

〔1〕　张静庐:《在出版界二十年》,江苏教育出版社2005年版,第83页。

〔2〕　张静庐:《在出版界二十年》,江苏教育出版社2005年版,第84页。

〔3〕　张静庐:《在出版界二十年》,江苏教育出版社2005年版,第78页。

下,开明人根据教师要求,精选古今范文,分段标点排印,单篇发售,让教师自由选用,也可按学校需要代为配齐装订成册,这就是《开明活页文选》。尽管编辑出版活页文选会给出版工作增加了许多麻烦,但是对于读者却带来许多方便,深受教师的欢迎。开明的图书装帧设计很有特色,"开明装帧"成为当时出版界一大创举。开明书店从一开始就对图书封面设计和装帧极为重视,聘请博学多才的丰子恺、钱君匋等为美术编辑,设计封面等。在章锡琛的支持和鼓励下,钱君匋解放思想,大胆创新,根据每本书的内容,自由用料用色,做到新颖别致,恰到好处。由于开明出版的图书,多数由钱君匋设计装帧,因此形成了自己独特的风格,在图书装帧方面大开风气之先。开明的校对和标点也很有特点。开明出版物一直保持没有错字的传统优点,是他们对读者高度负责精神的体现,也是他们在实践中不断创新总结校对工作经验的结果。

陆费逵的创新意识则着重体现在跟踪超越策略上,所谓"跟踪超越"[1]策略是指及时掌握作为竞争对手的商务印书馆的出书信息,并进行智慧化的过滤与比照,在内容与形式上有所创新,既借船出海,又另辟蹊径。每当商务印书馆有好的题材,中华就马上相应地策划一个类似的选题,以至出现在各类出版物中都能找到两家相对应而又具有中华自身特点的选题的情况。同时,中华书局绝不是为了模仿而跟踪,并不是简单地借势,更未一味地跟风,而是避免雷同,努力做到各有千秋,别出心裁,让读者对两家的出版物有所比照,有所取舍,从而表现出中华书局与商务印书馆之不同个性,或以选题创新胜,或以出版形式胜,或以内容翔实便于使用胜。尽管创造全新的、独一无二的选题是任何一个出版社所追求和期待的,然而这并不是成功选题的唯一途径,陆费逵的这种跟踪超越策略,经过实践检验,已被证明是成功的。针对当前出版业界存在的跟风出版、选题重复现象,陆费逵大胆探索跟踪超越法就很值得出版企业学习和借鉴,只有在模仿的基础上有所创新、先跟踪后超越,而不是简单地照搬

---

〔1〕 宋应离等编:《20 世纪中国著名编辑出版家研究资料汇辑(2)》,河南大学出版社 2005年版,第 331 页。

照抄,才能在众多出版物中体现出自身优点并给读者以耳目一新的感觉。而且中华与商务之间的竞争关系已成为历史上的美谈,它不仅给双方的经营管理带来活性机制,而且为读者创造了更多更好的出版物,促进了整个出版事业和文化事业的健康发展。

六、把握时代潮流

出版企业不仅需要出版优秀的出版物,在出版计划的制定和规划中也需要对时代的需求、出版业的动态有所了解。只有把握好出版时机,才能够使优秀的出版物发挥其最大的作用。

张元济早年以翰林参加戊戌维新运动,运动失败后投身于文化出版事业。随着新学迭起,旧学衰落,绵延千余年的科举考试制度在 1905 年寿终正寝,于是各种新学堂在全国如雨后春笋般涌现。新式学堂的发展形势,需要有新的教学体系和教学内容。张元济敏锐地觉察到时代的信息,并及时把握,为商务印书馆规定了"扶助教育"的正确方针,使商务印书馆顺应和推动新式教育的潮流,出版了大量新教材,成为晚清新式学堂教材的大本营。先后出版启蒙课本《文学初阶》、《文学进阶》,并亲自参与编写《最新国文教科书》。他们"往往为一课书,共同讨论,反复研究,费时恒至一二日",态度极为认真。他们编写的课本内容新颖,且图文并茂,深受教育界欢迎。几个月销售 10 余万册,畅销 10 余年之久,除国文外,张元济还组织出版了包括修身、格致、笔算、农业、商业等共 16 科 78 册的《最新小学教科书》,"此书即出,其他书局之儿童读本,即渐渐不能流行"。此书成为各书局所编教科书之楷模,一时间"商务教科书之盛,冠于全国"。为输导新知、启蒙西学,张元济在南洋公学期间即热衷于组织编译出版国外学术名著,并结识了一批以严复为代表的西学翻译家。他自己还亲自动手,代为编订中西编年及人名、地名。如果把翻译、出版一部学术经典之作比喻为建造一座大厦,那么张元济无疑是一位颇具匠心的"建筑师"。在 20 世纪初的新旧文化更替过程中,商务印书馆承担了向近代中国第一次大规模兴学高潮中跨进学校大门的整整一代人进行新思想、新知识、新文化启蒙教育的任务。

陆费逵紧跟时代潮流，眼光独到，预见性强，这恐怕是他个人成功的一大原因，同时也因为其见解独特，而推动了那一特定时期我国出版业的发展。辛亥革命前夕，商务印书馆中的政治敏感人士曾建议公司预备一套适用于革命成功后的教科书，可商务印书馆的主管们思想保守，未对教科书进行改革。当时任商务出版部部长的陆费逵，早就参加了同盟会，与廖仲恺等革命党人常有来往。他预料到清政府必会被推翻，革命必会成功，教科书也必将有大改革。所以他就秘密邀请了几个比较知己的同事，即后来成为中华书局创始人的戴克敦、沈知方、陈协恭等，每晚在他家里集会，商讨编辑新教科书。经过3个月的秘密准备，至武昌革命起义成功，陆费逵等所编辑的教科书也完成了十之八九。民国元年元旦，他们几人创中华书局，发行《中华教科书》，顿时风行全国。1932年3月，陆费逵认为"东北在日本卵翼之下，成立满洲国，将有几年大乱，以后出版方针非重新安排不可"，于是决定办一份杂志，定名为《中国人》，编辑方针注重中国今后的出路及青年修养。1932年冬，陆费逵经过分析国内国际形势，预料到日本侵华，战争必将扩大，遂撰《备战》一文，发表在《新中华》的创刊号上，就军事、民食、交通等准备问题，提出意见，主张"一致对外"、"限期抵抗"、"将整个的财力、人力，准备作战"，引起了政府和各界的注意。1933年1月，他根据"九一八"事变和"一·二八"抗战后日本野心扩张的形势，写了《东三省热河早为我国领土考》一文，严词指斥日本军国主义的侵略阴谋。由此，我们可以认为，陆费逵是一位目光深远，顺应时代潮流，积极在出版界活动，具有强烈忧国爱国思想的进步出版家。

胡愈之在编辑工作中总是紧跟着时代脉搏的跳动而不断前进。在前进和倒退、是和非、善和恶、美和丑的关键问题上，他观察敏锐，立场坚定，态度鲜明，毫不动摇地站在时代的前列。五四运动后，他同茅盾等一起，在商务印书馆的保守文化堡垒里，积极参加倡导白话文运动。五卅惨案时，他编辑出版《公理日报》，支援抗英斗争。四一二反革命政变时，他公开抗议反动统治者屠杀工人群众。九一八事变后，他大力宣传抗日救国主张。1932年,他向商务印书馆总经理王云五承包主编《东方杂志》时,即以不允许干涉编辑方针和刊物内容为条件。在当时严重的白色恐怖统治形势下,他巧妙地以"新年的梦想"(包括"梦想的中国"和"梦想的个人生活"两部分)为征文题目,刊出142位著名人士和学者的文章,强烈地反映出他们对"各尽所能、按劳取酬"的新社会(当时忌用"社会主义社会"字样)的憧憬。这实际上是对国民党的公开谴责。王云五看到清样后要抽去其中几篇应征文章,胡愈之根据承包合同规定,严词拒绝。征文发表后,在社会上引起了极大的反响。1934年他在党的直接领导下,创办《世界知识》,在创刊词中明确提出创办这个刊物就是为了认识世界,进而改造世界。以后他所创办的《月报》、国际新闻社、复社、文化供应社和在新加坡创办的报刊等出版事业,无一不同当时的革命形势密切结合,紧跟着时代脉搏而不断前进。

"书店的营业,同别的'行业'有些异样,书店是没有'老牌''新牌'之分,老实说,不进就退。"[1]出版需要跟上时代的步伐,否则就会被淘汰。张静庐所处的时代,正是新文化运动蓬勃发展之时,人们对于新思想、新知识都充满了好奇,这种时代背景为出版业提供了良好的机遇。但是从事出版尤其是专营文艺书的中小书店也面临着巨大的挑战。首当其冲的就是文化思潮的不断变化。"20世纪初以来的时代思潮、社会心理以及文学观念、审美旨趣所发生的急剧变化不但对写作者施以巨大影响,也把严峻的考题摆到了书刊经营者、编辑者的面前……书刊经营者、编辑者的文化立场的选择同时势必包含着对商业风险的承担。"[2]同时时局动荡、战争的爆发也对出版企业的经营与发展造成了很多不确定的因素。例如,上海"一·二八"淞沪抗战、八一三上海抗战以及全国性的抗战等。这些都与中小书店来说,都是致命的打击。作为出版企业的决策人,张静庐敏锐的市场观察力以及对出版时机的把握,是他出版事业能够不断发展的保证。

---

〔1〕 张静庐:《在出版界二十年》,江苏教育出版社2005年版,第98页。

〔2〕 刘纳:《创造社与泰东图书局》,广西教育出版社1999年版,第66页。

沈知方正是凭借其对政治的准确把握,才赢得在教科书领域大的发展。1911 年夏,由孙中山领导的反清革命如火如荼,革命形势蓬勃发展,对此,垄断着全国教科书发行的商务印书馆在是否准备预印第二年的教科书问题上出现两种截然相反的意见,令夏瑞芳举棋不定,迟迟不敢印刷。由于商务印书馆当时的保守和缺乏政治敏感而错失了良机,而沈知方和陆费逵等一些友人连夜赶编倾向革命的教科书。不久辛亥革命爆发,各省相继独立,清政府覆灭,以致商务已印好的《大清国民读本》无法发行,但一时又编印不出新的教科书,由此蒙受了巨大的经济损失。而正当商务一筹莫展之时,沈知方有条不紊地与朋友集资数十万,创办中华书局,以后大量出版《新中华教科书》,倾销全国,独占了教科书市场,奠定了中华书局日后蓬勃发展的基础,使它很快在规模上与商务相峙对立。沈知方在此事上表现出来的政治敏感和果敢胆识是值得我们肯定和学习的。

按照这样的态势发展下去,沈知方后来以总经理身份成立的世界书局应该还会有很大的发展空间。然而,由于沈知方经营思路冒进,作风不够稳健,没有认清当时的态势,致使世界书局后期陷入困境而不能自拔。作为商人,沈知方有很大的投机性,办出版企业往往只注重利益。因此,为了寻求利润的最大化,使书局做大做强,他不避讳以任何方式吸收社会资会。与开明书店相比,世界书局 1921 年以 2.5 万元资金起家,当时还不及开明书店,到抗战前已经猛增至 73 万元,是同期开明资本的近 2.5 倍。[1] 这样大规模的融资虽为世界书局的飞速发展提供了强有力的资金支持,但过滥的融资和盲目的投资却为书局和他个人的发展埋下隐患。由于短期内吸纳到的巨额存款一时无处使用,沈知方便用这些存款大量购买地皮和房产,原意是想将来出售房地产获利或必要时做押款周转,却不料不久后国内外局势发生变化,房地产大幅跌价,卖不出去。不久,世界储蓄银行又发生了"存户挤兑"风暴,这时大胆投机的沈知方再无应对

---

〔1〕 刘积英、张新华:《同人书店与商人书局——从融资方式看开明书店与世界书局的发展》,《北京印刷学院学报》2000 年第 4 期,第 44 页。

之策，只能坐以待毙。从此我们可以看出，资金的充裕给世界书局带来的决非都是福音，关键要看管理者如何去运用这笔资金。由于沈知方过于急功近利，使融资成功的世界书局最终在投资上栽了个大跟头。尽管世界书局的没落并不能完全归结于融资，但是成功融资后投资不当，对风险预见不足，加之发生困难后无原则地引入官僚资本，却是最终导致世界书局趋于没落而无法自拔的重要原因。

现如今，我们不再面临炮火连天的战争和风云变幻的政治轮替，但是纷纭多变的国际、国内形势，信息多元化的现代社会和竞争激烈的市场，都要求出版人在拥有商业眼光的同时，保持清醒的头脑，审时度势，规避风险，做出正确的决策。沈知方前期的成功值得我们学习，后期的失败值得我们警醒。然而，他大胆延揽、多方积累资金的进取型经营策略却也是值得肯定的。在某种程度上讲，沈知方的失败也有生不逢时的无奈。虽然沈知方的一些行事方式不足为道，经营作风也不算稳健，但是他身上那种创业者的勇气与果敢，胆识与魄力，紧跟时代潮流等素质，在民国出版家中罕有匹敌，值得后人关注。[1]

第二节　出版经营策略

一、融资策略

融资是公司或者企业在发展扩张中筹集所需资金的行为。它是公司或企业为了满足其战略调整、产业扩张、现金周转等方面的需要，通过融资行为改变资本结构，使资金得以形成、集中、积累、组合，同时形成相应的产权关系和权利、责任、利益格局。

据1906年陆费逵在其主编的《图书月报》上发表的一份《中国书业预算表》中记载，陆费先生对当时中国没有一家完全由国人自办的规模书

---

〔1〕　邓咏秋：《"才气宏阔"的出版家沈知方》，《编辑学刊》2003年第6期，第67页。

业,流露出愤慨之情:

> 今日上海书业不下百家,贸迁之盛固全国矣,然细审此百家中,其资本出诸外人者若干家,其资本虽非出之外人,而物品纸张模字来自外洋者若干家;其资本微末者,且重贩于此若干家之手,更无论矣。以堂堂大中国,竟无一完全自主之书籍商,呜呼,何其怪也,何其怪也![1]

这篇文章洋溢着陆费逵先生强烈的爱国、报国热情,同时,也可以看出当时中国书业虽然已有一定程度的发展,但是以外资或者以外资设备物资等为主的占绝大部分。同时,形式不一的融资方式在当时中国的民营出版业中已初有显现。

20世纪初期,随着中国资本主义的发展,资本主义制度在这一时期得以确立,市场竞争也日趋激烈,教会办出版机构和官办出版机构的发展都受到了限制,而民营出版机构则在这一时期蓬勃发展,逐渐成为中国近代出版业中的一支主力。在其发展过程中,出于对资金、技术、管理等的需求,许多大的出版机构也都实行股份制。在近代出版史上,股份制作为有一定规模的公司的重要组织形式,虽然与现代意义上的股份制不完全相同,但在股东权益和组织结构方面,仍然有了现代股份制的雏形。如近代出版史上规模较大、影响较深远的商务、中华、世界、大东、开明这“五大书局”,“在旧社会资本主义时期,都是股份有限公司组织”,“股票可以有交易所买卖”,“中华的主持人可以买得世界的股票,反之亦然(有的用真姓名,有的用假名),而在股东会上,可以了解对方的业务财务情况”[2]。这些民营出版机构实行的股份制虽然也非现代意义上的股份制,但它们有的已开始对外买卖,招募资金,设置董事会,个别的甚至已经上市公开筹措资金。

20世纪初,民营出版机构得以蓬勃发展,并成为出版行业的主体,不

〔1〕 宋原放:《从〈图书月报〉谈起》,《出版史料》1990年第4期。
〔2〕 朱联保:《近现代上海出版业印象记》,学林出版社1993年版,第8页。

论在出版理念、出版规模和品种、印刷质量、公司形式、资金构成、组织结构等方面都和之前的雕版印刷时代有了根本的不同。它们不断壮大规模，开设新店，竞争的激烈和利润的丰厚受到了当局的关注，而这些发展态势也为其吸引了更多的资金和技术支持。当时，以"五大书局"为首的民营出版机构也多数采用了西方现代化的管理方式和组织结构。它们在融资策略上主要有以下几种：

（一）以资本金入股

由同人、好友、亲戚以资本金入股的融资形式，是当时的出版机构在初创时期的一般做法。这和当时的社会环境有着密切的关系。商务印书馆是由夏瑞芳同鲍咸恩两位先生创办的，当时仅为一个家庭小作坊式的手工印刷作坊。公司最初开办时候的资本，据高凤池先生在《本馆创办史——在发行所学生训练班里的演讲》一文中所记载，实在的资本数目是3750元。大股东是当时一位天主教徒沈伯芬先生，共认两股，计洋1000元。其余的股份由鲍咸恩、鲍咸昌、夏瑞芳、徐桂生四位先生各认一股，高翰卿、张蟾芬、郁厚坤三位先生各认半股。各出资人之间或为亲戚、朋友，或为同乡、教友，其规模可想而知。在之后发展过程中，商务印书馆经历了1903年和1905年两次和日本人的合资后，业务发展顺畅，经济效益日好。期间，商务印书馆不断扩大投资，中日股东和职员都积极认股。商务印书馆将每股百元改为20元，让员工也成为小股东，作为公司的一分子，以增强他们工作的热情。据记载，当时商务印书馆经营得法，利润大，股东最高得官利、红利达到40％，再加公积金5.4％和年终资产盘点，股东实际所得超过50％，所以便以入股为交际官场、学界和笼络员工的手段。员工中成为股东的不少，如高梦旦、蒋维乔、邝富灼、陆费逵、俞志贤、包文信、陶惺存、庄俞、杜亚泉、戴懋哉、寿孝天、孙星如、孙庄等。日籍职员投资的，有长尾、小平元、木本胜太郎、原田民治。这些融资措施是相当积极和实用的。

当时的许多民营出版机构还注意吸收官僚资本。如据商务印书馆《光绪三十一年十二月非常股东会》记载："现有京、外官场与学务有关、可以帮助本馆推广生意,又助本馆办事之人格外出力,拟酌留三万余元股份,任其附入。"另据《商务印书馆股东会议录》中所记,在宣统元年闰二月商务印书馆股东年会上,经张元济提议,添收股五万元,以"联络各省官绅","俟有各省官绅对于本公司有扶助保护之利益者,即由董事局酌议收股若干,以期得力"。[1]

1916年,吕子泉与王幼堂、沈骏声、王均卿四人创立了大东书局,初期是合资经营,资金3万元。1924年,大东书局扩充改组为股份公司,资金10万元。抗战胜利后,官僚资本进入,国民党人士陶百川负责整个书局事务,杜月笙为董事长。大东书局有自办的印刷厂,设备齐全,也因为有了官僚资本的后台,而能够在印刷书籍之外,承印国民党政府的钞票、印花税票等,获利丰厚。

继商务印书馆、中华书局之后,沈知方于1921年创办了世界书局,并改组为股份公司,当时资本仅25000元,后来陆续增资。在抗战期间,上海畸形繁荣,游资充斥,世界书局乘机吸收社会游资,股票在交易所证券市场公开发行,并成为当时证券交易所文化业的热门股票。1948年,由于有了李石曾、张静江、吴稚晖等官僚资本的加入,且占比重较大,屡次以财产升值,赠给股东,冲淡了股票价值。故其账面数字虽大,但实际上不如商务、中华的资本雄厚。它们的股票都可买卖。

从以上这些可以看出,虽然当时民营出版业还不能够同纺织等行业相比,但不管在社会影响力和组织结构、经营理念上,都已经达到了相当高的水平。

(二)以厂房、机器等入股

以厂房、机器等入股的融资形式多出现于出版机构的发展早期,旨在引进新技术,扩大规模,加快发展速度。商务印书馆第一次与日本的合作即是如此。1900年,商务印书馆经上海最大的纱厂老板之一印有模介

---

[1] 宋原放:《中国出版史料(近代部分)第三卷》,山东教育出版社、湖北教育出版社2004年版,第11页。

绍,得到消息,知日本人开设的修文馆因经营不善,要低价盘出,遂以一万元低价盘入修文馆印刷器械。而印有模因参股其中,也因此成为商务印书馆的一大股东。这一合作,不仅使商务成为一家拥有先进印刷设备的企业,日本技师也随之而来,加强了技术力量和生产能力。这次增资完成于1901年夏天,商务印书馆原有资本3750元,4年半中没有分过股息、红利,估值升值7倍为26250元,张、印两位投资23750元,共为5万元。

据《商务印书馆股东会议录》记载,光绪三十三年(1907年)四月股东常会上,因拟添设分馆三处,推广生意,购置地基,建造厂屋等,用款较多,故"拟加收股份洋三十四万六千五百元","器械馆并入股份二万五千五百元",并"准由各股东及有关于本馆利益之人认购约二十四万余元"。

(三)以稿酬等入股

在20世纪初期,中国的民营出版业虽然市场繁荣,但资本力量和整体规模亦相差较大。许多出版机构为了生存需要,在资金筹集方面各有其法。其中,以作者和编译者的稿酬作为股本,使其成为出版机构一分子的即为其中一种融资方式。开明书店在吸纳作者和编译者的稿酬或版税入股方面做得较为典型。它虽在1928年正式改组为股份公司,但其股票不能上市交易,又因为和文人联系较为紧密,持其股份的股东也大多为文化界人士。因此,将作者稿酬转股投资就成为其一种主要的融资方式。如五四时期,著名作家汪静之把小说《耶稣的吩咐》和诗集《寂寞的园》交由开明书店出版后,均未支取现金稿酬,而是全部当作股本投资给了开明。林语堂在编写《开明英文读本》出版后,也曾从版税收入中拿出1万元交给开明,投资转股。

商务印书馆也有部分这种方式的融资。1903年10月,商务与日本人合资,商务方面新增股东大都是著译者和员工,有严复、谢洪赍、艾墨樵、沈知方、沈季方、高凤岗、张廷桂等。严复到1910年共有股本27400元(包括升股和增股)。从他日记中所记的股息数计算,他共占商务总股本的3.48%。1914年,商务清退日股时,严复又购新股3200元,共30600元,此时共占商务全馆股份的1.67%。以后还有伍光建、林纾等当时著名的翻译家成为商务印书馆较为稳定的稿源及股东。其中,伍光建编的《帝国英文课本》,切合中国学生学英语的特点,颇受欢迎,为广大高小、中学采用。林纾不仅以"林译小说"飨读者,他的《中学国文课本》也被学校广泛采用。他们成为商务股东后,其著作、译著皆由商务独家出版,双方均获利不少。

这种融资方式虽然不能从本质上解决一个出版机构的资金需求,但是,基于出版业的特殊性质,它既可以加强出版人与作者之间的联系,为出版机构团结一批稳定的作者队伍,又可以为自身缓解一定的资金压力。特别是对于像开明书店这种中小型的文化出版机构而言,由于其出书类型较为单一,作者群体较小,资金来源也比较有限,因此,这种方式对其发展起到了较为重要的作用。

(四)创办银行以吸收社会资金

民初中央政府的《临时约法》中,第一次以近代国家宪法的形式宣布,"人民一律平等,享有人身、言论、著作、出版、集合、结社等自由和权力"。中央政府也厘定商业注册章程,鼓励创办各类公司,拟订了《商业注册章程》,准许各类商号自由注册,并取消原由清政府规定的注册费,便利了各类企业的集股创办和申报注册。同时,制定银行条例,倡导兴业银行,并颁布了《储蓄银行则例》《庶民银行则例》等。从20世纪初期对出版业的投资情况即可看出,当时,许多出版机构也开始有了财团、票号、银行等的财力支持。

商务印书馆的股票在抗战时期由一家兴业股票号经营买卖。这家股票号是浙江兴业银行拨款办的。浙江兴业银行原是由浙江全省铁路公司为筹集和运用铁路股款而创办的,后发展成私人资本银行中著名的"南三行"财团之一。它的董事长叶景葵和徐寄庼,同时也是商务董事。

20世纪30年代,为吸收社会闲散资金,世界书局的沈知方所在的世界银行特别设立了同人储蓄会(也有人称为"读书储蓄部")。1931年,世界书局因业务扩大,需要进一步扩大实力,想方设法筹集更多的资金,遂将同人储蓄会改为读者服务部(有人称为"同人存款部"),大量吸收读者存款。在很短的时间内,就吸收了 180 万元的巨额资金。同时,在 1935 年间,世界书局还设立了世界商业储蓄银行,大量吸收来自各方面的资金,为书局的发展提供资金支持。

(五)股票上市以吸收社会资金

许多出版机构在发展到一定阶段时,为了进一步扩大规模,就不仅仅在同人、亲戚、朋友的圈子里增加股份,而是施行西法,通过公司上市的形式,在社会上公开招股,以吸收社会资金,扩大社会影响力。商务印书馆和中华书局、世界书局等都有这方面的举措,例如世界书局在吸收社会资金方面也有自己独特的办法。为了进一步扩充世界书局的资本,沈知方曾派人到东南亚一带向华侨招募股份。他通过发行所所长刘廷枚和在厦门开设新民书店的华侨白嘉祥等人的关系,结识了经营橡胶业的爱国华侨陈嘉庚。经过商讨,世界书局与陈订立了一份互相代理业务的合约:世界书局的教科书由陈的公司在新加坡负责经销,陈经营的胶鞋、皮球等由上海世界书局代销,年终双方结算。后来陈嘉庚还把上海分公司的余款投资于世界书局,并在 1928 年被选为董事。这不仅为沈知方的世界书局提供了经济上的很大帮助,而且为其出版物在南洋等地打开了销路。

20 年代末,世界书局增资扩充,投资者来自于社会各界,资金背景复杂。一部分是经营书业的,如沈知方、魏炳荣、李春荣、张元石、贺润生等;另一部分是沈知方认识的纸行老板,如陈芝生、林修良、毛纯卿、张丽云、胡挺楣等。中期屡次增资扩充时,投资者中又包括了商场巨子、社会名人和司法界、银行界人士,如关炯之、孙蘦梅、黄涵之、陆仲良、王一亭、朱吟江、顾馨一、冯炳南等。还有银行界投资的代表,如吴蕴斋、钱新之、康寿民等。其中不少被选为董事或监察人。它的董事会成员中,除了上述人员外,还有商人孙询刍和徐祝之,报关行老板吴南浦,鱼行老板吴臣笏,绸庄老板罗坤祥等人。沈知方之乐于结交官绅,以资号召,可见一斑。

(六)以"股约"形式融通社会资金

19 世纪末,在出版机构或印刷机构中产生了一种特殊的资金融通形式——"股约"。所谓"股约",是指在图书尚未上市之前,图书的出版机构即在报刊上或图书上公开宣传,介绍图书内容,阐述出版意义,并接受预订。这样,一方面,可以在图书出版之前了解潜在的读者群和购买者的人数,对图书的销量预先进行估计;另一方面,在接受读者预订时,可以按规定收取一定比例的订金,从而为图书出版筹集部分资金。因此,这种短期的发行书籍的预约方式,对于一部分小型出版机构或者运作大型图书来说,可以在短期内缓和资金不足。如《申报》上就经常可以看到此类图书预售"广告"。中华书局于 1919 年 7 月 25 日在《申报》上登载,"教育部审定新式小学教科书……凡在阳历七月底以内预定者照定价四折实收,以促国货之普及。预定各教科书每百本收定银一元,外埠函定及向分局或经理处预定者,照定价加运费二厘,过期仍照六折发售"。

这些融资策略对近代民营出版业发展有一定的推动作用,例如改变了出版企业资金不足的现状,弥补了技术落后的缺陷,催生了具有现代意义的出版机构雏形,完善了出版机构的经营管理模式等;同时对中国近代民营出版业的发展也有些负面影响,例如官僚资本的入侵使出版机构所有者丧失了控制权,对外资的不当选择制约了企业发展,盲目的融资引发经营危机等等。

二、多样化的营销策略

畅通、灵活的营销方式是出版业成功的至关重要的方面,也可说是至胜点。通过对近代浙江出版家出版实践的分析,笔者概括出他们所探索出的一些独到的营销方式。

(一)建立连锁分局

近代前期的出版社基本上还是停留在前门开店、后院生产、自产自销的经营模式上,因此在民营出版业起步阶段没有成立一个专营图书销售的全国性连锁机构。商务印书馆从最初的一家手工业作坊的小印刷所,发展到一家集各种出版功能于一体的综合性出版重镇,其营销模式由托人代销到代销其他书局图书甚而全国网点的建设,也是经历了一个较长的发展过程的。

直至 1900 年近代民营出版家才开始注重网点的建设,设立自己的全国连锁式机构分局和零售店,"书店所制成的书籍,原可与别种商品一样,除门售外,批发给贩卖商销行到外埠去,不一定要在外埠自设分店。但书店为了防止放账上的危险及其他种种原因,皆于总店以外在重要都市另设分点"〔1〕。商务于 1903 年在汉口设置分馆,1906 年在天津、北京设分馆,并确定其主业在于销售总馆所出图书,至 1915 年商务在全国已有发行为主的分支馆 40 处,通过这些分馆联系各地的零售店,商务形成了覆盖全国的销售网点。这种模式后为中华、世界、大东、开明等仿效。"解放前,商务、中华、世界、大东、开明等出版社(书店)都是编、印、发一揽子经营,自产自销,通过自设的分店把出版物发行到全国。"〔2〕针对教科书的特点,商务、中华等在学校春秋两季开学前在全国各地设置现批处,现批处既面向同业,也面向学校和个人,所谓"现批"即将自版教材设立现场批销,一手交钱,一手交货,以便教材能及时到达各地各个学校。现批处经营费用相对较小,因而经营上是非常划算的。商务印书馆针对自己销货点多的特点,采取集中备货、各分支馆勤添的办法,也就是说全部发行责任和风险只由一个机构负担。这个机构用掌握各销货点报表的办法了解每种书的销货状况,用适量、勤印的办法化解库存或滞销风险。

民国时期,并没有强大的图书发行中介,出版企业必须自办发行,因而发行网点的选择和建构非常关键。中华书局为在激烈的竞争中取胜,采取了在国内外设立分局、广铺发行网点等办法来建立销售渠道,并和其他出版企业展开市场争夺。中华书局成立当年,陆费逵就在北京、天津、奉天、南昌、汉口、广州、杭州、南京、温州等地设立了 9 个分局。到 1914 年,分局增至 27 处,包括杭州、南昌、天津、北京、保定、石家庄、奉天、长春、太原、济南、东昌、西安、成都、重庆、泸州、长沙、衡州、常德、汉口、武

---

〔1〕　夏丏尊:《中国书业的新途径》,见张静庐辑注:《中国现代出版史料丙编》,中华书局 1959 年版,第 140—141 页。

〔2〕　宋原放:《中国出版史料·现代部分》(第一卷下册),山东教育出版社、湖北教育出版社 2001 年版,第 356 页。

昌、南京、温州、福州、广州、徐州、云南、贵阳等地。到 1916 年分局增至 40 余处，后来还扩展到了海外。创立分局初期，陆费逵采取与当地有号召力的士绅合资的办法，根据当地实际情况开展经营，灵活性大，竞争力强，为中华书局初始几年的迅猛发展提供了有力的保证。广设分局，建立连锁网点，把书籍发行范围扩展到内地中小城市和南洋一带，形成了企业化经营的良性循环，获得了广泛的市场与丰厚的利润，成为与商务对峙的竞争力量。

沈知方在世界书局业务渐有进展初期，已早立下与商务、中华两家抗衡的雄心，但因当时羽毛未丰，资力单薄，不敢贸然放马，只能采用向各地发存货的方法解决外地分销问题。数月间，各地凡有商务印书馆和中华书局两家分店的地方，都有世界书局的出版物出现，首先在知名度上打开了缺口。此外他也扎扎实实地从上海逐步向外地拓展销路。从流动供应开始，由职工背了货包到各地临时设摊供应，范围逐步从市郊区扩展到别的省份，有的地方竟有从流动供应摊子扩展成为固定的正式分局，像大型分局中的广州分局，就是从流动供应"起家"的。没有力量广设分局的情况下，就设法利用各地有影响、有号召力的士绅合资开设分局。这个办法投资少，收效快，竞争能力强。后来业务迅速发展，资金扩大，合资分局即由公司收回自办。到 1930 年左右，世界书局已拥有了覆盖全国大多地区的销售网。全国大城市中凡是商务印书馆、中华书局两家设有分店的，世界书局也都紧跟，最多时达到 30 余处。[1] 1927 年，世界书局借着与爱国华侨陈嘉庚的合作，教科书市场还一度扩及海外。至此全国发行网初步建立，鼎足之势形成后，沈氏对印刷厂和上海发行所又另再扩展新局面。

除了广设分局扩大发行外，世界书局还利用邮政局的邮寄代办所代销图书。邮政局在全国范围内比较偏僻的地区，都设有邮寄代办所。世界书局用放账放回佣的手段和他们建立业务关系，委托他们代当地读者购办本剧图书。由于这些邮寄代办所大都设于偏僻农村，而世界出版的

---

[1] 全国政协文史资料委员会编：《文史资料存稿选编精选9昔年文教追忆》，中国文史出版社 2006 年版，第 97 页。

图书比较通俗,正符合农村读者需要,供需合拍,世界出版的图书也得以深入偏僻乡区。通过种种途径,世界书局逐渐建立了辐射全国大部分地区的发行系统,扩大了营销面,也扩大了书局的影响。

张静庐的发行网建设上有独到的特点。光华书店南昌分店的设立,是张静庐发行网建设之术的一个实例。此后,沈松泉的亲戚张松涛在杭州开办了一家书店,最终使用了光华书局杭州分店的名义,实际上是一家特约分销店。在卢芳退出光华书局之后,杭州分店正式成为光华书局的分店。南昌分店和杭州分店建立了,但是这些都仅局限于南方。于是在1928年7月,张静庐提议:"光华自成立以来,发行网点偏重南方各省,我们应当去北方看看情况。"[1]

于是,张静庐和沈松泉就到北平,在好友的介绍下,"在王府井大街近南口处租到了一间店面,就开设起来光华书局北平分店来"。当时"王府井一带还没有一家新书店,尤其是南方出版的新书刊,在北方很难看到"。所以,当光华书局北平分店开业之后,不仅销售光华出版的新书,同样代售南方其他书店出版的各种新书刊,最终"生意也十分兴旺"[2]。在张静庐重回现代之后,开始了一系列的整顿和改革,其中之一就是在业务拓展方面,"在第一年内完成了初步发行网,设立各省市直接或间接分支店"[3]。因时、因地制宜设立分店,是张静庐发行网建设之术的最主要手段。

(二)借助政府力量

充分运用和依靠政府力量加强图书的营销工作也是体现出版社实力的一个重要方面。如军阀政府时期内阁更迭十分频繁,每次教育部部长的更迭都会引发新的书业之外的竞争,双方都设法走上层路线拉拢关系,与教育部长关系的亲疏在某种程度上决定着教科书竞争的格局。譬如范

---

〔1〕　沈松泉:《关于光华书局的回忆》,见俞子林:《百年书业》,上海书店出版社2008年版,第18页。

〔2〕　沈松泉:《关于光华书局的回忆》,见俞子林:《百年书业》,上海书店出版社2008年版,第28页。

〔3〕　张静庐:《在出版界二十年》,江苏教育出版社2005年版,第102页。

源镰任教育部部长时,因他曾是中华书局编译所所长,中华在竞争中也就自然占上风;而当与商务关系较深的汤尔和等人任部长时,商务又反过来占了上风。[1] 至于动员各省教育行政首脑"通令采用"本版中小学教科书,那更是各书局的家常便饭。[2] 每逢新课本问世或新学期开学,商务印书馆常以总经理名义向各省教育行政首脑报告所出各书的内容优点,请求予以推荐。一旦获得同意,即将报告、批示、书目印制成册,发给有关分馆及零售店,以此向学校推销。

由于教科书的发行利润最大,销数最稳定,各出版社都非常重视对学校的推销。如商务的黄警顽做此项工作很有名,被称为"交际博士"。据当事人的回忆:当时竞争的办法,首先是"推销回佣,照上海书业公会协议,大概每百元取十五元至二十元。若为竞争关系,各家就自动放宽至二十元、二十五元。第二,是依靠中小学校长,因为学校采用哪家课本,大概都由校长决定,所以各书局拉拢校长的手段,五花八门,应有尽有。第三,依靠当地士绅,请他们向中小学校施加影响。这个办法,效果较好。因之请客送礼,联络士绅,花样繁多,不胜枚举"[3]。四川就曾发现一份1916年由张澜批示同意采用商务版小学课本的文件的复制品。又如光绪三十一年十二月二十二日(1906年1月),商务在一次股东会上,决议"现有京外官场与学务有关可以帮助本馆推广本馆生意,又于本馆办事之人格外出力,拟酌留三万余元股份任其附人"。为此还发生过政府查处教科书的贿赂案件。

陆费逵也十分注重借助政府的力量来扩大出版物销路。范源廉原是中华书局编辑所所长,后重回政界任教育总长。因为有这层关系,范源廉在当时必定会在教科书制度上偏向于中华书局,中华书局的教科书也因此扩大了发行量。推举实业部长孔祥熙为中华书局董事长也是个例子,

---

〔1〕 吉少甫:《中国出版简史》,学林出版社1991年版,第330—331页。

〔2〕 汪家熔:《1931年前商务印书馆的发行》,见汪家熔:《商务印书馆史及其他——汪家熔出版史研究文集》,中国书籍出版社1998年版,第129页。

〔3〕 汪家熔:《1931年前商务印书馆的发行》,见汪家熔:《商务印书馆史及其他——汪家熔出版史研究文集》,中国书籍出版社1998年版,第129页。

中华书局因此获得了大规模承印国民政府的有价值证券及小额钞票的机会,中华书局的印刷业务也有了很大的飞跃。作为一家近代民营企业,一方面,中华书局为了自身生存发展,需要寻求政府的支持;另一方面,中华书局并没有被政府控制,而是坚持了自身独立的地位,拒绝参加官商合办印钞公司就是一个很好的证明。当时孔祥熙指令中华与中央、中国、交通三家银行联合组织钞票公司,陆费逵毅然拒绝了这个命令。

(三)采用多种推销形式

在教育服务方面,商务制作的仪器、标本、模型在当时是极好的大学辅助教具。张元济于1911年赴欧美考察后,注意到辅助教学用具的作用。他在日记中曾记载请北京大学教授在采集植物标本时顺便替商务采集一份。1912年商务专设博物部,特请专家专办。专家规定品类,结合学制教学的需要,制作小学、中学、师范学校的理科教具、理化器械。商务生产的这些仪器、标本以其设计精巧、制作细致、便于教学而广受好评。商务历年参展国内、国际各种展览会的仪器、标本都能得到展览会的奖项。

此外,张元济还通过参加并总结世博会来提升商务印书馆在全国和世界的影响力和品牌力。1910年,他花了整整一年时间,到欧美各国考察教育,同时参加了当地的世博会。7月上旬,他在游历了英国和爱尔兰之后,到达比利时。这时,布鲁塞尔世博会刚开幕不久,他就前往参观。张元济在展览会现场,领略了当时世界的发展与风光的同时,必然十分关注中国馆的馆况。可是这一届的中国馆,不论场馆还是展品,都使他极为失望,感慨不止。1913年,著名状元实业家,在袁世凯政府中出任工商部长的张謇,在接受了美国政府参加1915年旧金山巴拿马太平洋世界博览会邀请之后,想请张元济主持筹备参展事务。大约是张元济对袁氏政府并不看好,谢绝了张謇的邀请。不过他主持的商务印书馆,却十分注意新技术的运用,不断以新的文化产品推向社会,这与世博精神完全一致。因此在几次世博会上,不仅有商务印书馆展品的身影,而且还得了不少奖。商务发明的华文打字机,构思与西方各国的西文打字机完全不一样,特别引起参观者(包括许多海外华侨)的注意,1926年费城世博会上获得了荣誉奖章。它的各种书籍、印刷品、仪器、标本、玩具、幻灯片和印刷机械等,在多次世博会上得到奖牌。

文化教育出版方面的多种经营相对来说还是彼此关联的一体化思路。然而,商务还有其他一些营业项目是与出版领域无涉的。这颇能给我们一些启示。作为出版的文化企业和作为企业的出版事业应该有更广阔的空间提供给文化事业家们驰骋。商务的经营项目还有:储蓄业务,代售胶鞋,租售影片,广告业务,自制品业务等。从经营银行业务到代理西书、寄售橡皮底鞋,商务的经营特色只能用"无所不包"四字来描述。商务作为一家文化出版企业,经营范围之广令人咋舌。出版业务和这些附属业务是怎样的关系,附属的业务会不会压倒主业而使出版企业的性质发生变化?应该说,商务的这种经营的多样性与张元济的文化理想有关。张元济所构想的商务印书馆,"它不单是一个出版社,而且是一个'多媒体'"。在出版这个主体周围,展开了庞大的两翼:一翼是一系列的教育机关:幼儿园、小学、中学、师范和商业讲习所,以及对象更加广泛的函授学校;另一翼是一系列的文化设施:电影厂、玩具厂、文具标本仪器厂、印刷机械制造厂和尚未成形的唱片厂。出版社办文化机构,而不是文化机构办出版社!这又是商务印书馆呈现的另外一个奇景。这里呈现的图景,表明商务印书馆是张元济的理想的试验场。[1]

张静庐也善于运用多种推销形式,他注意利用上海出版中心的地理位置,在自家的店堂内,大做发行方面的文章。包括为学校、学术团体、图书馆等机关单位开展外版书刊的代购代销业务,为内地书店同业开展上海版书刊的配购批发业务等。我们可以从现代书局在1934年3月8日的《申报》上刊登的一个告示《现代书局敬告全国各图书馆、杂志社、学校、书店公鉴》看出张静庐在上述方面的一些打算。[2]张静庐还创造了"改订退订绝对自由"的经营方针。所谓改订退订绝对自由,"就是说你不愿意

---

〔1〕 陈原:《陈原书话》,北京出版社1997年版,第50—51页。

〔2〕 吴永贵:《长于书业经营的张静庐》,《中国编辑》2005年第1期,第92页。

看下去时,可以另外改换一种你所愿意的。还有你要离开了,或收回这笔订款作别的用处时,就可以退订,取还订银。说得明白些,不拘什么理由,今天订下了,明天就可以退订。第一期看过了,第二期就可以改订别的"[1]。由此而产生的杂志订户被称为"活期定户"。"活期定户"可以得到七个方面的"便利":(1)随时可以退定。不拘任何理由,委托代定后的第二天起,即可随意退定;(2)随时可以换定。中途对于所定刊物不满意时,可以随时通知换定别种;(3)自由指定寄取——邮寄或自取,悉听读者自便;(4)自由决定定期——或一年半载,或三五八九个月,均无不可;(5)随意缴付定洋——读者手头不便时,不妨作分期付款,有钱时则自由补交;(6)全照原定价目——委托代定时,如适值原出版处举行特价半价,均照办理;(7)绝对负责保障——国内外任何杂志倘遇中途停刊,可凭公司代定单取回定洋。[2]

从某种意义上来说,"改订退订绝对自由"和"活期定户"是创造性的经营之道。张静庐之所以能创造出如此有创意性的经营方式,和他自身的经历有着密切的关系。三年"棋盘街巡阅使"生涯,让张静庐体验到作为读者时的种种痛苦,他为此十分明白。所以,创办上海杂志公司开办代订业务之后,张静庐"第一注重点是保全订户的血本",第二是当读者兴趣或者杂志内容低落时,如果再按照定期未满而继续勉强读者,"实在有点无聊,也未免残忍"。所以,张静庐创造了"改订退订绝对自由"的经营方针,他认为这是"极有意义,并且切切实实尽了为读者服务的义务"[3]。

作为一名出版家,陆费逵在长期的出版实践中积累了丰富的书刊推销经验,他经常采取多种形式和方法来吸引读者注意,并激发其购买欲望,从而促进出版物销售和扩大书局发行量。其一,"一鸡多吃"法[4]即根据不同的市场需要,把一本书改编成不同的版本形式,以扩大销售。

---

〔1〕 张静庐:《在出版界二十年》,江苏教育出版社2005年版,第1页。
〔2〕 吴永贵、喻敏:《开先河卖杂志,谋方便为读者——张静庐和他的上海杂志公司》,《中国编辑》2006年第6期,第77页。
〔3〕 张静庐:《在出版界二十年》,江苏教育出版社2005年版,第114—115页。
〔4〕 俞筱尧、刘彦捷编:《陆费逵与中华书局》,中华书局2002年版,第287页。

《中华大字典》初版 16 开 4 册,定价 9 元,为降低成本和定价,中华书局又出了 32 开精装本 2 册,定价是原来的一半,只要 4.5 元。后来又以大字典为蓝本,出版了《中华中字典》和《中华小字典》,分别供中小学生使用,定价只要 3 元和 1.6 元。《四部备要》和《辞海》也采用了以上类似的方法,以便不同的读者可以选择购买,销售数目也日渐增加。其二,"吸引眼球"法,即采用各种有趣的或能令读者眼前一亮的方法,吸引读者参加中华书局所举办的各种活动,以达到扩大影响和促进销售的目的。《小朋友》杂志每期封底都刊登一些喜欢该杂志的小朋友的相片,并且刊名"小朋友"三个字,每期都由不同的小读者来书写,这种方法极大地调动了读者的积极性,深受小读者的喜爱,该杂志因此也风靡全国。为吸引教师对中华书局教科书的关注,中华书局多次在《中华教育界》上刊出"征文启事",以期与广大教师讨论教材问题,加强了出版企业与学校特别是教师的交流、沟通,同时也树立了出版企业在教师中的良好形象。其三,"节假日促销法",即利用各种节假日,以打折优惠的方式推销书刊。1935 年 8 月 1 日,在了解到政府下了"全国自今日起实施儿童年"的通令后,陆费逵马上制定如下措施:"(一)广播儿童节目,假交通部上海电台,请西城小学女教师陆振亚每日下午六时起播出半小时,并解答各种问题,(二)儿童书八折优待两个月。"1931 年为纪念中华书局成立 20 周年,采取了赠送书券方法招徕顾客,凡是购买中华书局版图书满实洋五角或预约书及文仪等满实洋一元的,都能获赠券一角,同时还实行了廉价两个月的活动,促进了图书的销售。这些多样的营销渠道和销售方式直到如今仍具有一定的借鉴意义。

三、广告经营策略

营销策略是体现市场化程度的一个重要因素,随着媒介传播形式的近代化,借助媒体进行广告宣传便成为近代图书业一种最直接的形式,商务、中华更是因了自己所办的杂志和报纸,展开广告攻势,将自版图书信息及时、有效地传递给读者,争取获得最广泛的认知与认同,从而促进图书的销售。

中国进入近代以后,现代广告概念日渐成熟。外国产品进入中国市场后,深知可借着广告发挥促销的效果。国货要跟外货竞争,亦开始重视运用广告宣传,其中成药及烟草业就是明显的例子。在众多行业当中,出版业的主要性质是书籍出版,目的是传播信息,故此对文字、符号的运用,明显比其他行业更为敏感。如前所述,踏入民国以后,中华书局、世界书局及文明书局等成立,原本由商务印书馆独占鳌头的教科书市场,因新加入者的竞争而变得异常激烈。各出版社于是纷纷利用广告,配合其他行销策略,以保存及扩大本身的市场。民国以后,广告逐渐成为近代出版业常用的促销工具。

张元济在主持商务印书馆期间,在结构和理念上都十分重视广告宣传的作用。从馆内的结构及体制而言,商务在建馆不久后,已设立专责推广的部门。起初,推广部门并非独立,乃归于总务处之下(1915年开始,之前原隶属于编译所),[1]称为"交通科"(下设"广告股")。[2]及至1932年"一·二八"事件后,商务进行改组,成立总管理处,交通科易名为"推广科",归并入营业部内。在具体的广告策略和理念方面,主要有以下三个特点:

一是广告配合当年重点新书。除教科书以外,商务推介的出版物,包括大部头书籍、英文书及辞书,均属当年的重点项目,翻查有关张元济的资料,曾发现他亲自制订《四部丛刊》的预约工作。[3]《四部丛刊》于1919年开始出版,至1922年全部完成,《大公报》于1920年8月5日已进行预约。又以《日用百科全书》为例,该书于1919年出版,但早于同年1月5日已刊有促销广告,其余例子不一而足。[4]这反映出商务管理层对

---

〔1〕 戴景素:《商务印书馆前期的推广和宣传》,见《出版史料》,总第10期(1987年第4期),第99页。

〔2〕 庄俞:《三十五年来之商务印书馆》,见商务印书馆:《最近三十五年之中国教育》,商务印书馆1932年版,第743页。

〔3〕 张树年主编,柳和城、张人凤、陈梦熊编著:《张元济年谱》,商务印书馆1991年版,1919年7月7日条,第172页。

〔4〕 《大公报》,1920年8月5日、1919年1月5日。

于重点项目,从出版到宣传促销,均有事前全线的仔细部署,广告主题能够紧密配合出版时间。就如汪家熔所言,近代出版业最难解决的问题之一是发行。商务以上海为出版主体,外地有 30 多个分馆,第一个问题是如何有效地将出版物信息传递到外省,第二个问题是如何将图书有效发行,即在外省建立运作畅顺,同时又能够回收资金的发行网络。商务在这方面的配合似乎十分成功,重点出版物在未付梓前,外省分馆已能够掌握信息,进行各种广告宣传,甚至征订活动,这点殊不简单。商务历来重视"书到广告到"的策略,意思就是当读者看到报章广告,再到商务门市时,必定发现新书已到书架。能够贯彻推行此策略,馆内沟通及运作应有一套固定的机制,而且运作熟练。

二是连续刊登广告的策略。商务似乎奉行连续刊登广告的政策,刊登广告的种类往往比中华多样化。商务跟中华不同之处,是极为留意如何在公众面前增加本身的"曝光率"。开课前,商务不断刊登相关的教科书广告。开课后又安排刊登不同出版物或产品广告,包括课外书籍、其他出版物、仪器文具等,务求让读者每天均可看到商务的信息,加深印象。以 1917 年为例,商务促销《单级教科书》和《共和国教科书》时,就同时刊登《国文教案》及《国文成语辞典》作为配合。[1] 以 1918 年底至 1919 年初为例,推广《共和国教科书》及《复式学校教科书》时,又分别登出"教科书图书仪器"、《日用百科全书》、《小说丛刊》、"秋季用学校适用英文书"等广告项目。[2] 反观中华的处理方法却完全不同,在该年开课后立即停止刊登所有广告,最长时间达两个月之久。此外,于 1919 年 9 月 25 日,商务已着意刊登"每月新书书目",列明定价及特点,向读者推介每月出版的新书,[3]及至 1921 年 5 月 2 日,中华才开始在《大公报》刊登第一则新书资信。[4]"日出新书一种,更是天天都有广告",是商务馆内制定的基本

---

〔1〕 参见《大公报》,1917 年 9 月至 10 月。

〔2〕 参见《大公报》,1918 年 9 月至 1919 年 3 月。

〔3〕 参见《大公报》,1919 年 9 月 25 日。

〔4〕 参见《大公报》,1921 年 5 月 2 日。

部署。[1] 这反映出商务很早已懂得努力在最短的时间内,向读者介绍最"新"的产品,令读者感受它的积极性和进取性。

三是刊登手法灵活多变。商务处理广告的手法和技巧亦跟中华截然不同。以 1917 年 9 月 1 日至 10 月 31 日为例,商务分别刊登了 3 种产品的广告,包括《师范学校新教科书》、"英文书"(文学类和文典类)、"英文书"(英文读本、初级英文和实习英语教科书)。三项轮流交替出现,但中华整月只刊登《新式学生字典》一种。[2] 1918 年 8 月,商务连续登出 5 种出版物广告,有"英文书二百种"、《共和国教科书》、"中学用师范用共和国教科书"、《百衲本资治通鉴》以及《汉英辞典》。同期中华只有一则:"民国七年暑假开学最适用之教科书",连登了接近一个多月(8 月 16 日至 9 月 18 日)。[3] 商务能做到这点,是跟它的出版及零售实力有关。拥有数量大、品种繁多的产品,才会有不同的广告。民国初年,商务资本雄厚,兼营多种文化产品,远胜于中华,有以上优势和特点自不待言。如果说完全是由于出版实力差距所致,亦不够全面。中华多日,甚至连月只刊登同一种广告,目的可能是要锐意加强促销某种产品,以期作重点宣传。最后值得留意的是,在 20 世纪 20 年代以前,对比商务与中华刊登广告的种类,商务明显较后者为多;其后情况则有所改变(1921 年 10 月以后):中华似乎修正了昔日的做法,仿商务多刊登不同产品广告的策略。

张静庐在长期的编辑出版实践中形成了独特的广告策略。在《杂志发行经验谈》中,他这样写道:"怎样使杂志的销路广大起来?""说得长些,写一本书也说不完备;说得短些,归根结柢有一句话——'内容充实'!"[4] 他又说:"在几百几千种杂志中,要使你的刊物从那里窜出来,决不是一件容易的事。第一,要使各地的读者都晓得有这样一本东西(买与不买是另一问题),第二,要使它能达到每一家贩卖书店(卖得掉与卖不掉

〔1〕 戴景素:《商务印书馆前期的推广和宣传》,《出版史料》1987 年第 4 期,第 101 页。

〔2〕 参见《大公报》,1917 年 9 月 1 日至 10 月 31 日。

〔3〕 参见《大公报》,1918 年 8 月 16 日至 9 月 18 日。

〔4〕 张静庐:《在出版界二十年》,上海书店 1984 年版,第 13 页。

是另一问题),第三,要使读者怎样会拿出钱来买你的杂志(满意与不满意是另一问题)。"这里就"需要宣传"。对于读者心理、刊登广告的时机、宣传媒介的选择、广告内容等,张静庐都有切实的研究和独到的体验。

首先,他主张杂志广告要实事求是,避免浮夸。他说:"在没有出版之前,先发布一种预告,在预告中说明将有怎样性质的一种杂志出来,它的内容有怎样的特点,是适合于某一阶层人读的。这里最要紧的是只限说明特点,切勿夸大;尤其不必说上大堆空话,减少读者注意力,或写上一大批特约撰述者的大名,给读者一个过高的期望。"其次,是关于媒介方式。他认为,预告在同类刊物上刊布可以,自己印成一种小传单也是可行的。而最好的方式,还是登在有价值而没有色彩的日报上。这样"比较有效力"。至于为什么要求报纸是没有色彩的,我们理解主要是避免花花绿绿的颜色容易分散读者的注意力,反而忽略了杂志广告的内容。而书刊广告往往是以内容取胜的。再者,关于刊出广告的时机。张静庐指出,预告中不必说明创刊的日期。待到出版的前一天(这时书已印出来了,但是绝对不必急于拿出来发卖),将这一期的内容、性质、特点先刊登一天的广告;广告里在显明地位印出"明天出版"字样和"经售处"的详细地址店名。当晚或第二天早晨将杂志普遍地送到各经售处所,然后再来个第二次的广告。那个广告的样式是完全与上一天不同的。广告的大小、地位的适当与否都需要事先办妥。英国学者就曾强调:"书店应当注意,目录上和宣传品上报道宣传的图书,最好在店堂书架上应有现货,或很快有现货(暂时无现货的书最好在目录上注明),即让读者看到目录等宣传品后,很快就能到书店买到书,不致使读者失望。"[1]张静庐之所以主张书籍上市不能过于滞后于广告宣传,道理就在于此。

早在1904年,年仅19岁的陆费逵就参与创办了武昌昌明书店,并任副经理兼编辑,从此走上了不归的书业之路。通过早期的出版实践,他增长了见识,积累了经验,明确认识到了书刊营销宣传的重要性。他的广告

---

〔1〕 托马斯·乔伊著:《图书销售概论》,李孝枢译,中国书籍出版社1990年版,第89页。

策略主要体现在以下几个方面：

一是借助报纸做宣传。在近代，报纸由于出版周期短、价格便宜、便于携带等优点受到读者的欢迎，它在当时算得上影响力最大的媒介，因而陆费逵为扩大本局出版物的销售，经常在各大报纸，尤其是《申报》、《大公报》上刊登各类书刊广告。1912年2月26日他就在《申报》上发表《教科书革命》一文，以宣传中华版教科书，该文极富感染力，达到了预期的效果。当《四部备要》出齐后，为了扩大其知名度和影响力，陆费逵于1934年3月22日在申报上打出了一则富有创意的广告，向全社会征求《四部备要》上的错字，并且酬劳颇丰，一个字酬十元，这一方面有利于提高书籍质量，另一方面更是扩大了社会影响力，促进了该书的销售。

二是借助自身出版物做宣传。陆费逵经常借助自己所办杂志、所出图书来为自己的出版物做宣传，从而节省了广告费用。《中华小说界》1914年第十期的开头、中间和末尾都插入了一些广告，有的介绍小说，有的介绍杂志，还有的介绍教科书。其中有一则广告是关于一本叫《心狱》的小说的，其广告词如下："《心狱》全一册，定价四角。此书为俄国文豪托尔斯泰原著。吾国马君武先生译述。合东西两大家成此巨制，思想之高尚，文笔之精美，洵可谓珠联璧合，一时无两，内容系一少女被诱于贵族而失身，终身堕落，陷于法网。此贵族适为陪审官，裁判其狱，良心发现，宛转乞恕，以赎往日之罪，暮鼓晨钟，发人深省。有功于社会之作，不仅作小说观也。"[1]这段文字在介绍评价小说内容的同时，在潜移默化中向读者宣传了该小说，激发了读者阅读的欲望。中华书局成立之初推出了一套新式教科书，获得了很大的销售额，其成功的原因之一就在于广告意识，陆费逵在自己所办的《中华教育界》上发表了《中华书局宣言书》一文，特别在文中写了介绍新式教科书的"编辑大意"，可谓一箭双雕，既扩大了书局的名声，又推销了教科书。再如，序、跋、编辑缘起、后记等作为图书的窗口，若加以有效的利用，也是极好的自我宣传的途径。陆费逵认识到了

---

〔1〕　沈瓶庵等编：《中华小说界》，1914年第10期第134号。

这一点,经常亲自为一些大部头重要书籍,如《四部备要》、《辞海》、《古今图书集成》等撰写"缘起",这些文字成为图书宣传史上精彩的一页,为世人所称道。

三是建立专业的书刊推广阵地。陆费逵还建立了专业的书刊推广阵地,他创办了《中华书局月报》和《出版月刊》,前者只供内部交流信息,后者则对外发行,这两种杂志上都刊登了有关中华书局所出书刊的信息,其资料丰富、内容集中、方便实惠,成为宣传书刊的重要渠道。1936 年 10 月 9 日,陆费逵看到本局杂志上有其他出版社的图书广告,于是写信给编辑所长舒新城:"顷见《小朋友》周刊大介绍其他家之书,太不成话。本局刊行杂志为宣传本版之书。以后各杂志每期须介绍本版:《新中华》介绍政治、经济、文学书,《小朋友》介绍儿童书,《教育界》介绍教育书,《英文周报》介绍英文书。除编辑人自行起草外,可由原编校人拟稿选登。"[1]本版杂志只能刊登本版图书,在今天看来有其局限性,但是我们应该看到陆费逵针对杂志的性质刊登同类性质广告的这一措施的经典性和科学性。这种分类广告思想对我们的启发是很大的,至今仍被媒体所采用和借鉴。

在众多的促销方式之中,图书广告是沈知方最常采用的做法之一。他不仅亲自撰写图书广告,而且还对图书广告的运用有着自己的见解。他的广告策略主要体现在以下几个方面:

一是十分重视通过报纸进行图书宣传。报纸作为众多媒体中影响最大的印刷媒体,其刊登的广告具有读者广泛、稳定,传播迅速及时,便于查找等优点。当时民营出版业普遍注重利用富有影响力的报纸进行图书的广告宣传以促进销售。沈知方也一样,十分重视通过报纸进行图书宣传的作用,向读者传递出版信息,扩大图书的销售。世界书局还与商务印书馆、中华书局曾在报纸上展开了广告竞争。

二是以报刊广告作为推销阵地,大肆宣传所出之新书。由于杂志具有周期性、连续性及其读者的广泛性、针对性等特点,因此它非常适合刊

---

〔1〕 钱炳寰编:《中华书局大事纪要(1912—1954)》,中华书局 2002 年版,第 147 页。

发图书信息。凭借沈知方的聪明能干,他自然深谙充分利用报刊广告作为推销阵地的功效,所以借报刊广告大肆宣传新书。早在独资经营时期,他便聘请了当时著名的广告设计师为他的广告设计版面,并为各种书籍精心设计了噱头,吊足读者胃口:如将《管格神相术》说是古代算命大师管格所作;《婚姻预知术》说成是月下老人的秘本;《未来预知术》一书,说成是周文王的遗稿,这些广告每天在《新闻报》上都占着巨幅的位置。更有甚者,在宣传《管格神相术》一书时,沈知方还自导自演了一出版权之争的闹剧。他借两兄弟的名义各登广告,一个自称管阿大,一个自称管阿三。管阿大说:《管格神相术》一稿应归长房长子所得,管阿三则反驳说:《管格神相术》是祖上传给三房的,长房不得占有。两人各说各有理,争得不可开交。最后,沈知方亲自出面充当和事佬,以广文书局名义登出巨幅广告,向双方劝和,说《管格神相术》一稿已由本局收买,今日出版了云云。"[1]凭借这一来一去的炒作,《管格神相术》一书为广大市民所熟知,销量节节攀升,沈知方也乐得其成,坐收渔人之利。这种损人利己、靠欺骗消费者来牟利的经营方式,尽管为当下人们所诟病,但是却为沈知方掘得了人生的数桶金,同时也为其以后开办书局、进军教科书市场储备了启动资金。虽然其中图书的一些内容有迎合市民趣味的倾向,但在当时的出版市场中,实为不得已,也是当时历史文化条件下的产物。

三是利用在报刊广告中赠送赠品的方法吸引读者。利用在报刊广告中赠送物品的方法是当时一种常见的促销手段。商家利用顾客的获利心理,提供种种价格上的优惠,让他们感觉自己占了便宜,从而达到刺激消费的目的。当时出版企业也多以书券做赠品,在选购图书时可代替现金使用,以吸引顾客。世界书局也效仿此法,初期屡屡举办大廉价摸彩,以吸引读者上门来推广营业。其赠品的方式和内容形式夸张之极,完全超越了书业的常规,令同行汗颜。曾有购书满洋五角,可摸奖券一张,奖券分甲、乙、丙、丁、戊、己、庚、辛八种,赠品依次为一丈六尺加重杭熟罗长衫

〔1〕 郑逸梅:《红屋——世界书局》,中华书局2005年版,第56—57页。

料一件、宝成银楼十元赤金券一张、全象牙自来水笔一支、磁面赛银德国香烟盒一只、时装美人镜屏悬屏等。每日赠券近二千张，包括甲种一张，乙种二张，丙种七张，一丁种三张，戊种六十张，己、庚两种各三百张、辛种一千三百张。更有甚者，还在报上大登广告："个个有赠，人人不落空。"

此外，除了以丰厚的奖品诱人，沈知方还派人做托，以实物煽动顾客的中奖欲望。"其事先将附有头彩券的一封贺年卡，藏在袖管中，同时又在柜台买了几封。然后偷偷抽出袖中事先藏好的那一封，当众拆看，取出金戒指装作中奖。狐皮袍子、金戒指以及文具等等赠品样品也一览无遗地陈列在橱窗内。"[1]这些手段极大地刺激了那些抱有侥幸心理的顾客，达到了吸引读者上门的目的。然而，世界书局如此不顾出版企业的道德底线，赤裸裸地宣扬拜金观念，在当时同业对其行为也颇有微词。但是，对于沈知方而言，为了使世界书局在激烈的竞争中求得生存与发展，这些不入流的旁门左道却是书局崛起的捷径。

与其他出版家不同，章锡琛先生的广告策略更多地体现在对书业广告的重视、组织和策划等方面。在开明的早期，他就曾担任过书店的推广工作。在《从商人到商人》一文（原载1931年1月《中学生》第11期）中，章锡琛回忆说："书店里各董事公推杜海生先生做经理把出版和推广部分的事情，派我担任，印刷所的事务，也由我管理；编辑的事务，从前归我担任的，改公司之后，却另请了夏丏尊先生做编辑主任，一直到现在为止。"[2]当时的开明书店设有专门的推广部，最初的推广工作就是由章锡琛亲自担任的。同时，章锡琛先生亲自撰写的准广告文字也是很有特点和水平的。他为开明版《爱的教育》（意大利亚米契斯著，夏丏尊译）所写的《校毕赘言》即是一例：

从前的古文批评家说："读诸葛亮《出师表》而不下泪者，非忠臣也；读李密《陈情表》而不下泪者，非孝子也。"……夏先生说曾把这书

〔1〕 刘廷枚：《我所知道的沈知方和世界书局》，中国文史出版社2002年版，第316页。
〔2〕 宋应离：《20世纪中国著名编辑出版家研究资料汇辑》，河南大学出版社2005年版，第190页。

（按：指《爱的教育》）流了泪三日夜读毕，翻译的时候也常常流泪，我
知道这话是十分真确的。就是我在校对的时候，也流了不少次的泪；
像夏先生这样感情丰富的人，他所流的泪当然要比我多。他说他的
流泪是为了惭愧自己为父为师的态度。然而凡是和夏先生相接，受
过夏先生的教育的人，没有一人不深深地受他的感动，而他自己还总
觉得惭愧；像我这样不及夏先生的人，读了这书又该惭愧到什么地
步呢？[1]

这段话章锡琛写于 1926 年 1 月 25 日。这篇《校毕赘言》和夏先生的
《译者前言》都是很好的感情诉求型的准广告文字，对于该书的推广起到
了很好的作用。《爱的教育》在新中国成立前就曾再版三十多次，盛销不
衰；当年担任过开明编辑的叶至善说它受重视和欢迎的程度超过了任何
一种《教育学》和《教育概论》。这固然与书的内容适应读者和市场需要有
关，也与章、夏等人的有效宣传推广密不可分。

第三节　出版人才理念

在企业生产和经营的诸多要素中，人是最活跃的因素。企业生产与
经营的主体是人，生产与经营过程的每个环节和管理对象中的各个不同
因素都需要人去驱动与驾驭。若没有正确合理地利用人力资源，企业的
物力资源、财力资源、信息资源不可能发挥其作用[2]。企业文化理论认
为，企业的一切财富中，人是第一位的，认识到这一点，才会增强人才资源
开发的自觉性[3]。出版业也同样如此，出版经营理念实践、出版战略推
行、出版营销的开展都离不开人才。浙江近代出版家们之所以能够带领
出版企业的同人，使出版企业不断发展壮大，与其对人才的重视、对人才
的有效管理是分不开的。研究其人才管理思想可以从人力资源管理的基

---

[1]　[意]亚米契斯：《爱的教育》，华东师范大学出版社 1995 年版，第 101 页。
[2]　魏颖辉、王景平：《企业管理》，北京航空航天大学 2008 年版，第 122 页。
[3]　王建忠：《试论企业文化与人才的管理》，《商场现代化》2007 年第 13 期。

本环节入手。人力资源管理运作模式的循环链[1]，主要有以下几个环节：发现和吸引人才、人才引进、人才使用、人才培养。

一、发现和吸引人才

在人力资源管理中，发现和吸引人才是人才管理的第一步，是其他环节的基础。要进行有效的人才管理首先就要把人才吸引到企业中来，同时，人才是可以反复使用的资源，企业不仅要发现人才，还要吸引人才。浙江近代出版家们都十分重视为出版企业发现和引进人才。

张元济决定投身出版事业、加入商务印书馆时，已认识到搞现代出版事业，首要的便是有一批高素质的人才。他的抱负是"为中国实业造一模范"，并提出"吾辈当以扶助教育为己任"的出版方针。他在组建编译所时便开始了物色人才，给汪康年的信中："沪上为新学枢纽之所，倘有贯通中西文字，兼知他项西学，而言行不苟，足膺讲席者，愿岁以五百金为聘，公其为我留意。"[2]在他1926年退休之时，念念不忘的仍是商务的人才问题："……不能不进用人才。人才何限，其已在公司成效昭著者，固宜急为拔擢。勿以其匪我亲故而减其信任之诚。其有宜于公司而尚未为吾所得者，更宜善为网罗。勿以其素未习押而参以嫉忌之见。此为公司存亡成败所关。"[3]在他的"慧眼"下，一大批积极人才来到了商务，并在商务发挥出了应有作用。胡愈之，从上虞农村来到上海报考商务，他的作文经张元济过目看出他的才气，录用为编译所练习生；丁文江，原是一名不见传的中学生物教员，张元济慧眼识珠，请他编写《动物学》；恽铁樵，其优秀的译作和小说创作才能为张元济所赏识，被聘为《小说月报》主编。此类例子举不胜举。就在张元济广罗人才的努力下，商务编译所渐渐形成了人才济济、事业繁荣的局面。

〔1〕 杨荣娟：《谈企业人力资源管理的几个关键环节》，《内蒙古科技与经济》2002年第7期。

〔2〕 张元济：《致汪康年(稚卿)》，见张树年：《张元济书札》，商务印书馆1981年版，第11页。

〔3〕 张元济：《为辞商务印书馆监理职致商务印书馆董事会信》，见张树年：《张元济书札》，商务印书馆1981年版，第263页。

　　张元济还提出要"储才"或"预储人才"。他在给当时任"商务"总经理高凤池的几封信中，一再提到这点："为公司全局计，为吾辈退步计，不能不急于储才，储才之道，登进固宜稍宽，凛汰亦不宜薄"，"我公（按：指高凤池）留意人才，预为储备，此弟平日所最希望者"，"弟昔年亦主张公司宜预储人才，津贴学费，以为异日收用之地"，等等。张先生的"储才"观点，与对人才的发展观点紧密联系在一起。他说："吾辈均年逾始衰，即勉竭能力，亦为时几何，且时势变迁，吾辈脑筋陈腐，亦应归于淘汰"，因此，他认为"不能不急于储才"。张元济的"储才"或"预储人才"，包括如下两方面的意思：多渠道随时留意发现人才，聘请使用（登进固宜稍宽），以及花力培养，"津贴学费"。他认为必须随时"储才"，"临渴掘井断来不及"。确实，一个出版社的领导人，必须具有这种高瞻远瞩的眼光。

　　在书局的人才管理中，陆费逵和沈知方都重视通过各种方式吸引和留住人才，主要表现在以下两个方面。

　　一是注重营造宽松的工作环境。出版企业作为一种知识、信息密集型的企业。它的人才除了物质追求，还有更多的精神追求。只有创建一个适合这种专业人才群体成长和发展的人文环境，才能凝聚高素质的知识型人才，吸引人才和留住人才。陆费逵平实亲和，与公司同人以弟兄相称，也常说员工迟到早退"并不计时扣薪"，使得同人有一个宽松和谐的工作氛围。不仅如此，陆费逵还有"用人不疑，有见事敏之称，凡他所选任的重要职员如果有了错误，他勇于承担领导责任"[1]。例如，1934年中华书局出版的《闲话扬州》一书因书中涉及扬州人的不好之处，引起扬州人的公愤和对陆费逵的控诉，事后陆费逵并没有对审稿编辑和编辑所长抱怨。新任总编辑舒新城也明显地感受到这种氛围："我常想这样的事业环境，似乎不是现在一般社会所能有，而我在中华，曾亲切地享受了十几个月。"[2]舒新城还在日记中写道："本公司原是在封建社会将开始崩溃时代产生的，最初之范围甚小，组织甚简，各种事务，多由总经理直接处理，

〔1〕　钱炳寰：《中华书局大事纪要：1912—1954》，中华书局2002年版，第134页。

〔2〕　俞筱尧、刘彦捷：《陆费逵与中华书局》，中华书局2002年版，第330页。

各级人员亦不多由其直接指挥,遂形成家庭性质之集团。所谓事权,并无严格的界限,大家习惯了,亦怡然相处,纵有事务处理或人员指挥之权限不清楚,彼此不成一种习惯法。凡与此习惯法相应者心理上自然有一种安顿,事务上亦不感棘手。现在干部人员之最大不必都过此习惯的生活,所以大家相处很好。"[1]

同业中不少人都觉得沈知方有股傲气,其实他对书局的编辑非常客气,对外面的作家也是执礼甚恭,很能联络的。世界书局创办初期,为它写过小说的就有严独鹤、不肖生、施济群、江全蕉、王西神、沈禹钟、程瞻庐、程小青、李涵秋、姚民哀、朱宠菊、许指严、陆士楞、何海鸣、张恨水、赵苕狂等人。其中张恨水的言情小说《春明外史》和《金粉世家》、不肖生的武侠小说《江湖奇侠传》和《近代侠义英雄传》、程小青的侦探小说《福尔摩斯探案全集》和《霍桑探案》等,很受当时小市民读者欢迎畅销多年,使世界书局获得巨利。此外,他还非常关注书局职工的生活,除对总务处和上海发行所的职工供给膳宿外,还在宿舍内成立了同人育德会,让其进行文娱活动。沈知方的这一系列举措,有利于笼络人心,吸引德才兼备的有志之士前来投效。

二是尊重和理解人才。现代管理理论认为,人不是单纯的"经济人",而是"社会人",除了通过劳动获得相应的报酬之外,人们还追求人与人之间的友情、归属感和受人尊重等情感[2]。陆费逵、沈知方十分尊重和理解人才,他们认为作者是书局最重要的人才资源之一,他们对人才的尊重和理解首先就表现为对作者的尊重和理解。陆费逵常说:"作者是我们的衣食父母。"因此他总是抱着尊重和理解的态度,注意与作者搞好关系,保护作者的利益。当时,作者的版税一般是按规定实销数结算的,有些出版社因经济周转不便,常常拖欠。而中华书局和世界书局从不拖欠稿酬,甚至可以提前借支稿酬,对作者的约稿,稿成以后即使不能出版,也要说明理由,并酌情支付稿酬,作者借支稿酬也是常有的事。这样一来,许多人

〔1〕 卢润祥、梁建民:《舒新城日记》,《出版史料》1987 年第 2 期。
〔2〕 魏颖辉、王景平:《企业管理》,北京航空航天大学出版社 2008 年版,第 143 页。

都乐于向中华书局和世界书局投稿,无形之中使中华书局获得了选择稿件的优先权。

开明书店在自身资本十分拮据的条件下,对作者的稿酬却十分慷慨,林语堂的《开明英文读本》,每月预交版税高达三百元。《辞通》稿费一次付足六千元,好让作者安度晚年。当时成为出版界的美谈。这说明开明书店同这个群体的关系,并非一般意义上的以文会友,而是共同的理想、信念,强烈的时代感和使命感,把大家结合在一起,相互信任,相互支持。正如丁玲所说:"开明书店一直是一个严肃的书店,负责编辑的先生们是有思想的,对读者是负责任的。他们不趋时,不务利,只是要为祖国的文化事业贡献力量。他们团结了很大一部分进步的、革命的作家,出版了一系列经得起历史考验的好书。"

商人做得十足、做得精明的章锡琛,却有许多文人学士的朋友。这一方面固然是他自身文人学者的家底,同气相求的结果;更为重要的原因还在于,他在朋友们的眼中,不是那种纯粹势利之交的市侩商人。后一点,尤令章锡琛感到骄傲和自豪,每每愿意向他人说起。当舞文弄墨的文人学士们最终选择把书稿交给开明出版时,事实上就开始了彼此间的文稿买卖关系。一来一往中,作者们发现,章锡琛和他的开明书店,是一个值得信赖,作者利益有保障的生意伙伴。所谓作者的利益,通常很简单,一是善待书稿,二是合理付酬。印得好看,少有错误,不妄加修改思想观点,多善意纠正错字舛句,这都是善待书稿的具体表现,也是对作者劳动成果的尊重。开明书店在这方面一直做得到位,业界口碑流传,世人素来公认。在对作者的稿酬方面,开明书店向来不拖欠,不隐瞒,按时寄送,如实结算,甚至有时还善意提醒作者注意利益维护。开明早期工作人员汪曼之曾这样回忆:"先生本性仁慈,乐于克己助人,如有作家得知稿子已付印,为等急用宁肯出卖版权一次性取款时,先生总劝他:卖掉可惜,这部书估计销路好的,便宜了我店里,你要多少钱,我借你……"[1]像这样一个

---

[1]　章士扬:《章锡琛与开明书店》,《出版史料》2003年第3期。

尽心尽力为作者打算的人,怎么可能被列为"市侩"一类呢!市侩者,计较于一时一地的短浅利益,鼠目寸光,结果因小失大者多有,无形中断绝了自家后路;而章锡琛和他的开明书店则不同,着眼于利人的基础上自利,赢得人缘与名声的同时,也牢固了做大做强的发展根基。这样的精明,长远而大气。

除了作者,书局职工也是不可缺少的人才,只有把职工紧紧地团结起来,书局才能创造出最好的业绩。他不仅为职工提供宽松的工作环境,而且还在物质上关心职工,重视职工的福利,解决职工的后顾之忧。中华书局和世界书局的职工薪水整体上讲不及商务印书馆,但对主要编辑则待遇从优,对同人业余编写的稿件,也尽量收购,以增加同人的收入,让同人生活的更舒适一些。周宪文回忆,陆费逵对所内的高级编辑人员在生活上也给予他们无微不至的照顾。例如,他们本人或家属出门,不论国内和国外,只要有中华书局的地方,就一定可以获得照顾和方便。这无形中成为中华书局的传统,使他们感到企业如同可爱的家庭一样温暖。为方便书局职工的子女入学,中华书局还与国华小学商定,以该校为其特约小学,凡同人子女入该校者,根据员工工资的高低,给予不同份额的学费津贴。因此,很多有才华的文人还是宁愿在中华书局工作。据朱联保回忆,沈知方对所内的高级编辑人员在生活上也十分照顾。例如,对总务处和上海发行所的职工,沈知方除供给膳宿外,还在宿舍内成立同人育德会,让他们进行文娱活动。此外,为方便书局职工的子女入学,沈知方在上海大连湾路总厂附近,设立世界小学,其子女上学不仅不收学费,就连他们所用课本也完全由世界书局出资印刷。因此,当时很多有才华的文人都宁愿留在世界书局工作。

二、引进人才

引进人才是人才管理中的重要环节。没有人才,就没有人才管理。比如陆费逵就十分重视这一环节,主要表现为求才若渴的态度和严格择人的标准。

一是对人才求之若渴。陆费逵极度重视人才,对人才求之若渴。他对人才渴望的态度在对舒新城的六次相邀上得到充分体现。陆费逵早在1922年就与舒新城相识,陆费逵先后六次邀请舒新城加入中华书局。舒新城早先因不愿离开教学岗位,屡屡婉拒,但对陆费逵的真诚邀请却铭记在心。1925年6月,舒新城因学潮由四川被驱,返回南京,在其他人看来,被驱一事损害舒新城的声誉。而陆费逵却对舒新城更加钦佩,陆费逵再次邀请其入局任职。舒新城坦诚告诉陆费逵,自己有私人办立学院的理想,以打算编纂词典售稿筹款的计划。陆费逵尽全力相助:以他在出版界20年的经验,建议舒新城首先编辑百科性质的辞典;至于出版,答应代刊,于必要时可购稿或预支版税;在资料查找上,中华书局图书馆也将尽可能给予便利。1927年4月,舒新城编辞典经济不支,陆费逵当即答应从6月份起,每月垫付300元,才使得这部辞典得以顺利完稿并于1930年由中华书局以《中华百科辞典》的名字出版。1928年,陆费逵又一次约请他主持中华书局启动多年而搁置已久的《辞海》的编纂工作。舒新城因情谊难却,答应在局外组班,任《辞海》主编,1930年,正式进局任编辑所长。那时,陆费逵的工资是220元,而定给舒新城的工资则为300元。

二是严格择人。陆费逵在对人才求之若渴的同时,在选人上也十分严格,这主要表现在三个方面。一是,要通过严格的选拔考试。中华书局招收职员一般都要经过严格的选拔考试。1913年,中华书局董事局制定了规程规定进用职员,除特别延用者外,采取考试制度。二是,注重品德。虽然招用人员采用考试制度,但他认为笔试题目答得对,仅能说明应试者的文化程度,并不能得知他的品德好坏,因此,最后都须经他亲自面试,从中观察面试者的谈吐举止,以定取舍。三是,注重工作能力,不唯学历是用。有一次中华书局登报招考职员,其中有一个大学毕业生,笔试各门成绩都好,可是最后经他面试却没有录取。这说明他对职员的选择是学历和工作能力并重的。[1]他的这种标准影响中华书局人才录取标准的制

---

〔1〕　俞筱尧、刘彦捷:《陆费逵与中华书局》,中华书局2002年版,第114页。

定。在1936年5月的一次招学习员、练习生的考试中,中华书局的录取标准是:第一是对人对事的态度,以忠实为主。不知以为知者,是做人治事之大忌;第二中文精通;第三是常识丰富;第四是服务经验;第五是专门知识。专门知识列于最末者,因此次所需之人,不需多专门知识也。[1]

引进人才是人才管理中的重要环节。沈知方也十分重视这一环节,主要表现为求才若渴的态度。尽管沈知方文化程度低,但是他还是挺重视人才的,对人才可以说达到求之若渴的地步。在寻找作者方面,学徒出身的沈知方不可能与名教授、名作家攀上诸如同学的过硬交情,但他也自有他的高招,他善于运用商业方法。沈知方的次子沈志明在复旦实验中学读书,介绍该校教员徐蔚南到世界书局工作。沈知方知道此人确有真才实学,就每月给他500元月薪,并派汽车接送。真可以算得上礼遇有加。这在当时是极为少见的,于是徐蔚南便竭尽心力,由他主编的"ABC丛书"达一百多册,颇为风行一时,给世界书局带来了可观的利润。以后,他又主编《生活丛书》一套,主持翻译《世界少年文库》一套,前一套中的古今中外人物传记、生物理化科学知识等写得较好,后一套中的《伊索寓言》、《天方夜谭》、《格列佛游记》、《鲁滨逊飘流记》、《安徒生童话》等都很畅销,备受读者喜爱。

再如,1922年春,沈知方通过著名小说家包天笑的介绍,约请向恺然(笔名不肖生)撰写武侠小说的书稿,于是不肖生"左右开弓",同时构思《江湖奇侠传》与《近代侠义英雄传》二书,前者多写江湖异闻,后者是结合史实而作有关霍元甲等人物的故事。第二年便分别连载于世界书局办的杂志《红杂志》与《侦探世界》上,洛阳纸贵,畅销一时。1930年秋,张恨水从北京来到上海。经过《红玫瑰》主编赵苕狂的介绍,沈知方认识了张恨水,沈知方与张恨水谈定,张将《春明外史》、《金粉世家》两部小说交世界书局出版,并言明,《春明外史》可以一次付清稿费,条件是要把北京的纸型销毁;《金粉世家》的稿费则分四次支付,每收到四分之一的稿子,就付

〔1〕 俞筱尧、刘彦捷:《陆费逵与中华书局》,中华书局2002年版,第327页。

1000 元。当时正急需钱用的张恨水答应了这一交易,还承诺专门为世界书局另写四部小说,每三个月交出一部,每部字数在 10—20 万之间,每千字 8 元。后来张恨水实际完成三部,这就是:《满江红》《落霞孤鹜》与《美人恩》。张恨水这些图书的畅销再一次印证了沈知方作为出版家的眼光和才能。

此外,沈知方还有一特点,那就是手面极宽,当需要用人时,可以不惜一切代价,出高薪,优待遇,签订聘约。据朱联保回忆,自世界书局创办之日起,沈知方陆续从商务印书馆挖得骆师曾、杜就田、陈纯霞、张秉和、刘廷枚、刘季康、俞守己、汪龙超、樊仲胞、金少梅、查乃昌等,从中华书局挖得贺涧生、汤厚生、王德风、朱联保、王春核、姜子贤、黄仲康、王剑星、董文等,分别让他们担任编辑、印刷、出版、营业、财务等职务。这些人才的进入不仅壮大了世界书局各方面的实力,也带来了原本属于商务、中华两书局的组稿、编辑、营销渠道,使世界书局在数年间迅速壮大。然而,这种肆无忌惮挖墙脚的手段也激化了同业间的矛盾,使竞争日趋白热化。

一本期刊的质量高低,与其作者队伍有直接的关系。作者队伍是重要的出版资源,只有占有丰富的出版资源,才能保证刊物的质量和使刊物具有鲜明的出版风格。善于联系众多方面的作者,并与作者团结协作,并肩战斗,是胡愈之编辑思想中的又一重要特点。

胡愈之在主持《东方杂志》的编辑工作期间,不仅自己撰写了大量关于国内外时政评论的文章,还非常重视向国内外一流学者约稿。从 1924 年《东方杂志》第 24 卷至 1927 年的第 27 卷这四卷的作者群中,就"有大师梁启超,哲学家胡适、张东荪、范寿康、金岳霖、贺麟,有文学家鲁迅、郭沫若、郁达夫、徐志摩、沈从文、梁实秋、洪深、袁昌英、陈学昭,教育家夏丏尊,社会学家陶孟和、潘光旦、俞颂华、陶希圣、李璜,历史学家陈垣、张梦麟,经济学家马寅初、周宪文,语言学家赵元任,法学家周鲠生,自然科学家竺可桢、杨铨、翁文灏、胡先骕,地理学家张其昀,新闻学家戈公振,画家刘海粟、黄宾虹、丰子恺,国民党元老吴稚晖、潘公展,共产党人瞿秋白、张闻天等等"[1]。作者阵容之强大,由此可见一斑。正是由于胡愈之善于团结广大作者,才使得《东方杂志》能得到诸多作者的热诚惠稿和大力支持,从而一跃成为当时国内一流的学术刊物。在新加坡创办《风下》周刊期间,胡愈之为了把刊物办出特色,除请郭沫若、茅盾、陶行知、黄炎培、沈君儒等人供稿或主持栏目外,还有巴金、汪金丁、卢心远、沈兹九等流亡南洋的文艺界人士,也都是《风下》的骨干作者兼记者。正是因为具有丰富的作者资源,这份杂志才办得有声有色,成为"一份历久不衰,始终受欢迎的读物"[2]。

三、善于使用人才

如何使用人才是人力资源管理的核心环节。知识型人才是"知识型企业中最重要的资源,充分开发和利用他们拥有的知识是知识型企业唯一获得收入的来源"[3]。要充分开发和利用人才就要善于用人,建立高效的人才使用机制,也就是在现有基础上,努力创新对人才的配置、激励、评价等机制,促进人才创造更大价值。陆费逵善于用人的思想主要表现在以下几个方面:

一是知人善任。人才各有所长,也各有所短,如何发挥其最佳作用,关键是要正确使用。如何在最适合的时候把合适的人放在合适的岗位,如何找到"人"与"事"最佳结合点,做到事事有人做,而不是人人有事做,这是最值得企业领导者深思的。每个人都有明确的个性有合适的岗位,只有合理配置,才能使人才效用得到最大化体现。陆费逵知人善任,将合适的人放到合适的位置上。陆费逵不懂财务,但是他信任并重用行家吴镜渊,使自己能专心业务。正是陆费逵看到了舒新城的认真敬业与吃苦耐劳的精神,才放心把《辞海》这一重任完全交付于他,同时也充分体现了作为一个领导者对人才选择的眼光和对人才的信任。

---

〔1〕 范岱年:《胡愈之和〈东方杂志〉》,《出版史料》2007 年第 1 期,第 410 页。

〔2〕 胡愈之:《胡愈之文集(第 6 卷)》,生活·读书·新知三联书店 1996 年版,第 315 页。

〔3〕 [瑞典]卡尔·斯威比等:《知识型企业的管理》,海洋出版社 2002 年版,第 59 页。

　　沈知方经营世界书局也能做到知人善任，如林汉达，大学毕业后在宁波一所中学教书，沈知方亲与约谈将其招进世界书局做英文编辑，后任英文编辑部主任，是世界英语图书的开发者。又如徐渭南，原是一位中学教师，也是一位作家，沈知方通过在其校读书的儿子将徐引进书局，成为书局梁柱之一。其所主编的"ABC丛书"，作者多系名家，对于世界书局出书品位的提高是有贡献的。再如朱生豪，从浙江之江大学毕业后，由胡山源介绍进世界书局，沈知方将其安排进入英文部工作。朱氏后来以翻译莎士比亚出名。还有就是范云六，他本是商务印书馆的编辑，主要负责教科书的编订。1922年，商务印书馆编辑所改组，调整人事，淘汰了部分老编辑，范云六也位列其中。他一怒之下就投奔了世界书局。当时沈知方正计划编辑教科书，正愁没有物色到合适的主编人才，范云六的到来正中他的下怀，于是立即聘范云六为编辑所所长，委以编辑教科书的重任。

　　章锡深知人善任。他并不迷信什么头衔、学历，而是讲求实际的能力。开明的编辑队伍中并不都是大学毕业生，可又都是学有专长、著译丰富、实实在在的学者；业务人员中，有的文化程度并不高，大部分是陆续招收的练习生，多半只有初中程度，书店除在业余组织他们补习文化外，主要是在实际工作中锻炼，帮助他们提高各方面的知识和办事能力，这批"子弟兵"后来发挥了很大的作用。开明工作人员相对来说比较少，但很精干，办事效率颇高。许多人后来都成为出版界的专门人才。莫志恒原是一位失业青年，得到开明的培养教育，后来成为著名装帧设计家。他说："雪村先生爱护青年是无微不至的，我在他带领下学习出版技术，从他精于印刷、出版业务方面，给予我许多启迪。1932年，丰子恺先生患眼疾，钱君匋先生已经离店，开明书店正缺乏装帧设计员，而我又是初出茅庐，缺乏经验，但是先生就大胆地把这个重任压在我这个青年的肩头。"这种精心爱护、大胆使用、充分信任，是开明同人凝聚力的源泉。

　　张静庐的人才管理之术中也有知人善任的一面。重回现代之后，张静庐敏锐地觉察到了当时纯文艺刊物是一个良机，于是他提议出版一种纯文艺刊物，在得到了一致同意之后，张静庐就邀请了施蛰存先生主编

《现代》月刊。在谈到为何会选择施蛰存时,张静庐说:"这一时期,他是挺适宜的一位编辑。对无论哪一方面都没有仇隙,也不曾在文坛上和某一位作家发生过摩擦。"[1]此后,张静庐又邀请卢芳担任新创办的印刷厂的厂长,而他的理由是"他有新光印刷公司失败的经验"。此后的事实也证明了张静庐择人、用人之术的成功。正是因为张静庐的知人善任,现代书局的"信誉与营业日益隆盛",在1932—1934年间,可以说成为全中国唯一的文艺书店了。

二是任人唯贤。陆费逵说其"用人,一本人才主义,识人未周容或有之,见贤不举绝对无之"[2]。在中华书局,全局数千人,除了少数创业和负重责的人,都由考试而来,无所谓等级,更无所谓亲贵。他们在职务的责任上虽有轻重之分,但绝不是以出身的资格和地位而分,完全以个人能力与成绩为本,可以说全无势力味。[3]总办事处庶务课主任刘某是他的三弟的姻亲,在购买办公、生活用品时有贪污行为。事发后,家属求情愿意将贪污所得退还,据闻数字并不大,如果是一般员工给予撤职留局或解雇缓期就行了,但陆费逵却坚持将其解雇。[4]沈知方在任职期间,对于用人处事一概注重秉公,亲朋好友如无所长,从不录用。为了有针对性地推销教科书,沈知方聘请赵侣青为发行所秘书,陆宝忠为门市部长。赵侣青是上海龙门师范出身,陆宝忠是上海中学毕业。当时上海和邻近松江、青浦、金山、嘉定、崇明等各县的小学校长和教师,绝大部分都出身于这两所学校,加之赵、陆两人在教育界中又有相当声望,在沪上小学教育界人脉广阔,世界书局的教科书在推销上得到不少便利。假如沈知方一味地讲出身,论资排辈,任意安插自己的亲戚朋友来担任发行部门要职,估计日后的世界书局又是另一番景象,要想挤进教科书市场都难。沈知方这种任人唯贤的选人方案,吸引了大批有声望、有能力的有志之士前来投

---

〔1〕 张静庐:《在出版界二十年》,江苏教育出版社2005年版,第102页。
〔2〕 俞筱尧、刘彦捷:《陆费逵与中华书局》,中华书局2002年版,第329页。
〔3〕 俞筱尧、刘彦捷:《陆费逵与中华书局》,中华书局2002年版,第330页。
〔4〕 俞筱尧、刘彦捷:《陆费逵与中华书局》,中华书局2002年版,第77页。

效。这为日后同商务印书馆、中华书局争夺教科书市场份额储备了大量发行人才。

张静庐是一位具有先进人才思想和卓越人才眼光的出版家，现代书局在困顿之际，洪雪帆邀请张静庐重回现代，当时张静庐为此提出了三个基本条件，第三个条件就是"用人以人才为主，职员的进退，须经过二人事前的同意"。张静庐重回之前的现代，"一切权利，集中于总经理一身，各部事务不论大小都时时要向总经理请示，有时更以个人的喜怒哀乐向职员面前发泄。所以不论才具，只要会趋逢总经理的意趣的，就是好职员"。张静庐重回现代之后，进行了大幅度改革。"从我踏进之后，以养成各部自动为原则，尽量使各部同事发挥他的才干，用人标准，论才具而不讲'面子'，渐渐地使同事对所管的职务负起责任来，对于所做的事情发生兴趣了。"[1]由此可以看出，一是在张静庐重回之前，现代书局的人事管理非常混乱，洪雪帆大权独揽，可以依据个人心情随意进行人事变动，而书局也充斥着阿谀逢迎之徒，张静庐对此非常不满；二是张静庐的人才观，即以人才兴社，用人标准以能力为主，同时决定人员进退的，是个人表现，而不是管理层个人喜好。张静庐在人才管理上有两个特点，一是避免任人唯亲，信奉唯才是举。"在五十五同事中，只有一个是我的外甥可以说是私人。"二是严格管理制度，严禁公司职员在外做"小货"。在泰东图书馆时期，赵南公对职员的"做小货"行为放任不管，以至于泰东的店员，很少有不做"小货"的，"如群众、震旦、儿童等老板，都是在泰东职员任内印行过书籍而后出来自撑门户"[2]。但是，张静庐"向来对书店职员利用他的职位在外边做'小货'买卖是很反对的"。他不仅如此要求职员，自己也以身作则，"无论当经理还是小职员，自己从来不曾做过一本额外的'小货'"[3]。

三是注重激励。管理中的激励是指"管理者运用各种管理手段，刺激

〔1〕　张静庐：《在出版界二十年》，江苏教育出版社 2005 年版，第 103 页。

〔2〕　张静庐：《在出版界二十年》，江苏教育出版社 2005 年版，第 71 页。

〔3〕　张静庐：《在出版界二十年》，江苏教育出版社 2005 年版，第 70 页。

被管理者的需要,激发其动机,使其朝向所期望的目标前进的心理过程"[1]。陆费逵在人才的使用过程中,主要通过以身作则、赏罚分明等来激励人才,将使用和激励有机结合在一起。榜样的力量是无穷的,一个好的榜样"能够为组织成员提供行为模式和努力的方向"[2]。管理者居于组织的核心位置,他的自身行为将发挥表率作用。他注重通过奖罚分明来激励人才。长沙分局经理程通儒病故,由于其经营卓有成效,虽有亏损,但陆费逵看他兢兢业业,就给予 1000 元抚恤,帮助其还清欠款,另外还为其子女补贴 10 年每年 100 元的教育费。1927 年,太原分局张文甫经理辞职,因其经营尚可,但是仍有亏空,所以总局对他有奖有惩,把任职期间前 5 年 1800 元亏空给予免除,对任职期间后的 10 年 1500 元必须如数偿还。这种赏罚分明的思想还体现在对员工甄别标准的制定上。1935年 6 月,中华书局董事会议定甄别标准:"(一)学生、练习生、学习员照章加薪。(二)新进职员试用成绩佳者酌加。(三)业务特别发展部门,特别有能力者从优加薪,能力尚佳者酌加。(四)职务调动责任加重者酌加。(五)办事能力有特别进步者酌加。(六)业务不进步部门应将开支减省。(七)办事效率不佳者从严甄别。"[3]奖励上进、好学的员工,对那些后退、不认真工作的员工予以惩戒,奖惩分明,对于激励人才无疑是有益的。在出版实践中,沈知方也经常以身作则,对书局的人才产生了激励作用。他尽管身居要职,生活却过得十分简朴。对于重要的出版物,沈知方都事必躬亲,劳心费力,却从不挂主编之名,而是让书局参与编辑署名,以调动他们的积极性,满足他们的文化抱负。例如,从"ABC 丛书"开始编纂到最终出版,无论是体例的制定还是丛书的出版,他都给予了指导。可出版时,却并未署主编之名。从中体现出沈知方不仅不掠人之美还主动让贤的高风亮节和大度胸怀。这使他赢得了公司同仁的爱戴和拥护,严独鹤、陆高谊等人在社会上很有影响力,之所以能追随沈知方,就与他这种以身

---

〔1〕 魏颖辉、王景平:《企业管理》,北京航空航天大学 2008 年版,第 142 页。
〔2〕 魏颖辉、王景平:《企业管理》,北京航空航天大学 2008 年版,第 143 页。
〔3〕 俞筱尧、刘彦捷:《陆费逵与中华书局》,中华书局 2002 年版,第 330 页。

作则的精神有很大关系。

张元济对于如何用人,有自己一套独特的理论。他的用人观主要可概括为如下几点:

一是主张用新人。张元济认为:用人能不能推陈出新是一个企业或盛或衰的根本。因为"公司事业日益进步,往过来续,理有必然。五年前之人才未必宜于今日,则十年前之人才更不宜于今日。即今日最适用之人,五年十年之后,亦必不能适用也。事实如此,无可抗违。此人物之有生死,而时代之所以有新旧也"[1]。因此他主张用新人。他所指的"新"人的"新"包括两方面:第一指年龄小。年轻人身强力壮、精力充沛,多胸怀大志,受过新知识的熏陶,接受能力强,能够胜任繁忙的工作,效率高而且不太计较报酬。第二指思想"新"。他认为,新人,接受的是新知识、新思想,知识丰富全面,头脑灵活,能跟得上时代步伐,善与学术界、政界交涉,易与社会沟通。他"主张用少年人",但是对于年老之人,还是分别对待的。年虽大,但做事得力之人,仍继续留用。如商务北京分馆的总经理,虽然已上了年纪,但为人精明干练,办事能力很强,又不因循守旧,是张元济得力的助手。因此一直被张委以重任,并不因其年老而考虑撤换;对年老而无用之人,辞退的时候会加大公司对其在酬劳上的补贴。

二是不轻易用相识之人,尤不轻易用高层领导人子弟。在用人观上,张元济与公司另一负责人高凤池之间一直存在很大分歧.高凤池除了主张用旧人外,还主张用商务老高级职员的子弟及相识之人。这显然是一种做"家族式生意"的旧式商人风格。对于相识之人,张的看法是"宜不论识与不识,但取其已有之经验而试之"[2],决不因是熟人而放弃用人原则。同时张认为用老高级职员的子弟是搞裙带关系,若这类年轻人进公司,即使他们受过良好教育,也会仗着父兄的关系谋着高位厚禄,不知其父兄当初创业的艰难,自然看问题简单,花钱大手大脚,不安心努力工作。别人对他们就是有意见,碍于其父兄面子也不敢提,更有一批阿谀奉承之

---

〔1〕　张元济:《致高凤池(翰卿)》,见张树年:《张元济书札》,商务印书馆1981年版,第190页。

〔2〕　张元济:《致高凤池(翰卿)》,见张树年:《张元济书札》,商务印书馆1981年版,第184页。

人前呼后拥。这样一来,影响到公司员工士气,人浮于事,最终会毁掉整个公司。因此,他主张不轻易任用重要职员子弟,即使聘用,也应让其先在其他公司做事,多经受些磨炼,等其有了经验资格,阅历较深,知道甘苦,的确有了办事的能力和经验时,再由公司延聘,那时公司倒宁可出重金聘请。这样做,对公司对他个人均有利。为此之故,他拒绝了高级职员王亨统之子入公司,甚至连素来相交颇好的商务创办人之一鲍咸昌的儿子进商务印刷所也加以拒绝。多年以后他的儿子张树年留美归来想进商务也被他坚拒。

三是人尽其用。知人善任,人尽其用是张元济用人的特点。他对聘进馆的人才,均能妥善安置,放在合适的岗位上委以重任。当年胡适推荐才学兼备的王云五入馆,张让其担任编译所副所长重职,不久又提升其为所长,并给他充分的权力,让他放手去干。后来王云五任总经理后,公布新管理方法,在商务引起轩然大波。当商务内外反对王的改革措施时,张元济作为董事长未出面干预,并批准王云五先对事与物的管理方面进行改革。说明张元济对王在管理上的改革是支持的。事实证明王云五确实是高效率的行政领导和机敏的商人,为商务带来了经济上的收益。

对于新人,张元济则给其先安排一个职位,在工作中发现其所长,然后加以提升或调用,使之充分发挥作用。沈德鸿(茅盾)1916年进馆时仅为一月薪二十四元的试办者,工作是为函授学校批改英文作业。不久,茅盾就《辞源》的缺点写了封信给张元济,提出修改意见,并建议《辞源》逐年修改,增收政治、经济、科学新条目等。张元济就从这200多字的函札中看到了这位年轻人的才华、博学和勤奋,第二天就调茅盾到编译所国文部与孙毓修合编《童话》等书稿,从此开始了他的编辑生涯。

张元济在用人上有魄力、有远见,唯才是举,只求于公司发展有利,不为人言所动。商务办的杂志《绣像小说》是中国最早的小说杂志之一。小说一向为传统文人轻视,但随着社会及语言文化的发展,小说以其诙谐嘲讽的文字、浅显易懂的语言及更易深入人心为大众所喜爱。张元济因赏识李伯元的活泼文笔而聘他做《绣像小说》的编辑,并不理会李被人讥为

"花界提调"一事。

四、培养人才

引进人才、使用人才是人才管理的重要环节。但是,"如果只是引进了人才,而不对人才进一步予以培养和提高,势必导致人才涣散和效率低下,所以必须在大力吸引人才的同时全力培养人才,使人才的素质和能力不断提高"[1]。近代浙江出版家们不但注重引进人才和使用人才,还注重培养人才。

(一)走出去,鼓励员工进行各种形式的培训深造

沈知方和陆费逵都十分重视让职工利用业余时间参加学习,培养和提高职工的知识和能力。世界书局和中华书局编辑所分别在 1921 和 1913 年就设立补习夜课,有国文和日文专修班,目的就是帮助办事人员进步。抗战前,上海有职业补习学校,世界书局和中华书局的职员可持成绩及格报告单报销学费,成绩优异的还可以得到奖励。1934 年秋季,世界书局举办商业实习训练所,1935 年 9 月中华书局也举办了"职员训练所",对本市各小学在应届毕业生中成绩比较优秀而不能继续升学的学生进行短期训练,然后按具体情况分配到各部门。教师都有发行所各部门负责人担任,授以各种业务知识,毕业后即由发行所录用,分派到各部门工作。可以说,沈知方和陆费逵为书局职员提供了极好提高自身素质和能力的平台与途径,为人才的培养开拓了良好的渠道。他们还注重派遣编辑、发行、印刷等各部门的可塑之才出国留学和深造,这些人才学成回国后,把国外先进的经验和技术带回书局,并把其理念和方法运用到书局的工作实践之中,从而促进事业的发展和繁荣。

张元济为加强对员工培训还特意办了各类职业学校,着手自己培养人才,择优录用。如商务附设的商业补习学校,共办七届,毕业学员 318人。由于教育针对性强,加上在工作中实习,大部分都能逐渐成为骨干,

---

〔1〕　夏慧夷:《陆费逵的出版人才观及其践履》,《出版发行研究》2007 年第 9 期。

任各分支馆经理、分厂厂长、司账、门市主任等；小部分任总馆协理、襄理、主任、秘书等职务。此外还办过印刷技工艺徒学校、仪器标本实习所、新式会计讲习所等，学生经公开招考，经过短期训练，培养为公司适用的业务人员。并且还从公司历年所办的小学师范讲习所、师范讲习所、国语讲习所、图书馆学讲习所、尚公小学校等辅助社会的教育事业中，吸收部分学生为职员或练习生。许多职工经培训和长期实践锻炼，成为编辑出版方面的人才。不仅如此，商务还有远见地将职工送出去进修，如将黄警顽送到明诚学院进修图书版本、目录学。甚至资助职工出国留学或考察，如王云五在就任商务总经理前，要求出国考察。商务为他出具费用，张元济开具了许多介绍信。王云五先后参观考察了日本、美国、英国、法国、瑞士、德国、荷兰、意大利等国，吸取了各国先进、科学的企业管理经验，制定出了自己的一套科学管理法，实施后颇见成效。商务还曾资助胡愈之留学法国、派印刷技术工人去日本学习先进技术等等。

开明特别注重培养年轻人，章锡琛亲自给年轻人举办讲座，在年轻人年满出师后都委以重任，让他们挑重担。在开明做过的编辑和职员都有章老板让他们干事这种感叹。章锡琛希望他的出版事业也能在他的儿女们手里传下去。他的儿子在排字房、印刷间、营业部轮流学习了好几年，才调到南京去主持开明分店的工作。这是他的理想职业教育，他所教育出来的新一代便懂得排字、浇版、印刷、装订以及发行各部门的工作，他试图把他们训练成出版界的全才。

胡愈之十分关心青年作者的成长，对于青年作者的稿件，只要稍有可取之处，必耐心地为之修改，并尽量予以刊载，这无疑给广大青年作者以极大的鼓励。他关心和培养青年的一个突出事例，是1947年在新加坡以《风下》周刊编辑部为基础，创办了一个自学青年辅导社，用以帮助广大自学青年成才。参加辅导社的学员每人每月要交作文两篇，由名家认真批改，并将好的作品推荐到报刊发表。这对他们帮助很大。当年参加自学辅导社的青年，有的现已成为有名的作家、学者，有的已成为当地政府的领导者，他们对《风下》周刊和自学辅导社怀有深切的留念。

（二）引进来，引进专门人才和知识库培养员工技能

培养人才，不仅要走出去，鼓励员工通过各种途径提升自身专业技能，还需要引进来，通过引进专门人才以带动员工的素质和能力，通过建立图书馆来促进员工进行自发的学习和提升。沈知方十分注重运用这一策略提升员工的能力，除了对社会上现有人才尽力挖掘、量才使用外，还注重提高职工的专业素质。这一点突出地体现在他对印刷人才的培养上。20 世纪 20 年代前后，世界印刷技术有了新的发展，但在当时的中国，平、凹版尚凤毛麟角。1923 年在派遣沈连芳前往日本考察出版印刷业后，沈知方获悉中日出版印刷业的差距，决定引进国外先进的印刷技术和印刷人才，大力发展世界书局的印刷业务，并花重金聘请了俄籍职工为技师，并由其负责培训了一批印刷人才，并且选派优秀的技术工人出国学习印刷雕版等技术，为世界书局的经营做出贡献。陆费逵也用重金聘请了留日学生、科班出身的丁乃刚和沈逢吉为技师，并由沈逢吉负责培训了一批雕刻人才，并且选派优秀的技术工人出国学习印刷雕版等技术，为中华书局的经营做出贡献。正是对人才的培养使得世界书局和中华书局人才的实力和技术水平得到不断提高，为书局的发展做出了重要的贡献。

为了给馆内员工提供自我提升的机会，张元济极为重视对图书的收集。先是建立资料室，后来经他多方努力，购得几家藏书楼的收藏，于 1909 年定名涵芬楼，又于 1926 年成立对社会开放的东方图书馆。至"一·二八"被毁之前，藏书达 46.3 万册，图片、照片 5 万余幅，单地方志就有 264 种，25652 册，涉及 22 个省及一些边远地区。这些藏书为职工的进修及业务提高创造了有利条件，如胡愈之进馆时只有初二的文化，他的书都是在商务读的。商务的许多人才就是通过这种方式不断成长起来，后来成为社会知名的专家和学者。张明养说过："（商务）是一个培育人才的大学校。一个培育人才的大学校，至少要具备两个不可缺少的条件。一是拥有学有专长的热情的导师，二是具有做调研工作所必需的图书资料设备。除了一些大学和研究机构外，商务编译所在这两方面都有

它独特的有利条件。"[1]

第四节　出版管理特色

在近代中国出版业界基本实行两种经营方式,一是"人资合一"的出版企业,个人既是出资者,又是经营者,它是一种独立治理、独立经营并承担着债务的无限连带清偿责任,当然也独自享有企业的全部赢利。二是由数人合伙投资的出版企业,合伙人都属于自然人,他们共同出资,合伙治理、共同经营,每一个合伙人都有权代表企业从事经济活动,每一合伙人都是另一合伙人的代理人。他们共同参与制定企业的重大决策和业务执行,并承担企事业债务的无限连带责任。这种企业是根据合伙人自愿签订的合伙契约设立的,企业中的个人信用性质很大,"人合"因素大于"资合"因素。这两种模式的共同缺陷是资本流动受到限制,面临的风险很大,不能适应投资大、规模大、竞争强、风险高的出版活动。

中国第一家现代意义上的股份制公司是李鸿章于同治十一年设立的轮船招商局。王韬、钟天纬、马建忠、薛福成、陈炽、梁启超等一些先进的中国人都对西方的股份制公司制度作过进一步介绍,上海的股份制企业层出不穷。股份制企业的发展,迫切需要政府有相应的法律保障。光绪二十九年(1903),清政府颁布了中国第一部《公司律》,以后又相继颁布了与之配套的《破产律》、《商标局法规》、《银行注册法》等法律。在此影响下,上海出版业中的股份制企业也开始出现。

一、现代出版企业制度的建立

1903 年 11 月至 12 月间,商务印书馆股份有限公司成立。商务印书馆原先在 1897 年由几人合伙投资,受现代企业制度的影响,适应自身扩大经营的需要,首先在上海出版业中使用股份有限公司的形式。继之中

---

[1]　张明养:《怀念和感激:纪念商务印书馆建馆八十周年》,见商务印书馆编辑部:《商务印书馆九十五年》,商务印书馆 1992 年版,第 292—293 页。

华书局、大东书局、世界书局、开明书店都先后采用股份制公司的形式。现就这 5 家大的出版机构改组为股份制企业的时间、资本情况列表 3-8:

表 3-8　五大出版机构改组股份制的情况

出版机构	成立时间	创办人	创办时资本额	改组时间	改组时资本额	责任形式
商务印书馆	1897	夏瑞芳、鲍咸恩、鲍咸昌、高翰卿	3750	1903	200000	有限
中华书局	1912	陆费逵、陈协恭、戴克敦、沈知方	25000	1913	1000000	有限
大东书局	1916	吕子泉、王幼堂、王均卿	300000	1924	100000	有限
世界书局	1917	沈知方	不详	1921	2500	有限
开明书局	1926.8	章锡琛、章锡珊	5000	1929	50000	有限

考察近代出版家所主持的民营出版机构,在建立股份制的过程中大都表现出如下的几个特点:

第一,在建立股份制的过程中都经历着从业主制或合伙制向股份制企业的过渡过程。从上表可以看出,这 5 家大的出版机构除世界书局为沈知方一人独自创办外,属业主制企业外,其余 4 家开始都是合伙制企业,而后走向股份制企业的。各个企业经历这个过程的时间长短不一。商务印书馆从 1897 年建立,到 1903 年建立股份有限公司,经历了 6 年的时间。中华书局为一年多,大东书局为 8 年,世界书局为 4 年,开明书店为 2 年多。在这 5 个出版企业中,以大东书局经历的时间为最长,达 8 年之久,而以中华书局经历的时间最短,只经历了一年零三个月。每个企业经历时间的长短,是由其本身业务发展的需要决定的。更确切地说,都是在出版,特别是发行量最大的教科书出版取得一定成就以后成立股份有限公司的。商务印书馆起初接手一些小的印刷业务,合伙制的形式还能满足其融资和管理的需要。在它凭藉晚清对教科书需求较大的时机,编印《最新教科书》独步一时以后,业务量迅速扩大。到 1903 年,日本大出版企业金港堂登陆上海,商务为了化解它可能涉足教材市场的压力,决定吸收日本资金,同时吸纳国内资金,成立股份制有限公司,以满足业务发展的需要。而中华书局是在料定清政府必然灭亡,旧的教科书一定被淘汰的情况下,编撰出版以"我国旗分五色,红黄蓝白黑,我等爱中华"这种体现着爱国思想和民主精神的崭新姿态的《中华教科书》而一炮打响的,面对始料未及的企业的迅猛发展,第二年采用股份制企业的形式的。正如陆费逵所说:

"中华书局草创之时,以少数资本,少数人力,冒昧经营,初未计及其将来如何。开业以后,各省函电纷驰,门前顾客坐索,供不应求,左支右绌,应付之难,机会之失,殆非语言所能形容。营业之基础立于是;然大势所迫,不容以小规模自画矣。于是设公司,添资本,广设分局,自办印刷。"[1]

而其他几家大型出版企业大东书局、世界书局、开明书店也都是在挤入教科书市场、业务发展到一定规模、谋求更大发展时,改组为股份制有限公司,走上现代企业制度之路的。

第二,各大出版公司都大力发展企业职工入股,并吸收对企业发展起重要作用的人入股。这些企业在招股时,为了企业发展和管理的需要,也为了调动各方面的能动性,尽可能地吸纳本企业的职工或对企业发展有较大关联的作者、官员、社会名流为股东。

商务印书馆在正式成立股份有限公司前的1901年,就开始吸收饱学之士、戊戌变法中被革职的进士张元济和上海闸北纱厂老板、与日本三井洋行上海支店店长山本条太郎有很深个人经济关系的印有模入股,前者使夏瑞芳扩大出书业务、组织编辑部的希望能够实现,后者直接促使了商务后来的与日本的合资。1903年的新增股东中,就有当时的著名翻译家严复和谢洪赉、书业界著名人物沈知方等。严复的股本到1910年有27400元(包括升股和增股),共占当时商务印书馆总股本的3.84%。1905年2月更是明确规定,将增资10万中的3万多供"京、外官场与学务

---

〔1〕 陆费逵:《中华书局二十年之回顾》,《中华书局图书月刊》第1期,1931年8月10日出版。

有关可以帮助本馆推广生意者,和本馆办事之人格外出力者"认购。商务或利用他们的学识,或利用其资金,或利用其影响力以推动其业务的发展。这以后来加入的股东中,有当时对普及实学有较大贡献的郑孝青、罗振玉,学业上很有成就的王国维,当时的著名翻译家伍光建、林纾,其他有名望者还有伍廷芳、宋耀如、叶景葵等。以上这些股东的加入,对商务印书馆在书籍的编辑、出版和发行以及资金、稿源等方面都产生了积极的影响。如伍光建、林纾成为商务的股东后,其著作、译著就由商务独家出版,商务仅这一点上就获利颇丰。对内为调动职工的积极性,吸收高梦旦、蒋维乔、邝富灼、陆费逵、包文信、庄俞、杜亚泉、孙星如等职工入股,尤以编译所高级编辑的比例为多。[1]

中华书局历年来的股东中有范源廉、孔祥熙、宋耀如、梁启超、唐绍仪、蒋汝藻、徐静仁、康心如、于右任、吴镜渊、黄毅、史量才、简玉阶、简照南兄弟等。这些股东对书局的发展与壮大发挥了重要作用。中华或利用他们的学识,或利用其资金,或利用其影响力以推动业务的发展,中华书局在民六危机后能摆脱困境,烟草大亨简氏兄弟出力颇多,他们将南洋烟草公司的烟壳印刷业务交与中华,助其渡过难关。而20世纪30年代以后中华在印钞业务上飞速进步,一方面是缘于其雄厚的实力,另一方面也得力于中华股东孔祥熙等在政界的特殊关系。梁启超在成为中华的股东后,曾任《大中华》的主编,而其著作《饮冰室》全集的版权就交由中华书局,有力地提高了中华书局的学术声誉。

在吸纳著作者和职工入股方面,开明书店尤为突出。开明书店积极鼓励著作人和职工入股。对著作人以应付的稿费或版税抵充股份,招其入股[2]。据徐调孚说:"(开明)以股东、同人、著作者三位一体,作为公司的基础。"[3]对于职工入股,不论金额多少,即使是10元也可以[4]。开

---

〔1〕　商务印书馆编辑部:《商务印书馆九十五年》,商务印书馆1992年版,第650—653页。

〔2〕　章克标:《记开明书店》,《上海文史资料选辑》第45辑,第164页。

〔3〕　王知伊:《开明书店纪事》,书海出版社1991年版。

〔4〕　章克标:《记开明书店》,《上海文史资料选辑》第45辑,第164页。

明同人几乎全是公司的股东,这就大大加深了同人对于公司的兴趣和责任,增强了公司的凝聚力。

为处理好与官方的关系,对于在政治上有影响的人物,各出版机构也用招其入股的形式,增其为股东。开明书店为对付国民党官方,就曾请邵力子入股,并请其做董事长〔1〕。大东书局就曾吸收陶百力、杜月笙为股东〔2〕。其目的都欲借助他们的影响力而有更大的作为。商务、中华、大东还利用在政界有影响的股东,借助于他们在政界的特殊关系,招揽印钞业务,以缓解书籍发行不景气情况下公司的压力。后来的大东书局即是利用了政界的关系,成为国民政府最大的印钞厂。

第三,出版企业管理体制各不相同。20世纪以后,不仅公司制出版企业的融资方式出现变化,在管理体制上也与以前大不相同。由于各公司规模不同,各出版机构内部的组织机构、管理方式也不尽同一。较小的出版机构,内部谈不上什么组织分工,编辑发行合二为一,没有自己的印刷所。书籍主要到别人的印刷所印制,由于印制费用的关系,有的到外埠,甚至到日本印制,像群益书社、亚东图书馆等都在日本印过不少图书。〔3〕有的只有编辑部、发行部等组织设立。较大的出版机构一般都有编辑、发行、印制等出版的整套机构,并在其上设立管理和监督机构,但管理体制并不相同。如中华书局也是由股东大会选举董事和监察,由董事会推选出总经理和协理,在总经理和协理之下设总办事处、编辑所、印刷所、发行所的一处三所模式。而大东书局是由股东会选举董事和常务董事及监察,先期也设立总管理处、编译所、印刷所,后期则把总管理处撤销,设立总务、出版、推广、会计、稽核、进货、存货、稿务等科室,并且这些科室与原先设立的编译所、印刷所平行,都直接由经理指挥。

总之,这些较大的出版机构虽然在公司制运行上各不相同,但都建立了较为系统的现代企业管理的组织形式和相应的规章制度。

---

〔1〕 章克标:《记开明书店》,《上海文史资料选辑》第45辑,第164页。

〔2〕 孔繁楠:《大东书局概况》,《出版史料》1990年第4期。

〔3〕 汪原放:《回忆亚东图书馆》,学林出版社1983年版,第23、25页。

二、出版业内部组织机构和管理体制的新变化

在出版企业融资方式出现变化的同时，在管理体制上也得到了改进。由于各出版社规模的不同，各出版机构内部的组织机构、管理方式也不尽相同。但大致都引用自西人出版机构的内部组织模式。像一些较小的出版机构，内部谈不上什么组织分工，编辑发行合二为一，印刷代为加工；有的内部有编辑部、发行部等组织之设立。大的出版机构一般都有编辑、发行、印制等出版的整套机构，其中商务又是国内其他大出版社的样板，如中华、大东、开明、世界几个大出版机构皆是仿效商务内部的管理体制而来的。而且每个出版社内部部门的设置和管理体制也是随着规模的不断扩大而作不断的调整，经历了一个从粗疏到细密的过程。

以商务印书馆为例来说明这种变化还是具有比较大的代表性。商务印书馆在1897—1901年创办初的几年内，主要业务是以印刷账本表册之类和圣经会、广学会的一些书籍。自己出版的书籍较少，且都是买稿直接出版，没有自己的编辑力量。1902年，经理夏瑞芳接受张元济的建议，要经营出版业，必须有自己的编译所。于是，商务印书馆在经理之下设立编译所、印刷所、发行所，第一次建立了与铅字排版、机器印刷等生产技术相适应的，集编印发为一体的出版机构。1903年成立股份有限公司之后，建立了由股东大会选举董事，再由董事会推举经理制度。公司每年召开一次股东大会，由股东会议选举董事7—13名（任何持有商务股份10股以上者都有被选为董事的资格），再由董事会选任总经理、经理各一人，其他职员则由总经理、经理选任。其公司权力结构为：

股东大会→董事会→总经理

根据《商务印书馆股东会记录》载，1905年、1906年股东会选举董事夏瑞芳（兼经理）、原亮三郎、加藤驹二、印有模；1907年选举夏瑞芳（兼经理）、张元济、原亮一郎、印有模、山本条太郎。从1909年始，设立查账董事。此年股东会选举张元济、郑孝肯、高凤池、印有模、高梦旦、鲍咸恩、夏

瑞芳七人为董事,张桂华(蟾芬)、张国杰(廷桂)两人为查账董事[1]。1914年后名监察人。[2]重大的事情有董事会协商解决的管理机制。

在总经理之下,设立编译、发行、印刷三所。三所的设置包括了全部出版过程的三个环节,起初由于没有一个统一的计划,三所各行其是,互不关联,公司许多问题不能得到有效解决。于是,商务印书馆在1914年4月10日,接受陈述通的建议,在三所之上设总务处(初名为总管理处),为统辖全公司之最高机关。总务处每年制订计划,规定三所所长定期叙谈,所与所发生关系通过开会解决,开会时三所所长皆出席,意见一致便通过执行,意见不一,便将意见写下去或在会外商量,或在下次开会时商量。[3]这样,商务印书馆就有了一个统一的机构来联系、协调三所的行政、用人、财务等事,公司以前的散漫现象得到改变,业务的筹划和运行走上了现代企业的正常轨道。

在一处三所的总框架下,各所下设众多的部、科、股、组及附属公司等各级机构,每一机构都规定了严格而细致的部门章程和组织大纲。总务处设总经理、经理、协理,它们之间互不统属,总经理也只是总务处机构中的一员,他没有管理经理、协理的权力。实际上也就缩小了总经理的权限,增强了公司决策的科学性、民主性。这项制度的建立对商务印书馆后来的发展起了很大的作用,以致陈述通在离馆以后,商务董事会为了感谢他倡议建立总务处的建议,决定送给他6000块银圆的酬谢[4]。

由陈叔通等设计的商务印书馆的一处三所制奠定了中国出版企业的基本框架,后来的出版企业大抵遵循了这一模式。虽然随着企业的不断发展,各个部门的功能和管理范围都有很大的变化,但作为出版三个环节的编辑、印刷、发行和总体宏观管理的相互关系始终没有改变。总务处是统辖全公司的最高协调机构。

---

[1] 查账董事1911年后称查账员。
[2] 商务印书馆编辑部:《商务印书馆九十年》,商务印书馆1992年版,第116页。
[3] 商务印书馆编辑部:《商务印书馆九十年》,商务印书馆1992年版,第139页。
[4] 商务印书馆编辑部:《商务印书馆九十年》,商务印书馆1992年版,第139页。

需要指出的是,商务印书馆管理体制的改变,是在公司发展中逐步完善的。它既是近代上海这一东方之都城市化进程中的产物,也是时势需要的结果。它的产生,是现代管理方式的影响和企业自身发展过程中的一种自然结果。中日合资成立后,虽然成立了股份有限公司,但经理个人权力过大,总经理对公司资金的投资权限不明,而且会计制度也很不健全,公私不分现象严重。面对这种情况,有先进现代企业管理经验的日本股东原亮三郎看到了这一点。他在1909年2月12日给张元济的信中这样说道:"兹据贵国将来形势,虑及贵馆于经营上尚须妥加整理,巩固基础,宜建立即便一旦产生急变或萧条亦能从容经营之计划……建议贵馆进行营业整理,依照各国商法规定,建立会计上公私不分现象之防止法,及董、监、经等重要人员,以及职员未得公司同意,不得经营其他营业之防止法等。此议若何,敬希考虑制定各法为盼。"[1]

果然,在他言后不久,夏瑞方投资失利,卷入"橡皮股风波",给公司带来很大损失。事后,张元济深感公司规章制度之不健全是公司的最大隐患。夏瑞方事件后,他说:"以后宜按照法律严定办事权限,保全公司,亦正所以保全粹翁也。"[2]此后,他一直注意公司的规章制度建设,在公司渡过夏瑞方事件的难关后,他在1912年2月11日致山本条太郎书中再次谈到了建立公司组织章程的重要性。他说:"商务印书馆经济状况近来似稍宽裕,惟公司办事章程组织未善,董事及经理人权限未清,将来公司恐大受损害。"于是,他建议"必须更改章程,划清董事及经理权限,订立管理银钱出入规则",请山本或原亮来沪面商。[3]

正是有现代企业先进管理经验的影响和指导,商务印书馆在付出了沉重的代价之后,才有1915年公司管理制度上的改革。也使得商务的领导人以后始终关注着规章制度的建设。到1918年5月29日,在张元济致高凤池信中,我们还能看到"就财政说……会计制度缺点不少,宜聘有

〔1〕　张树年:《张元济年谱》,商务印书馆1991年版,第80页。
〔2〕　张树年:《张元济年谱》,商务印书馆1991年版,第86页。
〔3〕　张树年:《张元济年谱》,商务印书馆1991年版,第103页。

经验、有学识者预备修改。……就组织说……（总务处）未迁前之布置，事与发行部混合者，先为厘析。各部分有不能同迁者，预令练习。已迁后之计划，裁减机关，省去头目，聘用西人，改良印刷，采用法治，勿图简便……然确见公司成立以来，制度实未完备。且积习已深，不速改革，于公司前途甚有障碍……"〔1〕等之语。

十几年后的1930年，王云五的"科学管理法"，更是直接把欧美的现代企业管理制度直接搬到了商务印书馆内，不管其效果如何，它都是西方文明对中国近代出版业影响的产物。其次，在西方社会的影响下，上海现代企业纷纷建立，企业的管理水平有了整体的提高，为商务印书馆建立合理的管理体制提供了直接的参照系。1920年，商务印书馆设置监理一职，其倡议人陈述通就是受上海当时管理较先进的公司章程的影响〔2〕。

如果没有上海都市整体管理水平的提高，这些管理方式就不一定能够出现。其他较大的出版企业内部的组织系统深受商务的影响，中华书局也是由股东大会选举董事和监察，董事任期一年，由董事会推选出董事长和常务董事。董事会选总经理一个，总管公司业务，向董事会负责。唐绍仪、宋耀如、于右任、孔祥熙、史量才、沈恩孚、俞复、高欣木（野侯、时显）、汪伯奇、王志辛、舒新城、李墨非、杜月笙、李叔明、吴叔同等都当选过董事。中华书局初期为局长负责制，1919年改为总经理负责制，总经理由董事会聘任，主持局务。总公司设有办事处和编辑、印刷、发行三所。总公司各所所长和分局经理由总经理提名，经董事会同意后聘任。总办事处设总务、造货、账务、会计、承印5部；编辑所设所长，下设总编辑部、教科图书部、普通编辑部、辞典部和杂志部。印刷所下设事务部、营业部、工务部；发行所下设秘书处、上海发行所、事务所等部门。在广州、北京、天津、保定、开封、成都、汕头、重庆等50余个城市设立有分支局和分销处。抗日战争时期，上海办事处解散。1942年内迁重庆，在重庆建立了总管理处。抗战胜利后迁回上海。仍在总经理下设总办事处和编辑、印

---

〔1〕 张树年、张人凤编：《张元济书札》增订本，商务印书馆1997年版，第942—943页。

〔2〕 商务印书馆编辑部：《商务印书馆九十五年》，商务印书馆1992年版，第138页。

刷、发行三个所。后来在总管理处下设三部（业务、总务、会计）三所。总经理长期由陆费逵担任，陆还曾兼编辑所所长。编辑长先后由汪梅秋、范源镰（静生）、戴克敦担任，1930年后由舒新城任编译所所长和协理，在总经理和协理之下设总办事处、编辑所、印刷所、发行所的一处三所模式。不过，中华书局的总办事处是处于总经理领导之下的。大东书局是由股东会选举董事和常务董事及监察，先期也设立总管理处、编译所、印刷所，后总管理处撤销，设立总务、出版、推广、会计、稽核、进货、存货、稿务等科室和编译、印刷两平行所。

总之，在西方帝国主义的影响下，在他们远东投资的重要口岸如上海等沿海城市，几家较大的出版机构都相继建立了较为系统的现代企业管理组织形式和相应的规章制度，他们采用现代先进的企业管理方式，为中国近代出版业的现代化进程起到了示范效用。

第五节　出版家的职业道德理念

出版经营活动的主要产品——出版物在人类的发展过程中起着至关重要的作用，不同的出版物对人产生不同的影响，而出版工作者的职业道德是影响出版物质量的重要因素。出版职业道德作为职业道德的一种形式，是一般社会道德在出版职业中的特殊体现。浙江近代出版家的职业道德理念集中体现在以下五个方面：

一、强烈的社会责任心

陆费逵是一位教育救国论者，同时也是一位拥有爱国思想和民主主义思想的人，具有很高的社会责任感，不仅勤于经营，还把出版社办成了以出版事业践行文化使命和体现爱国主义、进步思想，振兴中华民族的阵地。在他的出版职业道德观中注重社会责任是其中一个重要的内容。

（一）为读者出版"有价值"的书

他认为："吾人用尽脑筋和心血，出一部有价值的书籍供献于社会，则社会上的人们，读了此书之后，在无形中所获的利益定非浅鲜；反是，如以诲淫诲盗的书籍供献于世，则其比提刀杀人还要厉害。"[1]从中我们可以看出，陆费逵认为出版工作应该出版"有价值的书"贡献于社会。陆费逵在主持中华书局的数十年间，始终把出版对社会有价值的出版物作为重要的目标。在陆费逵这一思想的指引下中华书局在新中国成立前出版了五千余种出版物，虽然不能说每本书都质量优良，但我们确实不难从中感受到文化的、教育的、思想的、科学的、学术的气息；而找不到丝毫黄色的或散发铜臭的或低级趣味的书，[2]而这是通过以下努力得来的。

首先，在借鉴的基础上主动创新。中华书局成立后，借助新式教科书迅速崛起，在一两年内享誉海内外。从此，中华书局和商务印书馆的教科书大战不绝。随着中华业务的逐步扩展，竞争也从教科书领域向工具书、古籍领域，并从选题、宣传等方面展开了全方位的竞争。在竞争中，陆费逵注重学习借鉴，一旦商务印书馆有好的选题策划，中华书局马上跟进。然而，中华书局的借鉴绝不是粗劣的模仿和亦步亦趋，而是在借鉴上进行创新，使得自己的出版物有独特的价值。这可从中华书局和商务印书馆几部比较具有代表性的图书上分析出来，如《四部丛刊》与《四部备要》，《辞源》与《辞海》。商务印书馆在1920年出版了《四部丛刊》，市场反应很好，陆费逵也很快采用现代出版技术刊行《四部备要》。两书在选题和出版手段上有很大不同，各自显示的学术意义和收藏价值也有很大差别。商务印书馆《辞源》出版后，颇负盛名，畅销全国。于是中华书局从1915年筹编《辞海》，亦以语词为主，可是兼收百科。虽然两辞典内容相近，篇幅也大体一样，但由于《辞海》晚出，因而能够在《辞源》的基础上取长补短，比《辞源》完备，《辞海》的销量远远超过了《辞源》。

其次，从细节入手，注重编校。陆费逵及其领导下的中华书局从细节入手，注重编校，将出版"有价值"的书的目标落到实处。例如，中华书局在出版古籍类书时在印刷、版面上多下功夫采用新创造的仿宋铅字重新

---

〔1〕 俞筱尧、刘彦捷：《陆费逵与中华书局》，中华书局2002年版，第465页。

〔2〕 俞筱尧、刘彦捷：《陆费逵与中华书局》，中华书局2002年版，第176页。

排版,字体纯正精美,颇有古风之韵味。运用铅字重新排印,可以利用校刊学上的最新成果,尽可能改正古代版本上的一些错讹,以提高质量。有件事例可以证明陆费逵对质量的追求。《四部备要》全书出齐以后中华书局曾于1934年3月22日在《申报》上刊出广告:"中华书局征求《四部备要》校勘,正误一字,酬银十元。"全文如下:"本书字数将及2万万之多,刊行之初,敝局敦请宿儒,悉心校对,多至十余次,期与原本无讹。其原本有明显错误者,更参考他本加以校正,出版以后,重行磨勘,十八万页之中,错误不过十数。今兹重印,已经改正。然仍不敢自信,拟请从前预约诸君任校勘之劳,期成最完善之书。办法如下:(一)愿承担复校各书先来登记,并将本局复校情形奉告。(二)校勘之原本须自备,切勿错误。(三)校出错误列表寄来,并写明登记号。(四)校出错误经本局审查,一字酬洋十元;校完并无错误亦请来函,略赠书籍以资纪念。(五)4月底截止登记,正误表6月寄来。将来另印校勘记,分赠前后预约诸君。"这一举措别出心裁,同时也反映陆费逵的魄力和自信。如果没有对出版物高质量的追求是不会有此一举的。

再者,主张通过出版物与时代、与祖国同呼吸共命运。陆费逵具有高度的责任感和使命感,他还主张通过出版物与时代、与祖国呼吸共命运。[1] 在1931年"九一八"事变后,民族危机日益深重,我国社会各阶层人民掀起了一浪又一浪抗日高潮。当时,陆费逵想用"中国和中国人"作为刊名办一份刊物,其良苦用心是很清楚的;针对1932年3月日本帝国主义成立的伪满洲国,他在该刊第1卷第2期又发表《东三省热河为我国领土考》一文。为帮助青少年正确认识历史,他还在《小朋友》周刊上特地编辑《提倡国货》、《抗日救国》、《淞沪战事记略》等专刊;1932年又编印《国际丛书》、《东北研究丛书》和《东北小丛书》等丛书,比较全面系统地向广大读者宣传国际形势,揭露帝国主义特别是日本帝国主义的侵略政策和罪行。

---

〔1〕　俞筱尧、刘彦捷:《陆费逵与中华书局》,中华书局2002年版,第465页。

(二)每一个环节的出版工作者都应当承担社会责任

他不仅呼吁编辑要承担社会责任,还强调每一个环节的工作者都应当承担社会责任。他在《书业商之修养》中强调说,"编辑者编成恶书付刊,则印刷者有阻止的权限;设印刷者亦未察出,发行者亦有不售的责任"〔1〕。在《著作家之宗旨》等文中,陆费逵也强调了著作者的重大责任。他认为,社会之盛衰,国家之存亡,国民人格之高下,端于我著作家是赖。

民国时期的上海出版界,在商务印书馆和中华书局的带动影响下,形成了重视出版物质量和出版家社会责任的良好风气。但是,不可否认的是,仍有那么一部分人逆主流而动。平襟亚在《旧上海出版界之怪状》一文中就点出了三点:混乱的书市、著作家的粗制滥造和黄色书泛滥,而著名的出版家沈知方和他的世界书局的崛起史也有一部分相当不光彩的历史,编印了《香艳大观》、《百奇大观》、《嫖赌百弊大观》、《名人爱妾大观》等等,还有一些假托古人所作的《未来预知术》、《婚姻预知术》、《管格神相术》等伪书。〔2〕但是,张静庐却有着自己的出版底线,承担着属于出版家的社会责任。一个典型的例子是郭沫若《我的幼年》被禁一事。当时在教育局担任书籍审查工作的张静庐的一位"文友"曾交给张静庐两部稿子,希望能够出版。但是,这部稿子,按照张静庐的话说是"一部情书一类的作品",也就是我们现在说的个人无聊的卿卿我我的言情小说一类的书籍,被张静庐拒绝了。两天之后,《我的幼年》一书也就被查禁了。只是后来现代书局的洪雪帆还是出版了那本"情书",并据说赚了一些钱。张静庐为此自嘲道:"有眼不识泰山,还要殃及池鱼!"〔3〕虽然如此,我们却能从张静庐的叙述中感觉到他对出版那类书籍的不屑,这是张静庐对出版原则的坚持,对个人职业操守的坚持,对出版家社会责任的自律承担。

在张静庐的自传性著作中,我们可以找到很多论述,都展现了张静庐对出版家责任的重视。在创办上海杂志公司取得成功之后,他说:"有了

---

〔1〕 俞筱尧、刘彦捷:《陆费逵与中华书局》,中华书局 2002 年版,第 465 页。
〔2〕 平襟亚:《旧上海出版界之怪状》,《纵横》1997 年第 2 期,第 56—62 页。
〔3〕 张静庐:《在出版界二十年》,江苏教育出版社 2005 年版,第 97 页。

几个钱,就想自己出版比较有价值的读物。"[1]而出版发行《译文》和《作家》两本刊物,张静庐说:"根本就不曾打算过想靠着它赚钱。那么为什么出版呢? 为自己,也为别人。更含有一重重大的意义,想正在畸形发展中的杂志界,凭我们小小的努力,将出版物的水准提高起来。我认为出版家的精神堕落,这趋势比纯以赚钱为目的更可怕,更可忧虑!"[2]张静庐始终致力于出版物水准的提高,"明白自己所负的责任的艰重,文化工作影响于民族社会的重大和深远!"他一再强调"我是个'出版商'而不是'书商',希望认识我和不认识我的朋友对于我有这最低限度的了解! 这是'差之毫厘谬之千里'的分界线。出版商人似乎还有比钱更重要的意义在上面。以出版为手段而达到赚钱的目的,和以出版为手段,而图实现其信念与目标而获得相当报酬者,其演出的方式相同,而其出发的动机完全两样"[3]。在抗日战争时期,张静庐为出版界的没落和堕落而感到悲愤。他为此疾呼:"在抗战建国时代,我们需要有建设性的学术图书,国防性的专门典籍,也能够同平时一般源源地印出来。同时更从第一期抗战经验与教训中,建起新的理论来;从参加前线抗战工作,从实际生活的体验中,产生伟大的文学作品来;为要唤起全国民众的抗战情绪,发动民众自卫武力,编制通俗的大众读物来! 这些都是有智慧的作家们的责任,也是贤明的出版家的责任。"[4]

二、无私的奉献精神

浙江近代出版家普遍都有着无私奉献的精神。胡愈之在他一生中,除了把自己的一切献给革命事业之外,丝毫没有考虑个人私利的高贵思想品德。他对革命的文化教育宣传等方面做出了人所共知的杰出贡献,但他从不把功劳归于自己,他总是说,这是党的领导,同志们的努力,集体

---

[1]　张静庐:《在出版界二十年》,江苏教育出版社 2005 年版,第 117 页。
[2]　张静庐:《在出版界二十年》,江苏教育出版社 2005 年版,第 123 页。
[3]　张静庐:《在出版界二十年》,江苏教育出版社 2005 年版,第 136—137 页。
[4]　张静庐:《在出版界二十年》,江苏教育出版社 2005 年版,第 134 页。

的力量。他对社会进步事业，只知道诚诚恳恳地去做，扎扎实实地去耕耘，从不计较名利地位。很多事业都是他倡议、筹划和推动组织的，但他把荣誉推让给别人，而自己则不具名或处于不显著的地位。他是一位助人为乐的人。有时一项事业创办成功了，并且有了适当的负责人选，他就转而去思考、探索，创办另一种新的事业。胡愈之思维敏捷、办法多，一个新的主意出来后，再同几个朋友一商议，另一个新事业的蓝图、设计方案、计划和具体措施就很快草拟出来了。他是一位巧匠、一位超级设计师，通过他杰出的组织能力和雷厉风行的作风，一个新创的事业就又很快诞生了，但出面的又往往不是他。1934年出版的《世界知识》，完全是由他创办并实际负责编辑的，但刊物上登出的总编并不是他。在他所参加的其他事业中，也有很多类似的情况。近年很多朋友认为胡愈之对中国文化革命事业做出了很大贡献，希望他撰写一些有关的回忆录和资料，他总是异常谦虚地说，这是党的领导和大家的功绩，他自己没有什么可值得书写的。这种谦让、不居功、不计较名利而只知为社会主义事业献身，为人民忠诚服务的高贵思想品德，在胡愈之身上闪烁出灿烂的光辉。胡愈之真不愧为一位杰出的思想文化界的伟大战士！

章锡琛的为人处世和道德文章深得开明同人的敬仰。章锡琛以满腹才智应世，一颗婆心济人，可称德才兼备。同人以八句话评价之：励志创业，力排万难。本性耿直，仗义执言。才通今古，笔触惊世。自供菲薄，慷慨济人。章锡琛白天忙于接待众多来宾，以高档烟待客，自用低档烟。他说：我吸老刀牌香烟，又浓又辣，是黄包车夫的；抽屉里有白锡包、三炮台是敬客的。他的文字工作都放在晚上，不论严寒酷暑，常见夜深人静，一灯透孤明。章锡琛对出版事业一往无私。他曾说："开明"越发达，本人的负债也越多。因他的交际费多不报销，新中国成立后去北京的路费还是向陈叔通借的。开明书店董事会为对开明书店创始人章锡琛在出版界做出的贡献表示崇敬之意，决定在北京北小街购置住宅赠与章锡琛，使其安度晚年。当时章锡琛就住在此院。章锡琛得知这个消息后，立即要求董事会撤销这一决定，同时迁出该院，另租东单三条房子居住。表现出不以开明书店创始人自居,有功不受禄的高尚情操。这便是同人们推崇的开明老板,也是近代出版家的不朽的典范。

　　陆费逵也有着敬业爱业、乐于奉献的职业精神。陆费逵敬业爱业的精神在"民六危机"中得到充分体现。"民六危机"是中华书局历史上遭遇的最大一次经济危机,使中华书局处于破产的边缘。作为书局的主持者,在"民六危机"期间,陆费逵承受着极大的压力。面对这种压力,他还可以有其他的职业选择。时任教育部长的范源廉先生邀请他去教育部任职,进入政界;高子益先生邀请他去外交部任职;新闻报馆的汪汉溪先生则以高薪邀请他出任《新闻报》的总主笔。还有其他方面的殷勤劝驾,但他抱定有始有终的宗旨,委曲求全,不想中途离开由他一手创办而当前正陷于困难境地的中华书局。[1] 正是陆费逵这种坚忍不拔的精神和意志以及作为出版家的见识和气度,赢得了股东们的信任,在"民六危机"过后的1919年股东大会上,以最多数票当选董事,并为董事会推任总经理。[2]他主持中华书局工作,始终坚持注重实际、不尚空谈、不务虚名的思想作风和不畏艰难、坚忍不拔的顽强奋斗精神,不遗余力地为中华书局的兴盛和繁荣而努力。他不仅热爱出版,还具有奉献精神和牺牲精神。中华书局的许多大型丛书、大的出版工程,无不凝聚着陆费逵的心血,渗透着他的智慧和劳动,但他从不谋求在出版物上署自己的名字,获取额外的好处,而是在幕后做默默无闻的奉献和扎扎实实的耕耘,高尚的人格和道德令人钦佩。

三、严谨的工作作风和独特的人格魅力

　　独特的工作作风和人格魅力是出版家能够团结人才、创好出版企业的非常重要的职业素质。张元济在工作当中引起一个小小的非议:"事务主义",他们认为张先生干的事杂、干的事细、干的事也小。在创建商务印书馆的资料室时,张先生到处征集善本图书,涵芬楼中善本古籍和全国地

---

〔1〕　俞筱尧、刘彦捷:《陆费逵与中华书局》,中华书局2002年版,第175页。
〔2〕　俞筱尧、刘彦捷:《陆费逵与中华书局》,中华书局2002年版,第79页。

方志多数都是张先生亲手征集的。那时,几乎每天下午五点钟左右,总有人带着大包小包的木刻书等待张先生过目,张先生从不马虎,一本本鉴别,并"查核存目"、"批注价格",这些工作也许事务了一点,也许琐碎了一点,而涵芬楼得以扩建并最终冠以东亚闻名的文化宝库之名不能说与张先生亲历事务、一丝不苟没有关系。

在张先生的日常工作生活中,十分精细和操劳。在商务人的眼里,张先生每天总是先众人到馆,后众人离馆,若没有及时到馆,一定因公在外奔波。下班时,常将馆中未了之事,大包小包携回家中处理。第二日到馆,即将新阅文稿分交各主管人员。之后常巡视于各办公桌旁,并给以指点和批评。不论大事小事,无论职高职低,丝毫不留情面。

即使是小小的信封,也有一段故事。张元济先生平时一个信封常常使用三四次,他对同事也这样要求。据商务元老章锡琛先生回忆:在王云五任总经理,何伯丞任所长时,何每天将编译所里的事务向张先生报告,每次他都将报告内容装在一个新的信封里,几周过去了,张先生将这些信封送还给何,并附一字条,请他以后用这些信封。这使何十分尴尬。张先生强调"操守廉洁,勤谨尽责",商务人在他的带动下也自觉养成一种廉洁奉公的风气。

对公事、民事的热心,对事务的精细作为张先生编余生活的一部分,并没有其闲适的一面,也许和他的编辑生活一样枯燥,一样缺少滋润;他是否像季羡林老先生也幻想过改弦更张,让生活减少一点枯燥,增添一点滋润,是否也希望自己那枯燥的树干上也开出一点鲜花,长出一点绿叶,我们无从知晓,但从其"为别人做嫁衣"而终其一生的历程来看,他一定和季老一样,依然不改其枯燥,不改其忙碌;那当然也一定不改其对公事、民事的热心,不变对事务的精细、认真。在我看来,也许正因如此,才使学贯中西的张先生在以深厚学养征服学人的同时,又以其正直无私的人格魅力感召着贤才,商务因此才有了当时中国最强的编辑阵容:相助商务、为商务做出突出贡献的蔡元培、夏曾佑、伍光建、杜亚泉、陆尔奎、高梦旦等。并且有一批不断成长且贡献突出的新人:茅盾,郑振铎、胡愈之等。商务这块金字招牌至今不老,除了几代人的努力外,也不能说没有一点前辈人的影响。

陆费逵也有其独特的工作作风和人格魅力。1917 年,中华书局发生"民六危机",财政枯竭,入不敷出,陆费逵的情绪低落到了极点。时任教育部长的范源廉邀其去教育部任职,但他认为出版与国家、社会关系甚大,决不半途而废;他的外舅高子益邀其入外交部任职,也被其婉言谢绝;还有朋友邀其担任报纸主编,他也没有动心。这说明,即使身受打击、事业陷入低谷的时候,陆费逵也是坚毅、前进、专一,用他自己的话说:"盖事无论常变,必有几条路可走。我既认定一条路,即当机立断。否则徘徊犹疑,在我则无从下手,在人则无所适从,所谓歧路亡羊是也。"

陆费逵生活俭朴,自己的事情自己动手,如煮饭、烧菜、补衣等。在书局吃饭,时间紧张之际,便吃几片冷面包,或喝粥、就萝卜干。他不看戏、不看电影、不到舞厅。家中没有厨师,没有男仆。他不在外面吃点心,家人几年上一次菜馆。衣服也很随便,孩子布衣、布鞋,妹妹穿哥哥嫌小的衣服。他认为:"我们穷国穷人,学苏俄的刻苦经营,或有出头的日子;若学富国的舒适,那便是自寻死路了。"

陆费逵身为总经理的薪水,最初定为 200 元。"民六危机"后,每月只支公费 100 元。至公司情况好转,1921—1931 年每月支 200 元,仍低于当时编辑、印刷、发行三所所长的薪水。以后,公司干部的薪水增加,编辑所长舒新城向董事会提议,将总经理的薪水加至 500 元。陆费逵坚辞不让,只接受加至 400 元之数。

1936 年,书局同人集资建碑,纪念公司创业、陆费逵任总经理二十五周年。纪念辞说:"回溯二十五年中,营业屡经挫折,支持艰巨,危而复安,始终独当其冲者,陆费伯鸿先生也。先生创办中华书局被任为总经理,迄今亦二十五年,自奉薄,责己厚,知人明,任事专,智察千里之外,虑用百年之远。有大疑难,当机立断,方针既定,萃全力以赴之,必贯彻而后已。""同人等服务书局有年,书局之进展,先生之劳苦,目睹耳闻,皆所甚审。"不言而喻,这也是他在整个任职时期的真实写照。

四、爱国忧民的情怀

翰林出身的近代出版家张元济,作为商务最重要的掌舵者,他具有中国传统儒商的诸多品格,他的一生为人立德、为事立功、为文立言,儒家的"三不朽",在他的身上都能得到很好的体现,章开沅教授曾经把"儒商"解释为"有文化素养、有人文关怀、有高尚情操、有伟大抱负的实业家"。爱国是儒家倡导的为人做事的基本原则和立场,而忧民是时代知识分子的主体意识和忧患意识的集中体现。真正的儒商总是将国家、集体利益置于个人利益之上,急公好义,勇于担当。

张元济早年供职总理各国事务衙门期间,目睹了清朝政治的腐败及帝国主义列强的横行无忌。甲午战争之后,他与其他爱国的知识分子一样,按捺不住思想上的焦虑与痛苦,勇敢地走向救国救民的探索之路。他与好友在京城创办了新式学堂——通艺学堂,倡导西学。维新变法失败后,他认定中国要富强,教育乃是"根本中之根本",他在 1901 年便认为,"国民教育之旨,即是尽人皆学,所学亦无须高深,但求能知处今世界不可不知之事,便可立于地球之上"〔1〕。

张元济从事出版之初就与夏瑞芳相约"以扶助教育为己任"。他认定"盖出版之事,可以提携多数国民,似比教育少数英才尤要"。这是张元济的教育理想,也是他的"出版救国"的理想。可见他大半生所从事的出版事业,正是其爱国忧民思想的最终寄托。以出版扶助教育,以教育实践救国。

张元济爱国忧民的襟怀还表现在他的出版实践活动中为了继承维新之志,他曾主持编辑出版了西方诸多著作,用以传播西方文化,沟通中西学术思想文化交流,并以此振兴中国的民族精神,达到爱国卫种、救亡图存的目的。他认为要振兴中华民族精神,一方面要学习西方,还应当从本民族固有文化出发,"一以国民精神为主,故学成之辈无不知爱其国,卫其

---

〔1〕 张元济:《张元济全集》,商务印书馆 2007 年版,第 204 页。

家"[1]。1906年,皕宋楼藏书的外流,更激发了他抢救古籍善本秘籍的信心和决心。后来他亲自投入大量精力进行古籍整理出版工作,整理、影印了《四部丛刊》和《百衲本二十四史》,在学界产生了巨大影响。

抗战时期,他为了激发民族正气和爱国热情,曾从历代古籍中编录出一批英雄人物传记,用文言、白话对照,编成《中华民族的人格》一书,在《编书的本意》中说:"这些人都活在两千年以前,可见得我中华民族本来的人格,是很高尚的。只要坚守着我国先民的榜样,保全着我们固有的精神,我中华民族不怕没有复兴的一日。"[2]他在《影印四部丛刊启》里谈到其致力于影印古籍的目的是使读者"睹乔木而思故乡,考文献而爱旧邦,知新温故,二者并重"[3]。可见,爱国主义思想贯穿其毕生60年的出版活动。

张元济爱国忧民的情操和襟怀,正是中国传统儒家思想的体现,也是当代知识分子和企业家应当具备的情怀。作为知识密集型的当代出版企业,更应当站在时代的前列,在其出版实践中秉承中国历代知识分子爱国主义的高尚情怀忧国忧民的责任担当意识,多出一些反映时代主旋律、弘扬民族优秀文化、有利于提高人民思想道德水平和科学文化素质的优秀出版物,组织创作、翻译、出版介绍中国历史文化和反映当代中国各个领域成就的出版物,以提高国内民众和海外华人的民族自尊心和自豪感。无论在出版宗旨方针还是具体出版物的内容上,都应当体现爱国忧民的情怀、文化担当的意识。

陆费逵也拥有爱国忧民的情怀,所以他十分重视出版家的职业修养问题,只有这样,才能为公众创造出更好的作品,激发有志之士为国效力。他认为"个人非有学问有修养,不能成事"[4],做事要先做人。在《实业家之修养》、《工商界做人的条件》和《我对于商业人才之意见》等文章中,陆费逵一再呼吁加强工商业者的职业道德教育和人格修炼。他认为实业家

---

〔1〕　汪家熔:《张元济主持的古籍影印工作》,见《出版史料:第5辑》,学林出版社1986年版,第22页。

〔2〕　周武:《张元济:书卷人生》,上海教育出版社1999年版,第224页。

〔3〕　张静庐:《中国现代出版史料:甲编》,中华书局1957年版,第351页。

〔4〕　俞筱尧、刘彦捷:《陆费逵与中华书局》,中华书局2002年版,第485页。

应具备十种"资格",即勤俭、正直、和易、安分、进取、常识、技术、经验、节嗜欲、培精力。他还主持创办《中华实业界》、《进德季刊》等杂志,经常性地刊载工商实业界成功人士的事迹,介绍工商业者职业道德修养和职业道德教育的意义和方法。出版业作为实业的一部分,陆费逵对出版职业道德修养认识与工商业职业修养理念是一致的。

陆费逵认为出版工作者的人格可以是最高尚最宝贵的,同时也可以是最龌龊最卑劣的,而两者的区别在于"良心上一念之差"。因此,"当我们刊行一种书的时候,心地必须纯洁,思想必须高尚,然后才可以将最有价值的结晶品供献于世;否则,不但于道德方面要抱缺憾,即自己良心方面亦受责罚。""要有纯洁的心地和高尚的思想,其重要的条件,固非修养不可。"[1]因此,他呼吁出版工作者要注重人格修养。这是为读者出版"有价值"的书,承担社会责任的保障。在《书业商之修养》一文中,他还提出了注重修养须要遵守的四个条件,看书能持之以恒脑筋清楚,处处留心,要有勇气尝试,不看无益的书。

五、热心公益事业

张元济先生出生于浙江海盐,海盐张氏本系浙西望族,到张先生之父辈已家道中落,张先生一直过着平静的耕读生活,几次应考,都是母亲向左邻左舍挪凑钱物才勉强成行的,因而张先生深谙百姓生活的艰难。当他置身朝中,为官数年后,深悉朝臣顽固、内廷腐朽,以至在他走出朝门后发誓"永不入公门",还曾力劝李鸿章不必再为清廷效力。在张先生看来关心民众疾苦,为民众办实事似乎比在腐败的清廷更有意义。如果说张先生热心政事多限于身居要职的友人中间进行,可称作上层运筹的话,那么他对民事的热心就可以说是风雨中的奔走呐喊,烈火中的冲锋战斗了。

1923年,青年乐志华在一英人家服务,一次英人家中被盗,英人便诬乐所为,乐被捕入捕房严刑拷打,几至死。张先生听说后,亲往捕房探视,

---

〔1〕 俞筱尧、刘彦捷:《陆费逵与中华书局》,中华书局 2002 年版,第 465 页。

非常气愤,并为之大鸣不平,还奔走相告为之申冤。在他的倡导下,同乡会也一致声援,还为其请了律师,经多次开庭审理,乐终于被宣告无罪释放。

1947年5月,"反饥饿、反内战"的学生运动如火如荼,上海交大和其他大学的50多个学生被扣留月余,张先生主动联合了10位70岁以上的知名人士,联名给反动政府写信,要求他们立即释放被捕学生。

如果说为民申冤、为民呐喊是每个文人的共性,那么以生命来保护民族文化遗产就不是每个文人所能做得到的了。东方图书馆是张元济先生一手创立起来的。它是由商务印书馆的藏书楼——涵芬楼扩充而来的,因其藏书丰富而被誉为东亚闻名的文化宝库。1915至1981年,曾专辟一间图书阅览室,供读者特别是买不起书的穷学生免费阅读,深得社会赞许。不幸的是1932年此馆与商务印书馆总厂一道被日本侵略军焚毁,张先生引之为终身憾事。后来,由他倡议把馆中易地保存的珍贵善本、自己新藏的珍贵图书及重新募集的图书等等合为一体创办了一座新的图书馆——合众图书馆。然而,老天似乎有意考验先生的耐心,新中国成立前夕,一伙荷枪实弹的反动军队闯入馆中,年逾花甲的张先生再也不能安坐家中,毅然"亲自来坐镇维护",以一个文人的孱弱之躯挡住了一场枪弹的洗劫。这批珍贵的文化遗产后来成为上海图书馆的一部分。

张元济先生热心的"公事""民事",对张先生来说,也许确实像胡适先生所说的是"闲事",但当我们今天安坐在明亮舒适的现代化图书馆中,享受着先人留下的文化"美餐"时,是否还觉得张先生热心的是闲事呢?

陆费逵也积极参加一些公益活动来承担社会责任:1928年,他参与筹划上海举行中华国货展览会,出任常务委员兼会务组委员;1931年发生了"九一八"事变与全国性的大水灾,中华书局将纪念20周年拟用作"盛大游艺"的经费移做贩灾之用;1940年,陆费逵在重庆应董必武之请,在香港和上海等地调拨一批图书,赠送延安中山图书馆,热情支持解放区的文教事业。

第六节　出版家应对危机的经验

　　浙江近代出版家在经营出版企业时都经历了大大小小的危机事件，笔者选取其中典型的危机事件加以总结和分析，以期对当代出版业有所借鉴。

一、张元济主持下商务印书馆遭遇的危机及其应对策略

(一)橡皮股票风波

1.危机的经过

　　自1903年张元济完全加入商务印书馆工作起，至辛亥革命前夕，商务印书馆的营业额稳步上升，资本累积超过百万。据商务编辑庄俞统计，民国前商务印书馆历年资本情况为：

表 3-9　民国前商务印书馆历年资本情况

年份	资本数
清光绪二十三年	四千元
清光绪二十七年	五万元
清光绪二十九年	二十万元
清光绪三十一年	一百万元

　　从上述统计看，1910年以前，商务印书馆的经营状况极为良好，资本以每年近30％的速度递增，营业额占据全国书业的1/3。这样良好的经营状况，使得商务印书馆的资金流转极为迅速，经营的领域，也从印刷、出版，走向机器制造、房地产、影视业等更大的投资市场。

　　在一派大好形势下，商务印书馆决策人张元济于1910年3月17日自上海登船，作环球之行，直至1911年1月18日返回上海。就在张元济作环球考察的一年中，上海爆发了橡皮股票风潮，商务印书馆老板夏瑞芳不听张元济的劝告，凌驾于商务董事会之上，擅自挪用巨额资金购买橡皮

股票,结果上当受骗,使商务印书馆的流通资金几乎丧失殆尽,企业面临倒闭。

橡皮股票风潮可以说是辛亥革命之前,中国国内爆发的最大一次金融危机。上海人称橡胶为橡皮,橡皮股票是当时上海那些以种植橡胶树、割取树胶为业的公司发行的股票。英国人麦边于1909年在上海挂牌成立蓝格志公司,对外声称经营橡胶园、石油、煤炭和木材业,其实这是个骗人的"皮包公司"。1909年恰逢世界性橡胶价格上涨,麦边及其他在华的橡胶公司便利用这一机会,设置骗局,发行股票。特别是蓝格志公司的股票被哄抬到超过股票面额的十六七倍,吸引了大量商人及富有者购买。据购买过该股票的关纲之先生回忆:

在1910年上海市面出现一种橡皮股票,没有多时,有钱人竞相购买,一些公馆太太小姐换首饰、卖钻戒,转买股票,如痴如狂,有了钱,还要四面八方托人,始能买到股票。我因做会审官多年,认得洋人,费了许多力买到若干股,买进时每股为30两银子左右。上海县知事托我买,我也代他买到一些股。我买进之后,股票天天涨,最高涨到每股90几两。有许多外国人知道我有股票,手里拿着支票簿,只要我肯卖,马上签字。有一天星期五,股票开始下跌,但为数极小,第二天星期六,只有上午行市,比昨天又小,我心中有点动摇。当时有一老洋人,系研究外国股票的权威,我去问他橡皮股票下跌的意见。他说:"股票下跌,正是大涨的先声,据我看,这种股票最高可以涨到两百两一股,你如愿意卖出,就卖给我好了。"我听了他的话,决计不卖。第三天星期日无行市,不料自下星期一起股票价天天下跌,由每股90几两,跌到80几两,由80几两跌到70、到60、50、40,只跌不涨。……到了后来,我每股只卖得2两银圆。

商务印书馆老板夏瑞芳因擅自挪用公司流通资金,购买橡皮股票,导致公司的流通资金几近殆尽。据商务印书馆股东之一郑孝胥宣统二年六月十六日(即1910年7月22日)日记所记:

午后,商务印书馆开特别会议,夏瑞芳经手,被钱庄倒去十四万。

另据张元济1910年致郑孝胥、印有模、高凤池函所示:

> 本公司被正元等家倒欠共七万之数,为之惊骇不置。又闻粹翁
> 为正元调票,致被波累,有六万之巨。

商务印书馆因橡皮股票所累,造成的经济损失,实际数字要超过上述所记。如商务印书馆投资经营,由沈季芳负责的宝兴房地产公司,便在此次风潮中破产倒闭。通过这次金融危机,暴露出商务印书馆内部管理制度的严重缺陷。夏瑞芳在未经董事会同意的情况下,竟可以挪用公司巨款,这说明改革商务印书馆内部管理制度已势在必行。故张元济在致商务印书馆股东的信中说:

> 对于粹翁,此次尚为正元调票,不免从井救人,弟谓粹翁如驶顺
> 风船,如饮酒过醉,往往不能自立,殊为危险。从前本公司办事,不能
> 尽按法律,致粹翁屡为外界牵累,公司亦大受影响,以后宜按照法律,
> 及严定办事权限,保全公司,亦正所以保全粹翁也。

2. 解决危机的对策

关于商务印书馆是如何摆脱橡皮股票亏空造成的金融危机问题,至今为止,较少有文章论及。据《张元济年谱》所记,1911 年 1 月 18 日,张元济结束环球考察回到上海,从 9 月至次年 2 月,多次与金港堂大股东原亮三郎书信往来,商讨日方投资者帮助商务印书馆的事宜。可以肯定,金港堂的大股东们给了商务印书馆帮助,但到底给予多少帮助,并且以怎样的方式来挽救濒于破产的商务印书馆,至今为止,我们还无法见到详尽而确切的文字记录。但从 1911 年底山本条太郎(日本投资者之一)致张元济的信中所言内容中,我们大致可以见到相关的一些活动材料:

> 贵馆已自三井通融得五万两,年底尚能由分馆及各往来户收进
> 大量存款。想不至于陷入不拔之苦境。

三井洋行之所以愿贷款给商务印书馆,应该说和金港堂与商务合资有关。上海三井洋行不仅是金港堂与商务印书馆合作的中间人,而且三井洋行的重要人物山本条太郎本人是金港堂主的女婿,山本是 1903 年参与金港堂与商务印书馆合作的三位日本代表之一。当商务印书馆面临金

融危机时,日本方面从维护自己的投资利益出发,不得不伸手援救。

在日方给予资金帮助的同时,张元济采取补救措施,解决橡皮股票的遗留问题。如在商务印书馆董事会议上,张元济恩请诸位老股东看在夏瑞芳以往为公司勤奋工作的情分上,各人承购一部分夏氏购入的股票,以帮助他清理债务。张元济又与日方及中方董事们商讨,改进公司规章制度,严格权限。此外,商务印书馆在当时的各大钱庄、银行中尚有 30 万元存款,这笔款子一部分因钱庄倒闭而无法追回,但因大多数存于外国银行中,金融危机过后,最终都如数取回,避免了更大的经济损失。

经过中日合资双方的共同努力,到 1912 年初,商务印书馆的经济状况有所改观。1912 年 2 月 11 日,张元济在给日方股东山本条太郎的信中便有"商务印书馆经济状况近来似稍宽裕"的字句。另外,从当时出版物数量的统计看,宣统元年、宣统二年、宣统三年,商务印书馆每年出版的图书类别及数量,分别为 126 种 420 册、127 种 389 册、141 种 583 册。可见,到辛亥革命发生前,商务印书馆经过金融危机之后,企业经济状况已有好转。

(二)"中日合资"的风波

商业竞争是残酷的,中华崛起之后,中华与商务之间便围绕着文化市场展开了一波又一波无休止的竞争,为了在竞争中击败对手,有时甚至不惜动用一些违背常规的手段。由于中华的创办人和早期合伙人大都来自商务印书馆,对商务的底细了如指掌,为了抢占市场,他们借助政治鼎革和民族主义情绪高涨的双重背景,制定了一套针对商务的极具杀伤力的市场战略。"教科书革命"之外,他们又以"完全华商自办"相标榜,以商务与日商合资为题材,通过各种途径进行富有煽动性的炒作,喊出所谓"中国人应该使用中国人自己的教科书"那样明显带有煽动性的口号。

商务与日商的合资,本是中日民间企业之间互惠双赢的成功合作,对商务早期的超常规发展起过非常重要的作用,但 20 世纪初的中国是一个民族主义激扬的年代,与敌对国家合资经营势必要遭到狭隘的民族主义观念的排斥,成为社会舆论的抨击对象,即使这种合作本身有利于本国的进步事业也不例外。在这样的背景下,商务对与日商合资之事一向保持低调。甚至在商务同人的回忆中,也大都对此事讳莫如深。偶一提及,也是大加掩饰,如商务元老之一庄俞在《三十五年来之商务印书馆》这一长文中提及此事时说:"当时闻有日本金港堂欲在沪设立印书馆,资本极为雄厚,本馆鉴于当时之中国印刷业颇形幼稚,绝难与日人对抗竞争,只有暂时利用合作之一法,以徐谋自身之发展……"[1]这段口气颇像是辩解的文字,明显地淡化了与日商合作的历史。

但还是有一些好事之徒借此事大做文章。1911 年 8 月,张元济当选中国教育会会长后,《申报》就曾刊登《中国教育会之内幕》一文,点名攻击张元济"系日本金港堂主人所雇之商务印书馆经理人,中国教育会既归其主持,则表面上操全国之教育权虽为一书商,而里面操全国之教育权者实为一日本人,于中国教育之前途生莫大之危险"[2]。这当然是危言耸听,对商务并无实际的威胁。但当这种抨击来自自己的竞争对手时,情况就不同了。它给商务版教科书市场带来巨大的压力和困扰,影响及于公司的正常营业,商务被迫"收回"日股。1914 年 1 月 31 日,商务董事会关于收回日股给非常股东大会的报告说:

> 收回之说本属自扰。但同业竞争甚烈,恒以本公司外股为藉口,诋排甚力,公司因大受障碍。即如前清学部编成中学书发商承印,独不与本公司,谓其有日本股之故。近来竞争愈烈,如江西则登载广告,明肆攻击,湖南则有多数学界介绍华商自办某公司之图书,湖北则审查会以本馆有日本股,故扣其书不付审查,如此等事不一而足,此不过举其大概。每逢一次之抨击,办事人必费无数之疏通周旋,于精神上之苦痛不堪言喻。故由董事会议决,将日股收回。[3]

由于商务与日商合作一向比较愉快,所谓"日本股东对公司毫无干

---

〔1〕 商务印书馆编辑部:《商务印书馆九十五年》,商务印书馆 1992 年版,第 722 页。
〔2〕 张树年:《张元济年谱》,商务印书馆 1991 年版,第 98 页。
〔3〕 转引自汪家熔:《主权在我的合资》,见汪家熔:《商务印书馆史及其他——汪家熔出版史研究文集》,中国书籍出版社 1998 年版,第 27—28 页。

涉,遇事亦无不协同维持"。考虑到商务的实际处境,日本股东颇能"顾全大局,情愿将股本让渡",但在具体的让渡办法上不免有分歧,经过"历时二载、会议数十次"的艰苦谈判[1],于1914年1月6日达成协议,商务以每百元股金增值为146.5元的价格收回所有日股,终于"免去同业倾轧最为有力之一题目"[2]。

1月10日,商务特意在《申报》刊登广告,宣布商务"完全由国人集资经营之公司,已将外国人股份全数收回",一直困扰商务的一个难题总算解决了。商务虽然成功地收回日股,成为"完全由国人集资经营之公司",但中华却没有就此罢手,依然继续在商务所谓"中日合资"问题上大做文章。1919年6月,正当商务版杂志受到新文化界严厉批评的时候,日本杂志《实业之日本》依然将商务列为中日合资企业。张元济意识到问题的严重性,与鲍咸昌、高梦旦等人商定致书日本杂志,要求更正,同时呈文农工商部,说明事实真相。中华当然也知道日本杂志所列失实,却有意借题发挥,迅速将日本杂志上的文章译成中文小册子《支那问题》出版,并印发传单,分寄全国各地学校,在各大城市遍贴诬指商务有日资的广告,大肆炒作商务与金港堂主合资的陈年老账。7月21日,张元济致函中华,要求其更正出版物内对商务的不实之词。中华置之不理,继续在新闻媒体上刊登告白,损害商务的声誉。在这种情况下,张元济等人只好通过律师与中华书局对簿公堂,"控其损害名誉,赔偿损失"[3]。此案前后开庭7次,最后以商务胜诉而告终,法庭以商务所控证据充分,判处中华赔偿原告损失1万两,并付诉讼费。

二、陆费逵主持下中华书局遭遇的民六危机及其应对策略

(一)民六危机事件经过

福祸相依,在中华书局急剧扩张、一派繁盛的背后,蛰伏着潜在的更

---

〔1〕　商务印书馆编辑部:《商务印书馆志略》,商务印书馆1928年版,第1—2页。

〔2〕　汪家熔:《主权在我的合资》,见汪家熔:《商务印书馆史及其他——汪家熔出版史研究文集》,中国书籍出版社1998年版,第27—29页。

〔3〕　张树年:《张元济年谱》,商务印书馆1992年版,第173页。

大危机。1916年底危机就已经出现。

这一年,营业状况不佳,营业总额近110余万元,较之上年160余万元减少了三成。账面盈余2万余元,但如果将新增财产照旧减折,则亏损了14余万元。

亏损的原因之一是受时局影响,军阀混战,西南各省分局有的停业达半年之久;二是:新厂新店落成,因搬迁停工两月,上海店也因此停工半个月,损失甚巨,并且搬迁费用亦巨大,总共耗费了3万余元;而两年来购地建屋添置机械、扩充编辑等耗费了80余万元,这部分投资尚未产生效益。并且引资扩股不利,原计划扩股100万元,实则到1916年底只招到60万元。

到了1917年年初,副局长兼文明书局协理沈知方辞职,直接引爆危机。

据曾在世界书局任职的朱联保回忆,沈知方在中华书局担任副经理时,负责营业和进货。当时沈知方曾以其"大刀阔斧的工作作风",为中华书局托美商茂生洋行向国外定了纸张,他自己亦定了若干。不料第一次世界大战爆发,纸张囤积而导致价格暴跌,中华书局损失惨重。而沈也因此遭洋行索款进而被起诉,他曾变卖家产,但远不足以偿债。[1]

另据中华书局档案记载,1917年1月21日,沈在辞职信中说:"因他方关系兼办别业,以致事务纷繁,日不暇给,……所办华昌火柴公司正在扩张,中华制药公司亟待进行,筹并顾则力有不支,舍彼就此又势所不能。"[2]沈知方之弟沈仲芳的回忆印证了沈自己的说辞。沈知方当时与黄楚九合办中华公司,制造龙虎商标人丹,同时办火柴公司。两厂所需的原料药粉,均向茂生洋行定购,后涉讼破产。[3]

陆费逵十几年后在《中华书局二十年之回顾》一文中曾说"副局长某君个人破产,公私均受其累",又曾在复股东查账代表的信中说,"董事兼

〔1〕 朱联保:《关于世界书局的回忆》,《出版史料》1987年第2期。
〔2〕 钱炳寰:《中华书局大事纪要》,中华书局2002年版,第30页。
〔3〕 朱联保:《关于世界书局的回忆》,《出版史料》1987年第2期。

副局长沈知芳欠款三万元……"〔1〕当时中华书局平时运行资金全凭吸收的储户存款和银行钱庄抵押贷款维持,正如陆费逵后来在给银行和存户的信中说:"至所收160万股本(注:即中华书局资本金),只能充作财产等用;平时营运全恃存款、押款以图周转……"所以中华书局在资金周转上,显然是很支绌的。在这当口沈知方因破产挪用书局公款3万元,加上分局经理王某挪用2万余元,不啻釜底抽薪。

这年春,为缓解同业激烈竞争的消耗,陆费逵曾和商务印书馆协商,希望能联合经营或者合并,以渡过危机。这一消息一经泄露,谣传顿起,有说中华书局股本亏折已近半数,拟盘与商务;有说中华书局即将倒闭,所以要卖给商务。几天之间,存户纷纷前来提取存款,提取现金达八九万元,资金周转失灵。但在这样的窘迫情况下,上海金融界已无人肯贷款,正如陆费逵在向股东报告情况时所说:"盖一经破产,拍卖之价尚不敷还债。""经济困难已达极点,现已不能支持。"〔2〕一时间,形成"黑云压城城欲摧"之势,陆费逵面临十分巨大的压力,陷入从来未有的困境中。不少亲朋好友请他脱离中华书局另谋高就。教育部请他到《新闻报》担任总主笔,还有人请他到外交界任职,但他始终不为所动,誓与自己创办的企业共存亡。

此时,中华书局董事沈朵山想到了常州著名绅商吴镜渊。吴镜渊是清末秀才,晚清时曾任湖南慈利县知县。他善于理财,在汉冶萍煤矿查财案中博得美誉。民国后从事工商业,曾任大成纺织染厂、安达纺织厂常务董事、董事长等职。吴氏对地方公益事业亦很热心,曾任常州贫儿院院长,教养兼施,成才甚众。〔3〕

沈朵山也是常州人,曾在常州地方从事教育工作多年,故与吴镜渊、吴镜仪兄弟有过交往。沈朵山于是乘吴氏兄弟来沪参加盛宣怀丧礼的机

---

〔1〕　俞筱尧、刘彦捷:《陆费逵与中华书局》,中华书局2002年版,第469页。

〔2〕　钱炳寰:《中华书局大事纪要》,中华书局2002年版,第32页。

〔3〕　《解放前中华书局创办和负责人小传》,见中华书局编辑部:《回忆中华书局》,中华书局1987年版,第237页。

会,邀请他们与陆费逵会面,磋商垫款事宜。吴氏鉴于中华书局与文化教育事业有密切关系,并且出于对陆费逵、沈朵山的信任,同意出资维持。他与常州地方士绅刘叔裴等组成维华银团,筹集资金作为垫款。

直到1921年6月,公司还要专门集资垫款应付造货周转之用。[1] 5年之后,即1922年中华才从危机中稍稍缓过劲来,这年1月,总经理陆费逵的月薪从1917年被调低的100元涨到200元,[2]标志着中华真正走出了这场危机。

这次危机给陆费逵以极深刻的影响。到了1931年,陆费逵在《中华书局二十年之回顾》一文中还说:"当此之时,危机间不容发。最困难之时代,凡三年余,此三年中之含垢忍辱,殆非人之意想所能料。"教训之深,尚溢于言表。据舒新城日记所记载,陆费逵在1936年还时常忆起民六时的险恶与困苦:

> 伯鸿将其民国六年公司因经济困难,议与商务合并未成文件印好而未发布之一册交阅,其时人情险恶与困苦奋斗之情形概于字里行间见之。彼对于公司可谓忠心之至,故今日无处不显维护之心,盖身历困苦之事,时时足以发其爱惜之情也。[3]

(二)导致民六危机的原因

"民六危机"给中华书局以沉重的打击,而由此带来的教训也是异常沉痛的。吴镜渊在《调查公司现状报告书》中分析危机原因时说,过去认为造成危机的原因,"不外欧战方殷,原料昂贵;国内多故,多事恐慌,局长去年卧病三月,副局长去年亏空累万等"。但实际上,导致危机的根本原因要深刻得多,吴镜渊毫不客气地指出,致命的原因在于公司的管理不善:

> 凡此诚足致病之由,然皆外感而非致命之原因。致命之因三:进

---

〔1〕 钱炳寰:《中华书局大事纪要》,中华书局2002年版,第53页。
〔2〕 钱炳寰:《中华书局大事纪要》,中华书局2002年版,第58页。
〔3〕 卢润祥、梁建民整理:《舒新城日记(选载)》,《出版史料》1987年第2期。

行无计划为其第一原因,吸收存款太多为其第二原因,开支太大为其第三原因。有此三因,即无时局影响、人事变迁,失败亦均不免。

他进一步具体分析道:

　　进行无计划,其最著者有四:编辑进行太骤,现存各稿非二、三年不能出完,稿费不下 10 万;次为印刷机械太多,地基过大。现在机械之力,可出码洋六七百万元之书,夜工开足可达千万,现用不及半,地基空者不下 20 亩,废置不用及赔利息捐租;次为分局开设太滥,竟有未设分局之前年可批发万元,一设分局反不过汇沪数千元者,其故由于僻地营业不易扩充,分局开支又不节省;次为计划过于久大,不顾自己实力,前三项固属此病,而建筑过于宏壮坚固,搁本实甚。此外,培植人才,派遣留学,虽为应办之事,而耗费抑已多矣! 两年以来布置进行,颇费苦心,然甫经就绪,而大命以倾。……开支之大,每月薪水已 1 万元,债息 1 万元,伙食杂用告白推广又 1 万元。开支均现款,财产增加均非现款,故结果财产日增,现款日少……若不减缩支出而欲其不失败,难矣。[1]

在这场危机过去以后,陆费逵曾检讨说:"民国六年(1917)年的风潮,其原因很复杂,就我本身想起来,有三种缺点:第一,经济缺乏,没有应变的财力;第二,经验不足,没有预防的眼光和处变的方法;第三,能力不足,没有指挥全局的手腕。"[2]这绝不是谦虚之词,而是痛定思痛的深刻自责。

三、民六危机后陆费逵的应对措施

1.机构改革

中华的组织机构和管理机制,开始是模仿商务印书馆的。真正形成

〔1〕 钱炳寰:《中华书局大事纪要》,中华书局 2002 年版,第 33 页。
〔2〕 陆费逵:《我为什么献身书业》,见俞筱尧、刘彦捷:《陆费逵与中华书局》,中华书局 2002 年版,第 460 页。

现代企业管理机制是在民六危机之后。

1913年4月,中华书局成立董事局,采取立法、监察、执行三权分立的形式,明确职责:(1)董事会:议决立法及重大事件,并推选常务董事三人,长驻局务;(2)监察:监督稽查一切;(3)局长:为职员领袖,执行局务,分五所办事。股东常会首次选举董事十一人、监察二人。陆费逵、范源廉、戴克敦、陈寅、姚汉章、沈颐、沈知方、蒋汝藻等十一人当选董事。董事局选举陆费逵主持全面工作,下设编辑、事务、营业、印刷四所。聘任范源廉为编辑长、戴克敦任事务长、陈寅任营业长。中华书局的组织机构大致确立。

1918年12月,中华书局召开股东常会,陆费逵以最多票数重新当选董事,董事会仍推举俞复为驻局董事,吴镜渊为驻监察,监察下设稽核处,继续对总公司一处三所、印制厂和各地分支局业务活动严加稽核。同时,进行了人事调整,戴克敦、俞复分别兼任编辑所和印刷所所长。

1919年12月,陆费逵、俞复、范源廉、吴镜渊、戴克敦等九人当选为董事,黄毅之、徐可亭当选为监察。董事会选举俞复、吴镜渊为驻局董事;陆费逵由司理改任总经理。同时中华书局董事局改为董事会,局长负责制改为总经理负责制。总经理由董事会聘任,主持局务。总公司各所所长和分局经理,则由总经理提名,经董事会同意后聘任。在抗日战争前,董事会每月开会一次。

1924年12月,中华书局组织机构再次做出调整,公司机构简化到只剩四个大部门:一处三所。一处为总办事处,设总务、造货、账务、会计、承印等五部。三所为编辑所、印刷所、发行所。总办事处仍是直接对总经理负责,统管全局;三个所——编辑所、印刷所、发行所也各自责权分明、条理清晰。从1924年至1937年抗战全面爆发前的13年间,中华的组织结构再无做过大的调整。

2.改革分局制度

民六危机后,中华书局对分局制度建设进行改革。分局逐渐收回自办,而分局经理也由总局聘请当地有地位、有经验的教育界人士担任,或由总局委派。各种针对分局的管理制度也逐步出台,总局印有两本《办事通则》,对分局的账本、收付凭证、解款等,都有详细规定。分局会计由总局派去,除负责账务外,还向总局反映分局重要情况。

中华书局在各省大城市设有分局四十余处,分局营业盛衰,关系到全局的利益和声誉。早期,陆费逵经常亲自奔赴各地视察,同时兼作了解当地文教设施风土人情物价水平等情况,作为经营参考。后来随着公司逐渐扩大,事务繁多,视察分局渐多以派员为主。1936 年 6 月,中华书局专门制定了"视察分局简章"十四条。简章中,对公司委派的视察员职责作了明确具体的规定。如分局如能供应食宿,应住在分局内;视察内容有清点银钱存数,复查欠账情况,稽复销号,书刊存数应抽查四五十种;视察员于三年内不得去该分局任事;视察员如有不轨行为,分局经理应向总局报告等等。这些规定对防止贪污舞弊、任用私人、互相勾结、行贿受贿大有裨益。分局每年年终结账,先送试算红册。经总局复核后认为账实相符,不是虚盈实亏,没有弄虚作假,才算手续完毕。多数分局经理亲自来总局送账本,由陆费逵接见一次,对他们进行慰勉。陆费逵召见分局经理或其他高级职员时,经常着重地介绍他对管理企业的一些意见。各地区又分别任命监理人,以便就近监督分局。华北地区监理为周支山,兼北京分局经理;华中地区监理为程润之,兼长沙分局经理;华东地区监理为陈光莹,兼杭州分局经理;西北地区监理为胡浚泉,兼成都分局经理;华南地区监理为郑健庐,常驻香港分局,并协助香港印刷厂工作。

分局制度是中华书局公司制度的重要组成部分。民六危机之后,在完善总公司制度、加强管理的同时,中华书局改革分局制度,如收回分局所有权,规范分局运行管理等措施,都有效地提高了中华书局的整体运行效率,促进了中华书局的稳定发展。

三、世界书局与开明书店的版权纠纷

上海作为旧中国的文化中心城市之一,它的出版业在 20 世纪 30 年代曾有过一个短暂的繁荣阶段。但它的繁荣背后,也充满着激烈的竞争。

1928年南京国民政府虽然也颁布有《著作权法》和《出版法》，但它更多的是对人民出版自由的限制，而对著作权者版权和出版者出版权的保护作用则是很有限的。出版业在正当的和不正当的竞争中，必然会引起一些版权纠纷，如下面这一危机事件的当事人分别是世界书局和开明书店。

看到《开明英文读本》的编辑出版与发行的成功，跃跃欲试并最终付诸行动进行竞争的，是实力雄厚的世界书局老板沈知方。他为了在中学英文教科书出版发行这一领域与开明、商务等竞争一番，请林汉达（曾任宁波四明中学英文教员，世界书局英文编辑、编辑主任、出版部长）编写了《标准英语读本》，立即出版并推向发行市场，大有与其他英文教科书，尤其是《开明英文读本》一决高下的架势。对此，开明的老板章锡琛和《开明英文读本》的作者林语堂严阵以待。世界书局的《标准英语读本》一发行章锡琛就交给林语堂一本，让他审看。林语堂经过仔细审鉴，得出了结论：世界书局的《标准英语读本》与《开明英文读本》在内容和形式上有诸多雷同之处，有抄袭和冒充（即假冒）嫌疑。开明书店经过分析认为，对世界书局不可等闲视之，应先礼后兵，进行反击。

开明书店首先通过世界书局的编辑徐蔚南向世界书局老板沈知方递交了一封信，严正抗议《标准英语读本》对《开明英文读本》的侵犯版权行为，并要求进行正式谈判，解决侵权问题。沈知方以为世界书局不仅有后台，而且财大气粗，最初也没把开明书店真正放在眼里，对开明书店的抗议信和谈判解决侵权要求不予理睬。开明书店早有准备，自然也不会善罢甘休，于是通过委托律师袁希濂，以《标准英语读本》侵权为由，向世界书局提出严重警告："要求世界书局停止侵权行为，停止发行《标准英语读本》，并赔偿损失。"按照当时《著作权法》的规定，法律救助侵权，就是要首先停止这种侵害，然后再赔偿损失，这也是一种司法程序。沈知方这时还没有对此足够重视，认为著作侵权问题只是两本书作者之间的事，与世界书局无关。殊不知，世界书局作为出版单位，按法律规定，也是要负连带责任的。这一次，沈知方没有采取不予理睬的办法，而是帮助《标准英语读本》的作者林汉达写了介绍信，由作者自己去找开明书店老板章锡琛。林汉达去见章锡琛,章又让他去找林语堂。两次去找都没见到人,林汉达便给林语堂留了个便条,内中自然会有一些表示歉意和竭诚请教的客套话。林语堂把林汉达的便条交给了章锡琛以后,开明书店便以此为把柄,把林汉达与章锡琛的谈话内容和他在便条中的歉意词句、虚礼客套加以渲染,当作林汉达承认他和世界书局侵权的证据,以"世界书局承认《标准英语读本》抄袭《开明英文读本》之铁证"为题,做成大幅广告文字,于1930年8月28日在上海《申报》、《新闻报》等报纸上发表。在中国文坛上,"抄袭"是最令人不齿的行为,而又是最刺激大脑感官的字眼。开明书店如此做法,让世界书局始料未及。世界书局的图书及著作者抄袭的恶名,首先从上海最大的报刊中迅速传扬开来。

世界书局的老板沈知方再也坐不住了。世界书局恼羞成怒之余,一反常态,不惜用重金聘请女律师郑毓秀,决定要和开明书店决一死战。1930年8月29日,世界书局登报警告开明书店。8月31日,开明书店再登一题为"开明书店再告各界并答世界书局代表律师"的广告文。9月1日,世界书局又刊登了"世界书局驳复开明书店再告各界启事"。其后,双方反复刊登批驳对方的同类广告十多则。后来,世界书局即根据开明书店所刊登的题为"再告各界之启事",委托律师郑毓秀以"公然毁损名誉信用,有意妨害营业"等为理由,向法庭提起诉讼,控告开明书店犯有诽谤罪。郑毓秀为何许人,值得沈老板去重金聘请? 事实上,沈老板在上海出版界长期拼搏并成为巨擘,这点眼力还是有的。郑毓秀以能包打胜算官司而闻名上海滩,她并不是有什么超人的代理官司的本领,只不过是个喝过洋墨水的女博士。但她有一个在国民党政府司法部任职的丈夫,而且地位还不低(曾任秘书长、次长、代理部长)。郑本人在上海自然也会得到些中国传统上"夫贵妻荣"的实惠(曾任国民党上海市党部委员、江苏政治委员会委员等)。国民党政府政治统治的黑暗,在司法上自然也会表现出来。它给世界书局陷入版权纠纷后十分不利的局面带来了转机。郑毓秀作为世界书局的代理律师,反咬一口,以开明书店在上海各大报纸上刊登的那幅广告为证据,控告开明书店对世界书局犯有诽谤罪。

转瞬之间风云突变，世界书局一下子由被告变成了原告。而且，法庭一审开庭，主审法官明显偏袒原告。搞得被告方的律师袁希濂只有招架之功，没有还手之力，法官几乎不给他申辩的机会。一审下来，发展趋势对开明书店极为不利，袁希濂预感到官司要输，直想打退堂鼓。他对开明书店方面说，这案办不了，没法子，只好"敬谢不敏"。

开明书店老板章锡琛也意识到了问题的严重性，如果败诉，就要判开明书店犯有诽谤罪。那样，就有可能赔偿损失，把开明书店赔得破产。事已至此，章锡琛不能束手待毙，一方面，继续开展广告宣传战，争取舆论支持；另一方面，又谋划出奇制胜之策。因为在上海这里，官司非输不可。只有撇开上海，到南京中央教育部那里去寻求支持，教科书的审定权就在中央教育部。

出奇制胜之招，自然要由林语堂来挑大梁。林语堂这时也明白，如果不能和开明书店共渡难关，就会同归于尽。于是，他不得不拿出他的看家本事，来认真对待。他首先把自己的《开明英文读本》与林汉达的《标准英语读本》仔细加以比较，并逐条列出林汉达抄袭、剽窃之处，上书教育部，请求给予著作权保护。林语堂是教育家蔡元培的亲信和下属（蔡元培时任中央研究院院长），又在外交部当过秘书，他亲自起草了给教育部的呈文上书。遣词造句，颇费斟酌；鸣冤叫屈，恰到好处；攻击对手，正中要害。他又能把握时机，找准关键，及时上书。正当南京中央教育部教科书编审处审查林汉达《标准英语读本》的节骨眼上，林语堂的上书递了上去。编审处的审查先生也可以借此显示一下自己的能力水平，频繁的会议上，众说纷纭。经过几次辩论，大多数人认定林汉达确有抄袭、剽窃行为；也有少数人认为，都是外国人的作品，你林语堂可以引用，他林汉达也可以引用，要说抄袭，大家都在抄外国人的作品。但根据最后的表决结果，最终是教育部做出了禁止世界书局《标准英语读本》继续发行的决定。这说明《开明英文读本》与《标准英语读本》的版权纠纷，世界书局在南京这个最重要的战场上已经遭遇到了根本的失败。

与此同时，在上海方面，《开明英文读本》与《标准英语读本》的版权官司还在紧锣密鼓地进行着。世界书局方面紧紧抓住开明书店的诽谤罪不放。因此,开明书店仍然不敢懈怠,立即将教育部对自己十分有利的批示文件,连夜做成大幅广告,迅速交给各大报纸予以刊登。上海的法庭对开明书店诽谤世界书局一案开庭宣判结案在即,在报纸上又突然出现了教育部批件,不仅认为世界书局的《标准英语读本》有抄袭行为,还禁止了它的发行。上海法庭也不便和南京中央教育部公然对抗,但因为此案在审理之初就已定下基调,并一直照此运作,加上其他种种原因,又不能让郑毓秀代理的世界书局在上海输了官司。上海方面的法庭也只好变通一下,仍然判决开明书店对世界书局诽谤罪成立,但予以从轻处罚,让开明书店交出罚金 30 元。对于世界书局《标准英语读本》抄袭《开明英文读本》的问题,只是在判决书中作为附带问题一笔带过。这样的判决,事实上是和教育部的文件精神矛盾的。不仅舆论界为之哗然,开明书店也因为有了教育部批件这一把尚方宝剑,更是认为判决不公,表示不服判决,还要重新提出上诉。

同时,开明书店利用报纸媒介对世界书局开展广告战的劲头更足了,进一步又在报纸上刊登了题为"《开明英文读本》何以被抄袭冒妄"的大幅广告文字,继续向世界书局展开攻势,大有不依不饶的味道。这年的双十节过后,开明书店又将两书的雷同之处,用红笔圈点批注出来,悬挂在当街门首,让路人观看。这样,更进一步加重了世界书局在道义上的失败。世界书局方面在节节败退之中,感到再这样下去于人于己都不利,提出双方重新调解。由本局编辑徐蔚南出面,又从南京中央请到民国教育部次长刘大白从中斡旋,定了城下之盟。世界书局自然是要做出极大让步,同意开明书店的要求,交出《标准英语读本》的纸型给开明书店负责销毁。至此,轰动上海滩的这场版权纠纷官司才算以世界书局的不败而败、开明书店的不胜而胜而告结束。

世界书局和开明书店的版权纠纷,从私下调处到对簿公堂,双方都使出了浑身解数,几个回合下来,出现了令人啼笑皆非的结果。在这场版权诉讼案中,之所以会出现世界书局不败而败、开明书店不胜而胜的结局,除了当时政治的黑暗和法制的腐败、废弛以外,从版权保护方面来看,还是有经验和教训可以总结的。开明书店的教科书主要以质量取胜,不仅经过林语堂自己精心编写,内容质量上乘,还请著名画家丰子恺配画了精美的插图,可以说是图文并茂。所以,开明书店的教科书才能受到学校欢迎,迅速占领市场。世界书局虽然实力雄厚,但是因为所编教科书没有可以称道的质量,又有抄袭的嫌疑,在道义上首先就失败了。历史是一面镜子,既可以再现历史,又可以鉴别现实。

第四章　近代浙江出版家群体与
中国社会转型

　　文化出版工作和意识形态自然有着千丝万缕的联系。尽管它可以有较长久的、较为超脱的政治态度,但时代的烙印、社会各种环境的制约,使得文化出版工作者多少都有其政治的取向。浙江近代出版家的政治取向或政治态度是怎样的呢?出版业近代化的一个重要标志,即它参与推动乃至引领时代思潮。20世纪初的浙江出版家,与其时盛行的各种政治、文化、教育、改革思潮都有着相当密切的联系。

　　在近代社会转型中,新出版的主潮和历史进程与整个社会以及思想文化的近代化进程是高度一致的。其因由在于有一群从事出版的有识之士应时代所需,以他们的出版活动在近代社会转型中发挥了有力的推动力量,这一部分近代出版从业者是一种新的社会角色,也是一代新型文化人,他们将出版作为开启民智改造社会的一种职业和一种理想。

　　作为商业性出版形式的坊刻在清朝仍和前代一样,并不为统治阶级和一般士大夫所注意,但这种商业性的坊刻,在市场规律的推动下,仍取得了较大的发展,尽管这种发展就目前资料来看与近代民营出版业的兴盛并无太多的关联,但从它以追求经济效益为重要目标以及经营管理方式的初级资本主义性质来看,与近代民营出版业的转型又有着千丝万缕的联系。其中一个最重要的变化就是随着西方印刷技术的输入,以石印技术为主要生产方式的石印书业得到了较大的发展,国人纷纷投资于此,从中获取利润。1880年后,上海成立了一大批颇具影响的石印书局,它们的石印书籍行销全国,生意兴旺。全国各地也纷起效仿。1888年,广州成立广州石印局;1892年,杭州成立杭州石印局;此外,武昌、苏州、宁波等地也相继创办石印书局。近代上海最著名的石印书局有同文书局、董英馆、拜石山房、鸿文书局、积山书局及鸿宝斋石印书局等。由于它们印行的图书主要集中于科举应试题材,因此当光绪三十一年(1905)下诏废除科举后,石印书坊遂纷纷倒闭或改业。

维新运动起,各地新书局接踵而起,有资料显示,1896年至1911年,国内西书翻译出版机构至少有95个,[1]仅戊戌维新的三四年间,在上海先后创办的民营书局就有十余家。浙江近代出版家们对西人经营的出版机构所蕴含的器物、制度、经营方式等元素进行了选择和采借。其印刷技术的更新和出版物内容的更新标志着中国民营出版业的近代化特征。

近代出版活动不仅催生了近代一种新的实业,而且它本身是时代政治的感应器。近代中国民族矛盾日益加深,政治斗争日益复杂,各种政治力量以及关心国计民生的人士,都以出版活动来大力宣传自己的政治主张,"为政治立言",为改造社会制造舆论。在近代中国,几乎所有政治事件都可以从出版活动中找到踪迹,而能否顺应社会变革往往成为出版业进步与否的政治标尺。

近代出版业处在中西文化的交汇点上,它既得益于近代思想文化的演进,又处于中国思想文化的变局之中,成为得风气之先的所在。出版业成为思想精英们的思想表达场和文化表达场,出版物是近代思想传播的主要媒介。

中国近代,各种新旧思潮发生剧烈碰撞,社会、民族迫切呼唤新思想。近代出版物在中国思想运动的历程中,不仅开创了一个新的媒体时代,扩大了人们交往的途径,更重要的是,它在中国的思想革命中充当了开路先

---

〔1〕 王韬:《园文新编》,生活·读书·新知三联书店1998年版,第354页。

锋。由于充当开路先锋，出版物往往成为新旧矛盾的焦点。五四时期曾经有过关于出版的斗争，1919年北京大学风波就是由出版物引发的。

近代中国思想文化进步的一个突出特点，就是通过出版物的论战来促进思想的前进和文化的质的飞跃。思想传播的主要媒介即是出版物，中国近代思想史上的几次论战，双方无不借助于出版物来进行，这无须我们再做详尽的论证。因此，出版作为中国思想文化的先锋，是毋庸置疑的。而在这个思想活跃的年代，思想界相对政权有较大的离心倾向的背景下，出版领域的查禁与反查禁斗争往往成为光明与黑暗、新与旧斗争的前沿。

探索近代浙江出版家们与这些政治、文化、教育思潮的内在关联，有助于我们更加深入地了解出版家，了解近代中国的文化出版业。

第一节　近代浙江出版家与政治文化运动

当洋务运动刚刚开始，早就有介绍外国科学技术巨大作用的书籍出版于前了；当戊戌变法初露端倪，出版的有关社会改良的书籍也已经走向民众了；在辛亥革命把封建帝制埋葬的前夕，出版早把社会制度改革的书籍撒向了民间；在五四运动的号角吹响的前夜，出版已经把社会文化变革、社会思想解放，甚至于把马克思主义的书，都已经源源输送到《新青年》等杂志，又通过这些鼓吹彻底革命论的杂志，送到了每一个热血青年的手中了。中国革命运动中出版文化的流转之迅速，出版文化之舆论导向之执着以及中国的革命家运用出版文化之娴熟，都已经成为中国革命运动的一大特点，当然，也成为中国出版文化的一大特点而为世人所瞩目。

民国38年的历史，政治上波谲云诡，文化思潮变动不居，经历了南京临时政府、北洋政府和南京国民政府三个阶段统治政权的嬗变，其间发生了诸如洪宪帝制、张勋复辟、五四新文化运动、北伐战争、第二次国内革命战争、抗日战争、第三次国内革命战争等一系列重要的政治、思想文化事件。民国出版活动以其特有的方式与时代潮流共起伏,反映其变化,接受其影响,参与其进程,并在时代潮流的变革中,显示其本身的阶段性特点。大致说来,民国时期有五类历史事件对出版业影响最为显著。一是辛亥革命,二是五四新文化运动,三是蓬勃的工人运动,四是国语运动,五是图书馆运动。这些政治文化运动对民国出版业产生重大的影响。

一、近代浙江出版家与辛亥革命

(一)张元济与辛亥革命

1911 年,是清王朝面临崩溃的一年。革命浪潮已是势不可当,而此时的商务印书馆所青睐的,依然是立宪而非革命。1911 年 3 月,《东方杂志》从版式到内容都进行了一次大的改良。原先通行的 32 开本换成了 16 开本,字数增加一倍。以前首列的清政府的"谕旨"现在也被删除,开始大量刊载关于政治、法律、宗教、哲学、伦理、文学、历史、生物、理化、商业、农工等内容的"最新论著",大大增加了该刊的可读性与学术性。但这次号称"随世运而俱进"的改良,仍旧把追随"宪政"作为刊物进行改良的主要原因,对于革命却不置一词。

对于即将到来的革命,商务印书馆疑虑重重。1911 年 3 月 29 日,当被孙中山誉为"直可惊天地,泣鬼神"的辛亥黄花岗起义爆发之时,《东方杂志》是如此记载这场"乱事"的:"此次广州乱党,以数十人攻扑督署,军械锐利,气势凶勇,殊为近年来所罕见。"它还非常庆幸清政府事前能够对此有所防范,因之可以将"乱党""迅速扑灭"。当然,商务印书馆已经意识到清政府面临的重重危机,但它所幻想的,还是清政府能够"正本清源"。除了"整理政务以慰民望,发达经济以厚民生"之外,还应该"采舆论以达民意,去厌制以治民情为急,使四百州以内,不复再有此残杀之事"[1],希望由此消弭即将到来的革命。

不过,如上文所述,商务印书馆拥戴清政府,是寄希望于它能够体察

---

[1] 杜山桂:《纪广州乱事》,《东方杂志》第 8 卷第 4 号,1911 年 6 月 21 日。

情势，改变专制制度，实行真正的立宪。但清政府却一次次倒行逆施，借立宪之名，行专制之实。因此，即使是一直为立宪思潮助威，反对革命的商务印书馆，其态度也在不知不觉中发生变化，虽然这种变化表现得并不甚清晰。

1911 年以后，《东方杂志》开始连篇累牍刊登关于介绍世界各国革命的文章。如第 8 卷第 1 号的《纪巴西之乱》、《纪墨西哥之乱》；第 8 卷第 3 号的《墨西哥乱事记》、《摩洛哥事件》；8 卷第 4 号的《三年中之四大革命》、《葡萄牙之政变》；第 8 卷第 6 号的《土耳其国近时之状况》等等。集中刊印如此众多关于革命的文章，清楚地表明《东方杂志》已经嗅到了扑面而来的革命气息。刊发这些文章的目的，依然符合商务印书馆的一贯宗旨：使清政府引为殷鉴，早日实行立宪政体，不可暴行恣肆，至招祸柄。但文章中，却又隐约透露着另一种信息，那就是立宪派对革命某些看法的变迁。当革命风暴山雨欲来之时，清政府却还没多少改革政体之实质表现，这使一直支持立宪的商务印书馆也不得不承认革命的到来将无可避免，而且认为这样的结果是政府"祸由自招"。面对即将来临的革命浪潮，商务印书馆人表现出了深深的无奈。

1911 年 9 月，四川保路运动爆发。《东方杂志》随即发表《川路事变记》，指责川督赵尔丰为了迎合朝廷而"枪毙人民，拘捕绅士，诬为逆党，斥为乱民"，以致民愤难平的罪状，并愤慨而叹："呜呼，川民暂屈一时，而祸首诸臣，决不能逃天下万世之公论！"在这篇文章中，对于他们一直反对的革命，商务印书馆首次表示了认同。

辛亥革命爆发之后，商务印书馆的反应惊人地迅捷，它迅速与革命派站到了同一阵营。1911 年 11 月 3 日（辛亥九月十三日），继湖南、四川、山西、陕西、云南等省之后，上海也响应武昌革命，发动反清武装起义，第二天起义成功，在这场战斗中，由张廷桂为团长，商务印书馆员工 80 人组成的商务印书馆体育部商团参加了起义。同年 12 月 8 日，《申报》第一版登出商务印书馆发布的告示："民军起事，需用繁。本馆理应稍尽义务，谨于十月十八、十九、二十日，将所售书价全数助饷，并请军政府财政部于该日派人到馆收款。"〔1〕这一年的下半年,商务印书馆迅速组织出版了与革命相关的书籍十余种,其中包括反映战争状况的《大革命写真画》,情景逼真地反映了"民军出征之勇慨,清军焚烧之残暴";此外还有包括民国新国旗式样的《革命纪念明信片》等等。"世界各国欲脱束缚而登自由,其代价必以铁血。"〔2〕通过出版书籍、杂志以宣传革命,宣扬民主共和成为此后商务的一个重要方向。

民国元年六月,以出版教科书著称的商务推出首版共和国教科书,将共和国的思想原则引入了教材,例如,其中的国民学校用《新国文》第四册第二课为《民主国》:"我国数千年来,国家大事,皆由皇帝治理之。民国成立,由人民公举贤能,治理国家大事,谓之民主国。"其第八册第五十三课为《法律》:"共和国之法律,由国会制定之。国会议员,为人民之代表。故国民之所定,无异人民之自定。吾人民对于自定之法律,不可不谨守之也。"已经完全不同于专制理念的民主共和思想成为这套教科书的主要内容。商务印书馆在这套教科书的编辑说明中指出:"民国成立,数千年专制政体,一跃而成世界最高尚,最完美之共和国。政体既已革新,而为教育根本之教科书,亦不能不随之转移以应时势之需要。"因此,这套"博采世界最新主义"的教科书,即与时势应和,"以养成共和国国民之人格"为宗旨。〔3〕这些蕴含着新的时代内容的教科书的出版,充分证明商务印书馆的舆论倾向此时已经完全转向革命。

商务在出版史上颇受责难的,是其在帝制即将实行时出版的《普通教科书》,这套书中删去了共和教科书的"平等"、"自由"等内容,〔4〕有屈从专制政府之嫌。关于这套教科书的编撰,《张元济年谱》中曾经讲到,1914年3月24日,蒋维乔等代表商务去中华书局与其会商教科书编写之事。

---

〔1〕 1911年12月8日《申报》。

〔2〕 王云五:《商务印书馆与新教育年谱》,江西教育出版社2008年版,第64、63页。

〔3〕 陈学洵主编:《中国近代教育史参考资料》中册,人民教育出版社1987年版,第422—423页。

〔4〕 据《张元济日记》上册,1916年7月27日,第93页:"……平等、自由两课未恢复原稿。"可见《普通教科书》是删去了相关内容的。

陆费逵言："闻及教育部有不正式之通知,令各书局将教科书改易加入颂扬总统(——指袁世凯)语。中华、商务两家应协商抵拒方法,拟各派人入京与商(部)磋商,其条件可遵者遵,不可遵者勿遵,二家一致进行。"蒋归告张元济后,张表示支持。[1]

综上可见,对于帝制,商务印书馆一直是持反对态度的。但作为一个民营企业,商务印书馆所处的地位与环境又使它不得不考虑营业的需求。商务有句老话,叫"在商言商",从张元济到王云五,这样的出版理念一直为商务所奉行。这句话始于何时已不得而知,但这句被商务老人奉为箴言之语却充分反映了商务印书馆人在旧中国严酷的政治和市场竞争环境中充满智慧甚至带些狡黠的经商之道。既要在官场上尽量左右逢源,不与之针锋相对,又须坚持其文化理念,在政治的夹缝中求生存的商务印书馆某些时候的中庸甚至趋附于政府实为迫不得已之举。《普通教科书》的出版,即是这种政治环境下的产物。然而,这并不能代表商务印书馆对帝制的真正态度。

(二)陆费逵与辛亥革命

1911 年 10 月 10 日,武昌起义爆发,很快得到南方各省的响应,清王朝垮台进入倒计时。对于扑面而来的革命气息,商务决策层充满了矛盾,对革命能否成功没有十足的把握,在教科书问题上,如果仍按旧体例印行课本,一旦革命成功,教科书就会变成废纸;如果编印新的教科书,万一革命不成功,那就触犯了清政府,也会带来严重损失。考虑再三,均无妥善之计。商务同人之中有远见者,向张元济提出建议,预备一套适用于革命后的教科书。但向来精明强干、措施得当的张元济,以为革命不会成功,教科书不必改。

陆费逵在服务书业的过程中,早就有自办出版业的志向。他受《革命军》等书籍的影响,倾向反清革命,曾加入日知会,任五人评议员之一。1911 年春,他帮助革命党人吕烈曜到广州,参加黄花岗起义。起义失败

---

[1]　张树年主编:《张元济年谱》,商务印书馆 1991 年版,第 117—118 页。

后,吕烈曜返回上海,陆费逵将其藏于自己寓所。清政府朝政日非,革命党人浴血奋战,陆费逵对革命怀有必胜的信心,并将教科书内容更新与巩固革命成果联系起来,认为教科书不革命,则不能灌输自由之真理、共和之大义、国家之学说。眼看清政府将要垮台,共和民国将要建立,没有适宜的教科书,革命胜利的成功得不到巩固,陆费逵决定创办新的书局,以专营出版事业。他约集戴克敦、陈寅等人,一面秘密编写适合共和政体的教科书,一面积极筹划成立新书局。1912年1月1日,与中华民国诞生的同时,中华书局在上海宣告成立。

在陆费逵的主持下,中华书局以"中华教科书"起家,服务民国,注重文化,扶助教育。以教科书为重点,并涉足多个出版领域,出版《足本卢骚民约论》、《达尔文物种原始》、《唯物史观解说》等名著;推出《四备部要》、《古今图书集成》、《二十四史辑要》等典籍;更有《辞海》、《中华大字典》等工具书;印行"八大杂志"、各类丛书。这些文化工程,遗风余香,流传今日。

陆费逵创办中华书局,最主要的目的是为了国家的富强、社会的进步。他有一句名言:"我们希望国家社会进步,不能不希望教育进步;我们希望教育进步,不能不希望书业进步。我书业虽然是较小的行业,但是与国家社会的关系,却比任何行业大些。"这是他一以贯之的思想,也是他事业的出发点、立足点。他认为好的国民,必定能形成好的国家;而好的国民,必依赖于好的教育。教育得道,则民智开、民德进、民体强,而国势隆盛;教育不得道,则民智塞、民德退、民体弱,而国势衰落。教育的本义,当定为"培养国民人格,以养成民国精神"。

二、近代浙江出版家与五四运动

(一)张元济与五四时期的社会思潮

1919年,五四运动爆发。对于这场史无前例的反帝爱国运动,商务印书馆的第一反应即是坚决支持,5月9日,商务印书馆停业一天,以表"抵抗日本,及对于北京学生敬爱之意"。此举不仅出自商务工人的意愿,也为资方所赞同。此后,随着学生运动的进一步扩大,商务印书馆也曾考虑过为学生捐款、在学生游行经过时设立休息处、预备茶点等办法以示对学生运动的支持。然而,在支持学生的同时,对于商务资本家而言,尽量不与政府对立,同时关注自己的营业状况又是他们极力恪守的原则。5月9日罢工之后,由于政府滥捕无辜学生,当时上海公学的学生曾经亲往商务,希望商务再次罢工以示对学生运动之同情,商务当局即表示反对。6月5日,上海工人举行罢工声援学生,由于商务工人坚持,资方万不得已才停工,而在这天,对于停工工人的工资如何发放,资方还为此争论良久,最终决定罢工期间工资只给1/3。

毫无疑问,作为一个意识形态产业,爱国救民是商务印书馆从其建立之初即抱有的信念之一,这使它在民族危机爆发之际,能够为民族之振兴而努力呼号,尽自己绵薄之力。然而,作为一个民营企业,在日渐严酷的政治环境和市场竞争中,商务印书馆又不得不把企业的生存放在重要地位。从市场角度而言,经常性停工对企业的损失将无法弥补,而与政府直接相抗衡,也必将置企业于极为被动的地步。这也是商务虽然支持学生运动,却不能为了支持学生而完全与政府对立,或者干脆放弃营业。商务印书馆对于五四运动所表现的这种态度,应该说与其一贯奉行的"在商言商"的出版理念有着相通之处,在新文化运动时期亦是如此。

新思潮"奔腾澎湃"的时代,新出版业依然是宣传重任的主要承担者。五四运动后的第一年中,"新出版品骤然增至四百余种之多"[1]。它们的发刊旨趣,大都以介绍新思潮、改造社会为己任。商务印书馆也是其中重要的一分子。对于其时各种政治思潮的译介与引进,商务的传播介绍之功应该说不让于人。早在1912年,从第8卷第11号起,《东方杂志》就开始连载高劳著《社会主义神髓》,称社会主义为"救世主义",并认为社会主义是"世界中爱平和重幸福希进步之志士仁人起而努力实行"之方向。[2]1918年以后,对于盛行其时的各种政治思潮,《东方杂志》的介绍更是不

---

〔1〕　罗家伦:《一年来我们学生运动底成功失败和将来应取的方针》,《新潮》第2卷第4号,1920年5月1日。

〔2〕　高劳:《社会主义神髓》,《东方杂志》第9卷第3号,1912年9月1日。

遗余力,此期商务印书馆出版的书籍中也开始大量涉及各类政治思潮。

　　作为出版企业,商务印书馆在成立之初,出版者襄助文化的信念就远远超越于政治倾向的取舍。如果说在立宪运动时期,它还坚守自己的政治信念,并为之助威声援的话,经历了辛亥革命的风雨历练,到了新文化运动时期,"在商言商",尽量远离政治斗争的旋涡,已经成为这个逐步发展壮大起来的出版企业的又一个信条。

　　五四运动前一个月,即 1919 年 4 月,孙中山曾托卢信恭询问商务,要求出版《孙文学说》,商务对此颇费踌躇,最终拒绝出版。〔1〕商务拒印《孙文学说》后,孙中山对此十分恼怒,表示要在报纸上刊登告白,指责商务,并将告白内容通知商务。张元济再次说明当时不肯承印的原因:"实因官吏专制太甚,商人不敢与抗,并非反对孙君"云云。〔2〕这份告白虽终未发表,但直到第二年,孙中山在致海外同志书中提及此事,依然耿耿于怀,对商务印书馆进行了严厉的指责:"夫印刷机关,实出版物之一大工具。我国印刷机关,惟商务印书馆号称宏大,而其在营业上有垄断性质,固无论矣,且为保皇党之余孽所把持。故其所出一切书籍,均带保皇党气味,而又陈腐不堪读。不特此也,又且压抑新出版物,凡属吾党印刷之件,及外界与新思想有关之著作,彼皆拒不代印……"〔3〕五四运动时期,商务为"保皇党之余孽"、"保守党之阵营"之称谓即由此而来。

　　1919 年,孙中山正为北洋政府所通缉,出版其著作,商务将冒政治上的风险,为了宣扬某种政治的激进思想而丧失商务印书馆这一传播文化之重镇,这与商务一贯坚持的文化理想是不相符合的。商务之拒印《孙文学说》,并没有脱离它的创业理念,这只是它在日益严酷起来的政治环境中迫不得已的选择。这样的信条与前文所讲的它对五四运动的态度是一脉相承的。

　　在近代中国思想剧变的过程中,作为一个大型的资本主义民营企业,

---

〔1〕　张元济:《张元济日记》下册,1919 年 4 月 14 日,商务印书馆 1981 年版,第 567 页。
〔2〕　张元济:《张元济日记》下册,1919 年 9 月 19 日,商务印书馆 1981 年版,第 651 页。
〔3〕　孙中山:《孙中山全集》第五卷,中华书局 1984 年版,第 210 页。

商务印书馆没有也不愿意作一个冲锋陷阵的先锋,不过,它也从来没有放弃过自己作为文化企业的介绍者与宣传者的责任。孙中山对它的指责也不免有意气之嫌。客观而言,如上所述,五四运动时期,商务印书馆对于各种新思潮的引进与介绍应该说也是不遗余力的,这并非基于某种特定的政治理念与倾向,而是基于它一直所怀抱的文化理想。因此,兼容并包,兼收并蓄,不以任何一派之学说为定论才成为它的出版取向。

毫无疑问,在众人皆醉的时代,那些能够为人们指明前进的正确方向者是当之无愧的"独醒者",他们将永远值得后人景仰。然而,客观地说,像商务印书馆那样,忠实客观地介绍与传播新思想,不为任何一种学说与观念所左右,务存任何学说之真相,以供人们"从违抉择"[1],让人们通过比较之后自己选择个人努力方向的出版企业,也并非如罗家伦所言,真的就没有存在的必要。在特定的时代环境中,商务的这种出版思想也许会被打上"中庸"的烙印,然而,它蕴涵的深味会随着时间的推移而愈加彰显。

(二)陆费逵与五四运动

1919年,北京爆发五四爱国学生运动,随之,上海、天津等地学生和工人、工商界罢课、罢工、罢市,响应这一伟大的反帝、反封建的爱国革命运动。陆费逵在《中华教育界》第8卷第1期发表了《学界风潮感言》的评论。在这篇署名文章中,他把五四运动期间青年学生的爱国行动,比喻作汉代郭泰、北宋陈东和明代东林为代表的爱国正义力量,赞赏青年一代和工人、工商各界"均能知世界大势",而又有"合群之力"和"有秩序之行动","不复如前之一盘散沙"。并认为"国民爱国之精神,团结之巩固","为立国不可少之条件",对"我国民程度如是之高,殊出人意料之外",表示惊喜和同情支持的态度。作为民国时期出版重镇之一的中华书局,也在陆费逵的领导下积极支持五四运动。

---

[1]《本志的希望》,《东方杂志》第17卷第1号,1920年1月10日。

(三)沈知方与五四运动

五四运动之后,提倡白话文学习,一时酿成社会风气,世界书局迎合时代潮流,出版了许多文白对照的作文、尺牍等书,供人学习模仿,受到学生界的极大欢迎。而到了1924至1927年大革命期间,世界书局揣摩时局走势,特叮嘱位于革命大本营的广州分局,就近搜集《全民政治问答》、《农民协会问答》、《三民主义浅说》等革命宣传小册子,分批寄到上海编辑加工,然后以广州世界书局、广州共和书局等名义出版发行。当北伐战争在南方各省风起云涌,世界书局棋先一着,大胆出版的这些革命小册子,也如影随形,跟着在金钱上饱尝到了胜利的果实。

(四)章锡琛与五四运动

1.因提倡婚姻自由而被商务解雇

1912年,23岁的章锡琛进商务印书馆,始任《东方杂志》编辑,并从事日文翻译工作,9年间共发表翻译和著作300篇,从此他走上漫漫出版路。当时,商务印书馆开始出版《妇女杂志》。1920年,章锡琛接任主编,他和周建人一起,果断地调整编辑方针,积极提倡妇女解放和婚姻自由,抨击封建伦理道德和夫权思想,热情介绍各国妇女运动,开辟专栏组织妇女问题的讨论。

1925年《妇女杂志》一月号是《新性道德专号》,刊登了章锡琛的《新性道德是什么?》一文,主张性生活必须以爱情为基础。文中引用了福莱尔的"对于性的冲动及性的欲望的自制,实在是第一要务"及"甚至如果经过两配偶者的许可,有了一种带着一夫二妻或二夫一妻性质的不贞操形式,只要不损害于社会及其他个人,也不能认为不道德的"等主张。这一期的《妇女杂志》还刊登了周建人的《性道德之科学的标准》一文,其中也有类似的意见。

《新性道德专号》在社会上引起了强烈反响,触动了伪君子和假道学先生的神经,群起而攻之。《现代评论》发表了陈百年的《一夫多妻的新护符》一文,指责章、周两文是主张纵欲。于是,章锡琛写了《新性道德与多妻——答陈百年先生》，周建人写了《恋爱自由与一夫多妻——答陈百年先生》，旨在引起公开争论，文章被《现代评论》扣押。章锡琛、周建人另外写了两篇文章寄给鲁迅，鲁迅主编的《莽原》杂志立即将它发表，章锡琛的文章题为《驳陈百年教授〈一夫多妻的新护符〉》，周建人的文章题为《答〈一夫多妻的新护符〉》。后来，鲁迅在《集外集·编完写起》中说："我总以为章周两先生在中国将这些议论发得太早，——虽然外国已经说旧了"，"就这文章的表面看来，陈先生是意在防'弊'，欲以道德济法律之穷，这就是儒家和法家的不同之点。但我并不是说，陈先生是儒家，章周两先生是法家，——中国现在，家数又并没有这么清清楚楚"。

一场争论，引起商务印书馆当局的恐慌与不满，迫使章锡琛辞去《妇女杂志》主编职务。在胡愈之、郑振铎、吴觉农和其他朋友的支持下，章锡琛另外办了一家杂志，取名《新女性》，1926 年 1 月创刊。它的办刊宗旨，仍是提倡新思想，把矛头直指封建势力。为了克服经费困难，杂志社逐渐出版了一些图书，在社会上受到欢迎。于是，大家商量索性办个书店。发起及策划者除了章锡琛，还有夏丏尊、刘叔琴、丰子恺、胡仲持、胡愈之、郑振铎、孙伏园、钱经宇、吴仲盐等，一批穷书生凑钱办书店，在近代中国当属罕见。后来，叶圣陶、王伯祥等也离开商务印书馆来到这里，成为核心人物。1926 年 7 月开始筹备，1926 年 8 月开明书店正式成立。

回顾这一段历史，可以清楚地看到，开明书店是在新旧思潮剧烈冲突中萌生的一股新生力量，是五四新文化运动的产物。正如夏衍所说，章锡琛"不仅是新文化运动的积极分子，而且是一位名副其实的战士"。施蛰存回忆说，五四运动从一个政治运动发展为一个新文化运动，它使中国文化界分为新旧两派。影响所及，中国的出版家也分为新旧两派，章锡琛创办的开明书店是新文化的出版商。

受五四思潮的影响，章锡琛因讨论性道德问题而被商务辞退，继而创办开明，可以说是因祸得福，而开明的诞生也几乎称得上是承传了五四的血脉所致。五四新文化的价值观念无可置疑地影响了开明的发展。

2.启蒙主义的文化思路

启蒙是五四新文化运动的主潮，广泛波及思想界、教育界、文学界以及社会其他的各个阶层。开明是由接受了五四新文化洗礼的文化人创立起来，启蒙主义的思路贯穿了他们的创作、评论及出版等文化活动。和五四新文化运动扩展以后一批新知识分子倡导的大众教育的思潮相关，开明在教育出版方面有着显著的平民化色彩。

开明的重要人事来源、"以修养人格，研究学术，发展教育，改造社会为宗旨"的立达学会，在创刊《一般》杂志时就声称，《一般》是专门"给一般人作指导，救济思想界混沌的现状"、"给一般人看的"。[1] 立达同人一开始就有将教育与启蒙大众结合起来实践的倾向。而开明确定以学生为读者对象，也是因为开明认识到"在目前，文化还没有真正深入到大众生活里去的时候，作为读者中最主要，和最广泛的对象的，无疑是青年知识分子。青年知识分子不仅本身感到文化的饥饿，而同时他们又是文化大众化过程中的主要桥梁"，开明同人认为，接受教育的青年是文化普及过程的关键的一环，而接受中学教育的青年是将来社会的中坚，他们既是目前启蒙的对象，以后也可以充当启蒙者的角色；青年教育好了，大众的启蒙工作也相应地多了一份动力。因此，要革除传统教育精神中官本位的思想，"认定以老百姓为本位"，真正为国家培养"协和人家，帮助人家，尊重人家的幸福"的"开通明白"[2]的人才。

国文教育在开明地位非同一般，开明周围聚集当时"语文教学的最高权威"，国文与一国的文化息息相关，这是开明同人的一个共识。从30年代《中学生》杂志发起"中学生国文程度是否低落"的讨论，到40年代《国文月刊》再次探讨"中学生的国文程度"，这一话题的延续，说明了开明对中学国文的关注不仅仅是为了国文教学而重视国文教学。当时社会上普遍认为中学生国文程度趋于低落，在开明同人看来，中学生的国文程度低落主要体现在文言文的阅读和写作方面，在白话文阅读及写作上，其水平

---

〔1〕 夏丏尊等:《〈一般〉的诞生》,《一般》诞生号,1926 年 9 月。
〔2〕 叶圣陶等:《开明少年》,《开明少年》第 1 期,1945 年 7 月 5 日。

并没有下降。[1]

开明一面关注着白话语体文的传播,一面也没忽略学生对承载着一国固有文化的文言经典的接受。朱自清曾明确地谈道:"做一个有相当教育的国民,至少对于本国的经典,也有接触的义务"[2],"我可还主张中学生应该诵读相当分量的文言文,特别是所谓古文,乃至古书。这是古典的训练,文化的教育。一个受教育的中国人,至少必得经过这种古典的训练,才成其为一个受教育的中国人"[3]。

了解传统文化是认识我们自身文化渊源的必要途径;而晚清以降民族长期受欺凌的状态迫使知识分子意识到接受现代思想的重要性,现代思想、现代文化需要新的语言载体,白话无疑是关键,五四以后,白话的发展偏重在文学方面,白话文学即新文学于是居于显要位置。尽管新旧文学似乎处于矛盾状态,但从上文中可以明显地看出,开明同人对此问题的立场非常鲜明,对新、旧文学不同程度的重视其实凸现的是开明同人对民族前途与命运的关注和忧虑。

夏丏尊在讨论文艺的功用时,也同样谈道:"一民族的古典文艺,是一民族的精神文化的遗产,其底里流贯着一民族的血液的。故即离了研究文艺的见地,但就作民族的一员的资格来说,古典文艺也大有尊重的必要。"[4]古典文艺集传统文化之大成,事关民族身份的自我认同,而新文学却又是改革社会改变民族落后状态的精神食粮,因此尊重古典文艺而推崇新文学,既延续了一国的文化传统,又为民族输送了新生的血液,这正暗合了开明的文化选择。

(五)胡愈之与五四运动

胡愈之毕生致力于推进民族解放和民族发展的新文化运动,为新文

---

〔1〕　朱自清:《再论中学生的国文程度》,见《朱自清论语文教育》,河南教育出版社 1985 年版,第 61 页。

〔2〕　朱自清:《经典常谈序》,见《朱自清论语文教育》,河南教育出版社 1985 年版,第 8 页。

〔3〕　朱自清:《论教本与写作》,见《朱自清论语文教育》,河南教育出版社 1985 年版,第 17 页。

〔4〕　夏丏尊:《文艺论 ACB》,《夏丏尊文集·文心之辑》,浙江文艺出版社 1983 年版,第137—138 页。

化的传播做出了卓越的贡献,成为以"民族的科学的大众的"为主题的新民主主义文化的代表人物。他是从一个旧式知识分子、民主主义者逐渐成长为一名共产主义者的,其心路历程,在一定程度上,反映了中国近代新文化发生、发展的历程。

胡愈之的青少年时代,正是世界风云激荡,中国发生翻天覆地大变革的时代。从清朝后期起,政治局势从未出现过稳定的局面,外敌入侵、政治倾轧、战乱频仍,偌大的中国始终处于风雨飘摇之中。动荡的政治时局引起思想界、文化界的纷争与变革。特别是五四以后,新旧文化冲突日益激烈。一时间,各种社会思潮蜂拥而起,哲学、史学、文学界都出现了前所未有的"百家争鸣"的局面。胡愈之正是在这样一个复杂的社会现实和文化背景中崭露头角,加入到五四新文化运动中的。

1914 年,胡愈之考进上海商务印书馆,成为编译所的一名练习生。商务印书馆是当时全国书刊的出版中心。除了编印全国学校教科书之外,还出版《东方杂志》、《小说月报》、《妇女杂志》、《学生杂志》、《教育杂志》和《少年杂志》等报纸杂志。年轻的胡愈之非常喜欢这份工作。在工作之余,胡愈之还利用东方图书馆自学各门科学知识,翻译西方科普文章。

1917 年 11 月,陈独秀发表了《复辟与尊孔》一文,对于集中代表着封建文化道德规范的"三纲五常"发起进攻,要求推翻孔学,改革伦常礼教。新文化运动起到摆脱旧时代封建文化的糟粕,唤起人民思想解放的启蒙之音的作用。在时代的大潮中,胡愈之深受《新青年》的启迪,积极主动地接受新文化思潮。他不断在《东方杂志》上撰文提倡科学反对迷信;提倡新文学、反对旧文学;向国人介绍西方各种新思想、新科学。对于当时传入中国的西方文化,他给予肯定,认为中国应该学习西方。他指出:"东西文明之优劣,虽未易断定,然缺乏互助,为吾民族之最大弱点,殆无可讳言。今日吾国苟欲图社会之向上,群治之进化,则彼博得世界的国民之荣

誉之新大陆人民,诚为吾民之良导师。"〔1〕

在文学革命的发展中,胡愈之提出顺应文学革命的口号采用白话文来编辑杂志,但当时《东方杂志》的主编杜亚泉思想顽固保守,反对白话文。在这种形势下,胡愈之只得偷偷地读《新青年》,偷偷地练习用白话文写作,并且不断用笔名写白话文文章投到《学灯》和《觉悟》等当时思想比较进步的报刊上。

随着新文化运动发展的不断高涨,商务印书馆不得不改变原来文言文的旧套路,从《小说月报》开始改用白话文。于是,胡愈之和沈雁冰积极携手在商务印书馆内推行白话文,他们的报刊编辑理念不仅在形式上,而且在内容上都有创新,给商务带来浓厚的新文化气息。后来胡愈之回忆道:"'五四'时期我和沈雁冰是提倡白话文最力的两个人。"〔2〕

针对五四时期提倡科学反对迷信的思潮,胡愈之此时特别撰文批判封建迷信问题。迷信问题在辛亥革命后尤其突出。1917年,上海的一帮封建文人开设了"盛德坛",成立了"上海灵学会",并出版了《灵学丛志》。他们宣称灵学为科学之冠,可以浚智慧、增道德、养精神、通天人。针对灵学泛滥,危害民众思想的情况,不久胡愈之即发表《迷信与近代思想》一文,痛斥了以神秘主义为化身的精神主义即灵学(spiritualism)。

这些充分体现了一位有志青年顺应时代的风潮,积极投身于寻求民主与科学的洪流中。此外,胡愈之积极从事倡导世界语的宣传,推动汉字改革的发展。他虽然不是专业的文字改革工作者,却从革命发展的目的出发,对汉字改革的途径和具体方法提出了许多合理的意见。

(六)张静庐与五四运动

1. 张静庐的爱国活动

张静庐不仅是位出版家,他关心国事,还是一位杰出的社会活动家。1919年,北京爆发五四运动,他在浙江镇海听到这个消息,不禁热血沸

---

〔1〕　胡愈之:《胡愈之文集》第1卷,生活·读书·新知三联书店1996年版,第47页。
〔2〕　胡愈之:《我的回忆》,江苏人民出版社1990年版,第7页。

腾,用他自己的话说,要冲破樊笼,冲破自我,创造新生命。他立即赶到上海,参加了救国十人团联合总会。这时,上海为响应五四运动,在 6 月 3 日发动商人罢市、学生罢课、工人罢工的运动。"六三"运动后又有反对西原借款、取消四路合同、罢免段祺瑞、解散安福系武力边防军,号召工商学界推举代表入京请愿。

五四期间群众性的请愿活动,共有三次,第一次在 5 月,第二次是 8 月,第三次是 10 月,张静庐参加的是第三次。这次请愿是山东学生发起的,他们的斗争口号是"反对西原借款"、"反对出卖胶济路",并反对段祺瑞政府勾结日本,缔结中日防共协定,把国家的利益拍卖给日本人。发起请愿的山东学生先到天津,得到天津各界人士的声援。但是,全国学生联合会总会和各界联合会总会都设在上海,因此又到上海求援。以便组成声势较大的请愿团。上海学生联合会会长蒋保厘也表示支持,就在上海学联的会议室召开了一个规模较大的各界联席会议,推定上海代表四人,北上参加请愿团。四人中除了学联代表和商界代表外,张静庐是救国十人团联合会总会代表,他有天津《公民日报》副刊编辑的经历,对天津、北京一带情况相对比较熟悉。请愿活动最后失败了,张静庐被政府拘留了,48 天后才出狱。

张静庐回到上海后,正逢孙伯兰在上海组织全国各界联合会,各地代表已陆续集合,张静庐被推举为宁波各界联合会出席总会的代表。不久,全国各界联合会被法租界当局查封,张静庐进了泰东图书局当编辑。后来他又在新闻出版界摸爬滚打了好几年,自己创办了光华书局。张静庐曾沉痛地回忆说:"在租界办文化事业,随时有触犯'奴隶主法律'的可能。"又说他"还替《商报》做过专'吃官司'的交际书记,不过法庭不是天天上,牢也不是轻易坐的,所以交际工作倒很空闲。没有想到光华书局竟遭到了很多的麻烦,短短六个月,被控刑事案件多到七次。这时中国律师还不能出庭辩护,以昂贵的价格聘请了一位英籍律师阿乐满为法律顾问,却还挡不住要上法庭。每次又不能当堂了结,常常要拖好几庭,每庭又要距离一星期。这样,在半年中几乎每个星期要上一次法庭。判决都是罚款了事。虽然没有被拘留,而这种麻烦使工作停滞,精神负担极重。但是,要在租界上寻找'公理',那是不可能的。有时只好主动送上罚金,以免除灾难"。做归做,渐渐地在他心里却萌动着"只有和帝国主义者进行斗争,才能得到应有的尊严和权利"的信念。

2.张静庐的出版救国

张静庐是一位拥有爱国主义情怀的出版家。对于近代的爱国志士分子来说"以出版救国,成为中国人自办出版业的一个重要的促因。这样一种时代的责任感,上接中国知识分子'以天下为己任','天下兴亡匹夫有责'的传统,又开辟了'出版救国'的新传统"[1]。在中华民族危机日益加深的大背景下,伴随着西方列强对中国经济上的掠夺、政治上的压迫,文化上的入侵更是不容忽视。"出版救国"的思想就有了两方面的内涵:首先是要以出版应对西方列强的文化入侵,通过传播文化,开启民智,进而达到自强的目的。其次,出版家以自己的出版活动作为报效国家的一种方式。

(1)翻译新书引介新知

开启民智是近代中国知识分子的重要使命。其中,翻译出版引进新知识是开启明智的途径之一。面对五四新文化的潮流,张静庐十分注重对于西方文学思潮的引进与传播。通过对《民国时期总书目》的整理,我们发现无论是光华书局还是现代书局、联合书店、上海杂志公司,其出版物都有不少是对外国作品的翻译。例如,"世界名著选"(光华书局)、"欧罗巴文艺丛书"(光华书局)、"现代世界文艺丛书"(现代书局)、"世界戏剧译丛"(现代书局)、"高尔基选集"(上海杂志公司)都是对外国文艺作品的引介。"世界名著选"共七种,具体见表 4-1:

---

[1]　王建辉:《出版与近代文明》,河南大学出版社 2006 年版,第 15 页。

表 4-1　世界名著选

作者	译者	作品	出版时间
萧伯纳(英国)	席涤尘、吴鸿绶译	《武器与武士》	1928 年 9 月
卜赫服(法国)	成绍宗译	《漫郎摄实戈》	1929 年 7 月
莫泊三(法国)	顾希圣译	《田家女》	1928 年 7 月
A. Von Chamiss(德国)	鲁彦译	《失了影子的人》	1929 年 1 月
Baghy Julio	钟宪民译	《只是一个人》	1928 年 12 月
安特列夫(俄国)	蓬子译	《小天使》	1928 年 7 月
塞洛(意大利)	周颂棣译	《永别了爱人》	1928 年

(2)宣传普及新文化

19 世纪 20 年代新文化运动逐渐兴起。文化氛围的转变,社会企慕新知识、新内容、新观念、新思维、新文字,自然对出版机构有新的期望,对于出版物产生新的要求。[1]

在这种情形下,许多出版机构都把关注的焦点放在了新文化上。1919 年,五四运动的爆发推动了新文化运动的发展。同年,张静庐进入泰东图书局,编辑《新的小说》。《新的小说》创作伊始,编者便明确宣布,该刊"趋旨"是"不和旧的小说一样",所谓"新的小说",要履行"通俗教育的补助品"责任,要用"'新的'文化来改造旧社会"、"'新的'思想来建设新道德"。[2]

可以说张静庐的出版事业是围绕着新文化运动展开的。新文化运动发源于北京,在新文化运动之初,上海的出版界并没有对新文化运动有足够的重视:"商务印书馆将《小说月报》改为新文艺刊物,接着杨贤江先生接编《学生》杂志,章锡琛先生接编《妇女杂志》,这是商务印书馆走向新的方面最活跃的时代。"[3]中华书局开始刊印社会科学丛书;亚东图书馆把发展目标放在了通俗旧小说的出版上。然而,这三家出版社只是把新书

---

〔1〕　李家驹:《商务印书馆与近代知识文化的传播》,商务印书馆 2005 年版,第 40 页。
〔2〕　陈文新主编:《中国文学编年史·现代卷》,湖南人民出版社 2006 年版,第 100 页。
〔3〕　张静庐:《在出版界二十年》,江苏教育出版社 2005 年版,第 83 页。

经营作为副业,并不重视。其他出版社,更是不涉及新书出版业。在这种情况下,1925 年,张静庐、沈松泉、卢芳开办光华书局,这是上海第一家新书店。

在张静庐的主持下,光华书局、现代书局以及联合书店出版了大量的新文化出版物。其中影响较大的有:"创造社丛书"、"幻洲丛书"、"狂飙丛书"、"新世纪文艺丛书"、"现代创作丛刊"、"现代文学讲座",等等。以这些出版机构为核心聚集了一大批对于当时新文化有影响力的作家,如郭沫若、张资平、施蛰存、穆世英、周全平等等。出版机构与作家二者相互推动,从不同侧面对于新文学产生了影响。

张静庐不仅注重对于新文化的宣传,也注重对新文化进行普及。1926 年,光华书局南昌分店的创立就是一个例子。"新文化运动虽有七年的历史了,这样重要的省会似乎都还没有普及到。我们到达南昌之后,在许多新式的、旧式的书店里居然找不出一本'新'的书籍和杂志。"因此,张静庐提出为了宣传普及新文化很有必要在南昌设立光华书局的分店。这样做一方面满足了当地民众对于新文化的需求,同时也填补了市场空白,在经营战略上也具有重要的意义。在 1945 年重庆版的《新华日报》上,张静庐更是提出了要把新文化普及到广大的农村、乡镇中去,"只有人民大众所接受的精神粮食,才有广大的销路,才是源远流长的事业,才算是我们出版工作者尽到了文化运动的职责了"。

三、近代浙江出版家与工人运动

商务印书馆地处中国工人运动中心的上海,工人素质相对较高,接触的都是书刊印刷品,而且商务馆方在职工培训方面做了大量工作,办了工人夜校、职业培训、函授教育等。印刷工人的知识启蒙较早,观察社会、看待问题都有相当的自主性。加之中国共产党早年在上海的积极活动,商务的工人运动在上海、在全国都算是频繁而活跃的。商务的工人运动曾对中国革命做出过积极贡献,在现代反对帝国主义殖民压迫方面也功垂史册,而且商务印书馆作为近代最大的民营出版企业,在近代出版企业中具有典型性和代表性，所以笔者以张元济为例，试论述近代浙江出版家如何处理当时的工人运动。

五四运动以后，布尔什维主义、马克思主义渐次在中国传播开来。在商务出现了一批著名的共产党人，如沈雁冰、董亦湘、杨贤江，还有党派来的徐梅坤；在工人中有党员糜文溶、廖陈云、柳溥庆、黄玉衡等人。在党创建初期，商务就集聚了这批著名的共产党人，可见党在商务的势力之强。此外，在商务还有相当一批思想"左倾"、同情共产党的知识分子，如胡愈之、郑振铎、叶圣陶等。到1927年上海工人起义时，周恩来、恽代英、李立三等共产党高级领导人都亲自到商务发动群众，指导工作。商务参加轰轰烈烈的工人运动是可以想见的。

有意味的是，商务创办人也是被压迫被剥削的工人阶级出身。夏瑞芳在1895年就曾在捷报馆领导工友罢工，轰动一时。在本质上，夏创办商务的初衷就是不满于资本家的压迫。及至张元济加入商务，给商务注入新的内容，提出扶助教育为己任，这个口号的潜在意义是教育救国。后来，商务事业有了很大拓展，又增添了一层实业救国的意思。商务的事业固然是资本家的事业，但作为民族实业的商务，它的远大目标是开启民智、振兴中华，我们可以说，它和中国共产党、和工人阶级所选择的道路不同，但救国、振兴民族的目标是殊途同归的。

站在这个立场上，我们来看商务对待工人的态度，来看商务馆方在历次工人运动中的反应和态度，便能说明问题。1917年商务发生第一次工人罢工时，张元济在日记中即表示，"此次虽经解决，然败固不佳，胜亦非福。善后之事甚属为难"[1]。张元济已经注意到搞好劳资关系的重要性。五四运动爆发后，上海罢工罢市，张元济也给予了充分的理解。"是日因书业商会议决，表抵抗日本，及对于北京学生敬爱之意，停业一日。"[2]函告出版部，"查杂志如有日本广告，应停止"。"向日本定制凡利

---

〔1〕 张元济：《张元济日记》，商务印书馆1981年版，第562页。

〔2〕 张元济：《张元济日记》，商务印书馆1981年版，第581页。

水，余在会议簿上声明不妥，即西洋货较贵，亦应买。"[1]"……小有光纸亦已无存……现即不敷，只有静候来纸，万不能用东洋纸。"在抵制日货、反对日本侵略中国山东的"二十一条"问题上，商务旗帜鲜明地站在反帝立场上。五卅运动中，商务馆方虽未明确支持编译所同人、印刷工人的行动，走在运动前列，但领导层为《公理日报》捐钱，《东方杂志五卅事件临时增刊》开篇即是王云五写的《五卅事件之责任与善后》一文，文章从法律上、道德上抨击在华洋人残杀无辜、侵犯我国主权、侮辱我国人民的罪行，义正词严。以一个资本家的身份而敢于向洋人发炮，可见在反对帝国主义的斗争中，劳资双方无分彼此。当《东方杂志增刊》因刊登漫画而受到租界当局起诉时，到会审公廨候审的是王云五和发行所副所长郭梅生。最后判决商务罚款 200 元，在一年内不再发行同样书刊。事后，商务应广大读者要求，不顾租界当局的禁令，再版《东方杂志增刊》。馆方顶住压力的勇气是值得嘉许的。

在反帝运动中，商务劳资双方立场一致，在其他政治问题上，双方可能就意见相左了。但这无妨商务在开明的政治态度下求同存异，因为商务馆方一贯不介入政治的冲突，企业的发展才是最受关注的事。因而，只要工人运动不影响生产，领导层大都睁一只眼闭一只眼。第二次工人罢工时，经理王显华主张用强硬手段处理工潮，即遭到张元济的反对。张声泪俱下地力主和平谈判，最终促成工潮和平解决。再者席卷全世界的左翼运动也不是商务一个资本家所能控制的，馆方采取了开明的同情的态度，这种态度使得商务职工中的共产党员活动颇为活跃。商务的几种主要刊物一度掌握在共产党人或左翼人士手中，呈现"左倾"的面貌。如胡愈之主编时期的《东方杂志》、杨贤江主编时期的《学生杂志》、沈雁冰主编之《小说月报》。而前述商务出版物中介绍马克思主义、布尔什维克主义的著作以及以马克思主义的观点、方法来研究问题的著作也为数不少。

商务是一项文化事业，办好这个事业，对民族的发展可起到很大的作

---

[1]　张元济：《张元济日记》，商务印书馆 1981 年版，第 553 页。

用,因此,事业的发展是核心和关键。如果只把商务作为一个企业,只养活几千名职工,甚至在企业范围内成功地创建一个"共产公社",至多不过是为几千人建造乐园而已,其对国家、民族所能发挥的作用却未必比事业的发展更大。何况"共产公社"尚不可能出现。在企业的生存和发展中,劳资双方永远存在不可调和的矛盾,企业的发展也有赖于降低劳动成本。承认这一点,不是说所谓剥削的合理性,而是指它的可理解的性质。

商务馆方在工人待遇问题上尽管存在分歧,但毕竟有人注意到处理好劳资关系的重要性。在上海的企业中,商务的职工待遇属于上乘是不争的事实。王云五称:"本馆对于同人之待遇,虽尚有可改进,然在世界各国中实居上乘。"首先,职工能得到培训、进修的机会。商务为职工举办职工夜校,职工子女也受益于扶助职工子女教育基金。在获得受教育的权利方面,商务职工可谓"近水楼台先得月"。在安全生产和劳动保护上,商务职工也有充分的保障,厂屋宽敞明亮,冬有暖气、夏有风扇,在危险处贴有警示标语,如"小心有电"等。厂区消防设施齐备,工人发放劳动保护用品。在工资待遇方面,商务职工的层次相差很大,技术含量高的部门工资待遇高,技术高的工人工资相对要高,但总体水平仍然高于其他企业。除工资以外,每位职工还可以获得奖金和年底分红。还有人寿保险,有退俸金和补助金,因公致残者有抚恤金,甚至每月还有米贴。在福利待遇方面,每位职工有婚、丧、产假,同人患病有医疗补助。

归结起来看,我们可以认为,商务的工人运动曾经对全中国的工人运动起到示范作用。商务职工在历次运动中表现出了高度的组织性、智慧和牺牲精神。商务工人运动参加者的成分有特殊性,参加者有编译所的高级知识分子,不全是底层的工人。而劳资双方虽有矛盾,但又有共同的目标和利益,加之馆方领导人的智慧及开明态度,双方存在一种微妙的互动关系。这是处理双方关系的原则。自己的问题自己解决,王云五处理罢工的这一立场,恰恰证明劳资双方是有共同利益的。

四、近代浙江出版家与国语运动

1916年,洪宪皇帝袁世凯驾崩于新华宫,帝制被推翻。同年秋天,在京各界人士发起成立了国语研究会。随后几年,国语研究会提出了"言文一致"和"国语统一"的两大中心口号(所谓"言文一致",是指书面语舍弃那种局限于少数知识分子使用的文言文,而改用普通老百姓能理解的白话文;所谓"国语统一",指动员方言不一、言语不通的各地民众,学习以北方方言为基础的北京话,定北京话为全国各地共同使用的国语)。由于国语研究会在主张方面与正在蓬勃兴起的文学革命潮流相合拍,因而得到了社会的广泛呼应,发展十分迅速,1918 年有会员 1500 多人,1919 年增至 9800 多人,到 1920 年则达到 12000 余人。在国语研究会的大力促进下,教育部于 1918 年 11 月 23 日正式公布了注音字母,1920 年 1 月训令全国各国民学校,改"国文"科为"国语"科,并修改原来的《国民学校令》,规定首先教授注音字母,改革教科书的文体和教学方法。1932 年 5 月 7日,教育部公布了以北平地方国音为标准的《国音常用字汇》,取代了行之有年的《国音字典》。历史上把这场肇始于清朝末期,兴盛于 1920 年前后,并持续到 20 世纪 30 年代,时间长达半个世纪之久的中国语文变革运动,称之为国语运动。

20 世纪上半叶的国语运动,能取得令人瞩目的成就,应该说是多种力量共同促成的结果。一方面政府有关政策和措施的相继出台,使国语运动的开展,获得了一种行政上的有力支持和制度上的重要保障;另一方面,活跃于民间的有关学术团体和文化机构所做的制定、组织和宣传工作,也起到了切实有效的推波助澜的效果,近代浙江出版家所主持的民营出版社在这场语文变革运动中,就扮演了不容忽视的重要角色。

(一)出版社及时出版与国语运动相配合的国语教科书

国语教育要想成功,须从低年级孩子们的基础教育抓起。这一点,早就被国语运动的先行者们敏锐地认识到了。早在 1913 年 5 月 13 日的"读音统一会"上,就有人提出了改初等小学的"国文"科为"国语"科的议案。到了国语研究会成立后的 1917 年,在第三届全国教育会联合会上,这一议案又旧话重提,并最终形成了决议。1920 年 1 月,北洋政府教育部正式行文,训令"凡国民学校一二年级,先改国文为语体文,以期收言文一致之效"。国文改成了国语,科目名称既已变更,相关的教科书也必然要求做相应的改变。而教科书的编写与供应,是由学校教育之外的出版部门来完成的。出版部门的态度和效率如何,自然会影响到国语教育的进程。那么,当时的实际情况又是怎样的呢?

第一部小学国语教科书——商务印书馆编写的国民学校用《新体国语教科书》8 册,竟然赶在这个教育部通告之前出版了。1920 年 7 月间,商务印书馆又出版了一种《新法国语教科书》,该套教材在第一册前,按照教育部"先教注音字母"的规定,另编一首册,专门传授注音字母方面的知识。同年的 12 月间,中华书局的《新教育国语读本》也出版了,第一册上半本也是遵照教育部"先教注音字母"的规定编定而成的。

商务印书馆等出版部门在国语教材编写上反应之快速,赢得了当时国语运动中坚人物黎锦熙的高度赞赏,称誉为"出版界是真能得风气之先的",在小学国语教科书出版之后,"总是能得风气之先"的商务印书馆又赶在 1920 年出版了第一部中学国语教科书——中等学校使用的《白话文范》4 册。《白话文范》纯采语体文,全用新式标点符号和提行分段。随后不久,中华书局编写的《国语文类选》等中学国语教科书也相继出版了。这样,作为国语运动一个重要组成部分的国语教育,从初小到高中都有了与之配套的国语教材。

改"国文"为"国语"是文学革命和国语运动合流的最大成果,同时也是确立白话文地位最关键的一环。白话文的进入教材,等于承认了它的正式书写语言的资格。据历届"统一会"审查工作报告的统计数字,1920年审定的国语教科书凡 173 册,1921 年凡 118 册,1922 年约 100 册。这些纷涌出版的教材,对国语形成了最好的宣传。

(二)出版社大量地印行了普及国音国语知识的国语书刊

黎锦熙在《何谓国语教育》一文中,将国语的范围定为三个大的部分:"国音"、"词类"和"语法"。考之《商务印书馆图书目录(1897—1949)》"语文学"大类,对国语的这三大部分内容,都有相应的图书著录。尤其是国音方面的书籍,所占比例最大。大概国音不易被方言复杂的各地民众掌握,同时又与人们的日常交流紧密相关,因而特别需要普及与推广。1919年,经读音统一会会员商定编写出来的总共字数达13000余字的《国音字典》,由商务印书馆正式出版。另外,作为工具书性质的,既可以统一语言,又有"正名辨物"效用的各种"国语词典",也出版了十几种之多。另一家大出版社——中华书局所出版的国语图书数量,亦不在商务印书馆之下,前后一共出版了93种国语图书。世界书局、大东书局、民智书局等其他书局书店,都在这场轰轰烈烈的国语运动潮流中出版了相关的国语书刊。

(三)出版社大量制作了各种传习国音国语用的教学用具

在国语运动高歌猛进的当头,商务印书馆、中华书局、世界书局等大出版机构,除了大量出版国语教科书和相关国语书籍外,还利用自身的技术优势,制作了各种国音国语教具,如国音积木、国音色版、国音拼音牌、国语拼音盘、国音字母发音挂图、国语游戏手语法等。这些教具用之于实际的国语教学,因其具有形态、体积、大小、色彩和运动等直观上的特性,可以弥补教师单靠语言难以描述的不足,使知识的传授更加生动、丰富。对学生来说,它可以化抽象为具体,获得感性经验,激发学习兴趣,保持长久记忆。其优点是十分明显的。而在出版部门制作的各种各样国语教具中,又以国语留声机片的灌制,成本最高,影响也最大。

早在1920年那一年,中华书局就委托法国著名的留声机片制造厂家百代公司,专门灌制了一套为人们学习国音用的"中华国音留声机片"。该留声机片的发音者和审校者分别为王璞和黎锦熙,两人一个是语言专家,一个是音韵专家,都是国语运动中至关重要的核心人物,从而保证了该留声机片的权威性和可靠性。"中华国音留声机片"共6片,计12面,分成12课,全套定价为60元。第一批造货1000套,1921年1月底从巴黎运到上海,1921年2月3日正式对外发售。第二批造货也是1000套,1922年7月开始照五折对外发售特价,到1923年6月全部售完。第三批新货定价大为降低,从原来的60元减为40元,并以特价20元的价格发售。累计销了几千套,说明这套留声机片是受到教育部门欢迎的。教育部对它的审定批语云:"合查所制各片,发音清正,编次整齐,于国语国音之传习,殊有裨益,应准审定公布为各学校学习国语之教科用品。"亦从预期效果、刻录质量两方面,对这套留声机片予以较高的评价。继中华书局之后,商务印书馆也于1922年请赵元任博士灌制了一套国语留声机片。

1932年5月,国民政府教育部正式公布了完全以北京语音基准的《国音常用字汇》。这样一来,中华书局原先灌制的那套"老国音"的留声机片,便显得不合时宜了。1933年,中华书局又请当时任教育部国语统一筹备委员会常务委员,且在北平各大学教授国语的标准发音,灌制了一套新的国语留声机片,名为"标准国音国语留声机片"。据1947年中华书局编印的《中华书局图书馆基本教育图书教具展览目录》称,这套留声机片及课本在当时,"销行国内外极广"。

出版部门利用当时先进的录音技术,约请专家灌制留声机片,传习国语,其作用是明显的。人们常说,学习语言,目见不如耳闻,耳闻不如口读,而留声机以其相对准确的发音和强大的重复播放功能,对广大国语学习者来说,不啻是身边有了一个可以随时请益的好老师,其在教育上的价值是不言自明的。

(四)出版社积极开办了以培养国语教员为目的的国语学校

以1920年1月《国民学校令》的修改及《国民学校令实施细则》的正式颁行为标志,表明国语教育已从深化认识阶段,逐渐转入了大力推广阶段。如何去推广?除了通过行政的手段,将小学校国文科改为国语科外,"国语统一筹备会"还特别设计了三项措施,其中有一项是,在北平、上海、广州、汉口(或武昌)等四个地方率先设立国语专修学校,作为其他各省国语师资培训和推广国语的示范教育机关。上海的"国语专修学校",委托给了对此既热心又有实力的中华书局具体承办。在资金上,中华书局每年向该校贴费1200元;在招生上,国语专修学校的招生广告和中华书局的图书广告并置于报端;在教学上,很大一部分教员由中华书局国语部的编辑充任,黎锦晖、陆衣言、马国英、郭后觉、黎明、乐嗣炳、蒋镜芙等人位列于教员名单之中。1921年4月,上海国语专修学校的首批学员正式开班上课,之后的四五年时间里,开设的国语学习班涵盖了多种类型层次,仅头两年,从国语专修学校毕业的学员人数,就已达 700 余人之多。

商务印书馆同样于 1921 年 4 月附设了一所国语学校,名之为国语讲习所,先设师范班,后设暑期讲习班。前者学员 60 人,3 个月毕业;后者学员 502 人,6 个星期毕业。1924 年 3 月,商务印书馆又创办上海国语师范学校,聘吴稚晖为校长,方叔远为主任,李梦明、吴研因、沈雁冰、郑振铎、周越然等为讲师,普通科第一期学员 50 人,第二期 54 人,第三期 89 人,补习科 52 人,暑期讲习科 102 人。这些来自五湖四海的一拨又一拨学员,当他们毕业后分赴各地任教时,也同时把国语知识的种子带到了全国的四面八方。

1931 年《世界杂志》十年增刊上,刊登了一篇名为《十年来的国语运动》的文章。该文对 20 世纪 20 年代的国语运动情况,进行了历史性的回顾和总结。文章作者乐嗣炳,曾任中华书局编辑。作为一个知情者,他特别提到了出版社在国语运动中所做的努力。他说:

> 以国语运动为发财事业的书店方面的努力,其功也不可埋没。中华书局经理陆费逵当国语运动发生之初,早知国语教育势必实现,所以参加国音推行会,创办国语专修学校,制造国音留声机片,出版大宗国语用书,赶造国语教科书,不遗余力。商务印书馆表面上稍稍落后,而追踪的结果,成绩至少不下于中华。一九二五年世界书局发行国语教科书,意外地卷起了一个推销国语用书底大波澜,当时三个书商互相竞争,只求把国语书销出去,蚀本奉送不算,有时奉送了还要倒贴。结果三家书店因此亏损百余万元,而促进国语运动底力量,事实上比哪项国语运动都浩大。

正如乐先生所说的,以商务印书馆、中华书局为代表的出版界,不管是出版国语教科书刊也好,还是灌制留声机片以及开办国语学校也好,之所以那么热心,一方面固然是一种可贵的文化自觉,比如说,中华书局里的很多编辑,包括总经理陆费逵本人,都是中华民国国语运动的成员,黎锦晖、陆衣言、马国英、郭后觉、乐嗣炳、蒋镜芙等,还是其中的领导骨干,他们写文章,编书刊,正是鼓吹国语运动的最好手段;另一方面,从商业的角度来说,确实也是为了"发财事业"。当初商务印书馆赶在教育部正式行文之前推出的《新体国语教科书》和《白话文范》,便有相当多抢市场的成分在里面,尤其是《白话文范》,因急于出版,内容欠精,最后只被教育部有关部门审定作参考书。中华书局那些年出版的那些国语图书,同样是与市场风云紧密挂钩。1920 年至 1923 年 4 年间,是国语运动最为红红火火的 4 年,也是中华书局出版国语图书最多的 4 年,4 年出书 50 种,占中华书局国语图书出版总数的一半以上。此后,国语运动的走势趋弱,中华书局新出版的国语书数量也跟着逐渐减少。

正因为有了"发财事业"的利益驱动,才促成了出版社在国语运动初见端倪和方兴未艾之时,做出"赶造"与"追踪"的举动,从而推动了国语运动的蓬勃发展。后来三家大书局相互间国语书的价格拼杀,也是出于商业竞争的需要。降价销售,对于出版者来说有损失,受益却属于整个国家和社会。

五、近代浙江出版家与图书馆运动

我国近代意义上的图书馆,虽然发轫于 20 世纪初,但真正得到大规模的发展,却是在五四新文化运动以后。一方面,新文化运动中大批量生产的那些反映现代政治、学术、文学、科学技术的书刊资料,使得中国原有的图书管理方法已不能适应形势;另一方面,受当时社会潮流推动,人们更进一步认识到,图书馆作为一种重要社会机构,在输进知识、广博见闻、学习研究、推动社会进步等方面所具有的强大功能。1917 年以后,沈祖荣、戴志骞等一批留学海外的图书馆学家学成归国,在他们的大力倡议下,以仿效欧美图书馆精神来改革和发展中国近代图书馆事业的运动,便在全国开展起来;而把西方列强退还的庚子赔款,用于中国的图书馆建设,则将这一运动推向了高潮。

1925 年,中华教育改进社图书馆教育委员会提议,将美国退还庚子款用于建设图书馆 8 所,分布中国要地,为各区域的图书馆模范。同时,美国图书馆协会代表鲍士伟来我国考察图书馆状况,提倡推广通俗图书馆等。1928 年,全国教育会议大会通过请当时的大学院(相当于教育部)通令各学校设置图书馆,并每年从全校经费中提取 5％以上作为购书费。有了这些经费作保障,新图书馆运动取得了显著的成绩。

1933 年,图书馆学专家沈祖荣在调查 10 多个城市 30 所图书馆后,在一份调查报告中欣慰地指出,全国各高等教育机关不仅馆藏丰富,馆舍建筑也"美丽完备";政府和当地富绅亦多热心于本地图书馆之建设。十多年蓬勃开展的图书馆运动实绩,最能从全国迅速增加的图书馆数量上反映出来。据《教育公报》1916 年统计数字表明,时年全国图书馆仅 260 所;至 1925 年,中华图书馆协会统计全国图书馆数,已增至 502 所;1928 年时,全国除甘肃等 7 省区、汉口及东三省行政区外,有图书馆 557 所;1929 年全国有图书馆 1131 所,1930 年为 1428 所,1935 年增至 2520 所,1936 年为 5196 所。

新图书馆运动规模浩大,持续时间长达 20 年之久。它直接导致了传统藏书楼向公共图书馆的巨大转变,从此,近代公共藏书的观念深入人心,中西结合的富有中国特色的近代图书馆组织与管理亦由此奠定基础。新图书馆运动在促进图书馆自身发展的同时,也为繁荣近代学术文化、普及民众教育做出了独有的贡献,其历史意义是深远的。当我们回过头来,试图对新图书馆运动发展中的诸多历史因素作分析性的考察时,我们一定会注意到,在社会文化功能上与图书馆既有重合又有衔接的近代浙江出版家所主持的民营出版机构在其中所发挥的重要作用。

(一)国故和新知并举,丰富图书馆馆藏

出版业影响于图书馆,主要通过出版物这一间接途径。虽说,图书馆藏书可通过赠送、交换等方式获得,但主要来源还是有赖于出版机构的现时供应。新图书馆运动所强调的保存文化、建设文化的主旨,体现在文献的馆藏上,一方面是古籍的供应,另一方面则是新知识出版物的流通。而国故和新知并举,正是民国时期出版物内容的两翼,从而为图书馆的文献收藏提供了绵绵不绝的源头活水。

就古籍文献出版而言,民国时期是我国系统出版古籍的高峰时期,1917—1937 年间出版的《四部丛刊》(初编、续编、三编)、《续古逸丛书》、《百衲本二十四史》、《四库全书珍本》、《丛书集成初编》、《四部备要》、《古今图书集成》、《国学名著丛刊》、《二十五史》、《二十五史补编》等,都堪称出版史的大型工程。出版部门利用现代的出版技术,或是影印,或是铅排。特别是那些越来越稀见的孤本秘笈,通过影印的出版方式,得以传播开来,既便利了公私藏书机构对古籍的搜求,又因传播过程中不失原刻面貌,而使馆中收藏兼具文献和研究两方面的价值。再说,新技术条件下的"新印古籍",在价格上自然要比原版旧书低得多,这对于当时许多受经费困扰的图书馆来说,又无形中替它们减少了书费上的开支。

就新书新刊出版而言,民国时期新旧知识体系的交替,承继着晚清的余绪,开展得更加普遍和深入,尤其是五四新文化运动思潮激荡之后,各种新学科内容的出版物应和着时代的需要,雨后春笋般大量生产出来。各类稽考查找性的工具图书,各类欣赏性的文艺作品,各类趣味性的儿童读物,各类研究性的学术著作,各类致用性的科技书刊,各类普及性的民众读本,以及其他各种用途各种类型的出版物,或是通过翻译的手段,或是采用著述的方式,被出版部门生产出来,然后源源不断地进入了图书馆的采购渠道,使得新图书馆运动中"建设文化"的诉求,不至于沦为空谈的口号。在出版部门发行的这些形形色色的新书刊中,有不少采用了丛书的出版形式。这些丛书往往装帧统一,便于图书馆进行上架和管理,同时提供的某一学科或某一方面的知识又相对系统和全面,因而倍受一般图书馆的欢迎。商务印书馆 1929 年开始出版的大型现代知识丛书"万有文库",在每本书上加印中外图书统一分类号码,并附送书名著者卡片,这种在版编目的做法,更是为图书馆服务得十分周到。

(二)开放自家馆藏,化私藏为公有

将私家藏书楼向社会开放,早期有徐树兰于 1904 年创办的古越藏书楼,而后相继诞生了一批从私人藏书和企业藏书基础上演变而来的私立图书馆,其中藏书最多、规模最大、影响最为深远的,当推商务印书馆创办的东方图书馆。商务印书馆作为我国旧时最大的民营出版企业,出于本馆人员编译图书时参考的需要,很早就开始了图书资料的收集工作。起先,商务印书馆藏书之所名为涵芬楼。1922年,商务印书馆准备将馆藏对外开放,将涵芬楼改名为东方图书馆。1924年5月,商务印书馆斥资11万元建成的东方图书馆大楼正式落成。大楼共五层,全部建筑面积2600平方米。1926年5月,商务印书馆发布公告,东方图书馆正式向社会开放。

商务印书馆创办并向外开放的东方图书馆,在我国近代图书馆史上的意义是巨大的。它不仅是我国近代最大的一所私立图书馆,同时也是我国20世纪30年代初馆藏图书最多的一家图书馆。在1932年"一·二八"事变之前,也就是东方图书馆毁于日军纵火的前夕,其馆藏数量为463083册,而其时国立北平图书馆的藏书也不过371752册。两相对比不禁令人深思:在那个政局动荡的时代,政府无暇顾及公益文化事业,却由一个民营出版部门充当了图书馆事业发展的领头羊,衬托了商务在保存文化上的时代意义。更为重要的是,商务印书馆化私藏为公有,主动地向社会开放的行为,尤能显示出一个出版企业着眼于全国整体文化建设的长远眼光和雄心大略。

(三)推行分类法和检字法,热心于图书馆教育事业的发展

20世纪上半叶,我国编制的各种文献分类法约有90余种,在图书馆界较为通行和影响较大的有五种,其中包括商务印书馆主持人王云五于1928年编的《中外图书统一分类法》。据庄亚文1934年编写的《全国文化机关一览》一书所载,采用王云五分类法的全国各图书馆中,较具规模的有二十余所,这当中包括湖北、湖南、江苏、陕西等省立图书馆。又据何多源统计,1936年国内图书馆所用分类法,以《中外图书统一分类法》为最多。《中外图书统一分类法》原本是王云五为商务印书馆的东方图书馆而编制,之所以后来广延到全国流行,一方面固然以分类法自身融合中西的突出优点作基础,另一方面也与商务印书馆的竭力推广大有关系。大型丛书"万有文库"书脊上所印的,便是中外图书统一分类法的分类号。

"万有文库"第一集 8000 余套,第二集 6000 余套的销量,事实上无形中给分类法作了极好的宣传与广告。

同编制分类法的活跃情形相类似,民国时期同样是我国各种检字法争相出台的时期。民国时期实验编制的百余种检字法中,有相当一部分是源于出版机构的大力推动,甚至是直接参与。当时作为全国最大的两家大书局——商务印书馆和中华书局主持人的王云五和陆费逵,都曾投身于检字法的编制实践活动。中华书局出版的由陆衣言、马国音等编的《新国音学生字典》,采用的是"头尾号码检字法";万国鼎编的《新桥字典》,采用的是"母笔检字法";陈立夫编的《五笔检字学生字典》,采用的是"五笔检字法"。近代出版机构推出的这些新检字,固然是出于编纂工具书的出版需要,但同时也便利了图书馆部门在图书编目工作中的实际应用,给书名目录和著者目录的传统笔画和部首排列方法之外,增加了新的检索途径。尤其是王云五发明的"四角号码检字法",因其快捷准确的突出优点,更是在全国范围内,得到图书馆机关大规模的使用。"万有文库"出售给各大小图书馆所附送的著者卡片和书名卡片,便是依"四角号码检字法"进行排列的。

在图书馆教育方面,以商务印书馆为代表的出版机构,也贡献了自己的一分力量。我国昔日的图书馆界,由于受历史条件的限制,接受图书馆学正规教育者仅为其中的少数,远不能满足图书馆事业发展的需要。于是,对图书馆业务人员进行多种形式的在职培训便显得十分必要。从我国现代图书馆教育史来看,在职培训收效显著,接受培训的人数达 1000 多人,其中就有商务印书馆的一大份功劳。商务前后共举办两期图书馆暑期讲习班,培训学员共计 350 余人,几占全国培训总人数的 1/3。

(四)出版图书馆学书籍,推动图书馆理论的繁荣

我国近代图书馆学研究始于新文化运动期间。新图书馆运动蓬勃兴起以后,图书馆学研究也借助这场东风,取得了较为丰硕的研究成果。其主要标志就是出版了大量图书馆理论与实践方面的书刊。这样一种可贵的成绩,固然是图书馆学家勤于著述的结果,同时也与出版界的密切配合

有很大关系。商务印书馆和中华书局作为全国最大的两家出版机构，是图书馆学书刊出版的主力军。从 1917 年至 1949 年的三十余年时间里，商务印书馆一共出版图书馆学著作 66 种，代办发行 3 种。中华书局出版的图书馆著作，据《中华书局图书目录（1912—1949）》所刊载的，数量也达 20 种之多。出版部门之所以热心于图书馆著作的出版，一方面是因为图书馆运动的蓬勃发展，使得图书馆学堪称一时显学，受到社会知识文化界的普遍关注，从中华图书馆协会会报上刊列的会员名单中，诸多社会名人列名其中，便可证实这一点。图书馆学既为显学，就有相应的市场需求，而有了市场拉动，出版部门自然也就乐于配合。另一方面，张元济、陆费逵等出版机构的主持人，本身也热心于图书馆事业的建设，他们或者是全国图书馆协会的会员，或者是上海图书馆协会的领导骨干。由他们来出版图书馆学著作，既可认为是个人兴趣使然，同时也具有某种职务和职业上的便利。很显然，图书馆学书刊的大量出版，对推动近代图书馆学理论的繁荣，具有积极的深远影响。

当然，在强调出版业对近代图书馆事业产生推动作用的同时，也应看到，近代图书馆事业的发展，同样反哺了近代出版业的进步。两种在功能上既有重合又有衔接的文化机构，彼此间的关系是相辅相成和兴衰与共的。近代的新图书馆运动，同样为出版业开辟了广阔的图书市场。新图书馆运动中新生的一大批图书馆，因为急需购买图书，充实馆藏，从而成为出版业图书销售中的购买大户。据统计，1927 年，全国图书馆藏书总数为 3192250 册，而至 1933 年，全国仅高校图书馆藏书就达 4493616 册。图书馆旺盛的图书需求，极大地拉动了出版业赖以依存的图书市场，成为近代出版业持续发展的一个新的经济增长点。近代出版机构受到新图书馆运动展现出来的商机吸引，在选题开发和组织出版方面，自觉地适应市场形势，如二三十年代的古籍出版热、大型丛书出版热，都可视为出版部门对图书馆巨大需求的一种主动应对。

更为重要的是，近代图书馆事业的发展，无形中为近代出版业培养了广泛的读者群。新图书馆运动在实现图书馆藏书为社会所共享的同时，尤其强调公共藏书机构的教育性特征。援引著名图书馆学家刘国钧先生的说法，"以用书为目的，以诱导为方法，以养成社会上人人读书之习惯为指归"，在这一思想指导下，20世纪二三十年代，我国以启发民智为主要目的的通俗图书馆，发展非常迅猛。1918年，全国通俗图书馆为286所，1931年达到1052所，而且通俗图书馆不论在馆址设置、藏书内容还是在开放时间、借阅方式上，均以普及民众教育为出发点，对阅览者免费开放，使图书馆的使用效率大大提高。无疑，通俗图书馆在扩大社会的读书人口、提高民众文化水平、普及社会读书风气方面均做出了默默无闻的巨大贡献。而这也正是图书馆于无形中贡献给出版业最为得力的地方。社会上读书的种子愈多，阅读的水平愈高，学习的风气愈浓，买书藏书的数量也就愈大，出版业就随之愈加繁荣。近代图书馆在服务读者的同时，其实也在为出版业开发未来的图书顾客，培育新的图书市场。难怪时任商务印书馆编辑的李泽彰先生，在《三十五年来中国之出版业（1897—1931）》一文中，明确地把图书馆运动作为推动近代图书出版业繁荣的三大因素之一。

第二节　近代浙江出版家与教育改革

中国的新出版与新教育，可以说是从变法维新发起的，维新派把创立学堂、兴办学会、开办报刊、翻译出版图书作为维新的重要内容和变法的重要实施环节。自此之后，新教育与新出版便成为中国近代化运动中的主要内容之一。可以说，具有相同性质的新出版与新教育，其发展历程是共生共荣，互为促进，相得益彰的。

中国近代教育出版伴随着教育的改革和发展而崛起。从编写中小学教科书到编辑大学教材和学术专著，从出版单行本到推出大型丛书，从出版机构单方面运作到出版界与学术界合作互动，中国近代教育出版的发展轨迹从一个重要侧面展现了中国教育现代化的历史进程。在此过程中，教育出版家群体"立商务以文化理想，倡出版以教育使命"，他们大多驰骋于教书育人和编辑出版两大领域，以教育和出版为双轮开拓了一条"智民之路"，为中国教育的现代化做出了不可磨灭的重要贡献。

大众传播媒介的发达是近代社会发展的重要动力和指标，中国近代大众传媒主要是指传递印刷符号的书报。早在1902年，梁启超就认为，"学生日多、书局日多、报馆日多"是影响中国前途的三件大事。[1] 如果说报刊以"反应敏捷"、"传递快速"、"传播广泛"见长，那么，图书出版物则更以"容量大"、"说理深刻"、"立论系统"取胜。教育变革作为近代社会变革的重要组成部分，显然也受到大众传媒的影响和推动。但从传播的角度来研究中国近代教育出版在教育变革过程中的作用，这一课题尚未引起学界充分的关注。

一、近代教育出版与教育变革

出版与教育的联系可追溯到19世纪40年代。鸦片战争后，外国传教士开始从香港、广州及东南亚国家和地区向中国内地渗透，他们渐次开办学校和印刷出版机构。19世纪60年代以前中国出现的新式教育几乎全是传教士举办的教会学校，而从近代出版史来看，当时中国的西书出版也几乎是教会出版机构一统天下。与创办教会学校一样，编译出版书刊作为传播教义的辅助手段，从一开始就受到传教士的高度重视，同时也成为教会学校教材和教学参考书的主要来源。据统计，1842—1860年，香港以及广州、福州、厦门、宁波、上海等通商口岸城市共出版西书434种，除329种纯属宗教布道书及宣传品外，其余105种为天文、地理、数学、医学、历史、经济等方面的图书。而最早在中国本土开办的教会学校——马礼逊学堂，所开设的课程除了圣经课外，还有中文、英文、天文、地理、历史、算术、代数、几何、初等机械学、生理学、化学、音乐、体育等课程。两相比较不难看出，二者在西学传播的内容上是彼此呼应的。

19世纪60年代后，为了配合和适应洋务教育及其学堂的兴起，开始

---

〔1〕《饮冰室合集（文集之十一）》，中华书局1936年版，第36页。

出现洋务出版机构。从那时起直到 90 年代中期,在教育上形成了洋务学堂和教会学校共举的局面,与此相对应,在出版上也形成了清朝官方出版机构和教会出版机构并峙的局面。当时的出版机构基本上由两类组成:其一,属清朝政府系统,如上海江南制造局翻译馆、京师同文馆、上海广方言馆、广州同文馆、福州船政学堂、天津机械局等;其二,属教会系统,主要有益智书会、美华书馆、广学会等。

这一时期的一个突出特点是,出版机构大多与学堂合为一体,这或许反映了新式学校与出版机构同为新教育传播媒介的内在联系,虽然它们的传播方式有着明显的差异。教学机构和出版机构合二为一有其便利之处,译述西书是学生课程的一部分,而西书译出以后又多成为学堂教科书。当时,教会所办的出版机构更具教育出版的职能。早在 1877 年,上海成立了益智书会,其所出版的教科书不仅仅在教会学校使用,相当一部分还为洋务学堂所采用,从而对新式教育的发展及教科书的推广起到了不可忽视的作用。无怪乎有的外国学者称西方传教士在近代中国的活动涉及各个领域,但其"影响在教育方面最强"[1]。

19 世纪末 20 世纪初,以制定学制、废除科举制为标志的教育改革高潮,促进了各级各类学校的普遍建立,新式教科书匮乏的问题也随之充分暴露出来。甲午战争后,国人开始为新式学堂自编教科书,南洋公学、商务印书馆等机构出版的教科书以其鲜明的实用性受到广泛欢迎,教会出版物的垄断局面遂被打破。这一时期民营出版机构空前兴盛,其出书数量与影响程度都凌驾于教会和官办机构之上,民营企业开始成为出版业的主力军。

以 1897 年创办于上海的商务印书馆为例,经过几年跨越式的发展,从一个小小的印刷作坊,一跃成为实力雄厚的大企业。与前述教育文化机构兼办翻译出版不同,按资本主义企业方式运作的民营出版机构,追求利润是其生存和发展的前提,在此基础上进而追求出版的文化理想。商

---

[1] John King Fairbank: *The Missionary Enterprise in China and America*, Harvard University Press, 1974, p. 13.

务印书馆早期负责人张元济坦言"以扶助教育为己任",后期负责人王云五也明确将"教育普及"列为商务出版方针之一。教科书已无可争议地成为出版业之大宗,这一时期几个著名的出版社,如商务印书馆、文明书局、中国图书有限公司等,或起初就因出版教科书而成立,或中途以教科书出版而发家,在一定程度上满足了新式学校对教科书的需求。教科书的出版将教育事业和出版行业紧紧地联系在一起。

进入民国以后,出版事业继续推动教育的变革,既表现在教科书的革新方面,也表现在对教育理论的传播方面。民国建立引发了中国近代教育史上第二次兴学高潮的到来,也催生了中国近代出版史上第二大出版机构中华书局的成立。中华书局的崛起,打破了商务印书馆在清末教科书出版行业渐成垄断的态势,两家大型综合性出版机构在狭路相逢的中小学教科书出版市场上,不约而同地比起了质量、价格、营销策略、服务手段,教育界由此而得益。随着教育的普及和教育规模的扩大,商务印书馆、中华书局虽依然称雄出版界,但在教科书市场上两家平分秋色的风光局面已不复存在。世界书局、开明书店、大东书局、北新书局、儿童书局、正中书局等出版机构,在20世纪二三十年代或崛起或壮大,跻身于教科书竞争的行列。

各种新思想、新学说、新科技借助于出版广泛地传播开来,遂改变了人们的思维观念,也影响着人们的文化教育生活。特别是五四新文化运动带来教育观念的更新,促进教育向平民化、个性化、科学化方向迈进,出版界在这一过程中发挥了重要的推动作用。这一时期,与教育思想十分活跃相对应的,有各种外国教育名著及理论著作的翻译出版;与国语教育蓬勃开展相对应的,有国语教科书的及时编写刊行;与平民教育、乡村教育先后勃兴相对应的,有各种平民课本、民众课本及其通俗读物的相继涌现;与"儿童中心论"的教育观点相对应的,有各种体裁、题材的儿童读物的大量刊印;而随着教育界对教育实验的重视和推广,出版界对其发展动态及相关成果也予以及时报道和广泛传播。

从近代出版与教育共同走过的道路来看,可以说"具有同质性的新出

版与新教育,其发展历程是共生共荣,互为促进,相得益彰的"[1]。教育
界和出版界的良性互动,既大大加速了中国教育现代化的整体进程,也有
力地推动了中国近代教育出版的发展。

二、近代教育出版家与教育改革

近代出版业发展的一个重要因素,就是要有一个具有新的知识结构,
以积极态度参与和从事出版事业,并以出版寄托自己人生理想的近代新
型知识分子群体的形成。从 19 世纪 90 年代至 20 世纪 30 年代,伴随着
中国近代教育改革和出版事业的发展,逐渐产生了一大批近代教育出版
家,他们大都有办教育、搞出版两者兼于一身的共同经历,驰骋于教书育
人和编辑出版两大领域,以教育和出版为双轮开拓一条"智民之路",推动
着时代的前进。

(一)地域活动的特征

近代浙江教育出版家群体包括一批扶持或从事出版事业、胸怀教育
理想的知识分子,其主要代表人物为张元济、陆费逵、章锡琛、沈知方、张
静庐、胡愈之等。作为近代中国"西学东渐"的前沿,同时,也是近代出版
业的发源地,东南沿海地区所形成的新的文化氛围,对于他们的成长和教
育大有裨益,也对他们投身于教育出版事业产生了潜移默化的影响。值
得注意的是,他们最终会聚在近代中国西学传播的中心上海,这为他们提
供了认识世界、转变观念、孕育新思想的机遇和土壤。

由于政治、经济、社会等因素的综合作用,近代上海逐渐成为各地文
化人的汇聚之地。19 世纪下半叶,上海已经汇聚了一批新型文化人,他
们多分布在教育、卫生、新闻、出版等领域,到戊戌变法时期已初具规模。
上述教育出版家群体中的成员多数有在上海学习、任教的经历,其从事教
育出版的实践活动更是在上海开展的。例如张元济长期任职于商务印书
馆,陆费逵所在的中华书局,章锡琛所在的开明书店,张静庐所在的现代

---

〔1〕 王建辉:《近代出版与近代教育》,《编辑之友》2001 年第 6 期。

书局,沈知方所在的世界书局,均为近代上海著名的民营出版机构。它们是 19 世纪末 20 世纪初上海巨大的经济空间、生活空间和文化空间"造成新的力量和新的观念,造成新的交往方式,新的需要和新的语言"[1]。具体而言,一方面,上海作为市民生活中心和近代文化中心,强烈地吸引着大批新型知识分子;另一方面,在中国民族资本主义最为发达的上海,文化事业尤其是出版事业又表现为一种文化产业。有学者认为,早在 20 世纪二三十年代的上海文化界已出现了市场化、商业化的趋势,行业竞争在一定程度上推动了出版业的迅猛发展。中华书局的总经理陆费逵即是凭着对市场的敏锐体察,靠《中华教科书》一炮打响,迅速脱离商务印书馆,成立中华书局,"并以陆费逵提出的'教科书革命'和'完全华商自办'的口号做号召,与商务印书馆等同行展开竞争"[2]。此外,为了个人的经济利益和发展空间,教育出版家在几大出版机构之间出入流动也是常有的现象。总之,上海特殊的地域环境决定了这个教育出版家群体既有文化启蒙、"教育救国"的理想,又理性地面对和选择竞争与市场带来的经济利益。文化启蒙和商业利润遂成为他们心中的两大砝码,通过平衡两者之间的关系,以求实现"安身立命"的愿望。

(二)职业身份的转型

晚清中国尤其在上海崛起了一个新型文化人群体,较之传统士大夫阶层,他们"不再把做官视为实现人生价值的唯一取向,而往往凭借新的知识,服务于新式的报馆、书局、学校、图书馆、博物馆等文化机构,从而实现自己的人生价值"[3]。19 世纪 90 年代以前,经营出版业的多为不得意的文人或买办。例如,开办同文书局、靠石印《二十四史》和《资治通鉴》大发其财的徐润是买办,石印《百子全书》的扫叶山房则为追逐利润的书商。然而,随着中国近代社会的改革和发展,由旧学向新学转变的一代知

---

〔1〕　中共中央马克思恩格斯列宁斯大林著作编译局:《马克思恩格斯全集(第 46 卷)》,人民出版社 1975 年版,第 494 页。

〔2〕　冯春龙:《中国近代十大出版家》,广陵书社 2005 年版,第 35 页。

〔3〕　熊月之:《略论晚清上海新型文化人的产生与会聚》,《近代史研究》1997 年第 4 期。

识分子不再像传统士大夫一样,将自己的人生事业完全寄托于"治国平天下"的狭隘仕途。20世纪初年,身为翰林的张元济情愿为商务印书馆效劳;状元出身的张謇于1906年带头发起组织中国图书有限公司,从事编译、印刷、发行图书工作。于是,服务于报馆、书局的一批新型文化人在职业身份的转型过程中逐渐形成了近代教育出版家群体。

清末民初出版业的民间化、市场化趋势,使得"商务"和"文化"成为一对突出的矛盾。曾任开明书店董事长的邵力子说过,近代中国出版既有属于文化的一面,又有属于商业的一面,[1]这是近代中国出版人渐次获得的一种对职业身份的认同与共识。然而,如何在两者之间求得兼顾与平衡,做到既有助于文化的传承弘扬,又能保住事业的生存发展,并非易事。商务印书馆的两代掌门人张元济和王云五皆求协调发展,但又各有不同的套路。相比较而言,张元济多念一点"文化经",而王云五则多念一点"生意经"。作为一个饱读诗书的学者,张元济本能地倾向于文化,其晚年写的诗句概括了他一生的理想及追求:"昌明教育平生愿,故向书林努力来。"[2]而做生意出身的王云五则富有经济头脑和眼光,以商人的机敏预见到了近代出版业的崛起以及文化产业所具有的潜在活力,因此,以经商的方式而努力于民众的教育文化事业成为他一生努力追求的宗旨和目标。陆费逵在平衡二者的关系时更反映出一种舍私利、取公义的气概,他办中华书局时,"一手经营资本数百万,员工数千人之大企业者,亘三十年之久,而身后所遗,乃不如一寻常之商贾",因此,被誉为"皆为文化事业、教育事业,并非图一己之私",为此,著名语言学家金兆梓感叹道:"当今之世,又复有几人!"[3]章锡琛长期从事教育工作和编辑出版工作,从事出版工作后,他为其教育理想的实践寻找到一个新的平台,一生教育理想的很大部分通过出版得以实现。他以自己的教育主张来指导开明书店的出

---

〔1〕 陈原:《陈原出版文集》,中国书籍出版社1995年版,第371页。

〔2〕 张元济:《张元济诗文》,商务印书馆1986年版,第52页。

〔3〕 宋应离等:《20世纪中国著名编辑出版家研究资料汇辑(11)》,河南大学出版社2005年版,第320页。

版工作,为开明书店确立了以青少年读物为重点的出版方针,遂指明了开明创业的基本路向。从此,开明书店成为章锡琛一生的名山事业。这些近代教育出版家群体的代表人物在其出版实践中逐渐形成了自身的职业信念,一言以蔽之,可谓"立商务以文化理想倡出版以教育使命"。中国近代出版之所以形成中国教育现代化的强大助力,推动着教育现代化的历史进程,上述教育出版家群体所起的历史作用不可谓不大。在中国近代教育的变革中,教育出版家是积极的参与者和推动者,甚至在某种程度上可以说,教育出版家引领了中国近代教育的发展方向。

(三)群体构成的差异

中国近代教育及其出版事业是在近代中国社会急剧的变革中崛起的,奔走其间的新型知识分子虽然胸怀"教育救国"、"出版救国"的共同理想,但因各人生活经历、投身出版业的机遇以及学识素养方面的不同,近代教育出版家群体的构成又表现出个性上的差异。就类型而言,他们或是关注、扶持教育出版的知名学者,虽然直接参与的实践活动并不多,但以自己的巨大声望和影响促进近代教育出版的发展,如张謇等;或是主持大出版机构的当家人,他们在经商创业的同时,以扶助教育为己任,坚持"教育为本"的出版方针,如张元济、陆费逵、章锡琛等。就年龄而言,近代教育出版家大致可分为两代知识分子,第一代是从传统走向现代的文化人,如张謇、张元济等;第二代则为那些接受了更多新式教育的现代知识分子,如陆费逵、张静庐、章锡琛、沈知方、胡愈之等。

戊戌变法前后,维新派把立学堂、办学会、设报馆以及翻译出版图书作为维新的重要内容和实施变法的重要措施,这一特定的历史环境催生出一批从传统走向现代的文化人。蔡元培和张元济年龄相近,又是壬辰科(1892年)同科进士,次年同点翰林院庶吉士;张謇则于1894年考中状元,授翰林院编修。他们是从戊戌变法到辛亥革命时期博古通今、学贯中西的一代学人,但以中学为根基,可谓晚清科举出身的硕学鸿儒。他们一方面继承了中国历史上"建国君民,教学为先"这一重教兴学的优良传统,另一方面又接受了近代欧美和日本提倡"国民教育"的思想观念,遂立志于普及教育、启蒙国民，并以此作为终身为之奋斗的远大理想和目标。甲午战败后，张謇在《条陈立国自强疏》中写道："人皆知外洋各国之强由于兵，而不知外洋之强由于学"，故主张"广开学堂"。[1] 蔡元培进而认识到"国民教育"的重要性，而张元济也认为"国民教育之旨，即是尽人皆学，所学亦无须高深，但求能知处今世界不可不知之事，便可立于地球之上"[2]。从事出版工作后他认定"盖出版之事，可以提携多数国民，似比教育少数英才尤要"[3]。商务印书馆所推出的涵盖各科新知识、新观念的中小学教科书，对于启蒙民智、推行国民教育有着十分重要的意义。商务印书馆早期重臣高梦旦、蒋维乔、庄俞也都是从旧学向新学转变的出版家。

张元济"以扶助教育为己任"[4]，到商务印书馆做的第一项工作就是编写适应现代教育的教材。20世纪初叶，新式学堂够纷纷设立，但接踵而至的问题是师资和教材的极度匮乏。张元济有过在通艺学堂和南洋公学任职的经验，对时势的敏感使他果断抓住机会，以教育热情和专业意识，推进教科书的编撰。其编写的"最新"系列教科书，以其完善的内容和形式，极大地推动了我国当时的教育革新。李泽彰在《三十五年来中国之出版业》一文中，对此有十分中肯的评价。他说："民营的出版业在革新运动的后期，不仅是在出版界居重要的地位，并且在新教育的推行上也有极大的帮助。因为在光绪三十二年学部虽然颁布了学堂章程，但借以推行新教育的教科书并未编印。在科举初废时，教科书的编制实为创举，真是一件极困难的事。当时的出版业不避艰难，毅然负此重任，实属难能可贵。其最早编印教科书以备采用者，当推商务书馆。我们现在谈到科举的废除，学校的创设，不能不归功于革新运动。而革新运动有此成绩，我

---

〔1〕 张謇：《张季子九录（政闻录卷一）》，中华书局1931年版，第18页。

〔2〕 张元济：《张元济诗文》，商务印书馆1986年版，第170页。

〔3〕 宋应离等：《20世纪中国著名编辑出版家研究资料汇辑(1)》河南大学出版社2005年版，第162页。

〔4〕 张元济：《东方图书馆概况·缘起》，见商务印书馆编辑部：《商务印书馆九十五年》，商务印书馆1992年版，第21页。

们却又不能不归功于当时的出版业,尤其是商务印书馆。"〔1〕正是这套以全民教育为目标,按照教育原理编写而成的教科书,奠定了中国近代教育的基本格局。也是这套行销全国、一印再印的教科书,奠定了商务在出版业中的优势地位。

教科书的成功,使张元济更加坚信了出版于教育的意义,也坚定了他把商务印书馆作为自己安身立命之所在。1904年,汪康年转告张元济,说清廷拟请张元济出任外务部职事,张复信辞谢,表示进入商务后的心情是踏实的:"弟近为商务印书馆编纂小学教科书,颇自谓可尽我国民义务。平心思之,视浮沉郎署,终日做纸上空谈者,不可谓不高出一层也。"〔2〕类似的辞官事件还有1907年辞外务部、邮传部任职,1913年辞熊希龄内阁教育总长职;类似的表达还有1917年致蔡元培信:"盖出版之事业可以提撕多数国民,似比教育英才为尤要。"〔3〕在张元济的心目中,商务印书馆已成为他事业的重心、人生的园地和实践自己素志的好地方。

第二代出版家,从总体上说更多地接受了西方新式教育和学术的熏陶,也深受西方近代学科分类观念的影响,遂较多地致力于教育理论图书、大学各学科教材以及各类学术专著的编辑出版工作。他们中间有的即为教育学专家,自己也有大量教育论著问世,如舒新城曾编著《近代中国教育思想史》(列入中华书局"教育丛书")、《近代中国教育史料》(列入中华书局"教育丛书")、《现代教育方法》(列入商务印书馆"师范丛书")、《道尔顿制概观》(列入中华书局"教育丛书")等;更多的人则主要编辑出版大学各学科教材、教学参考书以及各类学术专著。从民国初期开始,各大出版社相继推出"大学丛书"(商务印书馆出版)、《部定大学用书》(国立编译馆出版)、"大学用书"(中华书局出版)、《新中国大学丛书》(生活书店

---

〔1〕 李泽彰:《三十五年来中国之出版业》,见张静庐辑注:《中国现代出版史料》(丁编,下卷),中华书局1959年版,第383页。

〔2〕 张元济:《致汪康年》,见张树年:《张元济书札(增订本)》(中),商务印书馆1997年版,第654页。

〔3〕 张元济:《致蔡元培》,见张树年:《张元济书札(增订本)》(下),商务印书馆1997年版,第1247页。

出版)等,极大地推动了中国近代高等教育及学术研究的发展。其中,王云五主持编纂的"大学丛书"是当时出版界与学术界合作互动的产物,并堪称其代表作。对此,王云五曾说明道:"本馆见近年日本学术之能独立,由于广译欧美专门著作而鼓励本国著作;窃不自量,愿为前驱,与国内各学术机关各学者合作,从事高深著作之译撰,期次第贡献于国人。"〔1〕

为了确保这套丛书的高质量和高水平,商务印书馆致函国内有关专家,阐明其编辑出版的宗旨,并组织成立了丛书编辑委员会,由丁文江、胡适、冯友兰等各学科专家56人组成,他们负责拟订选题、推荐著译者、审定书稿等重要事宜。这套丛书中的很大一部分为中国近代大学各学科的奠基之作,有的堪称学术精品,其作者或译者也都是一时之选,如夏曾佑的《中国古代史》、冯友兰的《中国哲学史》、金岳霖的《逻辑》、马寅初的《中国经济改造》、王力的《中国音韵学》、陈鹤琴的《儿童心理之研究》等;而杜威的教育名著《民主主义与教育》的译者则为邹韬奋。故周谷城评价道:"以丁文江为首,以顾颉刚居末的几十位专家任编委的大学丛书其形式内容都是现代化的。"〔2〕

站高望远的确体现出一个人的眼光,而识见的产生,更多的还是来自于个人的知识素养,大抵不差。陆费逵既以出版家著称,也以教育家名世。舒新城这样评价陆费逵:"先生素性好学深思,于学无所不窥,而于教育研究尤精深。"〔3〕此乃平允之论。当初《教育杂志》为国内第一种专门性质的期刊,商务请陆费逵主持笔政,可见其一斑。陆费逵主编《教育杂志》时,几乎每期都有他的崇论宏议,言谈倾动一时,如改革学制、呼吁修正小学堂章程、简化汉字、统一国音、提倡白话文等。1910年,中国教育会在北京成立,陆费逵为该会起草章程,主张人才教育、职业教育、国民教育并重。陆费逵与著名教育家蔡元培是好友,过从甚密。蔡任教育总长

---

〔1〕 王云五:《旧学新探》,学林出版社1997年版,第104页。
〔2〕 商务印书馆编辑部:《商务印书馆九十年》,商务印书馆1987年版,第415页。
〔3〕 舒新城:《陆费伯鸿先生生平述略》,见郑子展:《陆费伯鸿先生年谱》(内部资料),中华书局1946年版,第16页。

时,陆费逵多次著文献策,被蔡元培和教育部采纳而得以实施。1912 年教育部颁布的《普通教育暂行办法通令》十四条,便是蔡元培委托陆费逵与蒋维乔协商后代为拟定并通电全国的。暂行办法规定了缩短学制,减少课时,小学男女同校,废读经科等内容,为中国教育史上一次重大的改革。[1] 陆费逵对文化教育上的贡献,实非一般人所及。

胡愈之,是人民新闻出版事业的开拓者,费孝通先生尊他为"一代师表",夏衍则谓之曰"中华民族的脊梁",而他毕生关注教育事业的一面则鲜为人知。胡愈之生于浙江上虞,世代书香,自幼浸染于书海墨香之中,文化之熏染,积淀于胸。其父胡庆皆倾心当地的文化教育事业,使他深受影响。五四运动后,新文化蓬勃发展,而上虞闭塞依旧。胡愈之遂与几位在沪同乡协商开辟一个宣传新文化思想的阵地。经过一番努力,1920 年秋,《上虞声》诞生了,这是上虞历史上第一份报纸。报纸刊载时事和有关评论,反响强烈。通过《上虞声》,胡愈之把家乡各校教师联络起来,并与在沪同乡共同组织起一个"上虞青年协进社"。该社团以改良教育、促进社会发展为宗旨,推动了上虞的文化教育事业。胡愈之看到上虞的小学教育太幼稚、太简陋,提出了要彻底革新的想法。

1922 年 3 月,胡愈之和陈鹤琴共同发起,通过其父胡庆皆创办了"昌明国学校"。1921 年,当地爱国人士开办春晖中学时,胡愈之多方支持,曾多次到春晖中学讲学,与该校著名教师叶圣陶、朱自清、匡互生等结为好友。1924 年,胡庆皆去世,胡愈之继承父志,承担了其父创办和资助的一些学校的经费。他又和农学家吴觉民共同出资创办了上虞义务小学,使一些贫困儿童得以接受教育。他亲任校长,提倡白话文,开展国语运动。胡愈之还经常从上海为该校提供进步书刊,使这所学校成为当时上虞进步青年活动中心。

1925 年,一部分春晖中学的师生来到上海,并在这里成立了以研究革新教育为宗旨的立达学会。胡愈之还出资与学会会员在江湾创办了立

---

〔1〕 陆费铭绣:《我国近代教育和出版业的开拓者:回忆我父亲陆费伯鸿》,《编辑学刊》1993 年第 1 期。

达园。这是一所完全中学,有农场,提倡教育与劳动相结合,实行民主办学,推行"爱的教育"。丰子恺、朱光潜、匡互生等著名学者和教育家均是该校教师。胡愈之亲自在立达园兼课,并与学员们在开明书店出版《一般》(《中学生》前身)杂志。1928年3月24日,《上虞声》的一篇报道谈及胡愈之支持上虞教育事业的情况时,不无深情地说:"胡愈之……淡于名利,然于教育文化事业,提倡赞助不遗余力,既与上海同志创世界语函授学校,以嘉惠青年,复与本邑同志创办本报,以改造地方,而(上海)江湾之立达学园,城中之义务校,君均任为董事,以至笔耕收入,半耗于公益。"

抗日战争爆发后,胡愈之与著名教育家陶行知结下亲密友谊。他对陶行知的"人民教育"思想推崇至极,极力响应。他把抗战同教育结合起来,提出"国难教育"的口号。1938年11月,陶行知等在香港设立中华业余学校,根据生活教育理论和香港实际,该校开设了政治经济学、文学、新闻、戏剧、外文、教育、美术等科,以便失学、失业青年选择。担任该校各科教学工作的教师,都是当时在港的文教界学者、教授。作为社会名流的胡愈之经常到该校做专题报告,积极支持教育工作。

整个抗战时期,胡愈之不断地把文化教育普及深入到人民大众中去。上海陷落后,大批难民流入租界。他参与了组织难民、办培训班、教授政治文化等扫盲教育的工作。后来,由于抗战需要,胡愈之于1938年底来到桂林。他在这里创办了一个出版机构——文化供应社,编印了大量的战时学校教材和教学参考书。同时编辑了一套小型书库《国民必读》,包括百科常识书籍200多种,还出版了一本百科全书式的《抗战建国辞典》,一本通俗刊物《新道理》,均是科学知识性读物。这些出版物充分体现了胡愈之希望普及科学文化知识的思想。二战结束后,胡愈之于1945年10月到了新加坡,继续自己在那里的革命事业。为适应革命宣传的需要,他在当地创办了《风下》周刊。此刊物内容丰富生动,文笔敏锐泼辣,特色鲜明,及时反映了南洋人民的意志情感和民族愿望。胡愈之看到许多当地青年,忙于生计,无进入正规学校读书的机会和条件,且马来西亚的华侨学校仅有中小学,没有大学(英文专科除外),当地青年求知若渴。

为帮助这些热爱知识的年轻人,胡愈之以《风下》周刊的名义创办了"青年自学辅导社",编印讲义。并于 1947 年 4 月 15 日,在《南侨日报》上刊登广告一则:"《自学青年的福音》:《风下》周刊为协助失学青年起见,定于本年五月开办'青年自学辅导社'。学员每周作文两篇和练习题数次,由本社聘任名家担任改卷。学员成绩优异者可获免费优待,学费、评卷费一律免交。修满一年毕业,成绩最优者可得奖学金。有志自学者,请向新南洋出版社索阅简章及入学志愿书。"[1]广告刊登后,报名者踊跃,社员逾千。这些青年,有的回国后成为国家干部,活跃在文化、新闻、教育战线上,有的后来成为新加坡的政府官员、学者、戏剧界权威。

胡愈之在南洋期间,发现当地中小学教材一直沿用着国内的旧教科书,内容陈旧。就此他多次同夏衍商讨,并同新加坡上海书局负责人温平联系。胡愈之回到香港后,立即筹划为南洋华侨的小学编写一套新的教科书。胡愈之请作家宋云彬、教育家孙起孟担任主编,特邀叶圣陶负责校订。同时在夏衍帮助下组织了一批当时云集香港的进步文化人士和教育工作者,如方与严、蒋仲仁、秦似等担任编辑,许多进步漫画家如廖冰兄、米谷等也参与进来。这套教材在南洋出版发行后,曾被新加坡、马来西亚当局认为是共产党的教科书而加以禁止。后经多方努力,才发行到南洋各地。

新中国成立后,百废待兴。作为政务院文教委员会委员和出版总署署长,胡愈之首先大力抓了教科书的出版工作。他与教育部密切配合,最早调集了一批编写教科书的专家、学者,成立了教育出版社,使得新的中小学教科书尽早问世。对于英国哲学家培根的那句名言"知识就是力量",胡愈之笃信不疑。1961 年,中国经过"大跃进"的折腾后,满目疮痍。胡愈之认识到中国的建设不可缺少知识,于是,他主持出版了一套以一般干部为读者对象的"知识丛书",其目的在于希望革命干部掌握丰富的文化知识,作为从事工作的理论基础。胡愈之对知识的尊重,对教育的贡献

〔1〕　周有光:《汉字改革概论》,文字改革出版社 1961 年版,第 23—24 页。

寓于他的一举一动、一言一行之中,润物细无声般地滋养着求知者的心灵。

胡愈之一生关心教育,倾心办学,孜孜不倦。在传播新知、教育救亡的过程中,他对中国的文化教育业进行了许多深远的思考。但在新中国成立前,他只能在很有限的范围内实践他的教育思想,探索教育之路。中国的古圣先贤曾经讲过:"穷则变,变则通,通则久。"然而,推陈出新并非一件轻而易举之事,它需要智慧思辨的头脑和敢为人先的魄力。胡愈之正是这样身体力行,不断开拓。粉碎"四人帮"后,科学教育的春天来了,胡愈之虽年逾八旬,但壮心不已。

1979 年 6 月,他建议创办"群言堂",提出了许多新颖的构思。1950年,党中央提出要确定适合国民经济发展需要的教育计划和体制,这也正是胡愈之晚年最关心的一件事,即教育改革。经胡愈之倡议,民盟成立了一个研究小组,并于 1980 年夏在民盟调查研究的基础上,召开了 30 多位专家参加的青岛会议。会议提出《关于我国教育工作的几点建议》,内含改革精神,颇具参考价值。胡愈之认为民盟当致力于发展职业教育,组织退休盟员,举办各种补习、培训学校。在胡愈之的主持下,1983 年 1 月民盟向中共中央提出《关于改革城市中等教育的几点建议》,1984 年提出了《关于高等教育改革的几点建议》,1985 年又提出了《关于城市普通教育改革的几点建议》。民盟中央在建议中提出了"教育为立国之本"的观点。

1985 年 4 月,胡愈之在《群言》杂志上公开了他于 1983 年写给刘季平的一封信——《关于教育问题的一封信》。文章批评了我国的教育制度,认为我国教育制度是对苏联的机械模仿,与我国的社会实际相脱离,不适合中国国情。他大声疾呼:"扫除文盲是一件大事。"[1]提倡推行陶行知"生活即教育"、"社会即教育"的教育思想,使人民大众都受教育,提高国民素质,实现四个现代化。

胡愈之一生关心教育事业,尽心竭力。去世前夕,还嘱咐家人将个人

---

〔1〕 胡愈之:《关于教育问题的一封信》,《群言》1985 年第 1 期。

藏书赠给故乡。1991 年,胡愈之家属遵胡先生遗愿,将 4770 册书捐赠给上虞图书馆。胡愈之虽非教育家,但终其一生,为教育事业多所赞画,鞠躬尽瘁。

综上所论,从编写中小学教科书到编辑大学教材和学术专著,从出版单行本到推出大型丛书,从出版机构单方面运作到出版界与学术界合作互动,中国近代教育出版的发展轨迹从一个重要的侧面展现了中国教育现代化的历史进程,在此过程中浙江教育出版家群体做出了无可估量的巨大贡献。

第三节　近代浙江出版家与抗日救国

出版业总是处在政治的前沿,中国近代出版史上政治事件层出不穷。1932 年“一·二八”的日军轰炸商务印书馆在宝山路的印刷总厂、编译所和东方图书馆的事件,既是日本侵略者企图毁灭中国文化的野心的大暴露,也成为激发全民抗日情绪的一个新起点。1935 年的“新生事件”,1945 年的重庆报刊界拒检运动以及 1948 年的《观察》事件,这一系列政治事件,既反映了中外统治者对出版业的政治性的摧残与控制,也反映了中国知识分子希望通过出版来参与国家政治生活的强烈愿望和实践行动。出版人对于现实政治的直接参与,可举一例以见全部。

“四一二”事件,商务印书馆的出版人目睹了屠杀现场,义愤填膺,郑振铎、冯次行、章锡琛、胡愈之、周予同、吴觉农、李石岑 7 人发出抗议信,这 7 人都是当时出版界的知名人士。抗议信在《商报》发表,引起上海当局震怒而通知缉拿这 7 人。周恩来曾说:“中国知识分子是有勇气、有骨气的,‘四一二’事件之后有两件事我一直不会忘记,一是胡愈之、郑振铎他们写的‘抗议信’,二是郭沫若写的《请看今日之蒋介石》,这是中国正直知识分子的大无畏的壮举。”[1]

---

〔1〕 夏衍:《中国民族的脊梁——胡愈之》,转引自郭汾阳、丁东:《书局旧踪》,江西教育出版社 1999 年版,第 125 页。

在一个大变动的时代，出版必定和政治相联系。以陈独秀、李大钊等为代表的五四先驱者把新文化和社会现实政治的改造日益结合起来，这无须说。就是以主张"少谈主义，多谈问题"著称的胡适，也免不了要在报刊上谈论政治。胡适在新文化运动中创办杂志，说："我们的《周刊》当然要批评政治"，他又写道，"今日最大的危险是当国的人不明白他们干的是一件绝大繁难的事。以一班没有现代学术训练的人统治一个没有现代物质基础的大国家，天下的事有比这个更繁难的吗？"[1]这就如同他自己说的："因为我们虽抱定不谈政治的主张，政治却逼得我们不得不去谈它。"[2]以稳重和处于政治的边缘的开明书店同人而论，他们也是有自己的政治倾向的。

当1947年《文汇报》被国民党停刊时，叶圣陶、周振甫等开明同人都以读者来信表明了自己的态度，对于当局行径表示愤慨。国民党查禁书刊，开明也曾领衔请愿"体恤商艰"，表示反抗。中国社会的发展，也证实了知识分子有着作为"临时的"而非职业的政治家参与政治的传统，[3]他们希望通过出版参与政治从而实现自己一部分的价值和作用。文化界和出版界代表人物如胡愈之、邹韬奋等思想取向的政治化，更使出版活动自觉地成为政治的从属，出版在近代社会的政治功能充分地发挥出来。

(一)张元济与抗日救亡运动

商务印书馆在现代工人运动中左右逢源，上下应对，既同情工人运动的兴起，理解其发生的必然性，还要处理劳资双方的关系，发展商务的业务。在经历了20年代频繁发生的工人罢工、武装起义及30年代初期商务的重大挫折后，商务仍然把自己的命运和国家、民族的命运连在一起，吁请执政的国民政府实行民主制度。20年代，日本帝国主义侵占中国东北，觊觎华北，而国民党政府的政策是首先反共，对日本咄咄逼人的态势

〔1〕 胡适：《知难，行亦不易》，《新月》第2卷第2期。
〔2〕 胡适：《陈独秀与文学革命》，见周策纵：《五四运动：现代中国的思想革命》，江苏人民出版社1996年版，第72—73页。
〔3〕 〔德〕马克斯·韦伯：《学术与政治》，生活·读书·新知三联书店1998年版，第62页。

则姑息养奸。这在国内遭到很多批评。政府于是制定了一系列审查制度，遏制任何呼吁抗日及"左倾"的言论。这一政策执行之严厉，任何触犯政府的编辑、记者都会遭到监禁。在民族危机深重的情势下，停止内战，对日本侵略实行军事抵抗，是全国人民的心声。张元济仍然走在救亡运动的前列。张元济1926年从商务退休后，就一直担任商务董事长。他名虽退休，仍在为商务从事古籍校勘、出版工作，仍对商务的事务有一定的影响力。

张元济与邹韬奋往来，并支持《生活周刊》的言论。现存的张元济致邹韬奋的唯一一封信，就是张请求邹韬奋以自己的声望发表言论，呼吁苏俄方面调解中日之争。因为欧美国家只会为自己的利益而对日本行绥靖政策。[1]《生活周刊》因批评政府而获罪于蒋介石。虽然该杂志发行15万份以上，在读者中有广泛的影响力，蒋介石还是在1933年10月下令查封了这家杂志。张元济趁赴庐山休养的机会，通过老朋友俞寿丞之子、时任国民政府军工署长的俞大维面见蒋介石，请求蒋氏干预政府对《生活周刊》的查禁，予以开禁。蒋氏以"调查"相敷衍。不久又复函张元济，坚持对《生活周刊》的处理，称为了中国公众的利益，必须查封《生活周刊》。张元济对此感到沮丧。他把蒋的复函寄给黄炎培看，并请黄为他收集所缺的《生活周刊》。黄炎培转达了邹韬奋的感激之情："吾公高义，前者邹君道及，感泂勿谖。"1934年1月22日，黄炎培送呈《生活周刊》4份，使张元济所藏刊"庶成合璧"。看来张元济是要认真阅读《生活周刊》，从中汲取养分。

另一件表明商务对民主关切的事件是张元济对"七君子案"的反应。1936年11月，国民党政府不满于国内抗日救亡团体的宣传鼓动，加上日本军方的压力，逮捕了救国会领导人沈钧儒、邹韬奋、章乃器、李公朴、沙千里、史良、王造时等七人。张元济对七君子的政治主张是完全认同的，对他们的被捕深表同情与关切，他曾专程到吴县看守所探望过七君子。

---

〔1〕　张树年:《张元济书札》（增订本），商务印书馆1997年版，第590页。

七君子被捕后,舆论大哗。政府无法公开审判爱国知识分子,只得移到苏州附近的一个小镇去审讯。1937年6月11日,七君子案第一次开庭审判,张元济坚持去参加旁听,而当时他已是七旬老人了。但当局于开庭前突然以防止有人扰乱为借口,禁止旁听,原先发的旁听证也宣布无效。众人与法院交涉,也毫无用处。张元济一早乘车到苏州,半夜才回沪。三天后他致信在狱中的邹韬奋,并赠自著《中华民族的人格》一书,以示鼓励。邹韬奋在狱中复信,对张元济表示敬意和感谢。后来,七君子遭政府的秘密审判,张元济和宋庆龄等社会名流一直关注事态的发展。

张元济远离政治已久,他对七君子一案表达的强烈关注在社会上引起很大的反响。当年7月6日,张元济致信《大公报》,对报端揭露财政部税务署署长等官僚操纵上海纱布投机事,力主严办,谓"国家困穷,小民日受剥削,几无生路,若辈贪污至此,可谓全无心肝。闻诸银行家言,法院果能持正,将所有各项支票逐节根究,必可得其主名。敢请贵报续撰评论……使法院不敢含糊了解,各银行亦不敢代为隐藏。倘使贪吏伏法,政局澄清,国家前途,庶犹可望"[1]。不少要人和名流都对张元济的举动表示支持和感慨。胡适在《对沪纱布风潮操纵案响应张菊生先生之主张》信中说:"如果人人都能像张菊生先生那样爱打抱不平,爱说正话,国家的政事就有望了。"蔡元培在《杂记》中写道:"此老久不干涉政治问题,近渐渐热心。苏州法院审沈钧儒七人案,张君特赴苏旁听,亦其一端。商务近印其所著《中华民族的人格》一书,亦其热情所寄也。"[2]张元济之所以一反常态地关注政治,正是因为国难当头,民族危亡,国人有必要团结一致,在一个开明政治家带领下,全力以赴。国民党政府采取专制主义的统治,限制思想自由,各级官僚不顾及国计民生,贪赃枉法,私欲横行,社会秩序混乱。对政府表示不同意见,是要提醒政府还存在一种监督的力量,要在政治上实行民主,把民生作为执政的根本问题。克服弊政,国家才有进步的可能。

---

〔1〕 张树年:《张元济书札》(增订本),商务印书馆1997年版,第1309页。
〔2〕 张树年:《张元济年谱》,商务印书馆1991年版,第446页。

1948年9月,张元济赴南京出席中央研究院第一届院士会议。会议在南京鸡鸣寺中央研究院历史语言研究所礼堂举行,蒋介石、何应钦到会祝贺。52位院士济济一堂,其中有不少是张元济的友人。由于张元济年高德劭,他被推为第一位代表发言。这篇重要的讲稿成为对和平和民主的最强烈的呼声。张元济在发言中首先回顾了中日甲午战争以来的中国近代史,其中一段是他亲身参与的政治变革。张元济对专制皇帝并无好感,但他表示,光绪皇帝难得有新思想新见解,他有心要实施政治变革,挽救国家的危亡。"德宗对于中国是有希望的人",但变革并未取得成功,随后的一系列变故使得中国政治变革的进程非但没有进步,反而越趋黑暗。外受洋人欺侮,内有同胞血战,这一部伤心史是人为原因的因果相生,而不是天定的历史必然。反对战争、争取和平、复兴民族大业,是张元济讲话的中心题旨。要争取到和平,当权者必须吸取历史的经验教训,采取民主的方式来解决思想的分歧。

张元济的讲话激起了很大的反响。美联社发表了专电,报道先生的讲话——"内战破坏文化,张元济痛责陈词"。岂止于文化? 实际上这个讲话关心的是中国政治的历史和前途。后来,张元济把讲话整理成文,以"刍荛之言"为题发表,并装订成册,分赠中研院院士及社会各界。《大公报》总编辑王芸生、民主人士黄炎培、中研院院士萨本栋都致信先生表示赞同。费孝通更于《中国建设》杂志发表《读张菊生刍荛之言》,称张氏讲话为重要文献。

(二)陆费逵与抗日救亡运动

1931年"九一八"和1932年"一·二八"事变,我国社会各阶层对日本帝国主义发动的侵略战争反应很强烈。陆费伯鸿认识到中日两国之间的全面战争迫在眉睫,但有人"得过且过,假忍辱负重美名,过醉生梦死的生活"。他认为"目前许许多多问题的发生,都因为有些人忘记了中国,忘记了自己是中国人"。于是他准备办个刊物,曾想用"中国和中国人"作为刊物的名称。在和周宪文商量时,周宪文理解他用心良苦,但中华书局在民国初年出过梁启超主编的《大中华》(月刊),现在办的这个刊物不如叫

《新中华》，也同样可以包含这层意思。陆费伯鸿同意周宪文的意见，于是《新中华》就在 1933 年 1 月以半月刊的形式正式创刊了。

1932 年 3 月，在日本帝国主义扶植下，在我国东北境内成立了伪满洲国傀儡政权。为此，他在该刊第 1 卷第 2 期发表了《东三省热河为我国领土考》一文，根据大量历史文献证明东北三省和热河省为中国固有领土。为使青少年正确认识这段历史，他还在中华书局出版的《小朋友》周刊上，特地编辑了《提倡国货》、《抗日救国》和《淞沪战事记略》等专刊。

陆费伯鸿对日本帝国主义蓄谋已久的侵略政策和侵略野心有较深的认识。早在 1924 年，中华书局就已着手出版"国民外交小丛书"，1932 年又有"国际丛书"、"东北研究丛书"和"东北小丛书"的编印。"国民外交小丛书"由国民外交丛书社编辑，共出版 10 余种。配合五卅运动前后社会各界打倒军阀，反对帝国主义和废除不平等条约的强烈要求，对近代国际关系特别是中日关系、美日关系、帝国主义的领事裁判权和门户开放政策等知识，作了通俗的介绍和分析，使广大读者都来关心国家大事。"东北研究丛书"和"东北小丛书"对日本帝国主义侵略东北的阴谋和东北的社会、金融、铁路、矿产、贸易、农业的状况以及对"满铁"的真相，作了解剖和说明。

1932 年"一·二八"淞沪抗战后，中华书局陆续出版了中华书局编辑所编的《淞沪抗日战事始末》、《淞沪御日战史》（正续编）和《一·二八淞沪抗日之役庙行镇战记》等。

日本侵华，国难当头。陆费逵想到世界大势、国家的前途、书局的未来，经常彻夜难眠，听到前方将士打了胜仗，心里难抑快慰之情。他积极筹划抗战书籍的出版，如"东北研究丛书"、"国防丛书"、"非常时期丛书"等。发起创立保安实业公司，制造防毒面具、药品、药罐、桅灯、登陆艇等，供军民使用。

1937 年八一三事变，上海沦陷。他又出版了《中日的旧恨和新仇》、《沦陷后的上海》等。在此之前，还出版了《五卅、六一惨案纪实》英文版，向海外侨胞和国际友人广为传播。这些书籍的陆续出版，向广大读者宣传国际形势,揭露帝国主义尤其是日本帝国主义的侵略政策和罪行,配合反对日本帝国主义的斗争,维护民族尊严、主权独立和领土完整,显然是很有必要的。

1937年七七事变,全面抗战爆发。陆费伯鸿要求全体职工应付时艰,尽速将应造之货限期完成;并赶印大量教科书和各种教学参考用书,连同文具仪器分途运往内地,以供应战时内地各省的需要。11月初,在上海设驻沪办事处,由舒新城主持,他则转移香港,筹设香港办事处;并主持中华书局领导机构的迁移和香港印刷厂以及后方各分局业务。他还在香港积极组织力量印刷中小学教科书,运往广州、武汉。广州沦陷后,则经广州湾和越南海防等港口运往广西、云南等西南各省市。1940年,他在重庆应董必武同志之请,在香港和上海等地调拨一批图书,赠送延安中央图书馆,热情支持解放区的文教事业。

陆费逵与共产党的一些高级领导人保持着密切的交往关系。1940年4月,陆费逵应董必武之请,在香港和上海等地调拨一批图书,赠送延安筹设的中山图书馆,以支持解放区的文化事业。至11月间,两地的配书陆续到达重庆,由重庆分局送《新华日报》社转去十八集团军办事处。此前不久,他还应周恩来之请,命开封分局运送一批钢笔等文具至延安。张闻天曾任职中华书局,对陆费逵怀有深厚的感情。新中国成立后,周恩来、张闻天主动关怀陆费逵的女儿陆费铭琇,并对她的工作、生活和家人表示关心。

(三)章锡琛与抗日救亡运动

关于开明书店的定位,吴觉农曾经说过:"从开明主要成员的思想来看,大都是有些清高气节、正义感很强的知识分子。大革命之后,国民党反动面目日益暴露,他们对此有一定的认识,从整体来看,开明书店不同国民党任何派别发生关系,不受国民党的支配,不为国民党作宣传,坚持中间偏左的路线。"茅盾在说到开明书店时曾说:"斗争需要一些人赤膊上阵,也需要一些人有点保护色,不要赤膊上阵。不赤膊上阵也可以斗争。"胡绳在《我和中学生》一文中说:"1946年内战爆发,恩来同志安排上海的工作,他要我把出版界和杂志分成第一线、第二线、第三线三类。第一线像《文萃》那样的杂志,是很快就会被国民党查禁的。第二线是一些还可以维持一个时期,到了某种时期,也有被禁止的危险的一些杂志。《中学生》和开明书店属于第三线,应该尽可能存在下去。"这里,既是党对开明的充分肯定,也是对开明的殷切期望。

章锡琛和开明书店坚持"不赤膊上阵的斗争",一天也没有懈怠。在第一次大革命失败之后,国民党反动派千方百计扼杀上海进步的出版事业,出版界进步与倒退、革命与反革命的斗争十分尖锐。开明书店自觉地掌握时代的脉搏,适应革命的需要,坚持出版进步书刊,向人民大众提供精神食粮,勤勤恳恳为读者服务。

1925年五卅惨案发生后,章锡琛以妇女问题研究会代表的名义参加了上海学术团体对外联合会,奔走呼号,站在斗争的前列。

1934年2月,国民党中宣部下令查禁149种书籍,其中包括鲁迅、郭沫若、陈望道、茅盾、田汉、夏衍、柔石、丁玲、胡也频、冯雪峰、钱杏邨、巴金等28位作家的作品,涉及25家出版社。开明书店领衔联合同业,两次向国民党上海市党部请愿,章锡琛还和夏丏尊联名写信给蔡元培、邵力子,迫使国民党当局允许部分解禁。

1935年6月,瞿秋白在福建长汀英勇就义。鲁迅于1936年扶病收集整理了瞿秋白的遗作译文集《海上述林》,内容包括马克思、恩格斯、列宁、高尔基、普列汉诺夫等人的文学论文。当时出版这本书要冒政治上、经济上的风险,书店都避而远之。章锡琛毅然接下书稿,秘密排字制版,由内山完造在日本印行。当时开明资金短缺,买铅材的钱由开明书店编辑所同人捐助。鲁迅在《〈海上述林〉上卷序言》中,对此表示由衷的感谢。

1937年七七事变不久,日寇进攻上海制造八一三事变。第三天,开明书店设在虹口梧州路的经理室、编译所、货栈及所属美成印刷厂,被日寇炮弹击中,开明所有图版纸型、藏书资料、几百万册存货,以及正在印刷厂待印的《二十五史》全部锌版,美成印刷厂的所有器材,全部被毁,损失达开明全部资产的80%以上,元气大伤。这时日本友人内山完造找到章锡琛,建议合作开办书店,日方提供资金,中方负责经营。章锡琛表示:中日双方正在开战,此举不妥容后再议,当场婉辞,还说等到战争结束开明要到东京设分店。后来,开明向武汉转移,因国民党政府言而无信,运输问题不能解决,被迫放弃计划,章锡琛回沪留守,巴金的《春》《秋》,端木蕻良的《科尔沁旗草原》,夏丏尊、叶圣陶的语文书,顾均正、贾祖璋、周建人、刘薰宇的科普读物,都是在非常艰难的情况下出版的。

在 1927—1937 年的文化"围剿"中,章锡琛先生始终站在进步事业的一边,与国民党反动势力进行了不屈不挠的斗争。比如,国民党的书报检查机关下令要删去茅盾的长篇小说《子夜》的第四章,为了抗议国民党反动势力的文化钳制政策,章锡琛先生针锋相对,叫排字工人在第四章的空白处印上一个"删"字,表达了一位正直的知识分子无奈与沉默的愤怒和抗争。比如,夏衍用他的真名翻译的俄国高尔基的名著《母亲》被禁,章锡琛先生没有理睬当局的那一套,他把书名《母亲》改为一个字《母》,"沈端先"改为"孙光瑞",继续印刷发行。再如,郭沫若的著作《离骚今译》中有一句"党人之偷乐",审查的大员认为这是暗骂国民党,章先生听说,便当面责问审查大员道:"是不是战国时代已经有了国民党?"弄得该大员瞠目结舌、理屈词穷,只得让此书通过,继续发行。

1943 年 12 月 15 日,夏丏尊、章锡琛被日军从寓所抓走,消息传开,震动了文化界、出版界。经多方营救,于 12 月 25 日出狱。夏、章两人在狱中被提审五次,他们虽然都懂日语,但坚持用汉语答辩。第五次提审时,有这样一场对论:

日本军佐(以下简称日):你们是怎么抗日的?

章:不懂你什么意思。

日:难道像你章先生这样有学问有地位的人,会不懂抗日两字的意思吗?

章:你如果一定要我解释,这很容易。抗日的抗字,在汉语有两层意思,一是抵抗的抗,比如外人来侵略,中华民族一定奋起抵抗击败侵略者;第二层意思是反抗的抗,比如外国人压迫中国人,中国人民一定会团结起来反抗压迫者。

日：为什么要抗日？

章：承认侵略了中国，要是你们不承认是侵略了中国，那就根本无所谓抗日；如果你们承认侵略了，中国人民当然要抗日，抗日何罪？

上述章锡琛的婉辞和答辩，都显示了具有民族气节的中国知识分子的浩然正气，令人肃然起敬！

出狱后，他还写了一首七律，表明了他的志气和节操，诗云：

执戈无力效前驱，报国空文触网罟。

要为乾坤扶正气，枉将口舌折侏儒。

囚笼铩凤只常事，屠狗卖浆有丈夫。

惭愧平生沟壑志，南冠亏上白头颅。

这是 20 世纪中国编辑的一支正气歌。

抗战胜利，由于国民党发动内战，开明书店的经营区域逐渐缩小，加上国民党的钞票一再贬值，开明书店经济上的困难甚至超过战时。但是，章锡琛和开明书店坚持信念，坚守阵地决不退却。在国民党白色恐怖极其严重的情况下，出版了《闻一多全集》，以实际行动投身全国人民反独裁、反内战的大潮，为民主运动助威。

以上，笔者几乎是罗列了章锡琛先生一生在重大事件中的态度和表现。之所以这样做，是因为笔者实在为章锡琛——一位从旧社会过来的浙江出版者的气节和精神所打动。在开明书店的章老板身上，我们看到的是他的民族气节，是他的爱国精神，是他富贵不能淫、威武不能屈、贫贱不能移的近代浙江出版家的高尚人格。

章锡琛先生不是共产党人，但是他在中国新民主主义革命中，同样做出了一个出版人应有的贡献；他不是先进分子，但他在社会主义革命中也有很高的觉悟，这就使我们看到一个出版人的人格力量。是中国传统的文化教育，使得他成为一位社会主义知识分子的典型。中国的知识分子，有中国知识分子的较为同一的人格，中国出版界的知识分子，又会有出版界的知识分子的比较同一的人格。不同的工作，不同的工种，对人的性格、脾气、爱好、心理乃至人格,都会产生一定程度的影响。

章锡琛先生是一个出版家,他所具有的人格,我们在其他的出版家身上都能见到一些类似的表露。章锡琛先生代表了一批典型的浙江近代出版家,他们是革命的民主主义者,是爱国主义者。他们有着深厚的中国文化功底和传统,热爱出版文化工作,热爱人民,敢于主持正义,威武不能屈。

(四)胡愈之与抗日救亡运动

在全面抗战之前,作为出版家的胡愈之积极投身于抗日救亡宣传活动之中。他和其他文化界的人士共同组织民权保障同盟、救国会开展救亡活动,并利用新闻舆论阵地不断发表文章,深刻揭露日本帝国主义侵华阴谋,鼓励民众抗日,指引舆论导向,使其所主办的刊物作为"主张抗战到底,拥护抗战到底,坚持抗战到底",加强民族团结,凝聚民众力量的第二战场,为建立抗日爱国统一文化战线做出了巨大的贡献。

九一八事变是日本全面实施鲸吞我国东北并图谋夺取全中国的开始,深刻的民族危机刺痛着每个爱国公民的心,救亡图存成为压倒一切的历史重任。此时胡愈之以满腔的义愤和激情发表了大量鼓吹抗日救亡、痛斥妥协退让的言论,极大地启发了民众的觉悟。

1935年,当日寇将其侵略的势力扩展到平、津地区时,民族危机迫在眉睫;而此时的国民党却屈从于日本侵略者的压力,签订了"何梅协定"、"秦土协定",致使整个"华北之大,已经安放不得一张平静的书桌了!"[1]中华民族面临着沦亡的危险,此时国内民众的抗日民主运动风起云涌,不断高涨。为了配合大众抗日的高潮到来,胡愈之奋笔疾书,撰写战斗檄文。他写道:"中国今日的情形,民族的内外敌人对于中华民族的生命作空前的严重摧残,我们要突破重围,死里求生……我们对于救国这件大事,应各尽所有的力量,作持久的努力奋斗。"[2]他鼓励民众起来抗战,认

---

〔1〕 戴知贤等主编:《抗战时期的文化教育》,北京出版社1995年版,第1页。

〔2〕 胡愈之:《胡愈之文集》第3卷,生活·读书·新知三联书店1996年版,第384—385页。

为真正的反侵略民族革命"必须是由民众直接发动,民众直接斗争方能达到最后的胜利"。

1937年卢沟桥事变爆发后,日本开始了全面侵华战争。在民族面临生死存亡之际,经过共产党的多方争取,国共两党开始了第二次合作,"精诚团结,共赴国难",组建抗日民族统一战线。这是全民族的统一战线,"是各党各派各界各军的统一战线,是工农兵学商一切爱国同胞的统一战线"〔1〕。胡愈之多次在《救亡日报》上发表文章,重申自己坚持抗战,反对分裂,反对妥协的主张。他认为:"只有一切中国人打成一片,才能建设一新中国。只有用民族间的兄弟之爱当作钢骨,用弱国者的血当作水泥,才能奠定中华民族万年不拔的基础。"〔2〕

随着战争的加剧,中国军队先后失去了北平、天津、上海等一系列大中城市。大片国土沦亡,使一部分群众产生了对抗战的悲观情绪。同时,国民党政府中,以汪精卫为首的投降派宣扬"再战必亡",以蒋介石为首的英美派则希望依赖外力的援助或日本国内的变化,迅速结束战争。一时间"亡国论"、"速胜论"叫嚣尘上。在这种情形下,胡愈之毅然拿起手中的笔杆,反对汪精卫的亡国论调。他鼓励人民拿出百倍的勇气来对抗失败主义心理,认为在抗日民族战争中,最后的胜利是千百次的失败所积累而成的,所以必须要制裁汉奸,肃清汉奸意识,他把妥协看作是一种疫菌。"我们不怕失败,不怕一时的丧师失地。我们所害怕的,是我们自身的'疫病'。在经过一度的军事挫败之后,妥协和投降的疫菌,便要乘机活跃。……可是我们却不能不谨慎防范。……我们现在应该赶快加强民众组织,肃清汉奸意识,同时对外表示中国抗战**决心**,以预防'疫病',妥协论与和平论流行。"〔3〕

胡愈之还积极鼓舞南洋华侨参加民**族革命**。1940年11月,胡愈之来到新加坡,开始在海外积极宣传抗日救**国的方针**政策。他作为《南洋商

---

〔1〕 毛泽东:《毛泽东选集》第2卷,人民出版社**1991年版**,第365—366页。
〔2〕 胡愈之:《胡愈之文集》第3卷,生活·读书·**新知三联**书店1996年版,第651页。
〔3〕 胡愈之:《胡愈之文集》第3卷,生活·读书·**新知三联**书店1996年版,第542—543页。

报》主编,在撰写评论和选稿件时,始终以抗日救国运动为中心,使《南洋商报》成为团结华侨一致抗日的有力工具。为了加强舆论宣传力度,胡愈之坚持每天在《南洋商报》上刊登一篇社论,每周写一篇专论,并与国际新闻社保持密切联系,随时转发国内抗战的最新消息,把风云变幻的国际形势、抗日战争的最新消息、国内发生的重要事件,及时在《南洋商报》上发出。

　　胡愈之一直行进在民族解放事业的前沿,他以报刊为阵地,用笔杆做枪杆,宣传进步言论。为了配合抗日救亡运动,宣传进步思想,胡愈之不遗余力地组织人员翻译并出版美国记者埃德加·斯诺的《西行漫记》。胡愈之读到英文版的《西行漫记》后,被它的革命性深深地感染了。他立即组织人员翻译出版。这部长达 30 万字的长篇通讯,仅用了两个月就翻译出版,创造了中国出版界的奇迹。这本书仅半年时间就销售八九万册,并远销到南洋各地,在华侨中引起强烈反响,成为轰动一时的畅销书。《西行漫记》以其独有的感召力激励着众多热血青年奔赴延安,奔向解放区,成为抗日革命队伍中的一支新生力量。

　　同时,当上海沦陷而成为"孤岛"时,特别需要有一种精神的食粮来鼓舞坚持抗战的斗志。胡愈之认为:"从整个中国文学史看来,能够深刻理解人民大众的痛苦和要求,能够真正表现一个伟大的民族的喜怒哀乐,而且能够代表着他们,向一切民族敌人,作不断的抗议和思想斗争的,这样民族作家,除了鲁迅先生,几乎再找不出第二个。"[1]于是他决定公开出版完整的《鲁迅全集》。为筹集资金,胡愈之亲自赶赴香港,拜见鲁迅先生纪念委员会主席蔡元培和副主席宋庆龄。在征得他们同意后发行了销售《鲁迅全集》的预约券和《鲁迅先生纪念委员会主席蔡元培和副主席宋庆龄为向海内外人士募集纪念本的通函》,并请蔡元培为全集题写书名。经过精心的准备,历时四个多月,动员百名学者文人以及工友,为全集挥笔排校。到 1938 年夏季,包含 20 卷、600 余万字的《鲁迅全集》终于问世

---

〔1〕　胡愈之:《胡愈之文集》第 3 卷,生活·读书·新知三联书店 1996 年版,第 482 页。

了。而这一切主要是依靠胡愈之的努力。正如许广平在 1938 年版《鲁迅全集》校后记中所写:"一切擘画策动,则全赖胡愈之先生。"《鲁迅全集》的发行在"孤岛"广大抗日军民的心中树起了一面爱国的旗帜,它有利地团结了强烈要求抗日的民众,发展了抗日民主统一战线。

(五)张静庐与抗日救亡运动

1937 年八一三事变,战火波及上海。张静庐利用出版物宣传抗战。《西线血战》、《闸北血史》、《东战场》这些史料都是由张静庐编撰的,他把这些看作是"最有实效的宣传文字"。随着战争局势的扩大,上海杂志公司出版了许多宣传抗战的文艺作品,"战地生活丛刊"便是其中一例。在自传中张静庐呼吁:要通过文学作品来唤起人们的爱国热情以及抗战情绪,在出版当中要多出版反映现实生活并且为广大群众所容易理解的作品来达到这一目的。在张静庐的主持下,上海杂志公司出版了一系列的抗战文艺作品,以丛书形式出版的有"抗战报告文学选辑"、"抗战戏剧丛刊"、"战地报告丛刊"、"战地生活丛刊"等共 24 种。具体如表 4-3。

表 4-3 上海杂志公司出版抗战文艺作品(丛书)

序号	书名	著者	出版日期	备注
1	《西线的血战(第 1 辑)》	长江等著	1937 年 10 月初版	"抗战报告文学选辑"
2	《上海抗战记》	郭沫若等著	1937 年 10 月初版	"抗战报告文学选辑"
3	《卢沟桥之战》	田风等著	1937 年 8 月初版	"抗战报告文学选辑"
4	《抗敌独幕剧》	刘斐章编著	1938 年 5 月初版	"抗战戏剧丛刊"
5	《最佳抗战剧选》	马彦祥编	1938 年 4 月初版	"抗战戏剧丛刊"
6	《抗战报告剧》	于伶编	1937 年 12 月初版	"抗战戏剧丛刊"
7	《大众剧选(第 1、2 辑)》	于伶编	1938 年 1 月初版	"抗战戏剧丛刊"
8	《总动员(四幕剧)》	舒群等著	1938 年 1 月初版	"抗战戏剧丛刊"
9	《北方的原野》	碧野著	1938 年 5 月初版	"战地报告丛刊"
10	《黄河北岸》	田涛著	1938 年 5 月初版	"战地报告丛刊"
11	《鲁北烟尘》	石光著	1938 年 7 月初版	"战地报告丛刊"
12	《在汤阴火线》	曾克著	1938 年 6 月初版	"战地报告丛刊"

序号	书名	著者	出版日期	备注
13	《在战场》	汤庆泰著	1938 年 6 月初版	"战地报告丛刊"
14	《战地书简》	姚雪垠著	1938 年 6 月初版	"战地报告丛刊"
15	《军民之间》	李辉英著	1938 年 6 月初版	"战地报告丛刊"
16	《种花女儿》	张周著	1938 年 6 月初版	"战地报告丛刊"
17	《(西北战地服务团)戏剧集》	丁玲、奚如编著	1938 年 8 月初版	"战地生活丛刊"
18	《两个俘虏》	张天虚著	1938 年 3 月初版	"战地生活丛刊"
19	《阳明堡底火线》	奚如著	1938 年 4 月初版	"战地生活丛刊"
20	《征途上》	张天虚著	1938 年 6 月初版	"战地生活丛刊"
21	《莫云与韩尔谟少尉》	罗烽著	1938 年 5 月初版	"战地生活丛刊"
22	《游击中间》	刘白羽著	1938 年 4 月初版	"战地生活丛刊"
23	《西线随征记》	舒群著	1938 年 6 月初版	"战地生活丛刊"
24	《八路军学兵队》	陈克寒著	1938 年 6 月初版	"战地生活丛刊"

此外,张静庐也呼吁"在抗战建国的时代"要多出版有建设性的学术图书以及国防性的专门典籍,他认为这是出版家的责任。

小　结

帝国主义侵入中国后,加大了传教士的活动天地。他们以替上帝传言的名义对中国进行文明侵入以"文字扩充上帝的事业"。李提摩太有一句名言:"要感化中国,就没有比文字宣传更快的方法了。"另一位传教士韦廉臣也说,"凡欲影响这个帝国的人必定要利用出版物"。1835 年传教士麦都思在上海创办了第一个译述西书的机构墨海书馆,成为上海基督教编译和出版中心。近代中国出版业最早是由这些传教士推动的。但是也是他们把中国一步一步地拉向了半殖民地文化的边缘。西方列强为了文化入侵,要假手图书报刊的出版,中国人为了维新图强,摆脱被动挨打的局面,也要假手图书报刊的出版。中国近代出版面临外在压力和内在需求的冲撞与结合,于是以出版救国,成为近代浙江出版家自办出版业的一种重要的促因。这样一种时代责任感,上接中国知识分子"以天下为己任"、"天下兴亡匹夫有责"的老传统,下又开辟了"出版救国"的新传统。"出版救国"的新传统,主要体现在以下两个方面。

首先是近代浙江出版家作为爱国者对帝国主义文化入侵的反抗。浙江出版家在近代面对外强,第一次有了重任在身的使命感,他们提倡的翻译出版,是对帝国主义文化入侵的一种反抗,是"出版救国"的第一声。魏源就讲到编辑出版《海国图志》的目的,是"为以夷攻夷而作,为以夷款夷而作,为师夷之长技而制夷而作"。把出版和教育相结合,进一步地成为"出版救国"的更具体的措施。张元济认定"出版之事可以提携多数国民似比教育少数英才尤为重要"。出版的这种爱国主义不是空洞的呐喊,除了尺寸之功的积累,通过缓慢的文化变革如以广印书籍开启民智的实绩外,本社会良知去分析批评进而采取行动去唤醒民众、制造舆论以达社会进步,也是出版家应有的使命。[1]

五四以后,中华书局的教科书曾被日本驻华使节指为"煽动对日恶感",当局也要求设法禁卖。陆费逵在给教育部的复函中强调,日方公使干涉教科书发行,"有损于本局之营业,关系尤小。使全国青年学子,从此遂忘国耻,关系实大"[2]。在五卅运动中,最早对于帝国主义做出抗议的是商务印书馆的出版人。在当时的报纸没有做出太明显的反应时,商务的胡愈之、郑振铎等就决定在《东方杂志》和《小说月报》辟办增刊专刊,并创办《公理日报》,揭露帝国主义的罪行。商务高层张元济、高梦旦以至王云五等都暗中支持,各捐款 100 元作为《公理日报》的办报经费。租界当局对《东方杂志》刊出"五卅"专号极为恼火,起诉主办者商务印书馆。这些都表明近代浙江出版家是爱国主义者,出版志士的这种"出版救国"的新传统是应该彪炳千秋的。

---

〔1〕 郭汾阳、丁东:《两篇檄文的精神》,见郭汾阳、丁东:《书局旧踪》,江西教育出版社1998 年版,第 125 页。

〔2〕 《新式教科书与日本》,《中华教育界》第 8 卷第 1 期,1916 年。

其次是近代浙江出版家多怀抱着为祖国做一点事情的良知。有一些抱有这种理想的出版人，他们埋头于具体的出版工作，认为在出版方面做出一些成绩，就是他们报国的最好方式。如张元济，他认为激进的政治运动不如缓慢的文化改革，也就是兴办学校、创办报刊、开办书局、广印书籍，以开民智。在出版界有相当一部分知识分子是抱有这种想法的。以稳打稳扎著称的开明书店，也是取这一种"出版救国"的书生报国之道。作家柯灵曾写道："因为常常跑开明书店，看见那些老先生们的安贫乐道的样子，实在不能不从心底感动。"[1]这里安贫乐道的道，应该就是以出版报效祖国，他们的德行融化在出版事业之中，这是一种知识界和出版界的自觉和良知。而"所有为事业而生存的忠诚之士，也依靠这一事业而生存"[2]。

1932年，曾任上海书业公会主席的中华书局创始人陆费逵在为纪念《申报》创刊年的文章《六十年来中国之出版业与印刷业》一文中，将中美两国出版业作了一番对比："美国纽约市，近年各种实业中，以印刷出版占第二位置，年约四万万美金，约合国币二十万万元。美国系联邦制，各邦各有其教育制度，工商业发达，所以纽约不能为全国集中之地，至多占全国1/5。然则美国全国的印刷出版，每年有一百万万元了。我国人口四倍于美国，应该每年有四百万万元，今尚不到三千万元，不及千分之一，岂不可叹！反过来说，便是前途发展的希望，却非常之大。"[3]同一年，时任商务印书馆编译所所长王云五秘书的李伯嘉（李泽彰）也将中国出版业和世界出版业做了人均消费纸张、人均消费图书册数等多种角度的比较，指出："甚望国内出版家著作家急起直追，努力前进。"[4]把中国出版业纳入世界体系中，在最发达国家的水平上进行比较，体现了当时的出版业有远

〔1〕　柯灵：《悼夏丐尊》，柯灵：《长相思》，香港三联书店1983年版，第66页。

〔2〕　［德］马克斯·韦伯：《学术与政治》，生活·读书·新知三联书店1998年版，第63页。

〔3〕　陆费逵：《六十年来中国之出版业与印刷业》，见张静庐：《中国出版史料补编》，中华书局1957年版，第279页。

〔4〕　李泽彰：《三十五年来中国之出版业》，见张静庐：《中国现代出版史料》（丁编），中华书局1959年版，第394页。

见者的世界眼光和进取的雄心,无疑是"出版救国"新传统的放大。

我们可以接受马克斯·韦伯所说,与学者相比,新闻出版业人士所承担的责任,"不但毫不逊色,而且较学者有过之而无不及"[1]。"中国近代110年的历史基本问题是两个:一是民族不能独立,要求在外国侵略压迫下解放出来;二是社会生产落后,要求工业化、近代化。两个内容不一样,又息息相关,不能分离。"[2]近代出版和近代史的这两个基本问题也息息相关,以四大发明(其中印刷术和纸张两项与出版业直接相关)而独步于世界的中国古老文明,面临着最严重的挑战,经历了由古典向近代的转折。在这样一个转变的历程中,近代出版在经济发展和思想文化各个层面如社会参与、价值表达、思想传播、知识扩散、文化阐发等诸多方面都成为近代文明的重要标志,如当时人明言的"风气之变迁,学术之进退,固于是可见其略焉"[3]。我赞成这样的结论:"如果当时没有开明、北新、良友、文化生活、海燕这样一批体现知识分子人格的出版社,那三四十年代的中国现代文学史将会改写。如果没有商务、中华、亚东这样一批出版社,那么,中国现代文化史也将会改写。"[4]我想进一步指出,新闻出版是人类文明事业的基础,近代出版是出版界知识人的理想事业和抱负,出版已经并且还将与历史一起发展、前行。

---

〔1〕 [德]马克斯·韦伯:《学术与政治》,生活·读书·新知三联书店1998年版,第78页。

〔2〕 刘大年:《当前近代史研究中的几个理论问题》,《人民日报》1997年1月11日。

〔3〕 吕思勉:《三十年来之出版界(1894—1923)》,见吕思勉:《吕思勉遗文集》(上),华东师范大学出版社1997年版,第373页。

〔4〕 陈思和:《现代出版与知识分子的人文精神》,《复旦学报》1993年第3期。

第五章　近代浙江出版家对当代 出版业的借鉴意义

　　就出版的社会意义讲,近代浙江出版家是第一批将出版从古代的为小我服务中解放出来,而使之为社会进步、民族解放服务的人。中国近代出版史虽早已画上句号,上海出版产业激烈竞争的硝烟也早已散去,但至今我们还能在图书馆和图书市场见到那个年代出版却至今仍有强大生命力的图书,这不能不叫人十分感慨。马克思曾说,历史有时会惊人地相似。从历史中吸取经验是人类十分可贵的智慧。沉思之余,我认为近代浙江出版家经营出版机构的历史经验,会给我们以深刻的启示。

　　一个世纪的时间,好几代人的努力,出版文化人的人格、经历、学识和眼光经过了一个否定之否定的过程。然而,任何一次否定之否定都将不是在原来位置上的简单重复,虽然是螺旋式的,却上升了;虽然是波浪式的,却前进了。21 世纪的出版文化人,又在前一辈出版文化人的肩头上站起来,伸出双手,迎接新挑战的到来。

　　今天,我们仍然处在一个大转折时代,中国出版业正经历着历史上空前的繁荣,也仍然有它的困难和有待解决的问题。比如说,北京国际图书博览会,笔者曾多次前往参观,每每感慨不已。比起国际出版同行,无论是印装质量,还是图书选题,我们都还有漫长的路要走,更遑论出版新领域的开拓了。浙江近代出版家的成败得失经验相信会给我们有益的启示和借鉴。

第一节　文化与商业相结合对当代出版的意义

　　"文化"，在中古英语和拉丁语里通常具有"耕作"或"耕种土"之意，其中有一种人类借助于工具，按照自己的理想改造自然使之成为对人类有用的东西的意思。后来又引申为由教育、培养、创造而建立、发展起来的人化的各种事物。因此，所有被称为文化的东西，都是被人所创造并打上了人的精神烙印的东西。这样，我们就可以把一切现代的、古代的器物以及出土的文物统统归于文化的麾下，我们也可以把思想、意识、风俗、习惯放在文化学中进行研究，我们还可以把编辑、出版、印刷、发行的行为以及一切出版的古今中外的书籍，统称为出版文化。

　　文化的视角，即是以人的思想感情、人的创造为本的眼光来看待事物和世界，即是以审美的眼光来观照和处理事物，也即是以提高人的知识文化水平为宗旨的一种视角。文化的视角是以群体和民族为基础的。

　　文化是人类一代代积累下来的创造物，这些创造物被后来者所接受或扬弃、仿效或光大，从而成为某一个群体或者某一个民族所共同享有的财富。一个民族的文化就是这个民族由传统积累和培养而成的器物、货品、技术、思想、习惯、风尚、价值、信仰以及心理结构、思维方式、情感方式或者行为方式等等的复合体。文化的各个方面都不是作为独立的部分而是作为相互关联的整体发挥作用的，也即是说，文化不仅具有群体性的品格，而且具有整体性的品格。因此，对于一个群体或一个民族来说，文化是一个系统、一个整体，它是一种维系社会和社会各个阶级，使其得以结合起来的黏合剂，也是社会各成员思维和行为的有效规则和模式。社会的每一个成员将为整体的文化贡献自己的创造才华，社会的每一个成员又必须向社会索取整个文化给予的营养。文化，对于不同的民族、不同的时代来说，无论是如何的不同，由于同属于人类的创造物，就必然于多样性、差异性之中存在着同一性、统一性。而文化的视角更多地就是观察和寻求这种同一性和统一性。

由于文化和文化的视角的这些特点，也就从客观上决定了其视角与意识形态的视角恰恰相反，是"求同"大于"求异"的，是更着重于同一、合一、交融和互补的。

很显然，在这样的视角之下，出版文化当然被看成是一个整体，人类所创造的一切文化都被看成是可资继承和借鉴的东西。这也就是毛泽东所说的"从孔夫子到孙中山，我们都应该继承"的意思。其实，毛泽东的这句话，正是以文化的视角进行文化的观照的。

在20世纪，对出版文化确实存在着以上两种不同的视角，而不同的视角，也确实会产生两种不同的对出版文化的看法，并且带来对出版文化的两种不同的实践。

从20世纪初叶一直到中期，由于中国处于白热化的阶级斗争局势之中，意识形态的视角一直占据着重要的地位。虽然20世纪中叶仍然有文化视角的判断，如商务印书馆就是这样，而且它与意识形态的视角似乎是平行地发展着，但是，在旧中国复杂多变的社会条件下，日子并不十分好过。

商务印书馆是倡言在商言商、以商为本的。它正是想在"商"的旗号之下，躲开现实政治的冲击，躲开社会意识形态的纠缠，就像一些其他的民族资产阶级的大企业一样，欲以文化的视角，成就它的事业，以便从更高的涵盖面上去进行它的文化活动。但是纷至沓来的爱国浪潮、人民运动、政治风波、文化思潮、阶级斗争、民族矛盾、劳资对立、社会动荡，有些躲得过去，有些却躲不过，或不能躲，或不愿躲。凡此种种，在商务印书馆工作过的茅盾和胡愈之在他们的回忆录中都有详细的记载。

20多年前（1977年），茅公为纪念商务印书馆创业80周年填的一首词，就形象而生动地表现了这种情状。他写道：

世事白云苍狗，风涛荡激；顺潮流左右应付，稳度过，滩险浪急。[1]

---

〔1〕 转引自陈原的《商务印书馆创业百年随想——关于张元济，他的理想和他的探索的若干思考》，载《人民日报》1997年5月7日。

新中国成立以后,浴血的阶级斗争形式已经结束,以文化的视角观照出版文化问题,以提高中华民族的文化水平为宗旨的出版文化目的本应该较快地提出。但是,由于对国内国际的阶级斗争形势的错误估计和政治上的大规模的意识形态领域阶级斗争的提出,出版文化部门,这个似乎是最能体现意识形态的斗争的地方,理所当然地完全被意识形态的视角所控制,文化的视角也就慢慢地退出了出版文化的领域。

商务印书馆前总经理兼总编辑陈原先生在他的著作《记胡愈之》中,曾有一段无可奈何的记叙,十分形象地刻画了中国出版界的知识分子在极端的意识形态视角下左右为难、不知所为的心态,他写道:

> 1963年9月27日,毛泽东主席批评文化部是帝王将相部,才子佳人部,外国死人部,这是对我和我的同事们第一个晴天霹雳——虽说批评的是戏剧工作,但是神化的领袖,我们心中最红最红的红太阳所有的批评都是适用于一切方面。我心中暗忖,出版工作怎么做呀,如果不出外国死人的书,不出谈帝王将相的书,不出描写广泛意义的才子佳人的书,那么,我们出什么书呀?

> 当年12月12日,毛泽东写下了如此的批示:“各种艺术形式——戏剧、曲艺、音乐、美术、舞蹈、电影、诗和文学等等,问题不少,人数很多,社会主义改造在许多部门中,至今收效甚微。”“许多部门至今还是‘死人’统治着。”第二个晴天霹雳! 阿弥陀佛,没有具体点出版部门的名,但“社会主义改造”“至今收效甚微”,这不就包括了出版部门么?[1]

以上的局面直到改革开放和经济建设总方针提出后,才发生改观——意识形态的视角渐渐地退居二线,而文化的视角渐渐地重新登台亮相,受到了人们的重视。时至今日,文化的视角终于被提出、被讨论,正在而且已经在出版文化的各个部门取得取代性的进展。这一现象,就好像在今天,阶级和阶级斗争的说法已经渐渐地退出了人们的话题,而经济

---

[1] 陈原:《“悲剧性”的冲突》,见陈原:《记胡愈之》,生活・读书,新知三联书店1994年版,第83—84页。

建设和改革开放的大政方针，却时时指导着人们的行动一样。

任何文化，包括科学文化、出版文化，它的不断形成和积累的过程，就是不断地建构的过程。建构，不是简单的数量和体积的增加，而是每一次外来的添加和增殖，都会使原来的文化规模产生重新的排列和全新的质量。文化或者出版文化的积累过程，又将使其中的每一个参加体，只要是进入了这个建构之中，就已经不再是原来的面目，而是出现了脱胎换骨的根本的改造，成为一个新的结构、新的模式和新的分子。

所以，一本《红楼梦》，单个看只是《红楼梦》，然而一旦融入中国出版文化的领域，它就远不只是一本《红楼梦》的文学意义了，它具有了中国社会、政治、历史、经济的无比丰富复杂的内涵。《鲁迅全集》，单个地看只是《鲁迅全集》，但是一放到整个出版文化的长河中，也不就是简单的《鲁迅全集》了，它将和已有的出版文化一道，结构出丰富复杂得多的社会功能和文化意义。

一部中国出版文化史，从建构的理论来看，就是从前向后不断地包容和涵盖的历史，就是从后向前不断地隶属和介入的历史，所以，历史文化是不可能割断的，所以在文化的研究和继承中，至少在出版文化的研究和继承中，无法以单纯的机械的意识形态理论作简单的阶级的分类。在出版文化中，封建主义、资本主义的出版文化，无产阶级照样可以大胆"拿来"加以"扬弃"，取其"精华"，去其"糟粕"，为我所用，否则就无法构成无产阶级的新文化。

如果用文化的视角来观照出版文化，则出版文化部门就担负着梳理、积累、储存人类所创造的一切精神财富的重任，承接着传播人类所生产的一切为全人类所共同享有的信息资源的历史使命。这是人类文明之共需，也是中国实现"四个现代化"之所求。

回顾商务印书馆100多年的历史，假如它仅以"商"字来处理出版文化问题，它就不可能成就像今天这样的大业。商务印书馆的成功，还有一个也许是更为重要的方面，那就是它历来以文化的视角来处理出版文化问题。

以文化的视角处理出版文化问题,就把文化的发展、积累,把对人民的教育、提高,把民族传统的继承、外来文化的借鉴,放到了至高无上的地位。因为以文化为视角,商务印书馆就不会视政治气候而投机,不会为金钱利诱所心动。在商务印书馆的眼中,中华民族的文化高于一切,提高整个中华民族的文化水平的任务至高无上。商务印书馆百年的经验,不能不引起我们的重视。又是意识形态的视角,又是文化的视角,我们究竟该如何来看待这二者之间的关系呢?

我们以为,正如邓小平同志提出的"一国两制"的方针是在爱国主义和炎黄文化的涵盖下抽象出的更高概括,对出版文化的观照也可以并且应该做出更高的概括,那就是,从文化的角度,把出版看成是提高中华民族文化水平的重要工作。这样一来,出版文化的涵盖面就大大地扩展了——中华文化高于意识形态。在文化视角的观照之下,出版文化就有了宽阔得多的发展道路和浩瀚得多的养料源泉。

因为要提高中华民族的文化水平,所以,除了出版马克思列宁主义的书籍,还应该出版马克思主义的三个来源和三个组成部分的书籍;不但应该出版社会科学的书籍,还应该出版财经类的书籍;不但应该出版优秀的高雅的文学艺术作品,还应该出版通俗的寓教于乐的通俗文艺作品,以适应人民群众的精神需要。这样看来,对于出版文化来说,文化的视角也许要宽松得多。这应该是适合于社会主义初级阶段必须大力发展经济、大力提高中华民族文化水平的总任务和大方向的。

以文化视角来处理出版文化问题,是以高瞻远瞩的气概和吐纳四海的气度相联系的,是以出版家的文化品位为基础的。既姓"商",甚至于公开地亮出商字的大旗,但又以振兴中华民族的出版文化大业为己任,这才是中国出版业的大器,才是中国出版文化的方向。

很显然,为此,必须提高出版业人员的素质——经营的素质和文化的素质。在我们的出版部门,应该出像张元济那样的出版家,应该学习像中华书局陆费逵那样的创业精神,也应该了解张静庐、沈知方那样的经营之道,这同样是浙江近代出版家们给予我们的经验。

新闻出版总署前署长、著名出版理论家于友先曾说过："所谓出版家就是集'德'、'能'、'识'于一体的杰出出版人。"[1]这个标准同样适用于近现代出版产业中的出版家。在 20 世纪上半叶战火频仍、动荡不安的年代,上海出版产业之所以获得了快速发展,正是源于有这样一批优秀出版家的出现。在这批出版家的名单中,我们可以找到张元济、陆费逵、舒新城、章锡琛、张静庐、叶圣陶、邹韬奋、胡愈之等长长的一串名字。他们都以崇高的道德、非凡的才能和渊博的学识,通过整合人类的思想资源,生产出非凡的精神产品,从而既创造了巨大的经济价值,又满足了人们的精神需要,进而塑造了人们的精神面貌。如果说,张元济是中国第一代出版人的代表人物的话,陆费逵就可以算作是继他之后的上海出版产业第二代杰出领袖。[2]在他身上,集中体现了一个优秀出版家德才兼备、高瞻远瞩的素质。

一个优秀的出版家与所谓的"出版官"不同。"出版官"指在政府出版——在古代称"官刻"——机构中任职的官员。政府出版在中国有悠久的传统,著名的有宋代国子监刻书和清代武英殿刻书。直到清朝末期,官书局还大量存在,但已不是出版的主流。这种在"出版官"领导下的政府出版机构大多刻正史、出经书,以"正人心"、"维世道"。其出版物虽然不能说没有文化含量,但由于因循守旧、缺少文化的新质,其命运已注定只能是逐渐边缘化。而寄身其中的"出版官"习惯于按计划按指令出版,"两耳不闻窗外事,一心只出圣贤书",随着近现代商品经济的发展,他们和市场要求脱节,与时代需求脱节,"出版官"们因依附于僵化的体制最终只能被时代所抛弃。

出版家与出版商更有着本质的不同。张静庐在 1938 年写的自传《在出版界二十年》中曾说:

---

[1]　于友先:《时代呼唤大批优秀出版家的出现》,《编辑之友》2003 年第 5 期。

[2]　张元济作为对中国近现代出版业有巨大影响的人物,20 世纪 20 年代后就开始逐渐退出商务印书馆的领导核心。而陆费逵则在 20 年代后历任上海书业同业公会主席、中华工业总联合会委员等职务。

钱是一切行为的总目标，然而，出版商人似乎还有比钱更重要的意义在上面。以出版为手段而达到赚钱的目的和以出版为手段而图实现其信念与目标而获得报酬者，其演出的方式相同，而其出版的动机完全两样。我们——一切的出版人——都应该从这上面去体会，去领悟。[1]

出版商其终极目的是而且只是为了赚钱，尽管其出版物可能在客观上也起到了传承文化的作用，但这绝不是他们的初始动机，在这一点上，出版家同出版商品格高下立分。现代出版史上世界书局的沈知方，其在创立企业早期，借出版迎合市民低级趣味的"黑幕小说"、低俗杂志如《礼拜六》《红杂志》等起家，获利颇丰。后来为改变书局形象以介入教科书市场，沈知方逐渐开始出版一些有文化品位的书籍。然而，以出版家的标准衡量，他却只能算是一个成功的出版商。因为一个优秀的出版家有商业上的精明和生意人的一面，但他们不光具有"生意眼"，同时还具有"文化眼"。历史上中华书局出版物外引西学、内阐国粹，对中国现代文化学术的建设与发展产生了深远的影响，便得力于出版家陆费逵的"文化眼"。

当前，在中国出版产业内部，不缺少某种意义上的"出版官"，出版商也不鲜见，但是，那种集"德、能、识"于一体的、能够创造出物质和精神方面的双重财富的出版家却并不多见。时代呼唤出版家，因为我们的时代，是一个需要出版家而且也应该能够产生出版家的时代，我们有理由期待属于我们时代的优秀出版家的诞生。从这个意义上讲，历史仍是现实的一面镜子，近代浙江出版家在20世纪上半叶上海乃至全中国的社会经济和文化发展中，发挥了巨大的影响和特殊的作用，他们不愧是出版产业的脊梁，至今仍然可以作为当代出版人的借鉴。

研究近代出版史上的浙江出版家，笔者用意不仅仅在于关注他们在出版过程中具体的史实和一言一事，更重要的是从中折射出的中国近代民族资产阶级先行者在实现他们为"延续和发展中国文化的生命"，出版

---

[1] 张静庐：《在出版界二十年》，上海杂志公司1938年版，第65页。

"以社会之需要为依据"〔1〕的文化产品时赋予的社会关怀与文化情怀。"出版是文化事业。但出书不等于就是文化。只有对读者真正有益的、能经得起历史检验的，才能被称之为文化。这种出版才是有价值的。"〔2〕"对读者有益"与"经得起历史检验"包含了社会的需求与市场的认可。在著述也为稻粱谋的动荡年代，企业的经营要做到这一点是多么的不容易。但他们却做到了。张元济他们这一代人的心路历程在那个时代是很具有代表意义的。他们生在封建制的土壤中，却生出了资本主义的民主、自由的花朵；他们希冀通过出版这个舞台实现中华民族的觉醒与富强，却成就了他们在近代文化史、教育史上的独特地位；他们在从事出版中所具有的鲜明的民间立场，造就了他们所服膺的对象在近代出版史上的至高地位。

研究中国近现代出版史，不能也无法忽略张静庐，无法弃置《在出版界二十年》和《中国近现代出版史料》。作为一个仅读过 6 年小学、自学成才的出版家，张静庐在出版社经营、杂志发行和出版史研究上都形成了自己独到的思路和方法，堪为后世学习的榜样。而在抗日战争时期和解放战争时期，张静庐不仅展现了文人的血气、中国人的骨气，还展现了作为一位出版家所应具有的出版志气和出版责任。

出版是一项将商业和文化完美融合的事业，不仅谋求经济效益，同样更要注重社会效益。尽管在出版生涯中，张静庐仅仅依靠几十元创办费就创办了众多书局、公司，急需通过出版的商业属性尽快将书局发展起来，但是张静庐却从未丢掉出版最根本的文化属性，始终以读者为中心、以质量为根本、以文化为追求。所以，张静庐的出版事业虽历经颠簸坎坷，却始终能在颠簸中再次站起、发展、壮大。当然，囿于时代环境和个人自身特点，张静庐无法像张元济、王云五、陆费逵等人一样，将个人的出版影响到时代的出版，他所创办的书局也无法像商务印书馆、中华书局一样成为中国出版史上最顶尖的出版社。但是，张静庐的一生很好地为我们诠释了，一个只有 6 年小学经历的人如何成为出版大家，一个小出版社如

〔1〕　王云五：《战时英国》，商务印书馆 1944 年版，第 99 页。

〔2〕　汪家熔：《近代出版人的文化追求》，广西教育出版社 2003 年版，第 425 页。

何在激烈的竞争中生存,一个出版家该具有何种精神和特质才能最终青史留名。这些地方,在今天看来依然有着不可忽略的意义和借鉴价值。

张静庐1938年在"在出版界二十年,写在后面"一节中说:"钱是一切商业行为的总目标。然而,出版商人似乎还有比钱更重要的意义在这上面。以出版为手段而达到赚钱的目的,和以出版为手段,而图实现其信念与目标而到相当报酬者,其演出的方式相同,而其出发的动机完全两样。我们——一切出版商人——都应该从这上面去体会,去领悟。一切认识的朋友和不认识的朋友们——读者——也应该从上头去分析,去区别,然后方会有最低限度的认识,而不会有超越限度的谴责。"随着出版的不断向前推进,张静庐的价值有待于更多人发掘和探索,不仅不会随着时代和出版技术的变化而褪色,反而会绽放出更加浓郁的幽香。

近代中国出版从业者是一种新的社会角色,可他们是近代中国出现的新型文化人,他们有志于出版事业,不仅使出版经过几十年的发展成为社会公认的一种事业和职业,而且还有一种行业传统,即不十分宣扬自己的事业。尽管他们中大多数并不是社会改革的思想家,即使是邹韬奋这样的出版巨人,胡愈之也说他"不是一个思想家"。但是正是这些新型的出版人,领悟到"新书业与中国文化关系很密切"[1](汪孟邹语),领悟到出版者是时代的"眼睛"[2](高梦旦语)。近代出版从业者中有相当一部分是近代社会才涌现的一代新型文化人。他们拥有社会良知和人文素养,意识到自己的文化责任,是关心社会、政治、文化、国家与民族前途的商人和文化人合一的新一代近代企业家。他们固然注重自己的经营利益,但如良友图书公司的伍联德所明确表示的:"以商业的方式而努力于民众的文化教育事业,这就是我们的旨趣。"[3]事实上,他们不仅仅是关心自己的企业前途,从经济角度推动国家繁荣,而且"言商仍向儒",具有取诸社会用诸社会的道德责任,把经营出版企业所赚取的部分盈余或积

---

〔1〕 汪原放:《回忆亚东图书馆》,学林出版社1983年版,第208页。

〔2〕 胡适:《胡适的日记》上册,中华书局1985年版,第24页。

〔3〕 伍联德:《再为良友发言》,《良友》第36期,1929年4月。

累的部分资源,回馈到促进社会文化发展的事业上,从而达到"利"与"义"的相互融合。中国民族资本主义出版业的主要代表张元济就强调过:"本馆现在营业,宜处处从求进步着想。"[1]这就是他们对于出版者社会责任的一种理解。张元济作为商务印书馆经营者的这一种体认,代表商务的出版方针,这就使得商务自身在全中国近代出版业中,必定处在最重要和最有影响力的地位上。

如果以上两个问题讨论的结论成立的话,那么,我们就可以以此来估量20世纪中国出版文化的走向,即出版文化应该向着市场经济的方向,同时又向着提高中华民族文化水平的方向发展。这是一种具有极大的文化内涵的市场经济,又是一种具有严格的商品规律的文化活动。商务印书馆和中华书局较好地运用了这两条原则或者说是遵循着这两条发展规律的,所以商务印书馆和中华书局至今仍然是朝气蓬勃的出版先锋。

文化与商业,或者说出版机构的任务与盈利这对矛盾能否调和呢?如广益书局这类卖大路货的出版社,经济是与文化矛盾的。只有迎合小市民的心理,出版无聊的品位低的书,才能卖得多,有所盈利。但商务印书馆、中华书局的出版历程,极有力地否定了这一点。新中国成立后周恩来曾示,出版的经营方针"当然是薄利多销",指出出版是可以盈利的,与文化发展并不矛盾。商务、中华是可以做范本的。

《辞源》修订本的主编吴泽炎,生前曾多次讲:"在旧社会,文人是鄙视商业的,但他们并不鄙薄商务印书馆和中华书局,而且非常想进商务、中华当编辑。商务、中华经营出版发了财,但在他们的招牌上闻不到铜臭。我想这就是'君子爱财,取之有道'吧。"[2]

今天,在社会主义建设的新时期,关于出版社会效益和经济效益这对矛盾问题,有两种相对立的思想。一种强调出版的思想性,否定经营的合理性;另一种相反,认为既然讲究经济效益,就很难讲文化。而商务印书

---

〔1〕　张元济:《张元济日记》下册,商务印书馆1981年版,第465页。
〔2〕　汪家熔:《近代出版人的文化追求——张元济、陆费逵、王云五的文化贡献》,广西教育出版社2003年版,第426页。

馆、中华书局的历史说明,文化价值与商业经营并非水火不相容,相反是统一的。

第二节　近代浙江出版家的融资方式对当代出版业的启示

2006年1月,国务院发出《关于深化文化体制改革的若干意见》,指出"进一步完善、鼓励捐赠和赞助等各项政策,拓宽渠道,引导社会资金以多种方式投入文化公益事业";同年9月,新闻出版总署制定了《关于深化出版发行体制改革工作实施方案》,提出"推动有条件的出版、发行集团公司上市融资","鼓励非公有资本以多种形式进入政策许可的领域";2010年11月17日,新闻出版总署出版产业发展司副司长袁亚平表示:"目前已有42家新闻出版企业成功上市,除了上市,兼并重组等资本运营手段也开始全面进入新闻出版业。十二五期间,新闻出版总署将继续支持新闻出版企业上市融资,通过重组、IPO等多种方式实现境内境外的上市融资。"这一切都说明,融资问题已受到重视,成为当代出版业发展的必经之路。但同时,我们也要认识到,出版业作为一种行业,兼有商品流通领域和意识形态领域的双重特性。它在追求经济效益的同时,更要注重其精神生产属性。我国近代民营出版机构在谋求自身发展的过程中,不断吸纳外来资金,效仿西方经营管理模式,能做到融资而不失控制权、学习而不失对出版品位和社会效益的追求实为不易。这为我们做好当前的出版提供了有益的借鉴。

(一)慎重选择融资模式

融资是企业发展到一定阶段后的必然选择,它的重要性不言而喻。在近代出版机构的发展过程中,在融资方式的运用方面,许多出版机构都为我们做出了良好的示范。从对其研究中可以看出,在融资模式的选择和融资方式的运用上,他们都有很多值得我们研究和学习的经验。

1.融资模式以证券融资为主

现代企业的融资模式主要有两种:一种是以英美国家为代表的以证

券融资为主导的模式;另一种是以日本、韩国等东亚国家及德国为代表的以银行贷款融资为主导的模式。研究我国近代民营出版机构产生和发展的背景条件可以发现,由于其先天所限,在融资模式的选择上,更多地采用的是通过公开招股或者直接上市进行证券融资。这种融资模式以出版机构自身的发展规模、良好信誉、经营业绩及预期前景等有形和无形的资产为依托,以自由竞争的市场经济、发达的资本市场和高度市场化的企业行为为前提。这些基本条件,在20世纪初期的中国,已经都有了一定程度的发展。而近代民营出版机构如商务印书馆、中华书局、世界书局等,也充分抓住了这一优势,适应市场,迅速完成了股份制改造,积极运用各种融资模式筹集资金,不断发展、壮大自己。

从发展现状来看,当前出版业与本文的研究对象相比,尚处于不同的发展阶段。我国目前对出版机构实行的审批制,严格控制着出版社的数量和发展轨道。虽说出版行业转企正在加速进行,但毕竟这一转变尚未完成。不管是资本市场还是商品市场,市场培育并不成熟。对出版行业来说,通过上市公开筹集资金的时机并未到来。因此,对近代民营出版业的融资模式并不能完全照搬,也不能盲目运用,只有在了解过去、立足现实的基础上,积极探求适合自己的融资模式。

2.融资方式灵活多样

如前文所述,我国近代民营出版机构在具体融资方式的选择和运用上,既积极吸取了西方传入的融资方式的优点,也发展出了自己独特的融资方式。如商务印书馆率先吸纳日本的民间资本,通过公开招股的形式筹集资金,更新设备,允许员工和其他与本馆有密切关系者认购股份等等。灵活多样、形式不一的融资方式不仅集聚了企业发展所需的资金,也提高了企业在社会上良好的声誉。

当前,我国出版机构多为国有资本,即便是改制后的出版集团也以国有资本为主,融资问题对许多出版社来说尚未被提上日程。但随着外资出版机构的进入和民营出版机构的崛起,原有的出版业不得不经受冲击,而WTO协议中有关图书、报刊出版的规定,无疑加快了这一天的到来。

这需要我国出版业更早地意识到这一问题,做好充分的心理准备,这其中,当然也包括改制后企业发展资金的来源问题。

(二)坚持出版行业的意识形态属性

出版行业既有意识形态的文化属性和政治属性,也有国民经济的产业属性。它的这种特殊性决定了出版机构在发展过程中,不能偏离其文化属性和政治属性的要求。从目前出版机构的三大功能,即"宣传导向功能、社会服务功能、商业经营功能"的概括中可以看出,出版行业的意识形态属性决定了其存在的特殊性,体现了其存在的价值,也是其发展的生命线。它作为一个国家科学文化积累和传承的重要载体,是积累文化、传承文明、普及知识、资政育人、创新理论的主要渠道,这也是出版的本质所在。

我国近代民营出版机构也早就认识到了这一点。在运用各种融资方式吸纳各方资金的同时,他们没有放弃对出版业文化属性和政治属性的追求。如商务印书馆在早期吸纳日本民间资本时,便注重中方对公司决策权和经营权的控制。在接受日本人投资时,夏瑞芳就明确指出:"外国人到中国来寻找投资出路,无非是想赚钱。因此,利可以让,但主权坚决不可让。"[1]从资料中可以看出,当时商务和日本人合作时坚持两点:一是在新公司中,经理和董事必须是中国人,日本人只能作为监察人;二是聘用的日籍顾问或技师,总经理有权随时辞退。这就保证了公司决策权和经营权仍然保留在商务一方,日方仅拥有对其资本的所有权,并不能左右公司的决策和运行。在1905年之后的几次增资中,商务更是进一步缩减了日资在股份公司中的股份额度。这为在随后的中华民族反日情绪高涨、全民抗战之际清退日股减轻了压力。

杨杏佛说过:"有人以该馆曾用日资为病。不知中日合办之实业甚多,能如该馆之出淤泥而不染,卒收回自办者,何可多得。此正该馆之不

---

〔1〕《文汇读书周报》,1997年6月7日第3版。

可及之处也。"[1]据记载,当时中日合资企业并不仅仅是商务印书馆一家。商务中日合资之值得称道,除其实现了"为我所用"外,还在于"主权在我"这一基本事实。

目前,我国出版业的改革正进行得如火如荼,民营和外资出版业在特定领域内也有了一定程度的发展。在 WTO 约定的保护期过后,各种类型的出版机构在市场上公平竞争的同时,必然会有更多融资方面的需求。而这时,便需要我们牢记出版行业的特殊属性,做到"役物而不役于物",积极利用外来资金的同时,不放弃决策权和经营权,不被外来资金控制,从而偏离出版业的文化属性和政治属性。

结　　语

中国近代出版史上的民营出版业为我国出版史翻开了新的一页,也使中国文化的沉淀、继承和发展有了更宽广的载体和更直接、更有效的传播方式。在官办出版机构和教会办出版机构强势逼人的阴影下,民营出版业从最初一个个小作坊式的印刷机构发展到后来中国近现代出版史上的主力军,其中资本积累和融入无疑起着很重要的作用。而他们对各种融资方式的灵活运用及由此而来的现代意义上的企业制度、组织形式和管理理念等在出版领域的变革也是具有开创意义的。

资本主义出版企业制度在中国近代出版史上的演进,虽然是首先从商务印书馆开始的,但其开创的现代企业经营方式则随着商务印书馆声誉日隆而被更多的同业机构所采用。如伴随着中华民国诞生的中华书局,一开始就采用了商务的融资模式和组织形式,它的发展和壮大表明了这种融资模式开始在出版业中推广和完善。其后成立的大东书局(1916年)和世界书局(1921年),也都沿用了这种制度。因此,这些出版企业多数为股份有限公司,大书局的股票可以上市买卖,实现了资本的所有权和使用权的分离。而现代化企业经营管理制度的建立,也使他们的发展有

---

[1]　杨铨:《五十年来中国之工业》,见申报馆:《最近之五十年》,申报馆 1923 年版。

了更为广阔的前景。他们的发展也直接促进了 20 世纪二三十年代上海出版业的发展和新文化的繁荣。

当我们将目光投射到当前我国的出版产业上时,首先应该承认的是,我国出版机构由于受机制和时代背景所限,在融资方式和现代企业制度方面可以作为的空间还很大。根据我国加入 WTO 时所达成的协议,关于我国图书、报刊出版等方面的保护期必将过去。图书等的分销权已经放开,当然,更深层次的冲击体现在具有资金、技术等优势的国外出版列强将会以先进的管理理念、组织形式和成熟的市场运作与我们争夺市场。面对这种压力,我国的出版机构必然要走上真正的产业化之路,开辟新的融资渠道,建立完善的现代企业制度,形成自己真正的竞争优势,成为市场真正的主体。也只有这样,才能为参与国际出版市场竞争打好基础。翻阅历史,虽然时代已经不同,但近代出版业走过的公司运作模式和管理理念仍然是值得我们深思和借鉴的。

正如陈至立同志在《在上海举行的商务印书馆创立一百周年纪念会上的讲话》中所说:"虽然时隔几十年,但是当时商务印书馆的这种运作方式,当时这种企业经营方式,完全符合今天所说的现代企业制度,也完全是一种适应于出版规律的出版、发行、销售的方式,这是值得我们非常深刻地去研究,去继承,去发展的,我个人看法,我们目前的这种体制有一些做法,还不如当时商务印书馆在全国的整个销售体系,所以需要改革。"参照历史经验,避开前辈们走过的融资误区,立足现实,使我们的出版业发展得更健康、更具竞争力,这便是本书写作的终极目的。

第三节　近代浙江出版家的人才观对当代出版人的启发

出版人才是整个出版业发展的核心资源,更是出版业在竞争中出奇制胜的法宝。出版人才的规模、结构和质量的好坏,直接决定出版业的经营效率和发展速度。当今,出版业的竞争,说到底就是人才的竞争,谁拥有优秀的人才,谁就掌握了制胜的法宝。越来越多的专家和学者都已经认识到：人才的培养、开发及管理水平，将是影响出版文化、制约出版进行的关键。因此，加强对出版人才进行管理，至关重要。

近代浙江出版家们都十分重视出版人才的培养，例如世界书局的沈知方，沈知方虽然书读得不多，但是他却非常清楚知识、人才对一个出版行业的重要性。因此，在主持世界书局期间，他非常注重对出版人才引进、培养和管理。他的人才管理理念中，有很多是值得今天的出版人认真去研究、揣摩的。例如，对人才尊重和理解，营造宽松和谐的工作环境，知人善任。又如中华书局的陆费逵，陆费逵在主持中华书局期间始终着力吸引和留住人才、重视引进人才、善于使用和激励人才、注重培养人才。他的人才管理经验和管理思想中有许多值得今天的出版业学习。现代出版机构要想增强企业的核心竞争力，同样也需要加强对出版人才的管理。而要对其进行管理，就必须首先看清楚其所具有的特点，然后投其所好。当今社会，薪酬待遇，对于他们而言，已经不是什么大问题，他们更多寻求的是精神层面的满足，即在一个宽松和谐的环境里愉快地工作，实现自我价值。因此，现代出版机构要想有效地管理住自己的出版人才，必须建立一整套引进、使用人才的有效机制，并根据他们的特点和需求为其创建一个适合成长和发展的人文环境，使得他们能够人尽其才、各得其所、用其所长、避其所短。

近代浙江出版家的人才理念对我们当代出版业有什么样的启发呢？我们先来看看当前出版业发展的状况。

随着我国出版行业转企改制后，国家对于出版行业的支持方式进行改变，传统条件下出版行业对于人才的需求度有了较高的提升，而这种提升明显地影响了出版行业的传统人才格局，即集中于年龄资历分化等的系列问题，这些问题一方面会影响出版行业的转企改制进程，另一方面也会影响企业人才队伍的建设效率，另外转企改制造成的人才自由流动增幅也增加了企业人才聚集的难度。出版主业发展势头减缓，产业结构调整，发展方式转变，市场成长空间受到前所未有的冲击和挤压；出版产业结构失衡，经营规模小，产业集中度低，产品同质化严重；网络在与传统出版抢夺作者资源,社会各行各业的发展也分割了出版的诸多效益,这些都是近年来摆在每一个人面前的、亟待解决的难题。而这种问题迫使企业加强对人力资源质量的重视,这种强调"人才"竞争力的产业环境中,人力资源的高质量发展成为必须,这能够促进出版行业的人才聚集与发展效率。

出版业核心竞争力的强弱与否在本质上取决于出版队伍——出版人的创造力大小。人是一切出版活动的主体,只有出版队伍拥有丰富的创造能力,出版业才会充满朝气,健康发展。从这个意义上讲,人的竞争能力才是出版业的核心竞争力所在。然而,出版队伍目前的从业素质状况却不能满足于行业发展的需要。出版业的发展情况以及出版物市场的种种负面迹象表明:从业人员的知识结构不够合理、专业基础较为薄弱、原创能力和创新能力不强。我国出版业缺少高瞻远瞩、具有决策能力和较高经营管理水平的高层次出版人,缺乏一支职业化国际化的管理人才队伍,同时也缺乏将出版经营活动各个环节融合到一起,并进行通盘考虑,具有现代出版意识的专业人才。

一、当前出版人才的现状

(一)出版队伍观念——缺乏创新

培育出版竞争力的首要任务,是做好出版物的内容与种类开发,即优质选题的策划工作,这是业界的共识。然而分析近年的出版物市场,本土原创图书的整体情况并不令人满意,某些选题领域则出现了重复开发。出版队伍的思维方式过于陈旧,创新意识和原创能力的缺乏,是造成这种局面的根本原因。

1. 依赖系统包销,选题策划缺乏创新力

我国的图书出版产业就出版大的板块而论,目前的发展尚处于初级阶段,与发达国家的出版业还存在巨大的差距。根据 2008 年的数据,图书出版产业 791 亿元产值中,大中专教材和中小学课本、教学参考书籍就占 273 亿元,再加上超过 150 亿元的中小学教辅以及其他教育方面的辅助产品,整个教育出版在全年图书总产值中超过50％。[1]

　　据2011年广东的一次调查显示:在广东市场上,打着"海淀"旗号的教辅达170余种,打着"黄冈"的教辅材料达300多种,打着广东名校的有100多种等,而同一主编同时挂名的教辅书多达120种、150种甚至超过200种,教辅书存在"一号多书",一些出版社打擦边球,把教辅搞成系列,冠冕堂皇地使用同一书号。[2] 对教辅类图书的过度开发和依赖终将导致出版市场的外强中干,导致出版物的结构出现失衡。相对于其他类别而言,教辅类图书的编写内容基本固定,也几乎不需要投入过多成本,出版人很容易依赖和满足于受益现成的教育选题,而不愿意多费精力去开发大众或专业图书市场,更谈不上肯耗费大量精力,历经数年磨砺"大部头"精品。"人"的核心价值就在于其创新能力,当选题策划失去了创新、精耕细作转变为广种薄收,出版竞争力也就丧失了提升的可能。

　　2.复制流行选题:跟风出版损害原创力

　　2012年11月11日,十八大新闻中心举办中外记者招待会,会上出版总署党组书记蒋建国介绍说:2011年,图书出版品种和日报总发行量已居世界第一位。然而在巨大的出版规模下,图书市场却一直存在着选题重复、结构失衡的不合理现象。跟风出版在近几年的图书市场上屡见不鲜并有不断上升的趋势。中国人民大学新闻学院副教授张子辉曾撰文分析指出,出版业的重复出版、克隆出版、名著反复出版三种情况愈演愈烈。出版人原创能力遭到质疑。

　　在利益的驱使下,很多出版人大多采用短、平、快的市场操作方式,做"熟"不做"生";只求"畅销书",不管"常销书";只看收益,不看品牌;只要年内出效益,顾不得长远发展。往往一本书刚刚"红"了起来,就有一批图书打着相似的旗号蜂拥而上,诸如《谁动了我的奶酪》、《天亮说再见》等畅销读物,都不同程度地遭遇了跟风潮,一批"奶酪书"、"天亮书"如流行感

　　〔1〕 李远涛:《我国图书出版产业成长性分析》,《出版参考》2010年第22期。
　　〔2〕 吴培华:《老调还须重弹——也论现代编辑的必备素质》,《中国编辑》2004年第3期。

冒病毒一般迅速传染；再就四大名著来说，据悉仅《红楼梦》市场上就有200多个不同版本。如此大量同类选题的重复出版，暴露出国内出版人想象力和原创力的贫瘠。

美国哈珀·柯林斯出版集团（Harper Collins）的总裁兼首席执行官简·弗里德曼（Jane Friedman）曾一语中的地评价出版业的特点：出版业唯一不变的就是变化。出版业面对的永远是多种多样的读者需求、各方各面的行业竞争，出版人唯一不变的重点任务，就是不断地设计和开发有质量、有特色、结构合理的优质选题，利用这一最强有力的"利器"去应对瞬息万变的市场，保持出版效益始终位于市场前端。出版人的所有价值和能力，就体现在其原创能力和创新精神能够创造出无限可能。指望"跟着风头出风头"的出版思路与做法，也许短期内提升了出版业的效益，长此以往却注定要付出图书质量下降、图书库存上升的沉痛代价，令图书出版业陷入愈加浮夸和混乱的状态。跟风出版现象暴露了出版人原创能力、创新精神的不足，"内功虚弱"这一致命缺点最终导致的将是出版物的平庸化和出版市场的泡沫化。

3. 伪造图书信息：伪书拷问职业诚信观

据称，我国经管图书领域几乎平均每三天就有一本伪书，在图书策划和出版方式上，缺乏创意的拙劣模仿及照抄是出版人队伍缺乏原创力的另一表现，更是出版人丧失诚信观的危险信号。

伪书大多是采用"剪刀加糨糊"的方式出版，大量东拼西凑，剽窃抄袭他人著作成果，其内容几乎毫无原创性可言；或借着凭空造一个人名，编一段评论，以他人名义来包装一番，挂着羊头卖狗肉。这就如同给石头外面包上花纸，再漂亮也改变不了里面石头的本质，也永远"孵"不出小鸡，反而是对出版队伍创新能力和职业诚信的极大讽刺。

2004年，"中国伪书打假第一人"、北京锡恩公司总裁姜汝祥公布了他当年度在图书市场上查出的92种伪书。[1] 在他之前，出版业自身却

---

〔1〕《万人争读的假书是如何炼出来的》,《瞭望东方周刊》2005年3月31日。

一直对伪书现象表现出"集体的沉默",默许其存在和发展,直到在姜汝祥打假之后,2005年年初,新闻出版总署才公布了第一批19种"伪书"名单,涉及4个出版单位;8月公布了第二批49种"伪书"名单,涉及12个出版单位。(数据来源:国家新闻出版总署)伪书凭借其成本低,周期短,风险小,易操作,极大地搅乱了图书市场,同时这也是造成出版诚信危机中性质最为恶劣的一种。机械工业出版社《没有任何借口》8个月内销售了200万,而中国社会科学社出版社《没有任何借口》却只销售了2万。

有人说,伪书就像假药,只不过假药谋害健康,伪书却在谋杀思想。伪书的出现不仅使出版社的利益受到了严重的损害,其生搬硬套的低劣质量也在读者群中造成了极大的误导及恶劣的影响。某些出版人唯利是图、唯理不循、唯德不顾的做法,是对本土原创精神的出卖,也是出版业自信与诚信的缺失,这应该说是行业的耻辱。

(二)出版队伍心态——趋于浮躁

曾有人感慨,出版业已逐渐从以往的事业单位性质对于市场的束缚中摆脱了出来,但是几番市场沉沦之后,对经济效益的重要性却是看得过分"清楚"了,从一个极端走向了另一个极端。眼盯着经济效益不放,什么收效高做什么,什么收效快做什么,庸俗化、媚俗化、"平面化"选题成了某些出版单位的新宠,出版人在面对市场时,心态也开始趋于浮躁,这对于出精品、出"常销"极为有害。

1.选题的媚俗化

2003年,二十一世纪出版社"动脑筋"策划出版了木子美的性爱日记《遗情书》,这本用"身体写作"的、几乎完全纪"实"的图书印数达到了14万册,[1]出版后引起社会各界一片哗然,很快被国家新闻出版总署颁发了"禁令"。但是其后的一段时间内,经由出版业包装的"美女作家"、"80后作家"等新门类写手却如雨后春笋越冒越多;作者也不再用手写作,而是转移到了"身体写作"、"胸部写作"甚至"下半身写作"。还有一些出版

---

〔1〕　彭志强:《〈遗情书〉上市为哪般?》,《钱江晚报》2003年11月26日。

人为了吸引读者眼球,将书籍冠上诸如《谁动了我的乳房》这类哗众取宠的书名;为了增加史学类图书的市场份额,有意添加可读性较强的故事情节,将中国上下五千年几乎"戏说"了一个遍;碰上作者稍有点边角料可供挖掘,便大肆宣传,却对图书内容只字不提,作法同娱乐圈狗仔队如出一辙;未成年出版物的选题低俗化倾向则更令人不安,迷信、暴力、低级趣味等负面内容得到大肆渲染,极大地危害了青少年的身心健康。出版业的噱头越搞越多,炒作代替了创作,编造代替了原创,胡编滥造代替了精耕细作,出版人的本职工作和从业技能反倒一如既往地原地踏步。

提升出版竞争力的确需要选题策划的市场化,但市场化不等于庸俗化,更不等于媚俗化。古人曹丕曾说出版是"经国之大业,不朽之盛事"。出版工作不同于其他普通商品生产活动,其本质目的不是为了获取利润。图书是我国先进文化的传播阵地,出版人担负着积累和传播文化的伟大社会使命,庸俗化选题不会提升出版业的任何一种竞争力,只会使其变得乌烟瘴气,沦为藏污纳垢之处。

2. 内容的平面化

截至 2012 年,全国国民阅读调查已进行了十次,其结果显示国民阅读率一直在降低。2013 年,第十次全国国民阅读调查项目在京召开成果发布会,调查结果显示:2012 年我国 18—70 周岁国民包括图书报刊和数字出版物在内的各种媒介的综合阅读率为 76.3%,比 2011 年的 77.6%下降了 1.3 个百分点。[1] 我国目前的人均购书量不足 5 本,这还是没有去掉教材教辅类图书数量的数据。很多读者仅仅在书店里"翻"书,真正读书和买书的人却越来越少,出版业正遭受着一场"阅读危机"。读者群的不断流失,固然存在其他媒体分流的影响因素,但出版人更应该从自身找一找原因——是否出版业也在有意无意地引导着读者群的"浅阅读"倾向。

不少出版人把从事出版行业仅仅看作是谋生的手段,而不是传播文

---

〔1〕 第十次全国阅读调查:《国民阅读率在持续走低》,中国图书出版网,2013 年 4 月 19日。

化、推动社会进步的先进文化事业，因而往往对于市场表现出盲目屈从。大量轻文字、重图像，轻思考、重娱乐，轻内容、重形式的"图"书和画本成为出版选题的新热门。字不够，图来凑，薄薄的几页纸内容顿时变成厚厚一大本，普通纸则顺理成章地改为铜版纸，更多了一个增加定价的名正言顺的理由。复旦大学出版社社长贺圣遂指出：书业肩负着"深度出版"的文化使命，要提倡读者进行经典阅读，首先就要加强经典出版。只有出版人担负起应有的阅读导向责任，才能纠正当前某些不正确的阅读倾向。作为出版工作者，我们有责任也有义务为读者提供高质量、高水平的精神产品，使读者的心灵得到慰藉和滋养。出版最本质的含义首先是重视、保存和开拓人类最具根本性的思想文化精粹以及最有创新前瞻性的先进文化。否则我国几千年的文化积淀，我们将无以留给后人。对市场的一味迎合，使得出版门槛越来越低，出版物内容却越印越少；图书越印越厚，越印越美，吸引读者重复阅读的能力却越来越弱。"潜"阅读变成了浅阅读，图书变成了一种追求快速、快感甚至"快扔"的平面文化——一种缺乏深度的快餐文化，其严重后果还是要由出版人自己承担。

(三)出版队伍理念——发生错位

1."内向"的编辑责任

选题策划并不仅止于选题，而是一个长期的、完整的、科学的系统工程，它包含着创新的出版思路以及贯彻始终的营销意识。出版业的核心竞争力也不是仅仅表现为图书选题内容和种类的创新，而是更多地表现为是否能够生产出符合市场需求的图书产品，并且，是否能够把这种图书产品及时、准确地推向读者市场。出版人是否具备优秀的"外向型"出版能力则显得尤为重要。

现有出版队伍中，不少人只懂得埋头拉车，而不知道抬头看路，对于编辑和校对环节往往十分重视，至于市场调研环节、发行营销环节，则通常直接跳过。策划编辑放弃了自身本应贯彻执行的职能，进而"内缩"到了图书出版的编辑环节中去。一本书从出版到发行，出版人的所有工作过程竟然都在办公室完成：想当然地组一个选题想当然地选一位作者，之后再想当然地定一个印数,等到印刷、出版出来,达不到其"想当然"的销售码洋后,则埋怨营销部,将销路不畅的原因全部推到营销不力的头上。殊不知,策划编辑一职从"外向型"到"内向型"的转变,使得出版物从起点开始就输给了别人。

只有策划出优质的选题,才会有市场;有市场,才会收效益;有效益,才会建品牌。而出精品、树品牌对出版业而言,是最有价值、最为宝贵的无形资产,也是出版业能够做长、做强的最有力保证。在越来越激烈的市场竞争中,出版人再也不能继续采用老套的守株待兔般的"等稿"方式,而是要主动地介入到出版活动的全部过程中去,特别是要积极向外拓展,参与到出版流程的开头环节中去——把握市场动态、根据市场要求来策划出优质的选题,之后,再由此选择作者,创作出版,杜绝"内移"到出版流程的后续环节中去。

2. 漂移的出版定位

营销学的核心构成部分与基础是定位理论。要成功地销售图书出版物,首先必须了解所在出版单位的自身定位、出版特长和发展方向是什么,所要策划的图书出版物将面对的是哪一类的图书读者,进入市场后,是处于竞争活动的哪个阶段,与其他同类图书相比,优劣点又如何。但是,目前出版业内大多找不准自身的定位,甚至也不重视定位,看到市场上某一类图书产品的市场效应好,就盲目上马跟着做,以为既然别家能够收益,自家当然也能。不了解自己的竞争力究竟在什么方面,完全忽视了自身的实际条件和特长:在这个领域是否具有优势?编辑和作者水平是否能够胜任?投入与成本比是否成立?始终在市场中随波逐流、到处漂移的结果就是永远无法形成鲜明的出版特色,也就更谈不上建设品牌。若出版人不能对自己的出版方向有一个明确的定位,不能主导自己的发展步伐,就势必要被竞争对手和市场牵制,亦步亦趋,永远落在后头。缺乏自主创新的能力,就无法应对市场。产业内若都是这样的情况,就不可能实现健康的良性的发展,这在知识密集度极高的出版业是十分可悲也是十分可怕的。

随着市场化进程步伐的加快,系统包销类出版物等"计划书"的生产终将会慢慢恢复到一个正常的波动范围之内,在失去系统包销出版物这个原有的经济支柱后,出版行业的明天所能依赖的,必然还是要回到长久以来被忽略的大众出版上来。而在大众出版领域发挥重要作用和影响的,是不容回避的市场优胜劣汰法则。将来的出版趋势必然是走特色化出版和专业化出版发展路线,怎样提高自身出版物的竞争力度、扩大市场占领份额,经受住市场的考验,就是中国出版产业以及出版人共同面临着的一个关键课题。

面临以上这些问题,我们应从哪些方面来建设好出版人才队伍呢?

二、提升出版人才素质的途径

(一)国家应制定发展规划

人才创新对出版业意义非常。只有提升出版队伍的创新能力,才能使出版单位成为真正意义上的学习型企业,拥有自我修正、主动进步的能力,进而健康、快速地发展。美国前克林顿政府十分重视在职培训,曾要求其国内企业至少将工资总额的 1.5% 的收入列入此项开销。我国应当学习国外成功经验,制定人才发展规划,加大对于出版队伍的职业培训的投入。

1. 实施人才工程

目前,我国出版业的在职培训正努力向长期性、系统性方向发展,现有的各类培训有:国家开设的新闻出版业 EMBA 研修班;全国出版社社长总编辑岗位培训;省市开展的出版社编辑室主任培训;出版社自发的一般新编辑岗前培训以及各类讲座,从开拓宏观思维到优化企业管理再到发展职业技能,都有所涉及。此外,《出版行业岗位培训五年计划》也正在积极实施之中,计划在五年之内将出版行业 8 个主要岗位约两万余人培训一遍(8 个主要岗位为社长、总编辑、编辑室主任、期刊主编、国家级书刊定点印刷企业厂长和书店经理等),(资料来源:新闻出版总署网站)争取做到能够有计划、有批次、有重点地开展培训,提升出版队伍的整体素质。

2.规范资格考试

自 2002 年出版行业取消初、中级职称评审,实施职业资格考试制度之后,出版职业资格考试的范围从最初的业内考试已慢慢扩大到了全社会乃至高校在读学生。一方面规范了现有出版队伍的从业素质,另一方面也为未来的出版队伍储备了一定力量。从 2007 年起,出版行业将实行责任编辑的注册制度,责任编辑必须持证上岗,并且每年都要参加 72 个学时的再次教育和学习,成绩合格才能于三年后重新注册。(资料来源:新闻出版总署网站)入行有资格、上岗有标准,外部施压的结果使得出版队伍对于及时更新知识内容和调整知识结构产生了积极的紧迫感,主动参与到出版专业和实务的学习活动中去,出版单位也应该相应规划出一部分时间,用于出版人才的集中培训,以逐步改善目前资格考试通过率相对较低的现状,强化终身学习的观点,增强出版队伍的整体从业素质。

(二)行业应重视终身培训

1.推行继续教育,令职业技能与时俱进

早在 19 世纪末,我国出版业就开始了对业内技术人才的培训和教育工作。1909 年,商务印书馆开设了商业补习学校,从自身招募员工先行培训和学徒再教育开始,到向社会招生进行直接或函授教育,涉及编辑出版和印刷类专业技术教育,开创了出版类专业教育的先河。[1] 时至今日,行业内也大多沿袭这种在职培训的方式,并努力在各个方面尽量丰富和完善培训的方式和内容。

外语教学与研究出版社在推行继续教育方面可谓不遗余力,凡是进入其人才培养规划当中的员工,一律提供在职带薪培训。自 1994 年起,外语教学与研究出版社几乎每年都花费不少资金,公派一批编辑到国外留学,社内现任管理层中有一半都是毕业于英国 Stelin 大学。另外,社里也不时地请一些英美训练班的教授专家来中国给编辑作专门讲课,或是外派一些编辑到牛津大学出版社、剑桥大学出版社、麦克米伦公司或培生

---

〔1〕 腾跃民:《编辑出版人才培养的新模式》,《编辑学刊》2006 年第 5 期。

集团等大社做工作交流。2004年暑假期间,外语教学与研究出版社将自己的30多位编辑送到全国各地书店第一线去做销售。为的就是让自身的出版队伍能够在实战中积累经验,并将其与从英国学回的知识相互结合,尽快成为一位优秀的选题策划人。(资料来源:外语教学与研究出版社网站)出版社对职业培训的大量投入说到底也是"取之于民、用之于民",只有保证了出版人的技能不断提升,才能保证出版社的优势地位不可动摇。

2.结合实际情况:使培训内容各有侧重

随着整个社会生产活动的专业分工愈加细化,行业间的相互交叉愈加深入,类似北京读书人公司这样的专业图书包装公司或者工作室将越来越普遍,出版业未来的发展趋势极有可能将不再是稳占图书出版的垄断地位,而是作为内容提供商,作为整个出版活动的某一环节存在。出版业工作的核心则将转化为集中于优质选题的策划和组稿,至于其他生产环节则转由其他专业公司来合作完成。试图对整个出版生产环节面面俱到,并不是出版队伍今后的从业技能发展方向。一切职业培训重心都应当围绕着出版业的核心职能:选题能力展开,有目标、有侧重地加强编辑的策划职能与相互协调能力。

全国书市、北京订货会和北京国际图书博览会是三项比较重大的出版业盛事,也是出版系统内部交流和沟通的好时机。对此,全国出版系统每年都有大量的人力、物力和财力投入其中,全国大多数出版单位也都积极组团参加,展示自身出版重点和出版特色,树立出版形象。截至2013年,全国书市已举办了23届,在2011年第二十一届全国书市上,主会场订货码洋达53.5亿元,订货数量3.17亿册。[1] 图书销售显示出了良好的抱团效应。出版业应当充分利用这三大盛事,鼓励出版队伍积极参会,近距离接触终端市场,吸取他社经验,启发和开拓自身的选题思路。

---

〔1〕《全国书市闭幕订货总码洋超五十亿元》,《人民日报》2011年6月22日。

3.鼓励岗位互动:为全程策划打好基础

现代出版业的各个生产环节已经不再像传统的出版业那样分工明确,而是出现了环节与环节之间相互渗透的趋势,这要求出版人能够熟悉和把握各个出版环节,特别是要将选题策划和图书营销联系在一起通盘考虑。近几年,出版业内已经出现了策划编辑这一新分工,其职责内容便打破了文字编辑与图书营销之间的分工界限,仅仅固定在办公室内的伏案工作,已远远不能满足其需要准确把握市场动向的工作要求。提升策划编辑的从业素质,则可以借鉴其他业外大型公司的做法。

目前比较普遍的方法之一是轮岗制。例如,中国移动在其员工刚进公司后的 1 年或者更长时间内,并不为其分配固定的工作岗位,员工以培训生的方式在系统内部轮岗,同时寻找和确定合适自己的发展模式。实习期满后,公司再按其各个岗位的具体表现分配具体职位。出版业同样可以采用轮岗制的方法,规定策划编辑在某一时期内必须在发行岗位上工作一段时间,以保证其对市场有更加直观的了解,为将来能够策划出更加符合市场需求的图书做好准备。

4.建立实习基地:让专业人才订单培养

2005 年中国教育发展战略学会成立时,国务委员陈至立在贺电里曾经提到:"要汇聚多领域、多学科、多部门专家学者和实际工作者的智慧,推动和加强教育。"对于正面临转制的出版业来说,能够建立起一支为我所知、为我所需并且为我所用的高素质出版队伍,是确保与国内外同行竞争与合作的关键所在。

如今出版业也已认识到:出版队伍的建设及其技能的培养是一个长期的发展过程,提高出版队伍的职业素质,应当主动追溯到高校的教育环节上去,必须重视科学教育在组建未来出版队伍中所起的作用。出版业不应该向高校索要人才,而是应该做到向高校"订制"或者"合制"人才。说到底,高校是在为出版行业培养人力资源。

出版业应当主动关注并积极参与到未来出版人的教育中去,充分利用自身优势,为高校的编辑出版专业教育工作提供及时的信息更新、一线指导和必要的实践基地。关于这一点，大学社就有着得天独厚的先天优势，我国高校出版社数量目前已接近 150 家，占了出版社总数的 1/6 强，业界已经开始就大学社的产学研一体化的新发展路线进行了思考和研究。比较切实可行的办学模式是以大学出版社为基地，利用高校自身资源，联系出版理论与出版实务，最终使得高校教育和出版行业发展转入良性循环。

一些出版单位已经开始与院校联合办学，或是设立出版研究所；一些出版单位则设立了专项奖学金以激励出版专业在校生的理论钻研精神；一些出版单位则是提供实习场所以增强在校生的实际动手能力，或开展专业讲座以加深其对于行业实时变化的了解，例如，德国贝塔斯曼在中国人民大学新闻学院编辑出版专业设立了 Christian Unger 奖学金，其中国区总裁文德华担任了客座教授一职，并为编辑出版专业提供实习基地。[1] 这是一个良好的开端，是出版业人才链良性循环启动的开始。

(三)出版企业应建立健全人才使用机制

出版社人才队伍的培养要有战略规划，要尽快制定适应出版市场发展需要的人才使用机制，主要包括：人才合理流动机制、人才激励机制和培养机制三个方面。

1. 出版人才的合理流动机制

计划经济体制下的出版社重视对事和物的管理，忽略对人的管理，人才观十分淡薄，人事管理照搬行政机关的管理模式。现在，出版企业正在从身份管理向人力资源管理转化，但打破身份界限，实现人才动态管理可以说困难重重，尤其是对一些长期处在体制内的出版社来说，原有的观念一时难以改变，而对利益格局的调整也必然会受到各方面的阻力，但激烈的市场竞争已经迫使越来越多的出版社为了生存而努力打破旧体制的局限。

人才的流动包括内部人才的职位变动或升降和外部人才的进出两个

---

〔1〕 肖燕、李琪：《编辑出版人才高等教育模式初探》，《怀化学院学报》2006 年第 3 期。

内容。内部的流动可以使人才得到多方面的培养与锻炼,从而为不同的人才寻找适合的职位。市场经济要求按照优胜劣汰的规律,坚持"能者上、平者让、庸者下"的用人原则,对人才进行动态管理,使人才合理流动,促进人才资源的合理配置。出版社除了对内部的人才进行合理的流动外,还要及时吸纳适合的外部人才,送走不适合的人员,通过人才队伍的合理流动来保持队伍的活力。干部制度改革要做到能上能下,人事制度改革要实行岗位聘任制,要实行竞争上岗;人事制度改革要能进能出,实行全员聘用,实行岗位管理,末位淘汰制;分配制度要能升能降,按照"多劳多得,优劳优得,按效分配"的原则进行分配。在选才时要坚持原则,有的放矢地去选才,进行全面的、公开的、民主的选拔和使用,把真正德才兼备的人才选拔出来并大胆使用。

2. 出版人才的激励机制

激励是一门艺术、一门科学,人才作用的发挥,关键是建立一套科学有效的激励机制。首先,要用好各种奖励手段,出版社应该实行收入、升迁与业绩挂钩的管理机制。无论是精神奖励还是物质奖励,都要使奖励的目的与效果达到一致,注意奖励事实的准确性、方法的合理性、场合的适用性及标准的科学性,还需要注意奖励兑现的及时性、奖励政策的延续性、奖励形式的多样性。

其次,要为人才创造一个宽松、和谐、团结、友善的环境。这个环境不仅是指工作环境,而且包括生活环境和心理环境。员工只有身心舒畅,才能更有效率地工作,才能更忠诚于本企业。出版企业要建立和保持一支忠诚的、具有共同价值观的员工队伍,关键是企业领导"以人为本"的工作做到位了没有。出版企业要进行人才管理,对领导者的素质上的要求是多方面的,要懂专业、善经营、会管理,还要具备高尚的品格,真正尊重人的个性及差异,如此才能释放人个性差异中的无穷潜力和潜能。单纯用赢利指标、奖惩手段进行对人的激励不利于长期的全面的管理,用文化、用精神去管理人才是根本的富有建设性的长期措施。

3.出版人才的培养机制

人才是企业发展的根本资源,这一点已经得到共识。当前一些出版企业往往重金聘请相对成熟人才,这虽然不失为应急之举,但绝不是良策,其要解决的问题也是较多的,如外聘人才对企业的忠诚度及与本企业文化的认同度等。出版业中常常有"一个能人,一本好书"的说法,其实,这种个人英雄主义的标榜也反映出一种急功近利的心态。一个成功的企业绝不是靠一个或几个人才支撑起来的,而必须要有一个忠诚的、富有创造力的团队。人才靠选拔,又要靠培养。不仅要塑造能留住人才的氛围和激励机制,还要切实提供培养人才的机会并把这种培养制度化、长期化、全面化,形成良好的动力机制。

"上海明德学习型组织研究所"正在推广学习型组织的理论,他们总结了学习型组织的六个要素:1.拥有终生学习的理论和机制;2.建有多元回馈和开放的学习系统;3.形成学习共享与互动的组织氛围;4.具有实现共同愿景的不断增长的学习力;5.工作学习化,使成员活出生命意义;6.学习工作化,使组织不断创新发展。从以上六个要素可以看出,学习型组织真正贯彻了"以人为本的学习理念,也许目前我们大多数出版企业还不具备这样的条件,但学习型组织的理论代表了我们时代先进的管理方向,我们应该根据组织的现有条件,力所能及地向着这一理想的目标迈进。

可以预见,在未来的出版市场上,哪个出版社的人才整体素质高,占有量多,培养人才的机制完善就会在竞争中占据主动地位,就有了强大的动力和可持续发展的后劲。中国的出版业经过改革开放以来的努力,虽说得到了较大的发展,但与发达国家相比还较为落后。在出版业深化改革的过程中,应尽快启动"人才工程",建立一套完善的用人机制和培训措施。联想集团的总裁柳传志曾经说,人才是利润最大的商品,能经营好人才的企业最终是大赢家。在出版企业中,好的企业不仅能产生一流的图书产品,还能产生和留住一流的人才,从而形成企业发展的良性循环。

(四)高校应提供人才储备

根据不完全统计,自20世纪80年代高校设立编辑出版专业以来,其数量已经从 80 年代早期试办的几家发展到今天的 130 余家,并在全国范围内形成了各具特色、各有侧重的立体教育布局。同时,高校也是研究出版行业的一个重要基地。从事编辑出版专业教育的教师所撰写的科研论著(含教材)有 260 余部,论文 3845 篇,研究报告 1500 余篇,各种层次的科研项目 450 项。[1] 所有这些阶段性研究成果对于加强出版人的理论修养以及知识水平而言是一笔宝贵的财富。高校在提供出版业人才储备方面扮演了十分重要的角色,其教学大致应遵循以下三种原则:

1.课程设置要富有特色

出版队伍的职业能力不同于出版人的职业能力,前者是团队型的整体能力,后者是单个成员的个人能力。行业内的全才、通才是不现实的,出版人的个体差异性不仅普遍存在,而且就某种程度而言,行业的发展对技能差异性、互补性的依赖度更高。形象一点说,出版队伍的从业素质应当是五个指头分开来各有长短,但合起来握成拳头后,却能形成强大的力量,出版队伍的整体知识结构应当避免平面化。具体的生产活动中,也应当避免出版人的单打独斗,尽量开展合作,发挥专业和特长的组合优势。

出版专业的高校教育也是如此,单纯的编辑出版专业过于单薄,必须联合一定的学科作为专业基础,才能符合现代出版队伍的知识结构需求。一些高校已经开始有意识地区分教学重点,树立了明确的办学目标,以本校、本地区的学科优势作为依靠,因时因地制宜,从出版队伍的源头就开始细分专业,细分就业类型,为出版行业提供专业化、特色化的人才储备。如北京大学依靠古籍文献研究,专门培养古籍整理方面的毕业生;武汉大学依靠本地新华发行系统,专门培养出版发行方面的毕业生。各地高校在毕业生培养层次上,也形成了从大专、本科、双学位、研究生到博士生的多层次模式,以满足出版行业对于人才的多层次需求。

2.教学内容要及时更新

随着科学技术的飞速发展以及电子信息时代的来临,新兴的电脑技

---

〔1〕 刘拥军、李宏葵:《编辑出版学专业 20 年发展追溯》,《出版发行研究》2005 年第 2 期。

术、因特网技术等亦慢慢介入到出版行业中来，形成了数字化网络出版等
新的出版形式。在英、美等国，几大主要报纸也都设立了网络版。出版技
术的电脑化、数字化和网络化使得现代出版人不再依赖过去"铅与火"型
的生产形式，而是越来越多地转入了电子化和网络化办公。数字时代的
出版工作不再是一部稿、一支笔，而是一块荧屏、一个键盘，出版人通过网
络与作者联系，直至收稿、读稿、改稿，再通过电脑和网络进行图书的版式
设计、图画绘制，甚至是及时付印或者网上出版。

随着电子时代的发展，现代出版教育也需要不断地进行更新，研究新
兴的出版技术，了解电子信息技术发展给出版业带来的影响。增加开设
现代传播技术方面的课程、学习使用电子编辑软件的课程，帮助学生熟悉
数字技术新的发展趋势。此外，一些高校也已经开始注重对我国当代编
辑出版家进行个案研究，通过研究、分析、了解业内的一些出版家，编辑出
版专业的在校生将会得到实际的启发，并对出版行业产生比较形象的认
识。并且，由于当代出版家具备更为鲜明的时代特色，以其作为教学的补
充知识点，也就具有了更加深厚的现实参考意义。

3.教学过程要注重实践

美国是世界上最早进行出版高等教育的国家。在美国，出版专业教
育通常始于研究生教育阶段，有志于走进出版领域的大学本科毕业生有
三种选择：一是在美国为数不多的几所有出版硕士学位的大学里继续深
造；二是参加依托大学举办的暑期学院；三是直接到出版社申请一份初级
工作，边工作边学习必要的出版知识。

同时，从事出版业多年的从业人员也需要继续教育，这个层面上的大
多数培训机会是由美国出版商协会和美国杂志出版商协会等专业协会提
供。其中最重要的是纽约大学出版研究中心，该中心的学位课程以管理
学科的课程为主，着重于出版业的运作。教师都是来自出版业的从业人
员，而课程计划则是由出版业中资深管理人员组成的顾问委员会帮助制
定的。纽约州立大学于1997年9月开始设立出版认证项目。此项目得
到了包括哈考特出版集团、兰登书屋、华纳图书出版集团、哈珀·柯林斯

出版集团等在内的众多知名出版机构的支持。其他国家如英国的剑桥大学、牛津布鲁克斯大学以及德国的不少大学都有出版研究中心,侧重点主要在出版技术和销售上,提供的大多为继续教育。然而不管哪个国家,对于出版从业人员的实践能力培养都十分注重。从业教师都要求具备相应的工作背景,行业门槛设立在硕士以上,高校教育与行业之间的联系紧密度也明显高于国内。这正是国内出版业与高校教育部门所要共同学习和参考的地方。

总之,出版队伍的从业素质的提高,是一个长期的系统工程,需要国家实行宏观调控、需要行业实行继续培训、需要学校实行订单式培养。结合三者的力量,做好出版人才大文章,为出版业发展和加强市场竞争力打下坚实的基础。

第四节　近代浙江出版家的品牌意识对当代出版人的意义

在民国时期,由于国内政治、经济和文化环境的影响,中国出版史上出现了一大批优秀的、具有广泛影响力的民营出版企业,例如商务印书馆、中华书局、世界书局、开明书店、现代书局,等等,这些出版企业之所以能够在激烈的竞争中脱颖而出并打响品牌,与主持这些出版企业的出版家有着密不可分的关系,可以说,张元济、陆费逵、沈知方、章锡琛、张静庐的品牌意识对于这些出版企业的壮大发展起着重要作用。

对于企业来讲,品牌的内涵不仅仅是符合工厂或者国家甚至是国际规定的标准,更意味着不断向顾客提供超出期望的满足。在过去几十年中,品牌领域中最重要的变化是,用于区别不同品牌的产品或服务的要件已由有形因素转化为无形因素。家电行业中的海尔集团"先谋势、后谋利",由经营品牌而扩张产业,走出了一条由软而硬的发展道路。"真诚到永远"的海尔,以品牌为旗,以创新为魂,以服务为源。他们打造企业整体品牌形象的成功经营给出版业以有益的启示。

目前,国内的一些出版企业已非常注意出版社的整体品牌形象建设。

老牌的出版社如商务印书馆、中华书局、三联书店是这样，一些新的或者比较新的出版社也很重视品牌战略。中国青年出版社有整套的形象设计，如专门的徽标，专门的表现出版理念的口号。还有中国人民大学出版社、外语教学与研究出版社、金盾出版社等，都在采取种种措施塑造品牌。这些都是整体品牌战略的重要举措。但就整个出版业来说，我们的出版社在整体品牌建设的认识和具体办法方面，还需要学习国外的同行，也需要学习国内的其他企业，更需要向浙江近代出版家们学习，从历史中总结经验和教训，只有这样，当代出版人才能为所在的出版企业树立起品牌，在整个出版行业中赢得一席之位。出版界前辈呕心沥血建立起来的我国出版史上极为珍贵的传统特色也值得我们继续发扬光大。那么具体来说，什么样的出版企业是拥有品牌影响力的？

一、出版企业拥有品牌影响力的三个要素

（一）出书选题的特色定位

选题的制订事关出版社的办社方针，是整个出版流程中第一道、也是最主要的一环。选题的失败标志着随后的一切将前功尽弃。因此，有远见的出版社往往把选题的设计作为一项事关前途的战略任务进行认真的调查研究、反复比较和论证，最后确定科学合理的方案。在这一决策过程中，首先要对国内同类出版社的实力、优势、特长及出书状况有一个基本的了解，做到知己知彼。其次要分析图书市场的变化，预测市场的发展与走向，认真调查各类图书的覆盖面和读者群。在此基础上出版社才能把握和确定自己的选题方向，重点抓好能够发挥自己优势和特色的"双效益"选题和"长效"选题。

品牌不可能在短期内形成。因此出版社要有战略眼光，不能急功近利。要把目光始终瞄准创出自己的品牌，走自己的路，树自己出版社的形象。反之，如果满足于"掠到筐中就是菜"，等作者送书稿上门，是不可能在激烈竞争的图书市场中站稳脚跟的。在我国出版界独树一帜的三联书店，他们出版的书籍有较长的生命力，体现出较高的文化价值，其学术图

书独创意识强,个性鲜明。虽然近年来整个学术书的发行不景气,但生活·读书·新知三联书店丝毫不气馁、不退缩,终于自 1995 年 10 月起学术著作销路渐旺,行情看涨。生活·读书·新知三联书店的特色体现了这家出版社领导和编辑对生活的感受和对出版事业的理解和不懈的追求。生活·读书·新知三联书店的老总在一次采访中告诉记者:"每一个知识分子都是爱思想的,人们暂时会被五光十色的大千世界所迷惑,但终究会醒悟的,因为俗文化本身是令人厌烦的,时间久了,人们会觉得腻了,人总是要吃好东西的。"上海辞书出版社以其"鉴赏辞典"系列享誉全国,上海译文出版社以出版精美、豪华的"世界文学名著珍藏本"丛书闻名出版界。世界上一些有影响的出版社,无不注重通过有特色的出版物塑造自己的形象。如英国的"剑桥"以出版教材、学术著作为主,"牛津"则以出版大词典和工具书闻名;法国巴黎大学出版社以出版世界文学名著和科学家专著而享誉世界;德国施普林格出版社则以出版专业教材和科技图书而蜚声世界出版界。

国内外有成就的出版社,都是以特有的选题范围与方向形成自己的特色而傲然屹立于书林。使人颇感忧虑的是当前图书市场上出现的选题重复和出书品种重复的现象。在片面追求经济效益的思想影响下,不少出版社一窝蜂地竞相出版各种热门书。1995 年是世界反法西斯战争胜利 50 周年,有关此选题的书籍竟达 200 种以上。散文、随笔近年走俏图书市场,于是各出版社纷纷卷入"散文随笔大战",其中相当部分的选题,创意性的少,有特色的少,二手甚至三手编造的图书充斥市场。大家都搞"短平快",这就不可避免地造成图书产品的积压。三毛的骤然谢世,形成了奇异的"三毛"出版现象,大陆出版界在短短两个月内出版了近 50 种关于三毛自杀之谜的书,而各种版本的股票类图书、有关领袖人物的图书更是风靡市场,不可胜数。如此种种,使图书的生产和出版陷入极大的盲目性。这种重模仿、轻创造,老是跟在别人后面转,今天哪个热门炒哪个,明天又掉转方向,出版的书五花八门,成不了体系,更谈不上有特色了。

(二)图书表现方式的与众不同

图书的外在表现手段主要是指图书的装帧设计。一本好的图书,除了其深刻、有价值的内容外,还必须有一帧引人注目、给人以美的享受的封面设计。富有魅力的封面设计,是读者了解图书的"窗口",是读者与图书艺术之间的一种美感的交流。新颖独到的封面设计能在众多的书籍中一下跃入读者的眼帘,使读者情不自禁地驻足留步,拿到手后爱不释手。这样,图书借助于封面的魅力,引起了读者购买和阅读的愿望。我国现代文学的先驱鲁迅先生也是我国现代装帧艺术的积极倡导者和先行者,他身体力行为自己的著作《呐喊》和《坟》设计了封面。一些知名文人闻一多先生、画家丰子恺、钱君匋等积极从事和参与了图书装帧设计,他们给后人留下一批新颖、独到的图书装帧设计的精品。

三联书店在图书的装帧设计上独具一格,形成了典雅、洁净、含蓄的风格,如《傅雷家书》,洁白的封面上,一支18世纪的简洁的羽毛笔衬托着蓝色的书名。打开封面,封里是密密麻麻的傅雷家书手迹,使这本书显示出一种与众不同的文化品位和典雅、含蓄的风格。再如国家级的人民文学出版社的图书,虽然色彩并不复杂,但素净、简洁的封面设计却体现了他们一直在追求一种以恢宏大气为创作风格的艺术境界。最近一些新型的理论出版物如《画说哲学》、《画说资本论》,用浅显的文字配合简单明了的插图来解释深奥的理论问题,已引起出版界和学术界人士的关注,并有可能成为潜在的出版热点。这种装帧方式可使学术思想走出"象牙塔"去启蒙大众,这一特色为理论著作通俗化提供了有效途径。

不少出版社在出版系列丛书时还通过统一的或风格一致的封面设计体现图书的特色,使读者对出版社的特色产生更深刻的印象,商务印书馆出版的世界名人传记丛书就是一个很好的例子。出版社只有把出版每一本书都看作是在完成一件精致的艺术品,从内容和形式上都力求达到完美的境地,才能使图书在体现出版社的风格和特色时,产生更大的宣传效应。

(三)形成了自己的读者群

凡是有特色的出版社都会有自己相对稳定的读者群。在我国出版史上做出重要贡献的开明书店,在几十年中,始终将出版中学生课外读物和中学课本作为出书的主要方针。也就是说,开明出版的书籍,有相当大的比例是以青少年为对象的。开明书店当年所出的这些青少年读物,至今仍在老一辈读者,特别是在那些有成就的文艺界、科技界前辈心目中留下了深刻的印象。又如三联书店始终认定以中等以上知识分子为自己主要的服务对象,他们把尽可能多的知名学者以及青年中有真知灼见者团结在自己周围,坚持高品位的出版方针,坚持以出版学术著作为主。三联书店领导坚信:"好书,有永久价值的书,不断会有人买,严肃读物最终是会被大多数人所接受的,我们会赢得读者。"有了这种执着的信念和追求,才能在读者中树立出版社的形象,不断扩大读者队伍,走出一条独辟蹊径的路。

以上三个方面是出版企业拥有品牌力的主要因素,当然品牌的内涵是非常丰富的,还包括出版企业的广告宣传定位、营销方式、发行方法,等等,下面以陆费逵为例,介绍其如何把品牌意识运用到中华书局的经营之中。

二、陆费逵主持中华书局时的品牌意识

品牌标识是一个企业为自己的产品设计的名称和图案,从广义上来讲,品牌代表了企业和消费者之间的一种契约形式,是一种把产品和消费者联系起来的有鲜明特色的长期承诺,它暗示了一种信任、一致性、消费者所期望的质量和价值。品牌的基本含义是指某种产品或某一企业的市场信誉,衡量它的标准主要以无形资产为依据,它的作用在现代企业中是十分巨大的。对出版社而言,它代表了一种潜在的竞争力与获利能力。

在激烈的市场竞争下,能够牢固站稳一片属于自己的阵地,任何企业必须具有其强大生命力和独树一帜的品牌效应为支撑,这是企业的立足之本。同时,如果一种产品本身不具有生命力,再怎么做品牌宣传都没有用。这句话的背后,隐藏着品牌与企业其他方面的相互依赖关系。中华书局的立足之本就是出版了一大批优秀的精品出版物,例如《四部备要》、《古今图书集成》和被誉为"千万学人案头的工具书"——《辞海》以及一系

列教科书。中华书局成为著名品牌，是一个相对短暂而又成功的过程，它把握时机，利用中华教科书一举成名，直接进军为一线品牌。创品牌易，守品牌难，如何保持和拥有一线品牌，任务是长期而艰巨的，一个一线品牌的成功，是建立在无数同类品牌的基础之上的。中华书局要不断丰富品牌的内涵，有内容的品牌才是读者期望的品牌，才能拉近读者与中华之间的距离，提升读者的满意值。

（一）注重品牌的形象标识

美国营销学权威菲利普·科特勒认为："品牌是一个名字、名词、符号或设计，或是上述的总和。其目的是要使自己的产品或服务有别于其他竞争者。"在物质产品领域，品牌不仅是一种物品的称谓和标识，而且也是质量、权威的显示和确认，是生产厂家长期追求的目标，也是消费者放心使用的凭证。至于精神产品，生产过程与物质产品一样，但消费却有极大的不同：人们消费的是信息产品的内容，它有极大的趋异性，因而喜新厌旧是人之常情。从读者角度看，品牌涵盖了读者的心理感知，这种感知构成品牌形象的重要来源。中华书局的出版物已经深入人心，品牌形象早已根深蒂固。其标识是由两支对称而有动感的稻穗如飘带一般包围着中心一本竖放着的、封面印有篆体"中华"两字的厚重图书组成，这一出版标记成了中华书局的象征。看到这一出版标记，就有一股沉稳的感觉，与中华书局的历史很相配。老牌的书局，配以稳定的出版标记，互相呼应，浑然一体，成为书局历史悠远的象征和稳固的"无形资产"。

中华书局的出版标识，到底出自何人之手已很难考证。据资料称，中华书局的招牌字是由被称作"武进唐才子"的唐驼所写。他除了为"中华"写招牌字，还曾为世界书局和大东书局写过招牌字。唐驼的详情不知，只知道他曾经当过中华书局印刷所的负责人。据记载周伯棣编译的《中国货币史纲》，1934年9月初版封底印有"中华"的出版标记，在出版标记之上，还印有4字：注册商标。由此可见，出版标记既是书局的标记，也是书局的注册商标。

(二)注重品牌的内涵发展

作为文化机构,图书内涵——内容质量是它的灵魂。中华书局能在民国初年发展成为中国近代出版的重镇,与其重视出版物质量有很大关联。当然,也正因为有了这样的坚守,中华书局才得以长盛不衰。这是中华书局对品牌文化建立的一种清晰的品牌定位,在品牌定位的基础上,利用各种内外部传播途径形成受众对品牌在精神上的高度认同,从而形成一种文化氛围,再通过这种文化氛围形成强有力的读者忠诚度,出版形象可以得到展现,最终形成一种文化的良性互动。

(三)注重品牌的创新意识

中华书局大力发行教科书,在市场上,几乎与商务印书馆的教科书平分秋色。民国时期,只要读过书的就没有人不知道中华书局。它还经常在《申报》大登广告宣传自己的图书。如果没有创新,那么它在市场竞争中的知名度、美誉度自然会下降,销量、市场占有率降低的现象也会出现。但是对于品牌宣传,并不能急功近利,需要不断创新,并进行正规商业操作。中华书局在《中华小说界》1914 年第 7 期中登"悬赏征题"的广告,内容是本期小说篇首插图中有四幅儿童啼哭的图片,希望各界文人墨士根据图片揣测儿童心理,每张图片配有名词,选择最恰当的,以助雅兴并给予奖励。这种方式,能够聚集读者视线,有助于品牌建设。

品牌创新的实质是不断扩展和丰富出版内容,不断推出新的出版物,使品牌具有丰厚的文化积淀。同时,在经营手段、企业形象塑造等方面都要围绕品牌建设进行设计和打造,才能使品牌深入人心,久盛不衰。名社是品牌的依托,品牌是名社的标志,名社与品牌,相互依存,相互促进,名社为品牌提供智力支持和资源保证,而品牌对名社的发展将不断地产生推动力,两者完美结合是每一个出版社所追求的最高境界。

主要参考文献

一、报刊

《出版参考》(北京)

《出版史料》(上海,1993 年 7 月终刊)

《出版史研究》(1—6 辑,北京:中国书籍出版社)

《大公报》(长沙)

《东方杂志》(上海)

《教育杂志》(上海)

《近代史学刊》(武汉:华中师范大学出版社)

《申报》(上海)

《现代中国》(武汉:湖北教育出版社)

《新文化史料》(北京)

《新文学史料》(北京)

《新闻出版报》(北京)

《新中华》(上海)

《中华读书报》(北京)

《中华教育界》(上海)

《中华小说界》(上海)

二、书籍

Barnard，R.，"Advertising：The Rhetorical imperative"，Jenks，C. (ed.)，Visual Culture.

Gillian Doyle. *Understanding Media Economics*. London：Sage Publications of London，Thousand Oaks and New Delhi，2002。

John Clare. *Guide to Media Handling*. London：Gower Publishing Ltd，2001。

Lasswell，Harold，"The Structure and Function of Communication in Society"，Bryson，Lyman（ed.），The Communication of Ideas.

Wakeman，Frederic，Jr.，"The Civil Society and Public Sphere Debate：Western Reflections on Chinese Political Culture"，*Modern China*，Vol. 19，No. 2，April，1993.

包天笑. 钏影楼回忆录. 太原：山西古籍出版社、山西教育出版社，1999.

陈独秀. 独秀文存. 上海：亚东图书馆，1922.

陈科美. 上海近代教育史. 上海：上海教育出版社，2003.

陈明远. 文化人与钱. 北京：百花文艺出版社，2001.

陈培爱. 中外广告史：站在当代视角的全面回顾. 北京：中国物价出版社，1997.

陈学恂. 中国近代教育文选. 北京：人民教育出版社，1983.

陈原. 书和人和我. 北京：生活·读书·新知三联书店，1994.

陈原. 总编辑断想. 沈阳：辽宁教育出版社，2001.

戴安娜·克兰. 文化生产：媒体与都市艺术. 赵国新，译. 南京：译林出版社，2012.

丹尼斯·麦奎尔，斯文·温德尔. 大众传播模式论. 祝建华，等，译. 上海：上海译文出版社，1987.

丁文江，赵丰田. 梁启超年谱长编. 上海：上海人民出版社，1983.

方汉奇.中国近代报刊史,下册.太原:山西人民出版社,1991.

冯春龙.中国近代十大出版家.扬州:广陵书社,2005.

甘永龙.广告须知.上海:商务印书馆,1927.

高信成.中国图书发行史.上海:复旦大学出版社,2005.

戈公振.中国报学史.台北:学生书局,1964.

葛壮.宗教和近代上海社会的变迁.上海:上海书店出版社,1999.

耿云志,欧阳哲生.胡适书信集.北京:北京大学出版社,1996.

郭汾阳,丁东.书局旧踪.南昌:江西教育出版社,1999.

哈贝马斯.公共领域的结构转型.曹卫东,等,译.上海:学林出版社,1999.

郝斌,欧阳哲生.五四运动与二十世纪的中国.北京:社会科学文献出版社,2001.

《胡乔木传》编写组.胡乔木书信集.北京:人民出版社,2002.

胡颂平.胡适之先生年谱长编初稿.台北:联经出版事业公司,1984.

黄少仪.广告·文化·生活:香港报纸广告 1945—1970.香港:乐文书店,1999.

黄炎培.八十年来——黄炎培自述.上海:文汇出版社,2000.

黄镇伟.中国编辑出版史.苏州:苏州大学出版社,2003.

吉少甫.中国出版简史.上海:学林出版社,1991.

蒋复璁.王云五先生与近代中国.台北:台湾商务印书馆,1987.

课程教材研究所.20 世纪中国中小学课程标准·教学大纲汇编.共15 册.北京:人民教育出版社,2001.

李白坚.中国出版文化概观.南宁:广西教育出版社,1999.

李华兴.民国教育史.上海:上海教育出版社,1997.

李家驹.商务印书馆与近代知识文化的传播.北京:商务印书馆,2005.

李侃.近代传统与思想文化.北京:文化艺术出版社,1990.

李欧梵.上海摩登——一种新都市文化在上海(1930—1945).毛尖,

译.北京:北京大学出版社,2001.

李瑞良.中国出版编年史.福州:福建人民出版社,2004.

李雪梅.中国近代藏书文化.北京:现代出版社,1999.

鲁湘元.稿酬怎样搅动文坛.北京:红旗出版社,1998.

吕达.陆费逵教育论著选.北京:人民教育出版社,2000.

马克斯·韦伯.社会学的基本概念.顾忠华,译.台北:远流出版社,1993.

马敏.官商之间——社会剧变中的近代绅商.天津:天津人民出版社,1995.

马嘶.百年冷暖:20世纪中国知识分子生活状况.北京:北京图书馆出版社,2003.

马歇尔·麦克卢汉.理解媒介——论人的延伸.何道宽,译.北京:商务印书馆,2000.

毛泽东新闻工作文选.北京:新华出版社,1984.

钱炳寰.中华书局大事纪要(1912—1954).北京:中华书局,2002.

阙道隆,等.中国编辑研究(2004).北京:人民教育出版社,2004.

阙道隆.书籍编辑学概论.沈阳:辽海出版社,2000.

商务印书馆.商务印书馆百年大事记1897—1997.北京:商务印书馆,1997.

商务印书馆.商务印书馆九十年.北京:商务印书馆,1987.

商务印书馆图书目录(1897—1949).北京:商务印书馆,1981.

商务印书馆一百年.北京:商务印书馆,1998.

上海出版志编纂委员会.上海出版志.上海:上海社会科学院出版社,2000.

上海名人辞典.上海:上海辞书出版社,2001.

上海通社.旧上海史料汇编.上、下册.北京:北京图书馆出版社,1998.

邵益文.编辑学研究在中国.武汉:湖北教育出版社,1992.

舒新城.中国近代教育史资料.上、中、下册.北京:人民教育出版社,1961.

松见弘道.中国图书与图书馆.黄宗忠,等,译.北京:书目文献出版社,1995.

宋应离,袁喜生,刘小敏.20世纪中国著名编辑出版家研究资料汇辑.开封:河南大学出版社,2005.

宋原放.出版纵横.上海:上海人民出版社,1998.

孙培青,等.中国教育史(修订版).上海:华东师范大学出版社,2000.

汪家熔.近代出版人的文化追求.南宁:广西教育出版社,2002.

汪家熔.民族魂——教科书变迁.北京:商务印书馆,2008.

汪向荣.中国的近代化与日本.长沙:湖南人民出版社,1987.

汪一驹.中国知识分子与西方.梅寅生,译.台北:枫城出版社,1979.

王建辉.出版与近代文明.开封:河南大学出版社,2006.

王建辉.老出版人肖像.南京:江苏教育出版社,2003.

王绍曾.近代出版家张元济.北京:商务印书馆,1984.

王云五.岫庐八十自述.台北:台湾商务印书馆,1967.

叶文心,等.上海百年风华.台北:跃升文化事业有限公司,2001.

吴相.从印刷作坊到出版重镇.南宁:广西教育出版社,1999.

吴宓日记.北京:生活·读书·新知三联书店,1998.

萧东发.中国图书出版和印刷史论.北京:北京大学出版社,2001.

萧东发.中国编辑出版史.沈阳:辽海出版社,2002.

熊贤君.千秋基业——中国近代义务教育研究.武汉:华中师范大学出版社,1998.

熊月之主编,许敏著.上海通史.第10卷.民国文化.上海:上海人民出版社,1999.

徐柏容.期刊编辑学概论.沈阳:辽海出版社,2001.

许纪霖,田建业.一溪集:杜亚泉的生平与思想.北京:生活·读书·新知三联书店,1999.

杨扬.商务印书馆:民间出版业的兴衰.上海:上海教育出版社,2000.

姚福申.中国编辑史.修订本.上海:复旦大学出版社,2004.

叶圣陶.叶圣陶出版文集.北京:中国书籍出版社,1996.

叶再生.中国近代现代出版通史.北京:华文出版社,2002.

俞筱尧,刘彦捷.陆费逵与中华书局.北京:中华书局,2002.

袁咏秋,曾季光.中国历代国家藏书机构及名家藏书叙传选.北京:北京大学出版社,1997.

张静庐.在出版界二十年.南京:江苏教育出版社,2005.

张树栋,庞多益,郑如斯.简明中华印刷通史.桂林:广西师范大学出版社,2004.

张煜明.中国出版史.武汉:武汉出版社,1994.

张元济诗文.北京:商务印书馆,1986.

张元济书札.北京:商务印书馆,1981.

张志公.传统语文教育教材论——暨蒙学书目和书影.上海:上海教育出版社,1992.

张志强.20世纪中国的出版研究.南宁:广西教育出版社,2004.

张仲礼.近代上海城市研究.上海:上海人民出版社,1990.

张仲礼.中国近代城市企业·社会·空间.上海:上海社会科学院出版社,1998.

章开沅.开拓者的足迹——张謇传稿.北京:中华书局,1986.

章开沅,罗福惠.比较中的审视:中国早期现代化研究.杭州:浙江人民出版社,1993.

中共中央文献研究室.周恩来文化文选.北京:中央文献出版社,1998.

中国社会科学院近代史所中华民国史研究室.胡适的日记.北京:中华书局,1985.

中华书局编辑部.回忆中华书局.北京:中华书局,1987.

中华书局编辑部.我与中华书局.北京:中华书局,2002.

周策纵.五四运动:现代中国的思想革命.南京:江苏人民出版社,1996.

周武.张元济:书卷人生.上海:上海教育出版社,1999.

邹振环.20 世纪上海翻译出版与文化变迁.南宁:广西教育出版社,2001.

索　引

后　记

　　这是本书的后记,也是对我从研究生阶段到目前为止,在学术道路上探索过程的一个小结。2005年,我考入湖南师范大学传播学专业,师从周国清教授攻读硕士学位。硕士一年级时曾设想,毕业后要创办一家属于自己的出版公司;等硕士二年级确定毕业论文选题时,我毫不犹豫选择了对陆费逵这位近代出版业巨擘的研究,目的是希望从他的身上能吸取创办和经营出版公司的经验和教训,虽然后来临近找工作时发现理想与现实有很大差距,创办出版公司的理想恐怕难以实现,但怀抱着对这位出版家的崇敬和对那个时代的憧憬,我顺利完成了硕士论文《陆费逵的出版思想及其实践》。

　　2008年6月我进入浙江农林大学,成为一名大学教师,由此掀开了新的人生篇章,开始了对教学和科研的孜孜不倦的探究。提到这本书的选题构思,首先要感谢我的爱人。本书的创意就来源于茶余饭后的一次闲谈,是他开启了我新的思路,由研究单个的历史人物扩大为研究整个近代浙江出版家群体。我以此为视角,申报了浙江省社科规划课题,并于2011年幸运地申请成功。因为是人生中第一次拿到省级课题,内心欣喜若狂,但也暗下决心,要珍惜机会,好好完成课题。但之后由于儿子尚在襁褓之中需要精心照料,加之学校教学工作也颇繁重,一直没有大块的空余时间来全力写作专著,只能抽取零碎的时间进行调研、资料整理。后来为集中精力，只能忍痛割爱，含着泪水把儿子放在遥远的武汉奶奶家里，回临安埋头写作，才终于把书稿完成。

如果把近代出版史比喻成星空的话，那么近代浙江出版家就犹如星空中最闪亮的繁星，他们为中国近代出版事业做出了巨大的贡献。在近代出版人物研究领域，张树年、汪家熔、王建辉、吴永贵、杨扬、李家驹、吴相、邹振环等先生已经有很多优秀的研究成果问世，拙作参考引用了他们的研究成果，在此谨向以上各位先生表示衷心的感谢。

本书的出版得到了浙江省社科规划课题的资助和浙江大学出版社的支持，在此表示感谢。

同时，我要感谢我最亲爱的家人，他们一贯的支持和鼓励，是我上下求索的动力和源泉。我把这本书送给我三周岁半的儿子和我的爱人，你们的健康和平安就是我人生中最宝贵的财富。

夏慧夷

2014 年 8 月 25 日于临安

图书在版编目（CIP）数据

近代浙江出版家群体研究/夏慧夷著. —杭州：浙江
大学出版社，2014.11
ISBN 978-7-308-14026-3

Ⅰ.①近⋯ Ⅱ.①夏⋯ Ⅲ.①出版家－人物研究－
浙江省－近代 Ⅳ.①K825.42

中国版本图书馆 CIP 数据核字（2014）第 255156 号

近代浙江出版家群体研究
夏慧夷 著

责任编辑　胡　畔（llpp_lp@163.com）
封面设计　十木米
出版发行　浙江大学出版社
　　　　　（杭州市天目山路 148 号　邮政编码 310007）
　　　　　（网址：http://www.zjupress.com）
排　　版　杭州中大图文设计有限公司
印　　刷　杭州日报报业集团盛元印务有限公司
开　　本　710mm×1000mm　1/16
印　　张　20.75
字　　数　292 千
版 印 次　2014 年 11 月第 1 版　2014 年 11 月第 1 次印刷
书　　号　ISBN 978-7-308-14026-3
定　　价　46.00 元